IV and V UB International PhD in Law and Political Science Conference

IV and V UB International PhD in Law and Political Science Conference

Marc Manso Pujol
Juan Manuel Ternero Martín
Javiera Farías Pereira
Petia Guintchev Toneva

Mc Graw Hill | AULAMAGNA
PROYECTO CLAVE

IV and V UB International PhD in Law and Political Science Conference

Primera edición: 2025

ISBN: 9788410458314
ISBN eBook: 9788410458864
Depósito legal: SE 530-2025

Impreso en España – Printed in Spain

Las coordinadoras y coordinadores de este texto agradecemos enormemente el trabajo desarrollado por el Comité Científico de la IV y V Jornadas Doctorales de Derecho y Ciencia Política de la Facultad de Derecho de la Universidad de Barcelona que dieron origen a este trabajo, desarrolladas en los años 2022 y 2023, respectivamente, así como también a quien fuera coordinador del programa de doctorado en aquellos años, el Dr. Jordi Bonet Pérez. Por último, agradecemos también a todas las personas que participaron con sus ponencias y comunicaciones, sin las cuales esta publicación no sería posible.

Índice

DISCURSO DE APERTURA 19

INTRODUCCIÓN 21

PERSPECTIVA DE GÉNERO, ENTRE LO PÚBLICO Y LO PRIVADO. CUIDADOS, IDENTIDAD Y MEDIOS DE COMUNICACIÓN

EL TORTUOSO TRAYECTO HACIA LA TUTELA DE LAS FAMILIAS MONOPARENTALES 29

1. INTRODUCCIÓN. 33

2. EL CONCEPTO DE MONOPARENTALIDAD 34

2.1 LA CONCILIACIÓN EN LAS FAMILIAS MONOPARENTALES Y MONOMARENTALES. 38

2.2. LOS PERMISOS DE NACIMIENTO Y CUIDADO DEL MENOR RECONOCIDO A LAS FAMILIAS MONOPARENTALES Y LA EVOLUCIÓN DE LA JURISPRUDENCIA 42

3. CONCLUSIONES. 46

REFERENCIAS 47

RECORRIDO HASTA EL RECONOCIMIENTO JURÍDICO DE LA IDENTIDAD DE GÉNERO DE LOS MENORES TRANS* 49
1. INTRODUCCIÓN 52
2. ANTECEDENTES 52
3. ANÁLISIS DE LA SENTENCIA DEL TRIBUNAL CONSTITUCIONAL 99/2019, DE 18 DE JULIO 55
3.1. ANÁLISIS SOBRE LA AFECTACIÓN A DERECHOS CONSTITUCIONALES 55
3.2. TITULARIDAD DE DERECHOS POR MENORES DE EDAD . . 56
3.3. CONTROL DE PROPORCIONALIDAD DE LA MEDIDA LEGISLATIVA 57
3.4. DECISIÓN 58
4. APLICACIÓN DE LA DOCTRINA AL CASO CONCRETO. ANÁLISIS DE LA SENTENCIA DEL TRIBUNAL SUPREMO 685/2019, DE 17 DE DICIEMBRE. . . 59
4.1. SENTENCIA DEL TRIBUNAL SUPREMO 685/2019, DE 17 DE DICIEMBRE 59
4.2. ANÁLISIS DE LA FUNDAMENTACIÓN 61
5. APLICACIÓN DE LA DOCTRINA CONSTITUCIONAL EN LA NUEVA *LEY 4/2023, DE 28 DE FEBRERO, PARA LA IGUALDAD REAL Y EFECTIVA DE LAS PERSONAS TRANS Y PARA LA GARANTÍA DE LOS DERECHOS DE LAS PERSONAS LGTBI* *66*
6. SITUACIÓN DE LOS MENORES TRANS* EN LA LEGISLACIÓN AUTONÓMICA. EL CASO CONCRETO DE LA LEY CATALANA LGTBI+. 70
7. AFECTACIÓN DEL RECURSO DE INCONSTITUCIONALIDAD A LA DOCTRINA ESTABLECIDA 71
8. CONCLUSIÓN 72
9. REFERENCIAS 73

POLÍTICA CRIMINAL, SOCIOLOGÍA JURÍDICO-PENAL, CRIMINOLOGÍA Y PENOLOGÍA

El surgimiento de la producción científica sobre criminalidad en Argentina. Los primeros estudios penitenciarios bajo la influencia de los discursos positivistas (1906-1946) . . . 77

INTRODUCCIÓN. . . . 81

1. LA INFLUENCIA DE LA CRIMINOLOGÍA POSITIVISTA Y ROL DE FUNCIONARIOS CLAVE EN LA PRODUCCIÓN CIENTÍFICA . . . 85

2. LA PRODUCCIÓN CIENTÍFICA REALIZADA DESDE EL ESTADO . . . 91

3. PRODUCCIÓN CIENTÍFICA Y POLÍTICA CRIMINAL. . . 94

4. REFERENCIAS. . . . 100

APROXIMACIÓN A LA REALIDAD CRIMINOLÓGICA DEL DELITO DE CONTACTO SEXUAL TELEMÁTICO A MENORES (ART. 183.2 CP). . . . 103

1. INTRODUCCIÓN. . . . 105

2. ESTADO DE LA CUESTIÓN. . . . 107

3. ESTUDIO JURISPRUDENCIAL. . . . 114

3.1 JUSTIFICACIÓN Y LÍMITES DE LA INVESTIGACIÓN. . . . 114

3.2 OBJETIVOS Y METODOLOGÍA . . . 114

3.3 RESULTADOS . . . 115

3.3.1 SENTIDO DEL FALLO . . . 115

3.3.2. PERFIL DE LOS SUJETOS . . . 117

3.3.2.1 VICTIMARIO . . . 117

3.3.2.2 VÍCTIMA. . . . 118

3.3.3 RELACIÓN ENTRE VÍCTIMA Y VICTIMARIO . . . 120

3.3.4 DINÁMICA DEL EMBAUCAMIENTO . . . 120

3.5 CONSECUENCIAS JURÍDICAS . . . 122

4. DISCUSIÓN Y CONCLUSIONES. . . . 124

REFERENCIAS BIBLIOGRÁFICAS . . . 128

Myths and Narratives of Predictive Policing: An approach from Radical Criminology 135
1. INTRODUCTION AND STATE OF AFFAIRS 137
2. A CRITIQUE OF CONVENTIONAL CRITICISMS. 141
3. AUSTERITY, SOFT PRIVATISATION, SECRECY 147
4. WHAT DOES RADICAL CRIMINOLOGY HAVE TO SAY ABOUT PP?. 152
REFERENCES. 158

CAMBIO CLIMÁTICO Y REGULACIÓN JURÍDICA: DESAFÍOS ACTUALES

MESURES FISCALS PER AFRONTAR LA SEQUERA A FAVOR DEL SECTOR RAMADER 165
1. INTRODUCCIÓ 169
2. SITUACIÓ DE SEQUERA 171
2.1. AGÈNCIA CATALANA D'AIGUA. 172
2.2. CONFEDERACIÓ HIDROGRÀFICA DE L'EBRE 175
2.3. CONFEDERACIÓ HIDROGRÀFICA DEL XÚQUER. 179
2.4. SERVEI METEOROLÒGIC DE CATALUNYA 179
3. MESURES FISCALS 181
3.1. IMPOST SOBRE LA RENDA DE LES PERSONES FÍSIQUES. . . 181
3.2. IMPOST DE BÉNS IMMOBLES. 182
3.3. IMPOST DE SOCIETATS 183
3.4. IMPOST SOBRE HIDROCARBURS D'ÚS AGRÍCOLA 183
4. ALTRES MESURES PER AFRONTAR LA SEQUERA 184
5. CONCLUSIONS 186
6. BIBLIOGRAFIA 187

CAMBIO CLIMÁTICO Y RETROCESO DEL LITORAL EN PUERTO RICO 191
I. LA INCERTIDUMBRE CLIMÁTICA. 193
2. LA NOCIÓN DE CAMBIO CLIMÁTICO 195
3. EL CONTENIDO PUERTORRIQUEÑO 197

4. LA PLAYA Y LA COSTA 199
5. PUERTO RICO Y SU MANEJO COSTERO 200
6. DOS CARAS DE UNA MISMA MONEDA 202
7. «LO QUE ES DEL MAR, AL MAR VUELVE» [3] 205
REFERENCIAS 206

VACCINE NATIONALISM, ENVIRONMENTAL SUSTAINABILITY, AND LEGAL DYNAMICS: A COMPREHENSIVE EXPLORATION OF IMPLICATIONS AND TRANSFORMATIVE APPROACHES 211
1. INTRODUCTION 214
2. ENVIRONMENTAL SUSTAINABILITY IN VACCINE LIFECYCLES 217
2.1. PRODUCTION PHASE 217
2.2. TRANSPORTATION AND DISTRIBUTION 218
2.3. ADMINISTRATION AND DISPOSAL 218
2.4. HIDDEN ENVIRONMENTAL CONSEQUENCES 219
3. CASE STUDY: INTERPLAY BETWEEN VACCINE NATIONALISM AND ENVIRONMENTAL SYSTEMS 220
3.1. CASE STUDY FINDINGS 221
4. LEGAL FRAMEWORKS GOVERNING VACCINE DISTRIBUTION 222
4.1. INTERNATIONAL AGREEMENTS 222
4.2. INTELLECTUAL PROPERTY RIGHTS AND EQUITABLE ACCESS 223
4.3. POTENTIAL FOR LEGAL ADAPTATIONS 224
5. HARMONIZING VACCINE NATIONALISM AND ENVIRONMENTAL SUSTAINABILITY 224
5.1. THE NEED FOR BALANCE 224
5.2. INNOVATIONS AND ADJUSTMENTS IN LEGAL APPROACHES 225
6. INTERNATIONAL COOPERATION: EMPOWERING NATIONS FOR PUBLIC HEALTH AND ENVIRONMENTAL PROTECTION 226
6.1. TECHNOLOGY TRANSFER AND DATA SHARING 226

6.2. COLLABORATIONS AMONG GOVERNMENTS, INDUSTRIES, AND ENVIRONMENTAL ORGANIZATIONS 226
7. CONTRIBUTING TO THE GLOBAL DISCOURSE ON HEALTH, EQUITY, AND ENVIRONMENTAL PROTECTION 227
7.1. HOLISTIC STRATEGIES FOR SUSTAINABLE PLANETARY STEWARDSHIP 227
7.2. TRANSFORMATIVE LEGAL FRAMEWORKS AND PRACTICES 228
8. CONCLUSION AND CALL TO ACTION 228
8.1. RECAPITULATION OF KEY FINDINGS 228
8.2. URGENCY FOR EQUITABLE VACCINE DISTRIBUTION AND ENVIRONMENTAL SAFEGUARDING 229
8.3. RECOMMENDATION AND FUTURE RESEARCH 230
9. REFERENCES 230

BLOCKCHAIN TOKENS AS AN EQUIVALENT OF BEARER SHARES: IDEA (UN)TENABLE? 241
1. INTRODUCTION 243
2. DAO MEMBERSHIP AS AN AMBIGUOUS NOTION 245
3. WHAT IS AT STAKE: BENEFICIAL OWNERSHIP AS A CORE UNDERLYING NOTION 247
4. BEARER SHARES IN THE CONTEMPORARY CORPORATE LAW FRAMEWORKS 249
5. WHAT DOES IT MEAN FOR DAOS? 253
6. LOOKING FOR A WORKING APPROACH TO TRANSPARENCY IN DAO OWNERSHIP 255
7. CONCLUSION 257
REFERENCES 259

THE EU TAX LIST OF NON-COOPERATIVE JURISDICTIONS: REFLECTIONS ON ITS

GOVERNANCE, POWER DYNAMICS, AND COUNCIL'S CONFIDENTIALITY 261
1. INTRODUCTION 263
1.1. RESEARCH METHODOLOGY 265
2. THE EU TAX LIST OF NON-COOPERATIVE JURISDICTIONS 266
2.1. MECHANISMS OF THE EU TAX LIST OF NON-COOPERATIVE JURISDICTIONS 267
2.2. THE GOVERNANCE OF THE EU TAX LIST AND ITS POLITICAL DYNAMICS 270
MAKERS AND INFLUENCERS *270*
THE EUROPEAN COMMISSION *272*
THE EUROPEAN PARLIAMENT *273*
POWER DYNAMICS *274*
2.3. TRANSPARENCY ISSUES IN THE EU TAX LIST OF NON-COOPERATIVE JURISDICTIONS 275
3. CONCLUSIONS 280
REFERENCES 281
DOCUMENTS COLLECTION AND LAW SOURCES 282
WEBSITES AND NEWSPAPERS' ARTICLES 285
INTERVIEW SOURCES 285

RES PÚBLICA: CIENCIA POLÍTICA, DERECHO CONSTITUCIONAL Y FILOSOFÍA DEL DERECHO

La administración pública educativa, fijación de estándares y responsabilidad patrimonial 291
1. LA RESPONSABILIDAD PATRIMONIAL EN EL ÁMBITO EDUCATIVO Y SU MARCO NORMATIVO EN ESPAÑA 296
2. ALGUNAS PRECISIONES SOBRE LOS ELEMENTOS SUBJETIVOS DE LA RESPONSABILIDAD PATRIMONIAL DE LOS CENTROS DOCENTES 297

3. TÍTULOS DE IMPUTACIÓN EN EL ÁMBITO EDUCATIVO 298
4. LA RESPONSABILIDAD PATRIMONIAL Y LOS ESTÁNDARES EN EL ÁMBITO EDUCACIONAL 300
5. LA DEBIDA DILIGENCIA, LOS ESTÁNDARES Y SU EXIGIBILIDAD EN LA RESPONSABILIDAD PATRIMONIAL A LOS CENTROS DOCENTES 305
5.1. DEBIDA DILIGENCIA Y ESTÁNDARES ESCOLARES: ¿INEXACTITUD E INCERTIDUMBRE? 305
5.2. LOS PROTOCOLOS ESCOLARES Y SU ROL PARA DETERMINAR LA CULPA DE LA ADMINISTRACIÓN DOCENTE 311
6. CONCLUSIONES 315
REFERENCIAS 317

ABDICACIÓN TÁCITA Y RACIONALIZACIÓN DE LA MONARQUÍA DE LUXEMBURGO EN LA REFORMA CONSTITUCIONAL DE 2023 319
1. INTRODUCCIÓN 321
2. LA DEFINICIÓN DE LA FORMA DE GOBIERNO 323
3. EL NUEVO CAPÍTULO III DEDICADO AL GRAN DUQUE 326
3.1. LA JEFATURA DEL ESTADO 327
3.2. LAS ATRIBUCIONES CONSTITUCIONALES 327
3.3. LA SUCESIÓN Y LA CONSTITUCIONALIZACIÓN DEL DERECHO PRINCIPESCO 330
3.4. EL JURAMENTO 333
4. LA SUSTITUCIÓN DEL GRAN DUQUE 334
4.1. LA LUGARTENENCIA 334
4.2. LA REGENCIA 336
5. LA NUEVA ABDICACIÓN TÁCITA 337
6. CONCLUSIONES 339
REFERENCIAS 342

EL DERECHO MAPUCHE, UNA MIRADA DESDE EL PARADIGMA DEL PLURALISMO JURÍDICO 347
1. INTRODUCCIÓN. 349
2. EL PUEBLO MAPUCHE. 351
3. EL DERECHO INDÍGENA Y EL DERECHO MAPUCHE . . 354
3.1. LEGISLACIÓN CHILENA 355
3.2. LEGISLACIÓN ARGENTINA 356
4. EL PLURALISMO JURÍDICO Y EL DEBATE CONSTITUCIONAL CHILENO 357
4.1. PROYECTO CONSTITUCIONAL DE 2022 358
4.2. PROYECTO CONSTITUCIONAL DE 2023 360
5. CONCLUSIÓN 362
REFERENCIAS 364

SOFT LAW

LA INJERENCIA DEL *SOFT LAW* EN EL PROCEDIMIENTO DE LAS INSPECCIONES CONJUNTAS, EN ESPECIAL, LAS DIRECTRICES OCDE . . . 369
1. INTRODUCCIÓN. 373
2. EL PAPEL DEL *SOFT LAW* EN EL ÁMBITO TRIBUTARIO Y DE LA OCDE EN PARTICULAR. 374
3. EL MODELO DE CONVENIO DE LA OCDE Y SUS COMENTARIOS 377
4. DIRECTRICES DE LA OCDE EN MATERIA DE PRECIOS DE TRANSFERENCIA 380
5. ESTÁNDARES DE LA OCDE EN EL INTERCAMBIO DE INFORMACIÓN 383
6. INFORMES DE LA OCDE EN MATERIA DE INSPECCIONES CONJUNTAS 386
CONCLUSIONES. 389
REFERENCIAS 391

LOS ARCHIVOS Y LA APLICACIÓN DEL REGLAMENTO GENERAL DE PROTECCIÓN DE DATOS (RGPD 2016/679): CUESTIONES JURÍDICAS PARA LOS ARCHIVOS PÚBLICOS Y PRIVADO 393
1. INTRODUCCIÓN. 397
2. CONTEXTO Y LEGISLACIÓN EUROPEA 398
3. EL REGLAMENTO Y SU APLICACIÓN A LOS ARCHIVOS 401
4. PRIMERAS CUESTIONES JURÍDICAS RELACIONADAS CON LOS ARCHIVOS. 405
5. CONCLUSIONES. 408
REFERENCIAS 409

PRÁCTICAS DESLEALES EN EL MERCADO ELECTRÓNICO DE LA UNIÓN EUROPEA 411
RESUMEN 411
1. INTRODUCCIÓN. 413
2. PREVENCIÓN DE PRÁCTICAS DESLEALES. 414
3. GUARDIANES DE ACCESO Y REGLAMENTO DE MERCADOS DIGITALES 414
4. REPUTACIÓN *ONLINE* *415*
5. ALGORITMO DE PRECIOS. 417
6. BIG DATA 418
7. CONCLUSIÓN 427
8. BIBLIOGRAFÍA 429

DISCURSO DE APERTURA

Bon dia a totes i a tots, Il·lustre Degà de la Facultat de Dret, senyors i senyores vicedegans i vicedeganes, coordinador del programa de doctorat, professors i professores catedràtics, personal docent i investigador de la Universitat de Barcelona i d'altres universitats, i estudiants, sigueu benvinguts/des a la sessió d'obertura de les Cinquenes jornades doctorals en dret i ciència política de la Universitat de Barcelona. És un autèntic honor que estigueu amb nosaltres acompanyant-nos en un dia tan especial com l'avui que vivim en aquesta seu.

Me gustaría comenzar este saludo protocolario haciendo mención a mis compañeras y compañeros, integrantes del comité organizador de este evento, sin cuyo esfuerzo, dedicación y compromiso esta jornada no se habría podido realizar. Son: Marc Manso, Petia Guintchev, Javiera Farías y Carlos Mogrovejo. Durante los últimos 10 meses hemos trabajado de manera persistente para traer a una facultad como esta la jornada doctoral que se merece y poder así estar a la altura de sus predecesoras, que tan alto dejaron el listón.

Una jornada y una conferencia de apertura, como la que se desarrolla a continuación, que hemos llamado de manera totalmente intencional *Derecho y cambio social*. Con ello se aspira a convertir estas jornadas en un punto de encuentro, un puente entre dos orillas, dos márgenes: uno es el representado por el derecho oficial, el de los profesionales que se cultiva en las aulas de esta facultad y que se aplica desde la administración de justicia; el otro es el derecho reclamado, demandado por los afectados y las víctimas de tantos conflictos, como el que durante largo tiempo viene sufriendo el pueblo de

Palestina en la franja de Gaza, sometido a toda clase de vulneraciones de los derechos humanos más elementales, que constituyen crímenes internacionales. Citaré a continuación a un queridísimo profesor de esta misma casa, Iñaki Rivera, para defender que el conocimiento de la universidad debe desplazarse y salir del mundo formalizado y central al mundo real, el de las demandas y de los reclamos de los afectados. La Universidad, el Derecho y la Ciencia política deben empaparse y nutrirse de los problemas reales de la sociedad. Y eso es algo que aspiramos a cumplir mediante estas jornadas, ahora saben por qué tituladas *Derecho y cambio social*.

We wish you all the best of academic and human experiences and that you feel welcomed with the affection and dedication of all those who make it possible for events like this to take place. Welcome and enjoy the conference. Thank you. Muchas gracias, Moltes gràcies.

INTRODUCCIÓN

Esta publicación se enmarca en las IV y V Jornadas de Estudiantes de Doctorado en Derecho de la Universidad de Barcelona *(UB International PhD in Law Conference)* que se llevaron a cabo durante el mes de octubre de 2022 y 2023 respectivamente. Estuvieron organizadas por estudiantes del Programa de Doctorado en Derecho y Ciencia Política de la Universidad de Barcelona, y dirigidas por su coordinador, el Dr. Bonet. Esta instancia, que ya cuenta con 5 años de vida, permite adentrarse en la organización de una jornada internacional a estudiantes de doctorado y, a la vez, está abierta a jóvenes investigadores de alrededor del mundo para elaborar y presentar sus primeras comunicaciones.

Los temas escogidos para cada una de las jornadas —*softt law* y cambio social— fueron pensados por su gran relevancia social e interés, que ameritaban de un trato monográfico para su reflexión. Además, son temas que permiten encajar las disciplinas del derecho, la ciencia política y otras afines, todas ellas vinculadas al programa y muchas veces indisociables según el objeto de investigación.

Por un lado, el *soft law* ha devenido una nueva fuente del Derecho que, sin tener la capacidad de obligar ni disponer de una legitimidad gubernamental, tiene igualmente efectos jurídicos de inmensa magnitud, como es interpretar los Derechos Humanos. En esta jornada se pudo escuchar a profesores de gran renombre como al Dr. Karlo Tuori, de la Universidad de Helsinki, quien expuso sobre el papel de la Comisión de Venecia en la producción y aplicación del *soft law* constitucional transnacional; al Dr. Ángel Rodrigo, profesor de la

Universidad Pompeu Fabra, que orientó su ponencia a hablar sobre la normatividad relativa del Derecho Internacional Público; y, finalmente, a la Dra. Beatriz Gregoraci, profesora de la Universidad Autónoma de Madrid, quien planteó la problemática de la alteración sobrevenida de las circunstancias y cómo se ve influida por el *soft law*.

Por otro lado, el Derecho es indisociable al cambio social. Como cualquier ciencia (o tecnología) social, no deja de recoger los valores sociales de un momento y lugar concretos. Este inciso de «concreto» es importante para entender que, si avanzamos o volvemos atrás en el eje temporal, dichos valores cambian y, con ellos, el Derecho y las políticas públicas desarrolladas. En este sentido, en la jornada participaron investigadores de gran prestigio, como la Dra. Esther Pomares, profesora de la Universidad de Jaén, que relató los cambios laborales que se están llevando a cabo en la actualidad desde una perspectiva del género; también la Dra. Anne Alvesado-Kuusi, profesora de la Universidad de Turky, que reflexionó sobre la Inteligencia Artificial (IA); y, finalmente, el Dr. Antonio Cardesa-Salzmann, profesor de la Universidad de Strathclyde, quien expuso alguno de los retos del Derecho Internacional Público respecto del medio ambiente.

Además de los ponentes relatados, el eje de las jornadas estuvo en la exposición de las comunicaciones que se encuentran en este libro y que, al hilo de los temas centrales, plantean análisis y propuestas muy diversas. Cabe destacar que las jornadas del año 2023 tuvieron la peculiaridad de contar con diversas mesas temáticas, puesto que la amplitud del tema «derecho y cambio social» y la cantidad de comunicaciones recibidas hicieron necesario organizarlas de manera que existiese una consonancia entre las materias y los enfoques abordados, que permitiera y fomentara el diálogo académico entre las personas participantes. Siguiendo estos objetivos, las comunicaciones se organizaron en función de los siguientes títulos: 1) Desafíos jurídicos, 2) Perspectiva de género, entre lo público y lo privado: Cuidados, identidad y medios de comunicación, 3) Política criminal, Sociología jurídico-penal, Criminología y Penología, 4) Cambio climático y regulación jurídica, 5) Derecho y negocios (*Business law*), y 6) Res pública: Ciencia Política, Derecho Constitucional y Filosofía del Derecho.

Todas estas temáticas tratadas en las jornadas han sido posteriormente desarrolladas en las contribuciones que se exponen en el presente libro. Una colección de investigaciones sociales que invitan a reflexionar sobre el rol del derecho en la sociedad actual desde distintas perspectivas.

En nuestra sección, correspondiente a la mesa sobre perspectiva de género, se incluyen dos publicaciones. La primera aborda los desafíos a los que se enfrentan las familias monoparentales y monomarentales en España en relación con los permisos laborales por tareas de cuidado, mientras que la segunda analiza la reciente evolución de la regulación jurídica española en cuanto al resguardo a los derechos de las infancias trans*.

Respecto a la mesa sobre Política criminal, Sociología jurídico-penal, Criminología y Penología, la primera de las contribuciones aborda el surgimiento de la producción científica en materia carcelaria en la República Argentina durante la primera mitad del siglo XX, especialmente cómo desde este lugar se recibieron y materializaron las influencias del positivismo provenientes desde otras latitudes, y qué rol tuvieron en este proceso determinados funcionarios y expertos en la materia. La segunda publicación de esta mesa nos devuelve al presente y aborda el tratamiento jurisprudencial que ha tenido en España el delito de contacto sexual telemático a menores, a partir de lo cual se describen sus características, el perfil de los infractores y los principales medios comisivos del delito. La última contribución de este bloque analiza las herramientas de policía predictiva desde la perspectiva de la criminología radical, en él se ofrece un nuevo punto de vista sobre cómo abordar los problemas que aquí se presentan, al tiempo que se plantea la insuficiencia de los abordajes y críticas que hasta el momento se han elaborado.

En el bloque dedicado a los desafíos actuales para la regulación jurídica en materia de cambio climático, contamos con publicaciones que plantean medidas para enfrentar la sequía en el sector ganadero en Catalunya, para hacer frente a las transformaciones que el cambio climático ha generado en el litoral en la ciudad de San Juan, Puerto Rico, o que describen las tensiones que se generaron durante la pandemia del COVID-19 por las medidas de vacunación adoptadas por los estados —que se analizan bajo el concepto de *Vaccine nacionalism*— y la sostenibilidad medioambiental, en materia de distribución, transporte, administración y eliminación, y las consecuencias que esto tuvo a su vez en el acceso a estas vacunas para los distintos sectores de la población.

En cuanto a derecho y negocios (*Business law*) se incluye una colaboración que analiza las Organizaciones Autónomas Distribuidas (DAO) y reflexiona acerca de la conveniencia de aplicarles el tratamiento de las corporaciones tradicionales y dotarlas de personalidad jurídica, junto con una comunicación que estudia la lista fiscal de jurisdicciones no cooperativas de la Unión Europea.

Las contribuciones sobre Ciencia política, Derecho constitucional y Filosofía del derecho abordan asuntos a nivel local e internacional. Por un lado, una de las contribuciones se pregunta cómo puede construirse el estándar de responsabilidad patrimonial que debe aplicarse a la administración pública educativa con el fin de alcanzar un equilibrio entre parámetros objetivos y subjetivos. Por otro lado, se presentan experiencias internacionales en reformas constitucionales: las recientes transformaciones en la regulación del régimen monárquico en Luxemburgo y los debates surgidos en el marco del proceso constituyente chileno acerca de la posibilidad de incorporar el concepto de pluralismo jurídico y qué implicaciones tendría este reconocimiento en relación con el derecho mapuche.

Por último, en cuanto a las colaboraciones recibidas en la edición de 2022 de las jornadas, que se celebraron en torno al tema del *soft law*, contamos con comunicaciones que van desde el estudio de la influencia del *soft law* en el derecho tributario internacional a raíz de las inspecciones conjuntas, al análisis del Reglamento General de Protección de Datos —en particular, la gestión de los archivos de datos públicos y privados a la luz de esta regulación— y de la regulación aplicable a las prácticas desleales en el mercado electrónico de la Unión Europea.

Esperamos sinceramente que esta publicación, preparada con cariño y esmero por el equipo editorial, logre sentar las bases para futuros debates en torno a cómo el derecho puede constituir una herramienta de cambio social que contribuya a hacer de nuestro mundo un lugar más justo e igualitario, donde nada ni nadie queden olvidados; como decían las compañeras zapatistas, «un mundo donde quepan todos los mundos».

Perspectiva de género, entre lo público y lo privado. Cuidados, identidad y medios de comunicación

EL TORTUOSO TRAYECTO HACIA LA TUTELA DE LAS FAMILIAS MONOPARENTALES

Angela Salmaso
Universidad de Valencia
salmaso@alumni.uv.es

RESUMEN

En los últimos años, nos enfrentamos a un modelo familiar en constante cambio y crecimiento. En particular, las familias monoparentales y monomarentales son una realidad emergente no solo en España, sino también en Europa.

Sin embargo, a nivel estatal no existe una normativa concreta en la que se precise noción y condiciones de las familias monoparentales, ya que solo en ciertas Comunidades Autónomas se encuentran dispersas leyes y decretos.

Al respecto, hay que tener en cuenta que en España los dos progenitores pueden disfrutar de un permiso por nacimiento y cuidado de menor por un total de treinta dos semanas, cuestión que, especialmente las madres solteras, contemplan como discriminatoria para sus hijos/as, ya que disfrutarían únicamente de dieciséis semanas.

En este sentido, varias son las madres solteras que, frente al fallecimiento del cónyuge, solicitaron una prestación por nacimiento y cuidado del hijo/a suplementaria a la que ya habían disfrutado previamente, y los tribunales que se han pronunciado al respecto reconocieron el derecho de las madres solteras de disfrutar del permiso correspondiente a la persona progenitora.

En cambio, el Tribunal Supremo, en su sentencia 169/2023, de 2 de marzo, rechaza que una madre soltera pueda ampliar el permiso por nacimiento, al considerar que la normativa vigente no otorga este derecho.

PALABRAS CLAVES: Familia monoparental, conciliación, discriminación, permisos parentales.

ABSTRACT

In recent years, we are faced with a constantly changing and growing family model. In particular, single-parent and single-parent families are an emerging reality not only in Spain, but also in Europe.

However, at the national level, there is no specific legislation specifying the concept and conditions of single-parent families, as only in certain Autonomous Communities are there laws and decrees scattered throughout the country.

In this respect, it should be borne in mind that in Spain both parents can take a total of 32 weeks' leave for the birth and care of a child, an issue that single mothers in particular see as discriminatory for their children, as they would only have 16 weeks.

In this regard, there are several single mothers who, after the death of their spouse, requested a childbirth and childcare allowance in addition to the one they had previously received, and the courts that have ruled on the matter have recognised the right of single mothers to take the leave corresponding to the progenitor.

On the other hand, the Supreme Court, in its ruling 169/2023 of 2 March, rejects the possibility for a single mother to extend her parental leave, considering that the current legislation does not grant this right.

KEY WORDS: Single-parent family, conciliation, discrimination, parental leave.

SUMARIO

1. INTRODUCCIÓN

2. EL CONCEPTO DE MONOPARENTALIDAD

2.1. La conciliación en las familias monoparentales y monomarentales.

2.2. Los permisos de nacimiento y cuidado del menor reconocido a las familias monoparentales y la evolución de la jurisprudencia.

3. CONCLUSIONES

1. INTRODUCCIÓN

La familia es un núcleo social que evoluciona y cambia constantemente, adaptándose a las características del entorno. En la sociedad actual, nos enfrentamos a una realidad cada vez más extendida; se trata del modelo de las familias monoparentales, un hogar compuesto por un solo progenitor y uno o más hijos, independientemente de su edad.

Este modelo de familia se ha hecho socialmente visible en España desde los años ochenta, cuando el fenómeno empezó a crecer, aunque de manera lenta en comparación con otros países europeos.

Hoy en día, la estructura social de España y de la Unión Europea está registrando un cambio bastante importante, observando un aumento progresivo de estos modelos de familia.

El pasado año 2022, España contaba con un total de 1 878 500 familias monoparentales, siendo 1 538 200 de ellos hogares monomarentales.[1]

No obstante, aunque este modelo de familia, por su propia naturaleza, marcada por elementos de vulnerabilidad y debilidad, en España parece no constituir un riesgo social que debe necesariamente ser protegido (Pulmar Beltrán, 2010, p. 119).

Por ello, es necesario prever medidas de apoyo e intervenciones específicas para evitar situaciones de dificultad social, cada vez más frecuentes en nuestro país.

Además, la dificultad de conciliar la vida personal y profesional por parte de la persona progenitora es un aspecto que conviene considerar, ya que no existe otra figura parental que pueda participar en el cuidado de los hijos/as.

En las familias en las que cuentan con una mujer como cabeza de familia, esta dedica el doble de horas de trabajo no retribuido que el hombre, implicando así que se produzca, adicionalmente, una externalización de las tareas de cuidado presumiblemente a cargo de otra mujer, familiar o cuidadora.

En este sentido, es fundamental que la legislación se adecue a la realidad en constante evolución, ya que la falta de un marco normativo que trate y establezca las transformaciones necesarias para una tutela real de este modelo «alternativo» de familia no será capaz de resolver las controversias relacionadas con este tema.

2. EL CONCEPTO DE MONOPARENTALIDAD

La situación de monoparentalidad puede provenir de distintas circunstancias, como puede ser el fallecimiento o abandono del otro progenitor o incluso una ruptura familiar e, indudablemente, dicha ausencia del otro progenitor conlleva diferentes dificultades y con-

[1] Datos recogidos por parte del Instituto Nacional de Estadística en la Encuesta de Población Activa, 2022.

secuencias conexas tanto en la integración sociolaboral, como en el desarrollo social y emocional de los hijos/as.

En el actual contexto español no existe una legislación estatal en la que se precise noción y condiciones de las familias monoparentales. La falta de una legislación que defina el concepto de familia monoparental es probablemente ligada a cuestiones históricas relacionadas con el concepto de familia, vinculado a una visión excluyente de la misma y en varias ocasiones dotada de valores ajenos a los propios principios constitucionales, respecto a modelos familiares diferentes del modelo «clásico» de familia biparental (Cabello Roldán, 2023, p. 357).

A nivel europeo, en la Directiva de la Unión Europea 2019/1158 se precisa[2] que los Estados miembros han de adaptar las condiciones y las modalidades detalladas de ejercicio del derecho al permiso parental, el permiso para cuidadores y las fórmulas de trabajo flexible a necesidades específicas, por ejemplo, familias monoparentales, padres adoptivos, progenitores con discapacidad, progenitores que tienen hijos con discapacidad o enfermedades graves o crónicas, o progenitores en circunstancias particulares, tales como las relacionadas con nacimientos múltiples o prematuros.

Profundizando en el ordenamiento jurídico nacional y examinando la aplicación de estas recomendaciones por parte del legislador nacional, el resultado, a día de hoy y teniendo en cuenta los ajustes que plantea el Anteproyecto de Ley de Familias, es un tanto desesperanzador.

En el Real-Decreto 6/2019 de 1 de marzo, de medidas urgentes para garantía de la igualdad de trato y de oportunidades entre mujeres y hombres en el empleo y la ocupación, tampoco figura alguna alusión específica a las familias monoparentales, ni en la regulación del permiso por nacimiento de hijo.

En este sentido, es llamativo que, por el contrario, figuren en el texto de dicha norma otros supuestos específicos, como el de las fa-

[2] Véase el considerando n. 37 de la Directiva de la Unión Europea 2019/1158.

milias numerosas[3], lo cual señala una cierta carencia que resulta poco comprensible y que permanece en el ordenamiento jurídico interno sin ser resuelta, no obstante la transposición de la Directiva de la Unión Europea 2019/1158 por parte de la futura Ley de Familias y la fuerte presión de los colectivos y actores sociales para la sensibilización y movilización (Bogoni, 2023, p. 77).

Por otro lado, hay que tener en cuenta que en ciertas Comunidades Autónomas se han dado pasos adelante, ya que se encuentran dispersas leyes y decretos que describen el concepto y los tipos de familia monoparental.

La Ley 3/2023, de 7 de marzo, de familias monoparentales en La Rioja, por ejemplo, considera familias monoparentales «aquellas en las que conviven una persona que tiene la consideración de única responsable de la unidad familiar y otras que, por filiación, adopción, tutela, acogimiento o delegación de guarda con fines de adopción, dependan económicamente de ella».

Además, la Ley 8/2018, de 31 de julio, de apoyo a las familias de la Comunidad Autónoma de las Illes Balears, las define como «las que están formadas por uno o más hijos o hijas y que dependen económicamente de una sola persona progenitora, tutora, acogedora o adoptante, con quien conviven».

El decreto 19/2018, de 9 de marzo, del Consell, por el que se regula el reconocimiento de la condición de familia monoparental en la Comunitat Valenciana, establece que

> se considera descendencia de una persona el hijo, la hija, los hijos o las hijas, las personas menores de edad en situación de acogida su-

[3] El art. 46.3 del Estatuto de los Trabajadores, modificado por el art. 2.11 del Real Decreto-ley 6/2019, de 1 de marzo establece que «no obstante, cuando la persona trabajadora forme parte de una familia que tenga reconocida la condición de familia numerosa, la reserva de su puesto de trabajo se extenderá hasta un máximo de quince meses cuando se trate de una familia numerosa de categoría general, y hasta un máximo de dieciocho meses si se trata de categoría especial. Cuando la persona ejerza este derecho con la misma duración y régimen que el otro progenitor, la reserva de puesto de trabajo se extenderá hasta un máximo de dieciocho meses».

perior a un año y las personas mayores de edad que hayan estado en situación de acogida y continúan viviendo con la familia acogedora. Todas ellas tendrán consideración de personas descendientes. Asimismo, se considera persona progenitora la madre, el padre, el tutor o la tutora legal, o la persona acogedora.

El análisis de algunas de las definiciones de las distintas normativas específicas sobre familias monoparentales muestra que existen diferencias entre los conceptos expuestos, pero también elementos coincidentes, aunque sean desarrollados de forma distinta. El único elemento que tienen en común las distintas definiciones es la composición de la familia monoparental por parte de un único progenitor o persona que ejerza la tutela, ya sea un progenitor adoptivo o una persona que ejerza la autoridad familiar.

Por lo que se refiere, en cambio, a la componente de los hijos o hijas hay que tener en consideración distintas variables, tal y como la referencia a una determinada edad, ya que existen normativas que toman en cuenta menores y mayores sin fijación de una edad máxima, otras que no consideran la edad como factor relevante, y otras también que fijan una edad máxima.

Otra variable a destacar es la dependencia económica, ya que no en todas las normativas se señala explícitamente que debe existir una dependencia económica de las hijas e hijos hacia el progenitor o la progenitora.

Del análisis realizado se desprende que existen importantes carencias en lo relativo a los derechos de dichos modelos de familias en las distintas normativas de las Comunidades examinadas. Especialmente, la normativa actual que regula este tipo de unidades familiares no es del todo inclusiva en cuanto a los derechos de las familias monoparentales. En concreto, no se tienen en cuenta los derechos de los niños, niñas y adolescentes y, específicamente, el derecho de cada persona a tener una familia sin ser discriminado por sus características específicas. Por lo tanto, es esencial un cambio de perspectiva de la legislación actual, ya que, en lugar de centrarse en el reconocimiento de una determinada realidad familiar, se limita a realizar meras concesiones.

De cara a la defensa de los derechos, es imprescindible reformular el objetivo de las distintas disposiciones autonómicas, ya que reconocer jurídicamente este modelo de familia supone también defender determinados derechos, entre ellos, el interés superior del menor y la igualdad de trato y no discriminación tanto de las hijas y de los hijos, como de sus progenitores.

En este sentido, no son tanto los aspectos relacionados con el procedimiento para la acreditación como familia monoparental los que importan para un reconocimiento efectivo, sino el derecho de una realidad familiar en constante expansión a ser tratada de forma imparcial y no discriminatoria.

2.1 La conciliación en las familias monoparentales y monomarentales

Como consecuencia de la salida del hogar y la incorporación de las mujeres al mercado laboral, la formulación, el desarrollo y la aplicación jurídica de las políticas de conciliación están muy marcadas por la perspectiva de género.

Cabe destacar que las políticas de conciliación presuponen la presencia de una pareja, principalmente tradicional, de cuidadores que conocen bien sus respectivos papeles en el seno de la familia y, aunque en un principio las políticas de conciliación se dirigían principalmente a las mujeres, es de suponer que estas vayan acompañadas de un hombre, lo que no deja de ser llamativo si se contempla la extensión de dichas políticas a los hogares monomarentales (Bogoni, 2023, p. 71).

Este sesgo en las políticas de conciliación, que ya era bastante pronunciado en su momento, sigue presente, por el mero factor de la asociación del trabajo de cuidados con el sexo femenino.

En este sentido, hay que tener en cuenta además que la doctrina habla de un prototipo de varón trabajador que no necesita reorganizar su jornada laboral para hacer frente a las necesidades y obligaciones de cuidado, ya que estas no le conciernen, lo que implica que habrá otra persona (probablemente una mujer) que se encargue de ello.

Este arquetipo de trabajador es denominado «trabajador champiñón», de muy fácil y rápida colocación en el mercado laboral, concretamente, un trabajador que «sale de una seta, es decir, de la nada, y solo lo hace cuando aparece en la esfera pública, en la empresa, y desaparece cuando se va» (Pérez Orozco, 2015, p. 84).

Sin embargo, las políticas de conciliación se revelan imprescindibles cuando las mujeres, es decir, la figura encargada, en función de este reparto de roles de género, a su vez provenientes y ligados a una muy determinada forma de concebir la maternidad, se incorporan al trabajo remunerado, sin renunciar al trabajo de cuidados no remunerado.

En particular, en las familias monoparentales confluyen una serie de factores que las hacen especialmente frágiles, como son: la ruptura familiar que supone una pérdida de recursos para los progenitores y las dificultades para conciliar la vida familiar y laboral que se traducen en una baja calidad de vida laboral y precaria para las cabezas de familia y para sus hijos e hijas.

En este sentido, la conciliación de la vida familiar y laboral es un tema de gran actualidad en la sociedad contemporánea, ya que, además, la inestabilidad conyugal de los últimos años ha provocado un aumento de los hogares monoparentales en los que son principalmente las madres solteras las que asumen las responsabilidades de cuidado familiar cada vez más difíciles de conciliar con los compromisos laborales.

De hecho, hay que tener que estos modelos de familias están fuertemente feminizados[4], ya que casi el 90 % de las familias monoparentales se encabezan por mujeres que se ven obligadas a asumir todas las responsabilidades de sostén de la familia, para proporcionar tanto el sustento como los cuidados.[5]

---

[4] El aumento progresivo del porcentaje de familias monoparentales es el aspecto más representativo de la llamada «feminización de la pobreza».

[5] Datos recogidos por parte del Instituto Nacional de Estadística en la Encuesta de Población Activa 2022.

Hay varias razones por las que hay más mujeres solas al frente de los hogares: el papel de la mujer en la sociedad actual, la tendencia a confiar a las madres la custodia de los hijos en caso de divorcio o separación de hecho, la mayor tasa de mortalidad masculina, la mayor propensión de los hombres casados en comparación con las mujeres a volver a casarse.

Además, en un régimen en el que la acción reequilibradora del sistema de bienestar es poco incisiva, la difícil conciliación de la vida laboral y familiar lleva a menudo a las madres solteras a reajustar sus horarios de trabajo a las necesidades familiares contingentes, especialmente en presencia de hijos menores, o incluso a renunciar a sus compromisos laborales, exponiéndose a sí mismas y a sus hijos a un claro riesgo de pobreza.

En efecto, España se sitúa entre los países de la Unión Europea con mayor tasa de pobreza infantil de la Unión Europea[6]; esto quiere decir que en cada uno de cada tres menores está en riesgo de pobreza y la vulnerabilidad de estos modelos de familia es un hecho que no debe subestimarse, especialmente en una situación económica como la que vivimos actualmente (Bogoni, 2021, p. 255).

En este sentido, un estudio del 2022 de la Organización para la Cooperación y el Desarrollo Económico (*Organisation for Economic Co-operation and Development*, 2022) mostró que el 13 % de los niños europeos vive en situación de pobreza relativa, una cifra que es aún mayor para los niños que viven en hogares monoparentales (32,5 %).

Además, también las madres solteras representan un segmento importante de la población en riesgo de pobreza, debido al desempleo, las responsabilidades de cuidado no compartidas, el trabajo precario o a tiempo parcial y mal remunerado, la discriminación salarial, las escasas posibilidades de promoción profesional o de mejora de la calidad del empleo y las menores prestaciones de jubilación.

En estos escenarios de la vida familiar, dada la insuficiente disponibilidad actual de servicios públicos y la fuerza de los estereotipos

---

6 Según los datos recogidos por parte de Eurostat, en 2022 España registró un valor del 32,2 %.

de género, las madres solteras se ven obligadas a recurrir al apoyo familiar.

Más aún, conviene recordar que, hasta ahora, las políticas aplicadas en España para satisfacer a las necesidades de las madres solteras han sido llevadas a cabo principalmente por las autoridades locales. Por otro lado, existen pocas leyes a nivel nacional de apoyo a la familia, la crianza o la infancia que hagan referencia explícita, que protejan y ayuden a las mujeres como «madres solteras» y la gestión fragmentada de las leyes no solo hace más confuso el marco normativo, sino que tampoco garantiza la equidad de trato.

Esto significa que siguen sin cumplirse las expectativas de las clases más desfavorecidas de hogares monomarentales que representan un reto para las políticas sociales de cualquier país civilizado por su aumento y su exposición a la precariedad y la pobreza.

Ante esta realidad, la Comisión Europea ha señalado la necesidad de orientar las políticas sociales hacia las familias monoparentales y sus hijos, a través de medidas de ayuda económica, servicios sociales y una mayor integración en el mundo laboral.

La erradicación de la pobreza, además, es una de las prioridades de la UE, consagrada en el artículo 3 del Tratado de la Unión Europea y en el artículo 34 de la Carta de los Derechos Fundamentales de la Unión Europea, y es uno de los principales objetivos del Plan de Acción Europeo sobre el Pilar de Derechos Sociales, que refleja el compromiso de la UE de luchar contra la pobreza en sus políticas.

La Agenda 2030 para el Desarrollo Sostenible, también en su principio de «no dejar a nadie atrás» y, en particular, en el Objetivo 1, destinado a poner fin a la pobreza, en el Objetivo 5, destinado a lograr la igualdad de género y mejorar las condiciones de vida de las mujeres, y en el Objetivo 8, destinado a lograr un crecimiento económico sostenible, hace hincapié en este concepto.

Además, también la Estrategia Europa 2020, el documento que define las prioridades de la Unión Europea para los próximos diez años y que debe consolidar su recuperación económica tras la crisis, compromete a los Estados miembros a adoptar un plan nacional de reformas destinado a aplicar los objetivos que contiene. Entre los objetivos considerados como «iniciativas emblemáticas» se encuentra precisamente la reducción drástica de las condiciones de pobreza; la orientación integrada de la Estrategia Europa 2020 de promoción de la inclusión social y lucha contra la pobreza fomenta la creación de políticas nacionales dirigidas especialmente a proteger a las mujeres del riesgo de pobreza y a garantizar la seguridad de los ingresos de las familias monoparentales, así como de las madres solteras y las mujeres de edad avanzada.

Más aún, el Parlamento Europeo también pide a los Estados miembros que presten especial atención a la situación de las familias monoparentales, señalando la necesidad de mejorar la situación de las familias monoparentales como prioridad frente a consideraciones de déficit público.

También, por estas razones, la atención política y legislativa debería centrarse en la preparación de medidas fuertes y valientes, capaces de tener un impacto a nivel económico, jurídico y social para mejorar las condiciones de las familias con las características más frágiles, representadas por las familias monoparentales, hoy un segmento amplio y creciente de los ciudadanos europeos.

2.2. Los permisos de nacimiento y cuidado del menor reconocido a las familias monoparentales y la evolución de la jurisprudencia

Hay diferentes aspectos que han generado y que siguen generando ciertas dificultades de aplicación en el marco de un modelo «alternativo» de familia, sobre todo en el contexto de familias monoparentales. En España el permiso por nacimiento y cuidado de menor tiene una duración de dieciséis semanas para cada progenitor, por lo cual los dos progenitores pueden disfrutar de un total de treinta y dos semanas, cuestión que, especialmente las madres solteras contemplan como discriminatoria para sus hijos/as, ya que disfrutarían únicamente de dieciséis semanas.

De hecho, varias son las madres solteras que, frente al fallecimiento del cónyuge, solicitaron una prestación por nacimiento y cuidado del hijo/a suplementaria a la que ya habían disfrutado previamente, y los tribunales que se han pronunciado al respecto, reconocieron el derecho de las madres solteras de disfrutar del permiso correspondiente a la persona progenitora.

Al respecto, el juzgado n. 16 de Valencia, en su sentencia 168/21 de 10 de mayo de 2021, reconoció que una madre soltera «no se estaba apoderando de ningún derecho, puesto que no existía otro progenitor que tuviese derecho al periodo de disfrute solicitado por la demandante y, por tanto, no se configura alguna transferencia de su derecho individual». La juzgadora subraya también que

> la finalidad del permiso de maternidad y cuidado de menor es otorgar a los progenitores la posibilidad de cuidado de menor durante sus primeras semanas de vida; por tanto, por el hecho de ser una familia monoparental no puede verse mermado ese tiempo de cuidado que el menor tiene garantizado por ley.

En este sentido, un caso similar ha sido analizado por el Tribunal Superior de Justicia del País Vasco, en su sentencia 396/2020 (número recurso 941/2020). La misma establece que

> si se deniega la prestación a la beneficiaria existe una conculcación del derecho de igualdad que consagra la Convención sobre los Derechos del Niño de la Asamblea General de las Naciones Unidas de 20 de noviembre de 1989, por cuanto que la atención, cuidado y desarrollo del menor afectado va a sufrir una clara merma respecto a aquellos otros que en situación semejante, encuadrados dentro de un modelo familiar biparental, van a recibir.

Los razonamientos de dichas sentencias que reconocen el derecho de las madres solteras de acumulación del permiso correspondiente a la persona progenitora se entrelazan y se sobreponen.

En primer lugar, el artículo 39. 4 de la Constitución Española establece que «los niños gozarán de la protección prevista en los acuerdos internacionales que velan por sus derechos».

En este sentido, se considera que se viola el interés del menor en el caso de que las hijas e hijos nacidos en un modelo familiar biparental clásico tengan acceso a un periodo de permiso doble respecto a las hijas e hijos nacidos en familias monoparentales y, ante un mismo factor (el nacimiento), la regulación en tema de conciliación no debería establecer diferencias de trato entre familias monoparentales y biparentales, en cuanto a que vulnera el principio de igualdad (Ballester Pastor, 2022, p. 3).

Además, el art. 48.4 del Estatuto de los Trabajadores, que establece que «este derecho es individual de la persona trabajadora sin que pueda transferirse su ejercicio al otro progenitor», debe atender a la Disposición transitoria decimotercera del Estatuto de los Trabajadores referida a la aplicación paulatina del artículo 48 en redacción dada por el Real Decreto-ley 6/2019, de 1 de marzo, de medidas urgentes para garantía de la igualdad de trato y de oportunidades entre mujeres y hombres en el empleo y la ocupación, que establece en su apartado d) que

> a partir de 1 de enero de 2020, en el caso de nacimiento, el otro progenitor contará con un periodo de suspensión total de doce semanas, de las cuales las cuatro primeras deberá disfrutarlas de forma ininterrumpida inmediatamente tras el parto. La madre biológica podrá ceder al otro progenitor un periodo de hasta dos semanas de su periodo de suspensión de disfrute no obligatorio. El disfrute de este periodo por el otro progenitor, así como el de las restantes ocho semanas, se adecuará a lo dispuesto en el artículo 48.4.

Además, el artículo 177 de la Ley General de Seguridad Social establece que:

> A efectos de la prestación por nacimiento y cuidado de menor prevista en esta sección, se consideran situaciones protegidas el nacimiento, la adopción, la guarda con fines de adopción y el acogimiento familiar, de conformidad con el Código Civil o las leyes civiles de las comunidades autónomas que lo regulen, durante los períodos de descanso que por tales situaciones se disfruten, de acuerdo con lo previsto en los apartados 4, 5 y 6 del artículo 48 del texto refundido de la Ley

del Estatuto de los Trabajadores, y en el artículo 49.a), b) y c) del texto refundido de la Ley del Estatuto Básico del Empleado Público.

Más aún, el artículo 10.2 de la Constitución Española establece que las normas relativas a los derechos fundamentales y a las libertades que la Constitución reconoce se interpretan de conformidad con la Declaración Universal de Derechos Humanos y los Tratados y Acuerdos Internacionales sobre las mismas materias ratificados por España y el artículo 96 de la Constitución Española prevé que: «Los tratados internacionales válidamente celebrados, una vez publicados oficialmente en España, formarán parte del ordenamiento interno».

Así pues, ya que la normativa interna no parece consentir la acumulación de permisos por nacimiento y cuidado del menor, se interpretan las normas a la luz de la normativa internacional y, más aún, valorando el principio general del superior interés del menor que se integra en el núcleo familiar con el progenitor o progenitores que le prestan atención y cuidados, conforme a lo establecido en el artículo 8 del Convenio europeo para la Protección de los Derechos Humanos y Libertades Fundamentales y al mandato del artículo 39 de la Constitución Española.

En cambio, el Tribunal Supremo, en su sentencia 169/2023, de 2 de marzo, rechaza que una madre soltera pueda ampliar el permiso por nacimiento, al considerar que la normativa vigente no otorga este derecho (Cabello Roldán, 2023, p. 357).

Sin embargo, el artículo 48 del ET contempla solo el clásico modelo familiar, sin tomar en cuenta la multiplicidad de estructuras familiares que resultan perjudicadas en comparación con la familia nuclear biparental clásica, ya que la atención y el cuidado de los hijos e hijas y la conciliación de la vida laboral y familiar es mucho mayor, en particular en el caso de las mujeres trabajadoras, que representa la categoría monoparental más común. Más aún, la vulnerabilidad de las familias monoparentales es un hecho que no debe subestimarse y no tener en cuenta esta circunstancia podría configurarse como una discriminación hacia estos hogares.

3. CONCLUSIONES

Es fundamental que la legislación se adecue a la realidad en constante evolución, ya que la falta de un marco normativo que trate y establezca las transformaciones necesarias para una tutela real de este modelo «alternativo» de familia no será capaz de resolver las controversias relacionadas con este tema. Regular estos aspectos, de forma análoga a lo que sucede con las familias numerosas o familias con hijos o hijas discapacitadas, permitiría dar luz y visibilizar esta realidad y, de igual manera, luchar, en particular en la circunstancia mayoritaria de las familias monomarentales, contra cada tipo de discriminación por razón de sexo, indirectamente fundada en el estado civil de la persona.

A tal efecto, parece oportuno proponer una plena equiparación de derechos entre los distintos modelos de familia, de tal manera que los hijos/as puedan recibir los cuidados necesarios con independencia de que tengan una solo o ambas personas progenitoras, considerando también la posibilidad de transferibilidad, en ciertos casos, en los cuales figuran sin duda los casos de monoparentalidad, de permisos por nacimiento y cuidado de hijos/as.

En cualquier caso, siempre tomando en consideración la Convención sobre los Derechos del Niño de la Asamblea General de las Naciones Unidas de 20 de noviembre de 1989, surge la necesidad de replantearse si las dieciséis semanas previstas son suficientes para satisfacer las necesidades de las familias monoparentales o si urge una ampliación del permiso por nacimiento.

En este sentido, recientemente se ha pronunciado también el Tribunal Supremo, en su sentencia 167/2023, de 27 de febrero, acusando la inexistencia de un marco legal capaz de proteger a estos modelos de familia y de establecer los permisos a los que deberían tener derecho.

A la luz de estas consideraciones, la necesidad de elaborar una legislación nacional orgánica que regule y revise de forma integral el sistema de protección y asistencia a favor de las personas más débiles es inminente, se pretende introducir una pieza legislativa sencilla y esencial, dirigida a complementar y mejorar el actual sistema de protección jurídica de las familias monoparentales.

REFERENCIAS

ASSIEGO CRUZ, V. (2021). *Las familias monomarentales en España: datos, problemas y necesidades.* Catálogo de publicaciones de la Administración General del Estado, Instituto de las Mujeres, pp. 17-275.

BALLESTER PASTOR, I. (2022). Las familias monoparentales tienen derecho a un permiso por nacimiento de 26 semanas: construcción judicial que alcanza hasta donde el legislador no llega. *Revista de Jurisprudencia Laboral,* n. 8, pp. 1-10.

BALLESTER PASTOR, M. A. (2019). El RDL 6/2019 para la garantía de la igualdad de trato y de oportunidades entre mujeres y hombres en el empleo y la ocupación: Dios y el diablo en la tierra del sol. *Temas Laborales,* n. 146, pp. 13-40.

BARRÓN LÓPEZ, S. (2002). Familias monoparentales: un ejercicio de clarificación conceptual y sociológica. *Revista del Ministerio de Trabajo y Asuntos Sociales,* n. 40, pp. 177-183.

BOGONI, M. (2021). Los derechos de conciliación de las familias monoparentales, Conciliación y corresponsabilidad de las personas trabajadoras: presente y futuro / Emma Rodríguez Rodríguez (dir.). Árbol académico, Nora María Martínez Yáñez (dir.), pp. 245-284.

BOGONI, M. (2023). Familias monomarentales y nueva Ley de Familias: el largo camino hacia el reconocimiento de sus derechos de conciliación. *Revista del Ministerio de Trabajo y Economía Social, Trabajo y Mujer,* n. 155, pp. 65-98.

CABELLO ROLDÁN, A. (2023). La protección social de las familias monoparentales en España. *Revista Internacional y Comparada de Relaciones Laborales y Derecho de Empleo,* vol. 11, núm. 2, pp. 342-359.

CABEZA PEREIRO, J. (2020). La Directiva de conciliación de la vida familiar y profesional. *Revista de Derecho Social,* n. 92, pp. 183-195.

DÍAZ MORDILLO, M. A. (2023). Seguridad Social y familia monoparental: los inconvenientes de una protección inacabada. *Revista de Trabajo y Seguridad Social - CEF*, n. 473, pp. 61-86.

GOÑI SEIN, J. L. (2005). La familia monoparental: ausencia de atención política y legislativa y su impacto sobre la situación sociolaboral de la mujer. *Temas Laborales*, n. 82, pp. 11-46.

GORELLI HERNÁNDEZ, J. (2022). La protección a las familias en la Seguridad Social. *Revista de Estudios Jurídico Laborales y de Seguridad Social*, n. 5, pp. 65-100.

ORGANISATION FOR ECONOMIC CO-OPERATION AND DEVELOPMENT (2022). *Evolving Family Models in Spain: A New National Framework for Improved Support and Protection for Families*, OECD Publishing, Paris.

PÉREZ OROZCO, A. (2015). La sostenibilidad de la vida en el centro... ¿y eso qué significa?, en MORA CABELLO DE ALBA, L. - ESCRIBANO GUTIÉRREZ, J. (dirs.). *La ecología del trabajo: el trabajo que sostiene la vida*, Bomarzo ed., Albacete, 2015, pp. 71-100.

PULMAR BELTRÁN, N. (2010). *La revisión de la protección de las familias monoparentales por parte de la Seguridad Social*. Ministerio de Trabajo e Inmigración, pp. 1-228.

RODRÍGUEZ RODRÍGUEZ, E. (2021). De la conciliación a la corresponsabilidad en el tiempo de trabajo: un cambio de paradigma imprescindible para conseguir el trabajo decente. *Lex Social: Revista De Derechos Sociales*, n. 11, pp. 40-78.

RODRÍGUEZ SANZ DE GALDEANO, B. (2013). *El derecho del trabajo ante la feminización de la pobreza*. Editorial Bomarzo, 2013, pp. 1-151.

ROMERO GARCÍA, B. (2022). Permisos por nacimiento y cuidado de menor y su discutida acumulación por el progenitor único en caso de familia monoparental para preservar el interés del menor. *Revista de Jurisprudencia Laboral* n. 6, pp. 1-8.

RECORRIDO HASTA EL RECONOCIMIENTO JURÍDICO DE LA IDENTIDAD DE GÉNERO DE LOS MENORES TRANS*

Marc Manso i Pujol
Universitat de Barcelona
marcmanso@ub.edu

RESUMEN

La situación legal de los menores trans* en relación con la mención de su sexo en el Registro Civil ha variado en los últimos años. Desde que la jurisprudencia inicial o la misma *Ley 3/2007, de 15 de marzo, reguladora de la rectificación registral de la mención relativa al sexo de las personas* admitieron por primera vez el cambio de dicha mención, limitaron su ejercicio a mayores de edad. No obstante, a causa de una cuestión de inconstitucionalidad planteada por el Tribunal Supremo, el Tribunal Constitucional estableció doctrina en su Sentencia 99/2019, de 18 de julio, que declaraba inconstitucional dicha limitación.

Esta sentencia introdujo conceptos jurídicos indeterminados que, inicialmente, el Tribunal Supremo intentó concretar para la resolución del caso concreto siguiendo instrumentos internacionales de *soft law* y que finalmente han cristalizado en una regulación registral de la nueva *Ley 4/2023, de 28 de febrero, para la igualdad real y efectiva de las personas trans y para la garantía de los derechos de las personas LGTBI.*

PALABRAS CLAVE: menores, identidad de género, personas trans*, sexo registral, autonomía progresiva

ABSTRACT

The legal situation of trans* minors regarding their registered sex mention at the Civil Registry has changed in recent years. Since the initial jurisprudence or the Registry Rectification of Person's Sex Mention Act (2007) allowed for the first time the change of that mention, but its exercise was limited to adults only. However, following an unconstitutional exception raised by the Supreme Court, the Constitutional Court established doctrine in its Sentence 99/2019 of 18th July, which declared that limitation unconstitutional.

This sentence introduced indeterminate legal concepts that, initially, the Supreme Court attempted to clarify for the resolution of the specific case by following international soft law instruments and which have finally crystallized in a registry regulation that has been incorporated into the new Real and Effective Equality of Trans People and Rights Guarantee of LGBT People Act (2023).

KEY WORDS: minors, gender identity, trans* people, registered sex, progressive autonomy

SUMARIO

1. Introducción

2. Antecedentes

3. Análisis de la Sentencia del Tribunal Constitucional 99/2019, de 18 de julio.

   3.1. Análisis sobre la afectación a derechos constitucionales.
   3.2. Titularidad de derechos por menores de edad.
   3.3. Control de proporcionalidad de la medida legislativa.
   3.4. Decisión

4. Aplicación de la doctrina al caso concreto. Análisis de la Sentencia del Tribunal Supremo 685/2019, de 17 de diciembre.

   4.1. Sentencia del Tribunal Supremo 685/2019, de 17 de diciembre.
   4.2. Análisis de la fundamentación.

5. Aplicación de la doctrina constitucional en la nueva Ley 4/2023, de 28 de febrero, para la igualdad real y efectiva de las personas trans y para la garantía de los derechos de las personas LGTBI.

6. Situación de los menores trans* en la legislación autonómica. El caso concreto de la ley catalana LGTBI+.

7. Afectación del recurso de inconstitucionalidad a la doctrina establecida.

8. Conclusiones.

9. Referencias

1. INTRODUCCIÓN

El Tribunal Constitucional ha tenido ocasión de pronunciarse en materia de identidad de género en tan solo tres ocasiones[7]. La primera fue en la Sentencia 176/2008, de 22 de diciembre, donde reconocía por primera vez la discriminación específica sufrida por las personas trans* como susceptible de protección dentro del artículo 14 CE. No será hasta la STC 67/2022, de 2 de junio, que, por fin, se mencionará la cláusula antidiscriminatoria por la cual quedarían amparadas dentro de ese mismo artículo. En esta, a pesar de la divergencia conceptual apreciada en la legislación antidiscriminatoria, se opta por la terminología «identidad de género», incluyéndose a las personas no binarias.

En esta contribución se analizará la sentencia que se publicó entre medio, en concreto, la STC 99/2019, de 19 de julio, relativa a la cuestión de inconstitucionalidad 1595-2016 planteada por la Sala de lo Civil del Tribunal Supremo respecto al artículo 1 de la *Ley 3/2007, de 15 de marzo, reguladora de la rectificación registral de la mención relativa al sexo de las personas* en relación con la restricción de edad al mencionado cambio registral.

2. ANTECEDENTES

La situación legal de los menores trans* en relación con la mención de su sexo en el Registro Civil ha variado en los últimos años. La primera vez que se reconoció la opción del cambio de sexo registral

---

7 En el momento de publicación de esta obra, el Tribunal Constitucional se ha pronunciado una vez más en materia de identidad de género. La Sentencia 44/2024, de 12 de marzo, analiza la extensión de la normativa de protección de la violencia de género de Cataluña a las mujeres, niñas y adolescentes trans*, aunque no entra en la doctrina objeto de este texto. Sigue pendiente, sin embargo, la sentencia que resuelva el recurso de inconstitucionalidad planteado sobre la *Ley 4/2023, de 28 de febrero, para la igualdad real y efectiva de las personas trans y para la garantía de los derechos de las personas LGTBI.*

fue en la *Ley 3/2007, de 15 de marzo, reguladora de la rectificación registral de la mención relativa al sexo de las personas*. En esta, solo se permitía el cambio a las personas que fueran mayores de edad (art. 1.1) y con un cambio de nombre aparejado.

En realidad, la jurisprudencia ya había empezado a permitirlo desde 1987, argumentándolo de la siguiente manera: «Será una ficción de hembra si se quiere; pero el Derecho también tiende su protección a las ficciones» (STS 4665/1987, de 2 de julio). Se exigían criterios dispares, entre los cuales se encontraba el deber de someterse a una intervención quirúrgica de reasignación sexual y a un tratamiento hormonal continuado. La aprobación de la ley permitió unificar los requisitos exigidos para el cambio registral. En concreto, elimina expresamente el requisito de la intervención quirúrgica (art. 4.2), lo que fue confirmado posteriormente por la jurisprudencia (por todas, STS 465/2009, de 22 de junio). En cambio, mantiene el tratamiento hormonal, el cual debe extenderse durante dos años como mínimo (art. 4.1.b), con algunas excepciones.[8] Además, se requiere un diagnóstico por parte de un médico o psicólogo clínico de «disforia de género», entendida como «la existencia de disonancia entre el sexo morfológico o género fisiológico inicialmente inscrito y la identidad de género sentida por el solicitante o sexo psicosocial, así como la estabilidad y persistencia de esta disonancia» (art. 4.1.a). A los efectos de lo que aquí nos interesa, ha de destacarse que uno de los requisitos que se establecían era haber alcanzado la mayoría de edad (art. 1.1). Este

[8] La Ley contemplaba como excepciones a la exigencia de un tratamiento hormonal continuado durante dos años la concurrencia de «razones de salud o edad que imposibiliten su seguimiento y se aporte certificación médica de tal circunstancia» (art. 4.2). Los representantes legales del menor que da origen al caso que llegó al Tribunal Constitucional reclamaban justamente la aplicación de esta excepción por razón de edad, pues el equipo médico y psicológico que supervisaba al menor emitieron un informe donde afirmaban que no recomendaban el inicio del tratamiento con anterioridad por no haber empezado el cambio puberal (Antecedente 2.a) STC 99/2019).

fue, precisamente, el objeto de la impugnación jurisdiccional que da origen a la sentencia que se analiza.

Los representantes legales de un menor de edad recurrieron a los tribunales la denegación del cambio de sexo registral de este por parte del Registro Civil. Primero acudieron al Juzgado de Primera Instancia y, posteriormente, apelaron a la Audiencia Provincial de Huesca. Se permaneció en la negativa, por lo que acabaron recurriendo en casación al Tribunal Supremo. La Sala Civil de dicho tribunal interpuso una cuestión de inconstitucionalidad en contra del mencionado artículo 1 de la Ley 3/2007 por presunta vulneración del derecho a la integridad física y moral (art. 15 CE), a la intimidad (art. 18.1 CE) y a la protección a la salud (art. 43.1 CE), en el sentido del bienestar físico y moral, en relación con el respeto a la dignidad de la persona y a su libre desarrollo de la personalidad (art. 10.1 CE). A esta cuestión, los representantes legales del menor y la Fiscalía General del Estado presentaron alegaciones favorables a su estimación, aportando jurisprudencia de tribunales extranjeros que han resuelto de esa misma forma, como los alemanes, y de *soft law* de organismos internacionales como el Consejo de Europa. Por contra, la Abogacía del Estado se mostró contraria, argumentando que debería primar el interés superior del menor y la seguridad jurídica, cuestiones que consideraba contrapuestas a otorgar la facultad de solicitar el cambio de sexo registral a los menores de edad.

Los representantes legales del menor, además, solicitaron que se ampliara la cuestión al art. 4 por considerarlo patologizante. Este artículo contiene los requisitos del diagnóstico de disforia de género y de la exigencia de un tratamiento hormonal continuado durante 2 años. El TC rechaza en su sentencia que esta ampliación forme parte del objeto procesal y, por lo tanto, no entra a valorarlo, al considerar que no es determinante para resolver el litigio que ha suscitado la cuestión de inconstitucionalidad (FJ 3, STC 99/2019).

3. ANÁLISIS DE LA SENTENCIA DEL TRIBUNAL CONSTITUCIONAL 99/2019, DE 18 DE JULIO

A partir de las alegaciones efectuadas, el Tribunal Constitucional analiza el caso en su Sentencia 99/2019, de 18 de julio. Dicho análisis se divide en tres partes: la afectación de la restricción a los derechos alegados, la titularidad de derechos por parte de menores de edad y el control de proporcionalidad de la medida legislativa.

3.1. Análisis sobre la afectación a derechos constitucionales

Por un lado, el Tribunal confirma que la limitación establecida en la ley, basándose en jurisprudencia del Tribunal Europeo de Derechos Humanos (por todas, STEDH de 10 de marzo de 2015, asunto YY c. Turquía, § 57), afecta a la dignidad de la persona, especialmente al libre desarrollo de la personalidad (art. 10.1 CE), por considerarse que el nombre y el sexo de una persona forman parte de su identidad, protegida también por el art. 8 CEDH. En el mismo sentido, cita jurisprudencia del Tribunal Federal alemán y de los Tribunales Constitucionales mexicano y colombiano. Finalmente, el Tribunal reconoce el derecho a la autodeterminación, es decir, la libertad de definir la propia identidad sexual (STEDH, de 6 de abril de 2017, asunto AP Garçon y Nicot c. Francia). De modo que una ley que reconozca el libre desarrollo de la personalidad —como es el caso de la ley de 2007, como menciona su preámbulo—, pero lo restrinja por motivos de edad, supone negar este principio constitucional a los menores. Según el TC, esta restricción tendría un carácter particularmente intenso por incidir en la dignidad de las personas (art. 10.1 CE).

También estima la afectación al derecho a la intimidad personal (art. 18.1 CE), puesto que la no correspondencia entre el sexo que consta en la documentación oficial y aquel con el que se identifica la persona, supondría poner en conocimiento ajeno la condición de trans*, lo cual forma parte de su intimidad y debería protegerse, recogiendo su propia doctrina sobre este derecho (STC 231/1988, FJ 3; STC 127/2007, FJ 7).

Por otro lado, niega la afectación sobre los derechos a la integridad física y moral (art. 15 CE), así como a la salud (art. 43 CE), por no exigirse someterse a una cirugía — aunque, en realidad, sí que se requiere un tratamiento hormonal continuado de 2 años—. Aprecia que la situación puede generar agobio y frustración, como reconoció el TEDH respecto del art. 3 CEDH (STEDH de 11 de diciembre de 2007, asunto L. C. Lituania; § 46-47), pero no de suficiente intensidad como para afectar a los mencionados derechos.

3.2. Titularidad de derechos por menores de edad

El TC remarca que los menores de edad son titulares de derechos fundamentales como el de tutela judicial efectiva (art. 24.1 CE), del que se desprende que debe posibilitarse a los menores con suficiente capacidad y madurez instar a los órganos judiciales la defensa de los intereses que afecten a su esfera personal, aunque sea contra la voluntad de sus representantes legales (STC 183/2008, FJ 5). Asimismo, reconoce que también son titulares de los derechos calificados de libertad (STC 141/2000, FJ 5), como son los enjuiciados en este caso.

El TC declara expresamente que la autodeterminación sobre decisiones vitales es una opción personalísima, de modo que siempre que el menor sea suficientemente maduro, se le debe reconocer la responsabilidad del ejercicio de un derecho fundamental (STC 154/2002, FJ 9a). Este criterio sobre la autodeterminación del sujeto se proyecta sobre todos los ámbitos protegidos por el Derecho. También lo reconoce así la Convención de derechos del niño (1989), que insta a los Estados Parte, como el español, a «respetar el derecho del niño a preservar su identidad».

Estos argumentos siguen confirmándose por parte del TC, es decir, que, en principio, los menores de edad son titulares de derechos constitucionales como los alegados, a falta de examinar el control de proporcionalidad.

3.3. Control de proporcionalidad de la medida legislativa

El Tribunal empieza destacando que es el legislador el que delimita el contenido y alcance de los derechos fundamentales, siempre que respete su contenido esencial (art. 53.1 CE), y de los principios constitucionales (STC 60/2010, FJ 7). No obstante, cuando dos derechos constitucionales colisionan, le corresponde al TC ponderar estos derechos y bienes jurídicos para tratar de armonizarlos, si fuera posible, o bien precisando las condiciones en las que podría admitirse la prevalencia de alguno de ellos (STC 64 /2019, FJ 5). Además, recalca que, cuanto más restrictiva sea la medida sobre los derechos y principios constitucionales, más exigente debe ser el control constitucional. En este caso, el Tribunal aprecia que privar a los menores de edad del cambio del sexo registral supone una afectación de especial intensidad sobre la dignidad humana. Por ello, conlleva la necesidad de reforzar este control.

El TC reconoce que los menores de edad requieren de una tutela especial, inexcusable por los poderes públicos, que constituye un límite legítimo a libertades constitucionales incluso de sus progenitores (STC 274/2005, FJ 4; STC 141/2000, FJ 5). Así, en atención al interés superior del menor, la restricción al principio de libre desarrollo de la personalidad (art. 10.1 CE) y la tutela de derechos fundamentales concretos (art. 16 CE) devendrían un objetivo constitucionalmente legítimo para procurar una protección a menores de edad.

La privación a los menores de edad trans* del cambio de sexo registral no contrariaría el mencionado fin de protección especial del menor, pero sí que existirían medidas alternativas menos gravosas que la privación completa, especialmente para los menores con «suficiente madurez» y en una «situación estable de transexualidad». Según el Tribunal, el mandato a los poderes públicos de una protección especial a los menores (art. 39 CE) se reduce a medida que avanza la edad porque estos adquieren más entendimiento y el «riesgo de remisión» de la transexualidad disminuye.[9] Así, acaba apreciando una desproporción entre la restricción excesiva de derechos y principios constitucionales en relación con el objetivo perseguido de la tutela especial para los menores de edad, especialmente por la falta de un régimen intermedio.

3.4. Decisión

Finalmente, el Tribunal acaba decidiendo que la mencionada restricción contenida en el art. 1.1 de la *Ley 3/2007, de 15 de marzo, reguladora de la rectificación registral de la mención relativa al sexo de las personas* es inconstitucional. Lo argumenta de modo que, aunque reconoce la necesidad de una tutela especial a los menores en virtud del interés superior del menor como objetivo constitucionalmente legítimo para limitar derechos y libertades, su aplicación no sería proporcionada. Los perjuicios que produce esta restricción sobre los menores, especialmente cuando cuentan con «suficiente madurez» y una «situación estable de transexualidad», sobre su derecho a la intimidad personal y al libre desarrollo de la personalidad serían excesivos respecto a la necesidad de la tutela especial.

Sorprende que en ningún momento se haya hecho referencia en la fundamentación a la lesión del art. 14 CE, puesto que, en palabras de Rey Martínez, «privar al menor maduro de este derecho [rectificación de la mención del sexo registral] supone una discriminación múltiple porque le discrimina por su identidad sexual y también por su edad» (Rey Martínez, 2019), aunque cabe admitir que el fallo habría resultado en el mismo sentido.

---

[9] El concepto «riesgo de remisión» sigue siendo patologizante al entenderse que ser trans* es susceptible de revertirse, idea que justifica la existencia de las «terapias de conversión».

De esta decisión también cabe destacar que, como apunta el voto particular de la magistrada Encarna Roca Trías, no se concreta cuál es la consecuencia de la declaración de inconstitucionalidad de la restricción por edad. No se menciona si es nula, de modo que desaparecería la restricción por edad de este procedimiento; si es meramente interpretativa o bien se trata de una especie de recomendación al legislador, pues no se especifica qué se entiende por «suficiente madurez» ni «situación estable de transexualidad». Así pues, como veremos a continuación, la concreción de estos conceptos recae en los operadores jurídicos que deben aplicar esta normativa, es decir, esencialmente el Registro Civil y los juzgados y tribunales.

4. APLICACIÓN DE LA DOCTRINA AL CASO CONCRETO. ANÁLISIS DE LA SENTENCIA DEL TRIBUNAL SUPREMO 685/2019, DE 17 DE DICIEMBRE

Los pocos escritos que existen en relación con la STC 99/2018, de 18 de julio, antes revisada, nunca llegan a entrar en cómo se concretó la doctrina constitucional al caso concreto. Específicamente, es interesante ver la resolución del caso a través del cual llegó esta cuestión al Tribunal Constitucional. En este apartado, se parte de esta resolución, la Sentencia del Tribunal Supremo 685/2019, de 17 de diciembre; a la que le sigue un análisis de su fundamentación.

4.1. Sentencia del Tribunal Supremo 685/2019, de 17 de diciembre

Una vez resuelta la cuestión de inconstitucionalidad, el Tribunal Supremo tuvo que resolver el recurso de casación aplicando la doctrina del Tribunal Constitucional al caso concreto.

Empieza su fundamentación relatando jurisprudencia propia, comunitaria e internacional relacionada, destacando que el tratamiento jurídico a las personas trans* debe darse como consecuencia directa del principio de respeto a la dignidad de la persona y al libre desarrollo de la personalidad (art. 10.1 CE) y al derecho a la intimidad (art. 18.1 CE), además de otros principios y derechos provenientes de la normativa internacional, especialmente del Convenio Europeo de Protección de los Derechos Humanos y de las Libertades Fundamentales.

Le sigue una alusión a un informe del Comisario de Derechos Humanos del Consejo de Europa, 29 de julio de 2009, donde se afirma que los menores trans* tienen un alto porcentaje de acoso escolar y rechazo familiar. También que están exentos de orientación y apoyo, lo que los lleva a la exclusión, al autoodio y a tasas muy elevadas de intentos de suicidio[10]. De este modo, según el informe, ofrecer una orientación adecuada favorecería el interés superior del menor.

Finalmente, acaba sintetizando la doctrina emanada por el Tribunal Constitucional y constatando que su labor recae en valorar si el menor tiene «suficiente madurez» y si se encuentra en una «situación estable de transexualidad». Ante la falta de concreción de los conceptos jurídicos indicados, el TS acude a la Observación General núm. 12 (2009) del Comité de los Derechos del Niño de la ONU (en adelante, OGCDN12) para definir la «madurez» del menor de la siguiente forma:

> (...) la capacidad de comprender y evaluar las consecuencias de un asunto determinado, por lo que debe tomarse en consideración al determinar la capacidad de cada niño. [...] es la capacidad de un niño para expresar sus opiniones sobre las cuestiones de forma razonable e independiente.

Sobre la «situación estable de transexualidad», se ha limitado a excluir que sea un obstáculo el hecho de no haber alcanzado los 2

---

10 Puede consultarse el informe «Derechos humanos e identidad de género» del Comisario de Derechos Humanos del Consejo de Europa, 29 de julio de 2009, en el siguiente enlace: https://rm.coe.int/derechos-humanos-e-identidad-de-genero-issue-paper-de-thomas-hammarber/16806da528

años de tratamiento, en virtud de la Sentencia del TEDH de 10 de marzo de 2015, caso Y.Y. contra República de Turquía, y del mismo art. 4 de la Ley 3/2007 que prevé esta posibilidad cuando por razones de edad no sea posible, como así confirma el informe presentado por los representantes del menor emitido por un equipo médico y psicológico.

A partir de estas consideraciones, el Supremo considera necesaria dar audiencia al menor donde se pueda comprobar dicha madurez, además de la «situación estable de transexualidad» y la documentación aportada. También exige dicha audiencia para confirmar la voluntad del menor de solicitar el cambio de sexo registral, puesto que el art. 162 CCe atribuye la representación legal del menor a sí mismo en los supuestos en que «[l]os actos relativos a los derechos de la personalidad que el hijo, de acuerdo con su madurez, pueda ejercitar por sí mismo», como sería este caso, de modo que la representación pasaría a ser solo complementaria (art. 7.2 LEC).

El Tribunal acaba resolviendo que debe casar la sentencia recurrida y devolver el asunto al tribunal de apelación para realizar la audiencia al menor, así como enjuiciar las cuestiones de hecho y derecho que no se llegaron a analizar por considerar que se carecía de legitimidad activa para el cambio de sexo registral. También declara que el eventual recurso contra la sentencia que resuelva el asunto tendrá una tramitación preferente.

4.2. Análisis de la fundamentación

El Tribunal confirma la doctrina constitucional, pero lejos queda la concreción de los conceptos jurídicos indeterminados que aportaba el pronunciamiento del Constitucional. Ahora bien, en su sintética sentencia, el Supremo sí que aporta algunos elementos de valor para resolver esta situación.

En un intento de acercarse a dichos conceptos, acude a *soft law* internacional de aplicación de los Derechos Humanos, como las Observaciones generales del Comité de los Derechos del Niño de la ONU, puesto que la restricción al derecho de cambiar la mención al sexo registral tiene una afectación directa y, en este caso, de gran intensidad —como reconoce el TC— sobre los menores. La Observación general a la cual alude resulta de la interpretación del primer apartado del artículo 12 de la Convención de los Derechos del Niño, de 20 de noviembre de 1989 (en adelante, CDN), que establece lo siguiente:

> Los Estados Partes garantizarán al niño que esté en condiciones de formarse un juicio propio el derecho de expresar su opinión libremente en todos los asuntos que afectan al niño, teniéndose debidamente en cuenta las opiniones del niño, en función de la edad y madurez del niño.

Este precepto crea una obligación para los Estados parte «de evaluar la capacidad del niño de formarse una opinión autónoma», esto es, partir de la premisa de que un menor de edad «tiene capacidad para formarse sus propias opiniones y reconocer que tiene derecho a expresarlas» y sin que esta se limite a una edad concreta (Apartado 1 OGCDN12).

Este artículo se vincula estrechamente con el artículo 5 CDN, el cual estipula que:

> Los Estados Partes respetarán las responsabilidades, los derechos y los deberes de los padres o, en su caso, de los miembros de la familia ampliada o de la comunidad, según establezca la costumbre local, de los tutores u otras personas encargadas legalmente del niño de impartirle, en consonancia con la evolución de sus facultades, dirección y orientación apropiadas para que el niño ejerza los derechos reconocidos en la presente Convención.

A partir de estos dos preceptos, se consagra el denominado principio de «autonomía progresiva» (Díaz Pantoja, 2023). Según este principio, «a medida que los niños adquieren facultades, tienen derecho a asumir un nivel cada vez mayor de responsabilidad respecto de la regulación de los asuntos que los afectan» (Apartado 4 OGCDN12), a la vez que se genera un deber de las familias o tutores legales de orientar a los menores en el ejercicio autónomo de sus derechos.

Sobre el inciso «asuntos que los afectan», uno de los principales se recoge en el artículo 8 CDN:

1. Los Estados Partes se comprometen a respetar el derecho del niño a preservar su identidad, incluidos la nacionalidad, el nombre y las relaciones familiares de conformidad con la ley sin injerencias ilícitas.
2. Cuando un niño sea privado ilegalmente de algunos de los elementos de su identidad o de todos ellos, los Estados Partes deberán prestar la asistencia y protección apropiadas con miras a restablecer rápidamente su identidad.

El mismo TC ya reconoce en su sentencia que el respeto de la identidad es uno de los derechos de la personalidad por afectar a la esfera personal y ser inherente a la persona. El mencionado artículo 8 CDN reitera este derecho y remarca que persiste el carácter personalísimo también en los menores como titulares de este, por lo que crea una obligación sobre los estados de respetarla.

Sobre el concepto de «identidad», el art. 8 CDN incluye un conjunto de criterios, pero en ningún caso se trata de un listado exhaustivo. Así se establece en la Observación General núm. 14 (2013) del Comité de los Derechos del Niño de la ONU (en adelante, OGCDN14), donde, reconociendo la diversidad en la infancia y la necesidad de tenerla en consideración en la determinación del interés superior del menor[11], destaca que la «identidad» abarca características como: «(. . .) el sexo, la orientación sexual, el origen nacional, la religión y las creencias, la identidad cultural y la personalidad».

Ampliando el listado, y reconociendo que no se trata de *numerus clausus*, la Observación General núm. 21 (2017) del Comité de los

[11] Cuando el Tribunal Constitucional analizó el caso en la fundamentación de la Sentencia, contraponía el libre desarrollo del menor al interés superior de este, equiparándolo a la necesidad de una tutela especial. Esta Observación destaca la necesidad de interpretar el interés superior del menor intrínsicamente con la diversidad, como sería la identidad de género, no como contraposición a otros derechos o principios, como el libre desarrollo de la personalidad.

Derechos del Niño de la ONU (en adelante, OGCDN21) destaca: «Sus características varían en cuanto a la edad, el sexo, el origen étnico, la identidad como indígena, la nacionalidad, la discapacidad, la orientación sexual y la identidad y expresión de género, entre otros factores».

Por lo tanto, también se incluiría la identidad de género dentro del concepto de «identidad» y, como tal, debería escucharse y tenerse en cuenta aquello que el menor exprese en aras de que el Estado pueda preservarla. Así también lo ha confirmado el TEDH, declarando que la identidad de género y el nombre forman parte de la esfera personal que protege el art. 8 CEDH relativo a la «vida privada», garantizándose el derecho al desarrollo personal y la integridad física y moral de las personas trans* (asunto Schlumpf contra Suiza, de 8 de enero de 2009). En la misma línea, ha expresado la importancia del principio de autonomía personal en la interpretación de las garantías del artículo 8 CEDH, el cual incluye el derecho a la autodeterminación sobre la identidad de género (asunto A. P. Garçon y Nicot contra Francia, de 6 de abril de 2017).

Otro instrumento internacional al cual también se puede acudir son los Principios de Yogyakarta (en adelante, YP), encargados de la aplicación de la legislación internacional en materia de derechos humanos por razón de orientación sexual e identidad y expresión de género. Estos se han consolidado como estándares internacionales en esta materia (Rey Martínez, 2019), como demuestra el hecho de que el Manual europeo de Derecho antidiscriminatorio haya integrado sus definiciones (Agencia de los Derechos Fundamentales de la Unión Europea *et al.*, 2019).

Estos principios, aunque no explicitan una definición de qué se entiende por «identidad», sí que incluyen alguna referencia a este concepto. En concreto, en su ampliación el año 2017 se añadió el principio 31, relativo al derecho al reconocimiento legal, que supone «el derecho de obtener documentos de identidad, incluyendo certificados de nacimiento, con independencia de la orientación sexual, identidad de género, expresión de género o características sexuales». Además, en el caso de que se requiera obligatoriamente la mención al sexo o al género en los Documentos Nacionales, el principio 31 YP también establece el derecho de la persona a «cambiar la información respecto de su género en tales documentos», lo que supondría la obligación del Estado de permitir el cambio de sexo registral. Sobre este cambio —sexo, género y nombre—, concreta que no puede ser un requisito, entre otros, una «edad mínima o máxima» (principio 31.C.III YP).

En relación con el documento de identidad, en el Estado español la *Ley Orgánica 4/2015, de 30 de marzo, de protección de la Seguridad ciudadana* —como ya hacía su predecesora *Ley Orgánica 1/1992, de 21 de febrero*—, establece en su artículo 8, apartado primero, segundo inciso: «(. . .) Es el único documento con suficiente valor por sí solo para la acreditación, a todos los efectos, de la identidad y los datos personales de su titular».

Esta afirmación normativa evidencia la importancia que el Documento de Identidad, como su mismo nombre indica, muestre la identidad real de la persona titular. En este sentido, en su apartado segundo, establece que los elementos que deben figurar en el Documento Nacional de Identidad (en adelante, DNI) como datos personales de la identidad de su titular se determinen reglamentariamente, a parte de la fotografía y una firma. El mencionado reglamento, el *Real Decreto 1553/2005, de 23 de diciembre, por el que se regula la expedición del documento nacional de identidad y sus certificados de firma electrónica*, recoge que el DNI debe contener, entre otros, el nombre y el sexo (art. 11). Del mismo modo, el Registro Civil, del cual se extraen los datos que aparecen en el DNI, tiene por objeto registrar los «hechos y actos que se refieren a la identidad, estado civil y demás circunstancias de la persona» y, entre estos hechos, expresamente incluye como inscribible obligatoriamente el sexo, según el art. 4 de la *Ley 20/2011, de 21 de julio, del Registro Civil*. Esto confirmaría por parte de la legislación española la inclusión del nombre y sexo como elementos de la identidad.

De este modo, existe una exigencia legal de que en el DNI aparezca la mención al sexo, por lo que, siguiendo los YP, debería facilitarse el cambio cuando no refleje la identidad de género de la persona. Además, se establece la obligación de disponer de DNI a partir de los 14 años (art. 9 LO 4/2015), por lo que, al menos los menores de 14 a 18 años, también deberían disponer del derecho a dicho cambio.

Finalmente, el Tribunal acaba cumpliendo en parte toda esta doctrina internacional. Por un lado, exige dar audiencia al menor para confirmar la suficiente madurez, la situación estable de transexualidad y la documentación, aunque siga sin concretar qué se entiende por estos conceptos. Por otro lado, también para que este, por sí mismo, pueda confirmar su voluntad de solicitar el cambio de sexo registral, lo cual viene dado por el mismo CDN, donde establece en el segundo apartado del artículo 12 que el menor debe ser escuchado en todo procedimiento judicial o administrativo que le afecte, a la vez que ejercer los derechos personalísimos de los cuales sea titular, en virtud del principio de autonomía progresiva.

5. APLICACIÓN DE LA DOCTRINA CONSTITUCIONAL EN LA NUEVA *LEY 4/2023, DE 28 DE FEBRERO, PARA LA IGUALDAD REAL Y EFECTIVA DE LAS PERSONAS TRANS Y PARA LA GARANTÍA DE LOS DERECHOS DE LAS PERSONAS LGTBI*

A partir de la doctrina establecida, se generó una situación de inseguridad jurídica para los menores trans* porque su concreción dependía de la interpretación jurisprudencial (González Hernández, 2020). Por ello, el legislador intenta plasmar la doctrina constitucional en la recientemente aprobada *Ley 4/2023, de 28 de febrero, para la igualdad real y efectiva de las personas trans y para la garantía de los derechos de las personas LGTBI*, la cual deroga la ley anterior de 2007 (DD única). A diferencia de la predecesora, se trata de una ley integral que abarca muchos sectores materiales, pero uno de los principales es la regulación del cambio de la mención del sexo registral que se aborda en su Capítulo I del Título II.

En el preámbulo se menciona expresamente la STC 99/2019, por un lado, recogiendo la doctrina establecida por esta, destacando que el cambio de sexo registral se basa en el principio de libre desarrollo de la personalidad (art. 10.1 CE) y que se proyecta sobre el derecho fundamental a la intimidad personal (art. 18.1 CE) y, por otro lado, expone la declaración de inconstitucionalidad que privó de este cambio registral a los menores de edad. También recoge la STS 685/2019, de 17 de diciembre, como confirmación de la doctrina.

También es importante destacar la despatologización de las personas trans* (Suess Schwend, 2020) al no requerir un certificado médico ni psicológico para el cambio de sexo registral, puesto que hasta entonces se exigía el diagnóstico de «disforia de género»[12]. Desde hace unos años, ECRI (*European Comission against Racism and Intolerance*), dependiente del Consejo de Europa, empezó a supervisar cuestiones relacionadas con el colectivo LGBTI en los Estados miembros (Agencia de los Derechos Fundamentales de la Unión Europea *et al.*, 2019)[13]. Justamente, el año 2018 emitió un informe sobre España en el cual entraba a analizar esta regulación y recomendaba permitir el cambio reduciendo sus condiciones, expresamente citando la supresión de la exigencia de someterse a cualquier tipo de tratamiento médico (párrafo 98 y 99)[14]. Además, en consonancia con esto, también se han prohibido las conocidas como «terapias de aversión» o «conversión» (art. 17, 79.4.d y 82),

---

12 En 2018 la Organización Mundial de la Salud desclasificó la transexualidad como trastorno mental en su nuevo manual de enfermedades que actualiza la Clasificación Internacional de Enfermedades (CIE-11). Se puede consultar en el siguiente enlace: https://icd.who.int/en

13 Puede consultarse en el informe de la Comisión Europea contra el Racismo y la Intolerancia (ECRI) del Consejo de Europa (2012): «Information document on the fifth monitoring cycle of the European Commission against Racism and Intolerance», de 28 de septiembre de 2012, punto 9.

14 Puede consultarse dicho informe en el siguiente enlace: https://rm.coe.int/fifth-report-on-spain-spanish-translation-/16808b56cb

al no considerarse ya «trastorno» y, por lo tanto, «curable». En este sentido, los menores acostumbran a ser las principales víctimas de dichas terapias (Experto Independiente sobre la protección contra la violencia y la discriminación por motivos de orientación sexual o identidad de género y Naciones Unidas, 2020).

Como exigía el Tribunal Constitucional, esta Ley extiende la legitimación del cambio registral a los menores y establece una escala de edad según se gradúa la capacidad del menor de actuar por sí mismo (art. 43 i DF 13), siguiendo el principio de autonomía progresiva.

El régimen legal empieza con los mayores de 16 años, los cuales pueden solicitar el cambio de la mención del sexo por sí solos. Esto se motiva porque en otras normativas se equipara los 16 años con la mayoría de edad. El caso paradigmático de esta equiparación se encuentra en la *Ley 41/2002, de 14 de noviembre, básica reguladora de la autonomía del paciente y de derechos y obligaciones en materia de información y documentación clínica* para «tomar decisiones fundamentales para la salud».

Entre los 14 a los 16 años se requiere la asistencia de sus representantes legales, pero en caso de desacuerdo entre ellos o estos y el menor, se procedería a nombrar un defensor judicial (art. 44.6). Finalmente, de los 12 a los 14 años se precisa de una autorización judicial. La diferencia entre estas dos franjas viene justificada en la memoria normativa porque es a partir de los 14 años que es obligatorio tener el Documento de Identificación Nacional (DNI), como ya se ha mencionado, y en el cual constará el sexo registral.

Asimismo, la previsión del cambio de nombre en el Registro Civil para las personas menores de edad se regula de forma separada al cambio en la mención del sexo registral. Cabe recordar que, en la anterior ley, el cambio registral de sexo conllevaba el cambio obligatorio de nombre.

En el caso del nombre, a diferencia del sexo, no contempla ninguna restricción de edad, tan solo cumplir los requisitos registrales generales para el cambio de nombre (art. 48). Este nuevo nombre deberá expedirse en toda documentación que disponga el menor, independientemente de que el sexo registral no haya variado (art. 51), indicándose expresamente que la falta de correspondencia entre el nombre y el sexo registral no serán impedimento para admitir dicha variación (DF 11.3). Se establece el mismo mandato en el caso del trato que se reciba en la escuela como alumnado (art. 60).

La *Instrucción de 26 de mayo de 2023, de la Dirección General de Seguridad Jurídica y Fe Pública, sobre la rectificación registral de la mención relativa al sexo regulada en la Ley 4/2023, de 28 de febrero, para la igualdad real y efectiva de las personas trans y para la garantía de los derechos de las personas LGTBI* hace mención al cambio de nombre de menores de edad (directriz sexta), cambiando los criterios establecidos en la *Instrucción de 23 de octubre de 2018, de la Dirección General de los Registros y del Notariado, sobre cambio de nombre en el Registro Civil de personas transexuales*. A diferencia de la anterior Instrucción, no se debe acreditar el uso previo del nombre solicitado, sino solo cumplir los requisitos del art. 51 de la Ley 20/2011, del Registro Civil, además de la exigencia de oírse al menor «en todo caso por la persona encargada del Registro Civil mediante una comunicación comprensible y adaptada a la edad y grado de madurez del menor».

Cabe destacar que la ley contempla otras medidas dirigidas específicamente a los menores. Así, se establecen mandatos a las Administraciones Públicas en materia de ciberacoso (art. 29), familias (art. 31 y 32), formación y apoyo para los menores (art. 33.c) o para las personas que traten con estos (art. 70.2.c), así como en general para garantizar su libre desarrollo de la personalidad e integridad física y psicológica (art. 70).

De manera paralela al régimen para el cambio de sexo registral, se configura otro en materia de intersexualidad, siguiendo el mismo criterio. Se prohíbe toda práctica de modificación genital en menores de 12 años, exceptuando los casos necesarios de salud. Ahora bien, de los 12 a los 16 años, se podrían practicar a instancias del menor cuando pueda consentir de forma informada por su «edad y madurez» (art. 19.2), sin concretarse, de nuevo, cuándo se entenderá así.

6. SITUACIÓN DE LOS MENORES TRANS* EN LA LEGISLACIÓN AUTONÓMICA. EL CASO CONCRETO DE LA LEY CATALANA LGTBI+

Anteriormente a la aprobación de la Ley 4/2023, la mayoría de Comunidades Autónomas ya contaban con leyes propias en materia LGTBI, algunas hasta dos con una específica trans*. Estas no entran en el ámbito registral —reservado en exclusiva al Estado (art. 149.1.8ª CE)—, pero sí que ya contemplaban la autodeterminación de sexo, también para los menores de edad.

Centrándonos en el caso catalán, la *Ley catalana 11/2014, de 10 de octubre, para garantizar los derechos de lesbianas, gais, bisexuales, transgéneros e intersexuales y para erradicar la homofobia, la bifobia y la transfobia* expresamente especifica que las personas trans* menores de edad sean tratadas y nombradas con el género que se identifican en sus relaciones con las Administraciones Públicas, especialmente en el ámbito educativo y universitario (art. 23.1). También prevé la audiencia y toma de decisiones en el ámbito sanitario de los menores de edad, según su capacidad y madurez (art. 16.3.i). Por último, cabe destacar que prevé la adaptación de la documentación administrativa y los formularios médicos (art. 16.3.j), lo que ha permitido tramitar cambios en tarjetas sanitarias según el nombre y género sentido sin tener que pasar por el Registro Civil. Asimismo, se ha aplicado también a otra documentación como el carné de biblioteca, de tarjeta acreditativa de discapacidad, de transporte o bien en las identificaciones de las universidades[15].

Por otro lado, en el articulado de la *Ley catalana 19/2020, de 30 de diciembre, de igualdad de trato y no discriminación*, en su DA 9a, establece un mandato al Gobierno de la Generalitat por el que debía aprobar un anteproyecto de ley sobre el cambio de nombre y el reconocimiento del sexo de las personas trans* en un plazo de 12 meses. Este plazo ya ha expirado, pero consta un *Anteproyecto de ley integral*

---

[15] Pueden consultarse estas informaciones en el siguiente enlace de la Generalitat de Catalunya: https://web.gencat.cat/ca/tramits/tramits-temes/Targeta_amb_nom_sentit

de reconocimiento del derecho a la identidad y expresión de género que se encuentra en fase de información pública. En esta, se reconoce a los menores trans* el derecho a la autodeterminación de su género, siguiendo la doctrina del TC establecida en la STC 99/2019, de 18 de julio, respecto a la edad mínima de 12 años y la necesidad de consentimiento adicional de las familias o representantes legales entre los 14 y los 18 años. La principal novedad reside en que contempla el reconocimiento del género no-binario[16].

7. AFECTACIÓN DEL RECURSO DE INCONSTITUCIONALIDAD A LA DOCTRINA ESTABLECIDA

La aprobación de la *Ley 4/2023, de 28 de febrero, para la igualdad real y efectiva de las personas trans y para la garantía de los derechos de las personas LGTBI* llevó consigo la posterior interposición de dos recursos de inconstitucionalidad, uno del Partido Popular y otro de Vox. En concreto, de entre los preceptos impugnados, se incluyen los arts. 19.2 y 43 apartado 1 y 2, justamente los artículos que regulan el nuevo régimen de cambio de la mención del sexo y de prohibición de las prácticas de modificación genital para los menores intersexuales.

El Tribunal Constitucional, habiéndolos admitido a trámite, podría optar por consolidar su doctrina establecida en la ya mencionada STC 99/2019, de 18 de julio, o bien modificarla. Sin poderse aventurar en cuál será su respuesta, sí que esta vez podrían optar por la vía que propuso la magistrada Encarna Roca Trías en su voto particular. Entre otras cuestiones, apuntaba que el Tribunal Constitucional no puede afectar a la libertad de configuración del legislador, sino que

[16] Puede consultarse toda la documentación del proceso de información pública mencionado en el siguiente enlace: https://governobert.gencat.cat/ca/transparencia/normativa-i-informacio-interes-juridic/normativa/normativa-en-tramit/igu/en-tramit/projecte-llei-reconeixement-identitat-expressio-genere

debería limitarse a enjuiciar si una norma choca frontalmente con el contenido constitucionalmente protegido de los derechos alegados.

En este sentido, los conceptos jurídicos indeterminados que expuso el Tribunal en la sentencia precedente no concretaban cuándo se entiende que una persona tiene «madurez suficiente», pero descartaban que fuera a partir de los 18 años como establecía la norma. Así, una vez establecido un nuevo régimen que concreta unas edades en cumplimiento de las exigencias de su doctrina, el Tribunal podría alegar la libertad de configuración del legislador y remitir a su doctrina para no entrar a valorar sobre el fondo del asunto.

8. CONCLUSIÓN

En conclusión, la doctrina constitucional ha reconocido la ampliación del derecho al cambio de la mención del sexo registral a los menores de edad. Este derecho no se concretó inicialmente en la jurisprudencia posterior al pronunciamiento, pero sí que se introdujeron determinados principios de actuación en relación con los menores trans: la autonomía progresiva y la audiencia del menor respecto a este derecho.

Posteriormente, acabó concretándose en la legislación en un régimen intermedio que gradúa la forma de proceder a esta modificación registral en función de la edad del menor, siguiendo el principio de autonomía progresiva, pero excluyéndose, aun así, a los menores de 12 años, lo cual ha sido objeto de críticas por las asociaciones LGTBI+.

Una posible solución para paliar esta problemática podría ser igualmente la autodeterminación sin un cambio registral de la mención del sexo, como ya se empleaba también para los adultos en las autonomías que disponían de leyes LGTBI+, como Cataluña[17]. La ley

[17] Esta solución ha sido la elegida para el caso reciente de una niña trans* de 7 años en Cataluña para poder jugar en los equipos femeninos de la

estatal sí que admite el cambio registral del nombre del menor de 12 años con efectos legales, así como que se trate a este según su identidad en el ámbito educativo (art. 60). De este modo, aunque la ley no prevea medida igual en otros ámbitos, podría aplicarse por analogía en otros documentos menos rígidos que el Documento Nacional de Identidad, para los cuales no estarían obligados a esperar hasta los 14 años, cuando ya podrán instar el cambio de sexo registral.

Más allá de esta nueva regulación que aporta seguridad jurídica a los menores trans*, la admisión a trámite de recursos de inconstitucionalidad sobre los preceptos que regulan este nuevo régimen conlleva abrir la puerta a que la doctrina constitucional establecida sufra modificaciones o, por el contrario, el Tribunal Constitucional la consolide confirmándola.

9. REFERENCIAS

Agencia de los Derechos Fundamentales de la Unión Europea, Consejo de Europa, y Tribunal Europeo de Derechos Humanos (2019). *Manual de legislación europea contra la discriminación: Edición de 2018.* Oficina de Publicaciones de la Unión Europea. https://doi.org/10.2811/849156

Comité de los Derechos del Niño de Naciones Unidas (2009). *Observación General núm. 12 sobre el derecho del niño a ser escuchado.* https://tbinternet.ohchr.org/_layouts/15/treatybodyexternal/Download.aspx?symbolno=CRC%2FC%2FGC%2F12&Lang=es

Comité de los Derechos del Niño de Naciones Unidas (2013). *Observación General núm. 14 sobre el derecho del niño a que su interés superior sea una consideración primordial.* https://tbinternet.ohchr.org/_layouts/15/treatybodyexternal/Download.aspx?symbolno=CRC%2FC%2FGC%2F14&Lang=es

---

federación catalana de baloncesto. Se puede consultar esta información en el siguiente enlace: https://www.eldiario.es/sociedad/habra-ficha-lola-catalunya-federara-baloncestistas-trans-menores-12-anos-identidad-abrir-ojos_1_10794629.html

Comité de los Derechos del Niño de Naciones Unidas (2017). *Observación General núm. 21 sobre los niños de la calle.* https://www.ohchr.org/es/documents/general-comments-and-recommendations/general-comment-no-21-2017-children-street

Díaz Pantoja, J. (2023). *Entre la autonomía progresiva y el interés superior del niño y de la niña: Una mirada holística a los derechos de la niñez y la adolescencia* (1.ª ed.). Editorial Universitat Politècnica de València. https://doi.org/10.4995/2022.637101

Experto Independiente sobre la protección contra la violencia y la discriminación por motivos de orientación sexual o identidad de género y Naciones Unidas (2020). *Práctica de las llamadas «terapias de conversión»*. https://documents.un.org/doc/undoc/gen/g20/108/71/pdf/g2010871.pdf?token=jcZ78UDiw8skBZlP9c&fe=true

González Hernández, R. (2020). Comentario de la sentencia del Tribunal Supremo de 17 de diciembre de 2019 (685/2019): Cambio de la mención registral del sexo y del nombre en la persona transexual menor de edad. *Comentarios a las sentencias de unificación de doctrina: civil y mercantil, Vol. 11, 2020 (2019), ISBN 978-84-1377-096-3, p. 387-398*, 387-398. https://dialnet.unirioja.es/servlet/articulo?codigo=7958910

Principios de Yogyakarta más 10 (PY+10) (2017). https://yogyakartaprinciples.org/wp-content/uploads/2022/02/021522-Principios-de-Yogyakarta-mas-10.pdf

Rey Martínez, F. (2019). *Derecho antidiscriminatorio.* (1.ª ed.). Thomson Reuters Aranzadi.

Suess Schwend, A. (2020). La perspectiva de despatologización trans: ¿una aportación para enfoques de salud pública y prácticas clínicas en salud mental? Informe SESPAS 2020. *Retos actuales de la Salud Mental desde la Salud Pública y la Administración Sanitaria, 34*, 54-60. https://doi.org/10.1016/j.gaceta.2020.07.002

Política criminal,
Sociología jurídico-penal,
Criminología y Penología

EL SURGIMIENTO DE LA PRODUCCIÓN CIENTÍFICA SOBRE CRIMINALIDAD EN ARGENTINA. LOS PRIMEROS ESTUDIOS PENITENCIARIOS BAJO LA INFLUENCIA DE LOS DISCURSOS POSITIVISTAS (1906-1946)

Hernan Olaeta
Universidad de Buenos Aires (UBA), Argentina
olaeta@gmail.com

RESUMEN:

Este trabajo aborda el surgimiento de la producción científica en material carcelaria en la República Argentina durante la primera mitad del siglo XX. En particular, se analiza la influencia que tuvo la criminología positivista y el rol de algunos funcionarios clave en el impulso de estos primeros estudios científicos sobre el delito.

En el plano internacional, la producción de conocimiento científico sobre criminalidad se desarrolló fuertemente a partir de la segunda mitad de siglo XIX, impulsada por las ideas de autores positivistas que planteaban la posibilidad de indagar, desde una metodología de pretensiones científicas, en el estudio etiológico del delito. Estas ideas llegaron con mucha fuerza a Sudamérica a través de publicaciones, congresos y una amplia divulgación. El caso de la República Argentina fue paradigmático, ya que a comienzos del siglo XX implementó oficialmente dos importantes proyectos científicos en materia carcelaria: el lanzamiento del Primer Censo Carcelario Nacional en el año 1906 y la creación del Instituto de Criminología en la Penitenciaría Nacional en el año 1907. Estos proyectos, con distinto nivel de continuidad a partir de entonces, replicaban las dos principales estrategias de investigación científica utilizadas en la época: las estadísticas cuantitativas y los estudios clínicos. De esta manera se intentó poner de relieve la producción científica como eje fundamental para el conocimiento criminológico y la política criminal.

En el impulso de estos proyectos, no solamente influyeron las ideas positivistas fuertemente arraigadas en algunos ámbitos gubernamentales de la época, sino el rol de algunos funcionarios-expertos que tenían fuertes alianzas académicas e institucionales. A su vez, detrás de estos discursos de pretensiones científicas había un fuerte componente teórico que propiciaba una política criminal selectiva.

ABSTRACT

This work addresses the emergence of scientific production on prison materials in the Argentine Republic during the first half of the 20th century. In particular, the influence that positivist criminology had and the role of some key officials in promoting these first scientific studies on crime is analyzed.

At the international level, the production of scientific knowledge on crime developed strongly from the second half of the 19th century, driven by the ideas of positivist authors who proposed the possibility of investigating, from a methodology of scientific pretensions, the etiological study. of the crime. These ideas came very strongly to South America through publications, conferences and wide dissemination. The case of the Argentine Republic was paradigmatic since at the beginning of the 20th century it officially implemented two important scientific projects: the launch of the First National Prison Census in 1906 and the creation of the Institute of Criminology in the National Penitentiary in 1907. These Projects, with different levels of continuity from then on, replicated the two main scientific research strategies used at the time: quantitative statistics and clinical studies. In this way, an attempt was made to highlight scientific production as a fundamental axis for criminological knowledge and criminal policy.

The promotion of these projects was not only influenced by the positivist ideas strongly rooted in some governmental spheres of the time, but also by the role of some officials-experts who had strong academic and institutional alliances. At the same time, behind these discourses of scientific pretensions there was a strong theoretical component that promoted a selective criminal policy.

PALABRAS CLAVE: cárcel, estadísticas carcelarias, positivismo, Argentina.

KEY WORDS: prision, prision statisticas, positivism, Argentina.

SUMARIO

INTRODUCCIÓN

1. LA INFLUENCIA DE LA CRIMINOLOGÍA POSITIVISTA Y EL ROL DE FUNCIONARIOS CLAVE EN LA PRODUCCIÓN CIENTÍFICA

2. LA PRODUCCIÓN CIENTÍFICA REALIZADA DESDE EL ESTADO

3. PRODUCCIÓN CIENTÍFICA Y POLÍTICA CRIMINAL. BIBLIOGRAFÍA Y FUENTES

INTRODUCCIÓN

A finales de siglo XIX, la Argentina vivía una particular situación social y política, caracterizada por un orden político conservador, que aspiraba a integrar al país en el mercado mundial a través de medidas económicas de raíz liberal, como la exportación de materias primas e importación de manufacturas, bienes de capital y mano de obra (Botana, 1994). En este contexto, se produce la llegada al país de miles de migrantes transoceánicos que se establecieron, principalmente, en las grandes ciudades, en particular en Buenos Aires.

Con la llegada de las nuevas masas de población inmigrante se pusieron de manifiesto una serie de problemas sociales y económicos, en particular en la Ciudad de Buenos Aires, escenario de vertiginosos cambios. Así, múltiples aspectos como la salubridad pública, la educación, la higiene, la vivienda popular, pero también el aumento de la criminalidad y el problema carcelario, irrumpieron en la agenda de las elites gobernantes urgidas ante la organización de los trabajadores en sindicatos —hegemonizados por el anarquismo y el socialismo— y la realización de las primeras huelgas generales.

El desorden urbano proveniente de este problema poblacional se convirtió en uno de los temas más recurrentes en la agenda de gobierno y también en la producción criminológica de la época. A partir del denominado «aluvión migratorio» se pusieron de manifiesto los supuestos peligros que generaba la presencia de ese caudal de población foránea, identificada desde las esferas del Gobierno como los principales causantes de los nuevos problemas sociales y políticos existentes. La respuesta represiva al fenómeno migratorio se puede observar en las prácticas cotidianas a través de la labor de las policías, pero también en el plano normativo a través de la sanción de la ley de vagancia (1889) y, años más tarde, la de residencia (1902) que, entre otras cuestiones, permitía la expulsión de los extranjeros sin juicio previo.

De esta manera, la proliferación de ideas anarquistas y socialistas que comenzaron a circular en agrupaciones políticas y sindicales fue asociada en gran parte a los inmigrantes que se transformaron en sujetos a los que era conveniente controlar frente al peligro potencial que representaban. Al igual que sucedió con la concepción de la ciudad —como exponente de la civilización, pero a la vez también de ciertas patologías sociales—, la figura del extranjero también fue mutando a lo largo del tiempo, entre aquel representante de países civilizados que venía a construir una nación prospera y moderna, a una presencia nociva que venía a traer problemas a una ciudad tranquila. Es decir, se pasó del paradigma de «progreso» al de «amenaza social» en el tratamiento a la cuestión migratoria. Este cambio paradigmático quedó reflejado en los censos y boletines oficiales (Otero, 1998; Daniel, 2013) que mostraban un ideal de país a través de números y clasificaciones previamente construidas.

En este marco, y siempre teniendo la figura del inmigrante como peligroso, dentro de la agenda penal se fue consolidando una política criminal con una marcada influencia de discursos criminológicos positivistas, tanto en el ámbito académico como en la gestión, que incluyó la necesidad de elaborar estudios y estadísticas sobre delincuencia (Caimari, 2004).

Puntualmente, en el campo carcelario fue muy importante el desarrollo de las dos herramientas de investigación criminológica más reconocidas en aquel momento: los estudios clínicos y las estadísticas. Se trata de estudios que responden a dos estrategias de investigación diferentes, en un caso más vinculada a la medicina y la psiquiatría positivista y en el otro a la estadística y la matemática. Ambas tradiciones científicas gozaban de prestigio, tenían un próspero desarrollo académico y fueron incorporadas, al menos parcialmente, a la producción estatal.

Pero, más allá de algunas iniciativas puntuales producidas durante la segunda mitad del siglo XIX en unos pocos establecimientos de detención, no fue hasta principios de siglo siguiente cuando se concretaron las primeras estadísticas de verdadero alcance nacional y los primeros trabajos clínicos en emblemáticos establecimientos de detención.

En efecto, en el año 1906 se realizó el Primer Censo Carcelario Nacional; una iniciativa que marcó un hito en la producción oficial de datos nacionales sobre criminalidad en Argentina pero que, más allá de algunos intentos posteriores —en el año 1924 y 1932—, no pudo transformarse en un estudio periódico. Fue también a principios de siglo XX cuando se organizaron los primeros institutos criminológicos en algunos establecimientos carcelarios, tal como el paradigmático caso de la Penitenciaria Nacional[18] en el año 1907, en donde se llevarían a cabo análisis clínicos de personas privadas de libertad que, además de cumplir servir para el «tratamiento penitenciario», eran usados para la producción y difusión científica en el ámbito académico.

[18] La Penitenciaria Nacional, fundada en el año 1877, representa el principal proyecto modernizador en materia penitenciaria en Argentina, transformándose no solamente en el establecimiento más grande del país sino en un modelo de cárcel moderna.

La falta de continuidad y el limitado alcance territorial eran las dos grandes limitaciones de estos primeros trabajos de pretensiones científicas. Uno de los posibles motivos que explican esta debilidad es la inexistencia de un organismo específico de jurisdicción nacional con dicha función lo que pareció resolverse recién en el año 1933 con la creación del Registro Nacional de Reincidencia y Estadística Criminal y Carcelaria (ley 11752) y la Dirección General de Institutos Penales (ley 18.833), ambos en el Ministerio de Justicia e Instrucción Pública. Pero esta modificación normativa tampoco resolvió completamente el problema de la producción periódica de datos criminales y penitenciarios a nivel nacional. En efecto, se trataba de oficinas que privilegiaron otras funciones y que no contaban con recursos ni personal especializado en producción científica, por lo tanto, no hubo grandes resultados en términos científicos durante las primeras décadas de funcionamiento de ambos organismos.

Por lo tanto, la situación argentina tiene la particularidad de haber impulsado tempranamente la producción científica en ámbitos carcelarios, pero de manera esporádica y desorganizada. Se trataba de iniciativas, que, si bien respondían a postulados de la omnipresente criminología positivista, se asentaban en emprendimientos personales o cuestiones coyunturales más que en procesos político-administrativos consolidados.

Por otra parte, analizar la influencia de los discursos criminológicos en las estadísticas y estudios penitenciarios nos lleva a profundizar acerca del rol de algunos actores clave, como ciertos funcionarios políticos y técnicos. En este marco, la labor emprendedora de algunos funcionarios y su visión teórica fueron fundamentales no solamente para la conformación y organización de las oficinas estadísticas, sino también en la definición de instrumentos de recolección, metodologías de trabajo a aplicar y en la difusión de los resultados. Se trataba de un grupo no numeroso de especialistas que, si bien tenían algunos apoyos académicos e institucionales, tuvieron que lidiar con limitaciones de recursos para encarar sus proyectos, pero que en definitiva dejaron en cada emprendimiento su impronta personal, orientando la producción de información científica hacia sus áreas de mayor interés.

Asimismo, el proceso de construcción de estudios sobre criminalidad en Argentina no estuvo exento de fuertes disputas académicas e institucionales. En ese orden, para comprender los avances y retrocesos en materia de producción científica es necesario también abordar las pertenecías académicas e institucionales de estos actores clave y las tensiones institucionales y políticas detrás de estos encolumnamientos.

Con estas limitaciones y fortalezas, la producción de datos se relacionaba con un marco teórico específico, por lo tanto, abordar los primeros estudios carcelarios significa comprender que preconceptos había detrás del andamiaje científico de los trabajos empíricos. En ese orden, la primera producción en materia penitenciaria responde a un lineamiento ideológico que orientaba la recopilación de datos hacia ciertos perfiles que son quienes componen la población penal y a quienes iba dirigida la política criminal represiva.

De esta manera, vemos como el proceso de construcción de datos científicos sobre criminalidad desde el Estado presenta diferentes dimensiones de análisis. Para abordar este proceso definimos tres perspectivas que ponen el foco en los aspectos de mayor relevancia.

1. LA INFLUENCIA DE LA CRIMINOLOGÍA POSITIVISTA Y ROL DE FUNCIONARIOS CLAVE EN LA PRODUCCIÓN CIENTÍFICA

El proceso de construcción de información oficial sobre la cuestión criminal en Argentina se dio en un particular contexto histórico y bajo una serie de condicionantes que influyeron en su conformación. En primer término, había un marco histórico, político y económico que propició la instalación de nuevas ideas sobre la cuestión criminal. A su vez, había discursos científicos en pugna que tensionaron sobre los organismos —y agentes— que elaboraban las estadísticas oficiales, así como también espacios académicos que interactuaban activamente con el Estado. En este marco, la producción de datos oficiales se fue conformando a partir de constantes tensiones entre saberes «estadísticos» y «criminológicos»; y de intereses —individuales, institucionales, académicos— que operaron en la construcción de conocimiento científico oficial.

En segundo lugar, hay que tener presente que en este proceso de construcción de datos sobre la cuestión criminal existieron una serie de decisiones y recortes que priorizaron la indagación sobre ciertas características del fenómeno a conocer desde una perspectiva particular que partía de un marco conceptual previo. En ese sentido, la información oficial siempre está intervenida por una serie de procedimientos previos y decisiones teórico-metodológicas que se concatenan hasta su presentación final en un informe. Así, en cada uno de los pasos que se dan en la construcción de un dato hay decisiones basadas en criterios que seleccionan y adaptan casos a variables y categorías preexistentes. Es decir, que en cada una de estas decisiones intervienen cuestiones vinculadas tanto a marcos teóricos como a prácticas institucionales del organismo que las produce (Cicourel, Kitsuse, 1963). El primer paso en la lectura de un dato estadístico, por lo tanto, es conocer la institución que lo produjo, el marco teórico y metodológico utilizado, la fuente primaria de la información y la utilización que se le pretende dar a esa información.

Eso nos da una primera impresión de lo que representa ese número o ese hallazgo científico. Estos recaudos teórico-metodológicos son fundamentales para interpretar estos procesos históricos y es lo que se constató en este caso. En ese sentido, podemos decir que los discursos criminológicos sirvieron de base conceptual para la generación de información por parte del Estado en materia criminal.

Por otra parte, en la definición del marco teórico y metodológico de cada herramienta de investigación intervienen personas e instituciones. Un aspecto de vital relevancia en el período histórico analizado fue el grado de influencia que tuvieron no solamente las mencionadas ideas de la criminología positivista sino también el rol de algunos especialistas que ocuparon cargos claves en la gestión gubernamental.

El reconocido positivista italiano Pietro Giori, en un número de la revista Criminología Moderna, sostenía que la estadística era «el raciocinio de los números sustituido al de los silogismos» (Criminología Moderna, 1900: 26).[19] Es decir, las herramientas científicas eran por entonces claves para entender las causas del delito y así encarar su tratamiento. El pensamiento positivista fue efectivo en dejar atrás los dogmas teóricos —filosóficos, jurídicos, religiosos— para reivindicar la producción científica y esa premisa llego a ámbitos de Gobierno.

Para principios del siglo XX, y más allá de las adaptaciones locales (Sozzo, 2006, 2007), la influencia de los discursos criminológicos positivistas en el país era notable, tanto en el campo académico como en la gestión pública, particularmente la vinculada a temas criminales y carcelarios. Uno de los aspectos en donde esta presencia se percibe más claramente es en la producción científica sobre estos temas. Los criminólogos argentinos comenzaron tempranamente a utilizar herramientas científicas para validar sus teorías, lo que se ve en los pioneros trabajos de Lancelotti, Moyano Gacitua o Dellepiane (Olaeta, 2018) y también en las publicaciones más importantes de principios del XX, como las de Ingenieros, Ballvé, o Gómez.

La presencia de funcionarios de formación positivista en el ámbito penitenciario se hizo muy notable a comienzos del siglo XX. Se puede destacar, solo a título ilustrativo, el caso de Antonio Ballvé en la Penitenciaría Nacional, el de José Ingenieros en el Instituto de Criminología de esa Penitenciaria, el de Carlos de Arenaza en el Patronato de Menores, el de Gonzalo Bosh en el Hospicio de Mercedes o, más adelante, el de Juan José O´Connor y José María Paz de Anchorena en la Dirección General de Institutos Penales y el de Osvaldo Loudet en el Instituto de Clasificación y Anexo Psiquiátrico. En todos estos

[19] Recordemos que en esas revistas se presentaban, con distinto grado de desarrollo, estadísticas policiales (provincia de Buenos Aires) y penitenciarias (de la Capital Federal).

casos, la producción científica estuvo muy presente en el ejercicio de sus funciones.

Es importante destacar que la mayor parte de los funcionarios positivistas que impulsaban la producción científica en ámbitos estatales, actuaban fundamentalmente en la ciudad de Buenos Aires —la Capital Federal de la República—, lo que permite relativizar el grado de alcance de estos discursos en las prácticas de investigación. Sin embargo, el espacio de influencia era acotado desde lo territorial, pero de alto impacto académico e institucional, ya que los estudios desarrollados en algunas instituciones penitenciarias capitalinas de jurisdicción nacional eran ampliamente difundidos. Además, lo sucedido en la jurisdicción nacional nos habla de la orientación del Gobierno nacional, por ejemplo, a través de su participación en congresos y encuentros internacionales o en el impulso de leyes penales.

Pero además de analizar el grado de influencia que tuvo la criminología positivista, el rol de algunos especialistas que ocupaban cargos de gestión amerita una mención particular. En efecto, una perspectiva desde la cual se pueden comprender las razones que impulsaron la producción científica en materia criminal y carcelaria en Argentina es a partir del rol de funcionarios especializados en estos temas, al que podemos definir como clave por las implicancias que tuvieron.

Más allá de la clara formación positivista de muchos de ellos, estos expertos tenían sus propios intereses, adscripciones académicas y alianzas institucionales. De modo que analizar el proceso de construcción de datos en materia penitenciaria por parte de agencias del Estado implica también incorporar a una serie de actores institucionales, políticos y académicos, que interactuaban con los funcionarios de gestión.

En efecto, el rol de algunos especialistas vinculados a la gestión fue vital para entender la producción científica, más allá de las propias limitaciones con las que habitualmente confrontaban. Esto queda de manifiesto, por ejemplo, en el letargo para la organización institucional en materia estadística y también en la falta de apoyo gubernamental para la producción sistemática de datos a nivel nacional. Las demoras y las dificultades en la implementación de los censos carcelarios son un claro ejemplo de esto, ya que nos habla del límite que tenían estos funcionarios emprendedores ante la falta de apoyos políticos. Pero otras veces, la gestión de estos funcionarios era más efectiva y podían concretarse importantes avances en materia de producción científica, tal como fue el mencionado Censo Carcelario Nacional del año 1906 o la incorporación al año siguiente de José Ingenieros como director del Instituto de Criminología de la Penitenciaria Nacional, quien elaboró uno de los primeros modelos de historia clínica a implementar para el estudio de los internos (Rodríguez López, 2019).

Los funcionarios interesados en la producción científica en materia carcelaria llevaron a cabo diferentes estrategias para su desarrollo. Si bien en algunos casos podía existir un cierto diálogo o comunicación a nivel político, con el ministro de justicia o con el propio presidente, la estrategia más efectiva se relacionaba con las alianzas académicas de estos funcionarios. En ese sentido, la mayor parte de ellos tenía una pertenencia universitaria o vínculos con instituciones de la sociedad civil (Ingenieros, Gómez, Paz Anchorena, O'Connor, Loudet). Hay dos claros ejemplos en ese sentido.

En primer lugar, el rol que ocupó la Facultad de Derecho de la Universidad de Buenos Aires, en especial a través del Centro de Estudios Penales, en los censos carcelarios realizados en los años 1924 y 1932.[20] El Centro fue un actor institucional clave en el ámbito del derecho penal y la criminología durante el período de entreguerras. El vínculo con el gobierno nacional se observa tanto en esta delegación que hace el Poder Ejecutivo Nacional asignándole la realización de un censo carcelario nacional, como también en el apoyo a otros proyectos como la celebración del Congreso Panamericano de Ciencias Penales en la ciudad de Buenos Aires durante octubre de 1929 (Olaeta, 2018).

---

[20] Recordemos que, luego del Censo Carcelario Nacional de 1906 y hasta casi la mitad del siglo, se implementaron solamente dos nuevos relevamientos en los años 1924 y 1932.

El segundo ejemplo lo vemos años después analizando el rol de la Sociedad Argentina de Criminología y la Sociedad Internacional de Criminología en el impulso de estudios clínicos y, en particular, en la divulgación de los modelos de boletines criminológicos impulsados por Osvaldo Loudet, funcionario a cargo del Instituto de Criminología. La Sociedad Argentina de Criminología —creada por Loudet en 1933— promovía lazos e intercambios entre especialistas a través de encuentros nacionales e internacionales. En varios encuentros, Loudet presentó los nuevos modelos de historias clínicas basadas en el estudio de la personalidad del delincuente a partir de antecedentes como el *Boletín Médico-Psicológico* de Ingenieros y el *Legajo Antropológico* de Vervaeck. Loudet tuvo, además, un fuerte vínculo con la Sociedad Internacional de Criminología que venía de su relación con el jurista y criminólogo italiano Beningo Di Tullio, fundador de dicha Sociedad.[21] Así, por ejemplo, Loudet participó activamente en el Primer Congreso Internacional de Criminología celebrado en Roma en 1938.

Las porosas fronteras entre los campos académicos y de gestión incluían fluidos intercambios encabezados por funcionarios penitenciarios, no exentos de tensiones y disputas con sus consecuentes avances y retrocesos. Esto se pudo observar tanto al inicio del período de estudio con la confrontación entre los «estadísticos» —fundamentalmente la Dirección General de Estadísticas de Nación— con los «criminólogos» a la hora de organizar las estadísticas criminales oficiales del país, pero también se ve en los infructuosos esfuerzos del Centro de Estudios Penales de la Facultad de Derecho de la Universidad de Buenos Aires por llevar a cabo el censo carcelario de 1924 o, en sentido contrario, en las eficientes tareas de la Sociedad Argentina de Criminología difundiendo las historias clínicas del Instituto de Clasificación y Anexo Psiquiátrico comandado por Osvaldo Loudet a fines de la década del treinta.

En suma, el rol de algunos funcionarios considerados clave para el desarrollo científico en materia penitenciaria, estuvo impulsado

[21] Di Tullio era miembro de honor de la Sociedad Argentina de Criminología.

y condicionado por su formación teórica, sus lazos académicos y su cambiante grado de influencia dentro de la gestión de Gobierno.

2. LA PRODUCCIÓN CIENTÍFICA REALIZADA DESDE EL ESTADO

Otra perspectiva de interés para analizar el proceso de construcción de información científica en materia carcelaria desde el Estado es la conformación de organismos dedicados a esas tareas.

En ese aspecto, antes de la tardía creación de un organismo nacional encargado de elaborar estudios y estadísticas criminales, hubo algunos antecedentes importantes que podemos destacar. Ya desde la segunda mitad del siglo XIX algunas policías y algunas penitenciarías comenzaron a realizar y publicar estadísticas. Se trataba de herramientas muy básicas que pretendían agrupar algunos datos de acuerdo a categorías simples, como el tipo de delito, o el sexo, la edad o la nacionalidad de los «delincuentes». Estos reportes en general aparecían en memorias o revistas institucionales. Poco a poco las estadísticas criminales y carcelarias fueron creciendo, llegando a su hito mayor en el año 1906 con la realización del Primer Censo Carcelario Nacional de la República Argentina.

Esta producción estadística de tipo cuantitativa se encuadraba dentro de una tradición científica muy en boga en la Europa del siglo XIX, que ponderaba los saberes numéricos como una forma de saber «neutro», «objetivo», de la realidad social. Figuras como Quetelet o Guerry se habían convertido en referentes de funcionarios estatales altamente capacitados en estadísticas, encargados de la organización de la producción oficial e interpretarla. En forma paralela, en la República Argentina se comienza conformar el «aparato estadístico nacional» (Daniel, 2013), especialmente a partir de la creación de la Dirección General de Estadísticas de Nación que, entre otras iniciativas, emprende los primeros censos poblacionales en los años 1869 y 1895. Es decir, la herramienta estadística se convierte en un insumo privilegiado para mostrar las potencialidades del país.

En ese marco, la oficina estadística nacional, al igual que otras oficinas locales, publicaban de manera sintética algunos cuadros sobre temas criminales tomando como fuente a las policías (básicamente de Capital Federal) y a algunos establecimientos carcelarios. Pero esta articulación entre oficinas vinculadas al sistema penal con organismos estadísticos no estuvo exenta de fuertes tensiones y disputas.

En términos generales, los técnicos de las recientes agencias estadísticas eran muy críticos de los saberes penales y criminológicos y, especialmente, de la forma en la que se construían estos datos. El propio Francisco Latzina, director de la oficina estadística nacional durante más de dos décadas entre finales del XIX y principios del XX, intentó sin éxito cambiar el registro policial por nuevos boletines y lo mismo con la estadística carcelaria, siguiendo modelos europeos y recomendaciones de congresos internacionales (Daniel, 2013). Tal era la desconfianza de los estadísticos a los datos policiales y penitenciarios que a medida que avanzaba el siglo XX esta información fue ocupando cada vez menos espacio en los anuarios nacionales. Por lo tanto, las estadísticas carcelarias se fueron limitando a las publicaciones e informes del Ministerio de Justicia, otras publicaciones institucionales y a las revistas académicas vinculadas al derecho penal y la criminología. No ayudaba a mejorar la calidad y periodicidad de los datos la falta de un organismo oficial específico encargado de producir estadísticas criminales y carcelarias. Luego de muchos intentos legislativos que comenzaron a finales de siglo XIX, recién en el año 1933 se conforma esa oficina estadística nacional en materia criminal que, tal como adelantamos, tenían múltiples funciones, además de realizar estadísticas.

Por otra parte, desde otro marco conceptual y metodológico, con las primeras experiencias de institutos o gabinetes clínicos en establecimientos policiales y penitenciarios en la primera década del siglo XX, también se incorporó otra herramienta de pretensiones científicas al estudio de la criminalidad: los estudios clínicos de casos. Estos trabajos buscaban identificar las supuestas patologías de delincuentes y otras personas consideradas peligrosas. Se trataba de una herramienta de investigación más vinculada a los estudios médicos y psiquiátricos, que focalizaba en análisis individuales de una población muy específica que era la que habitaba esos lugares de encierro y observación. En este caso, la influencia más directa proviene de la criminología positivista italiana que, desde los pioneros trabajos de Cesare Lombroso, hacía permanente hincapié en la utilización de estudios clínicos sobre criminalidad como una forma válida de conocer las causas del delito (etiología criminal).

En líneas generales, podemos decir que desde el campo criminológico se impulsó el desarrollo de ambas herramientas científicas, pero con diferentes niveles de convicción y entusiasmo. En este sentido, los permanentes reclamos para la organización institucional de las estadísticas nacionales son un buen ejemplo de apoyo a las recopilaciones estadísticas en materia policial y carcelaria. Sin embargo, el mayor interés criminológico local pareció ubicarse en las oficinas penitenciarias que realizaban observaciones clínicas, donde además hubo importantes funcionarios de formación positivista (como los casos paradigmáticos de Ingenieros y Loudet a cargo del Instituto de Criminología de la Penitenciaria Nacional).

Es importante destacar que la influencia de los discursos positivistas se observa muy claramente en ámbitos estatales más reducidos, pero de fuerte exposición e implicancias académicas y políticas. Mientras los reportes estadísticos ya existían previamente en algunas agencias policiales y penitenciarias y continuaron desarrollándose con distintos niveles de extensión y de rigor metodológico, la irrupción de los estudios clínicos está fuertemente asociada a la instalación de ideas positivistas en particulares espacios estatales —algunas prisiones— y su eficaz difusión a principios de siglo XX.

En ese aspecto, la investigación clínica alcanzó un notable grado de intervención en el sistema de justicia penal. Es que los estudios clínicos no solamente tenían una función científica y de difusión, pues también operaban en el funcionamiento de la justicia penal. Así, a través de un conjunto de caracterizaciones surgidas de un marco conceptual previo, se establecían diagnósticos individuales que impactaban en la vida de la persona dentro de la prisión y su posibilidad de recuperar la libertad. De modo que las prácticas clínicas se incorporaban a los dispositivos del sistema de justicia penal y sus conclusiones servían como insumo para el dictado de resoluciones que repercutían en la libertad —o no— de las personas presas. Es decir, no se trataba solamente de experimentos académicos, sino de medidas con implicancias en la situación judicial de las personas encarceladas.

La producción científica desarrollada por el Estado también era presentada en espacios académicos e institucionales como los congresos penales y penitenciarios. Estos encuentros se transformaron en terrenos de acuerdos y disputas entre países que justificaban el desarrollo de sus políticas públicas en materia penal. De esta manera, los Estados presentaban sus adelantos en materia de estadísticas y su programa de política criminal de la mano de herramientas científicas validadas por el campo académico.

3. PRODUCCIÓN CIENTÍFICA Y POLÍTICA CRIMINAL

Detrás de cada dato obtenido por una investigación social existe un marco teórico previo que define el sentido de la indagación y las categorías analíticas a utilizar para abordar el objeto de estudio. En ese sentido, más allá de las evidentes diferencias metodológicas y epistemológicas en las dos herramientas de investigación utilizadas para la primera producción científica en el ámbito carcelario, muchas de las variables y categorías utilizadas parecen responder a intereses en común.

En la producción estadística de la primera mitad de siglo XX, ya se puede observar cómo, dentro de quienes aparecen como imputados por la comisión de ciertos delitos, se registraban algunas cuestiones específicas, como su nacionalidad, estado civil u ocupación. Esto nos habla de una selección de características individuales que interesaba conocer y mostrar.

Podemos decir entonces que desde sus inicios las estadísticas carcelarias brindaban cierta información sobre algunas modalidades delictivas de interés, casi no incluían datos sobre otras cuestiones —como las víctimas de los hechos o sobre circunstancias contextuales— y abundaban en caracterizaciones individuales del imputado por la comisión del delito. Paralelamente, algunos reportes estadísticos también solían incluir información sobre los establecimientos de detención, focalizando algunos aspectos vinculados a su estado, capacidad y las labores que desempeñaban las personas privadas de libertad.

Del mismo modo, los estudios clínicos que se realizaban en algunos establecimientos de detención de jurisdicción nacional —como la Cárcel de Encausados y la Penitenciaria Nacional— también partían de un marcado recorte previo que indicaba las características de interés para observar. Esto se puede corroborar en los modelos de boletines criminológicos que replicaban conceptos preexistentes sobre lo que se consideraba como indicios de peligrosidad en las personas presas.

En ese aspecto, una de las principales coincidencias en toda esta primera producción científica en materia penitenciaria es la búsqueda de ciertos perfiles individuales de delincuentes, basados en características asociadas a un marco teórico previo. Dos simples ejemplos sirven para ilustrar este punto.

Eusebio Gómez —profesor de Derecho Penal y director de la Penitenciaria Nacional en 1923— incluyó en su libro *Criminología argentina* del año 1912 un estudio titulado *El problema penal en argentina*. Allí analiza las posibles causas del delito en el país y presenta una serie de categorías delincuenciales entre las que menciona al *criminal anarquista*, con profundas críticas a las organizaciones obreras.

El otro ejemplo lo vemos en una Historia Clínica del año 1931, de un detenido en la Penitenciaría Nacional en la que se dice que su temperamento es «nervioso (. . .), se lava continuamente las manos».

Luego se agrega que «proviene de una familia de inmigrantes», que «no está agremiado». Y al final el legajo, en la sección «Observaciones», se dice «Indagar sus vinculaciones homosexuales».

Estas menciones que se observan en los dos ejemplos expuestos, pero que se podrían extender a otros cientos de casos, ponen de manifiesto concepciones teóricas y políticas que exceden lo puramente científico. Así, gran parte de los datos registrados en los estudios y estadísticas de principios de siglo XX se relacionaban con una serie de caracterizaciones negativas sobre algunos individuos, vinculadas a cuestiones biológicas, psiquiátricas, ambientales, familiares y hasta políticas, que direccionaban fuertemente el supuesto estudio científico.

Por lo tanto, una pregunta importante a realizar es: ¿quiénes eran los protagonistas de los estudios y estadísticas penitenciarias? La respuesta a este interrogante nos lleva al problema de la doble selectividad de los datos oficiales sobre criminalidad.

En primer lugar, hay una selectividad en el tipo de delitos y población captada por el sistema penal, lo que se hace más palpable en el eslabón penitenciario. Así, las personas que llegan a prisión están imputadas por una serie de delitos que son los que más registran las agencias policiales y judiciales, lo que evidentemente se relaciona con la labor y el foco de interés de estas instituciones. Asimismo, del sesgo inicial que son los casos registrados por las Policías, se produce una decantación de casos durante el proceso penal (desestimaciones, autores desconocidos, sobreseimientos, etc.) hasta llegar a los pocos casos —en términos proporcionales— que llegan a instancia de encarcelamiento. Esto no significa negar la gravedad de los hechos delictivos registrados, sino simplemente poner de manifiesto el recorte que se produce en la captación de casos y, sobre todo, de protagonistas. En ese sentido, durante el período analizado, había una evidente presencia en los establecimientos penitenciarios de población empobrecida, que en gran parte vivía en las zonas más marginales de la ciudad, y estaba imputada por delitos contra la propiedad o contra las personas. Esto se observa especialmente en los legajos o historias clínicas en donde, además, se percibe una importante presencia de personas con algún tipo de alteración psiquiátrica.

La segunda selectividad se da con la información (datos) de las personas privadas de libertad que se consigna en los registros oficiales. Así, los estudios científicos en ese período persistían en categorías que dan cuenta de características individuales y rasgos de personalidad, pero también incluían aspectos sociales y políticos. De modo que se mezclan una serie de cuestiones que definen lo que debía entenderse como «peligrosidad» de un delincuente y, consecuentemente, direccionaban la política criminal preventiva y represiva.

En estos detalles irrumpe con claridad la porosidad entre los saberes científicos y la política criminal, lo que se observa especialmente en la producción «clínica». Allí los instrumentos de recolección de datos incluían una detallada selección de características que marcaban los rasgos de «peligrosidad» a tener en cuenta para la elaboración de los diagnósticos de las personas en prisión y su vida futura en la institución.

En suma, se confeccionaba un circuito de retroalimentación constante en donde el estudio científico no hace más que confirmar la selectividad previa. Es decir, se construye un sistema que trabaja sobre una base limitada de personas, extrayendo datos que justifican concepciones etiológicas previas.

A lo largo del período, si bien fue oscilando el nivel de producción científica de acuerdo a los tipos de estudios impulsados, existe un marco teórico general que permanece. De esta manera, es notable la persistencia de discursos positivistas tanto en sus aspectos más metodológicos (elección de instrumentos, categorías, etc.) como en la interpretación de los datos. Es interesante agregar al respecto, aunque exceda el recorte temporal de este trabajo, dos ejemplos puntuales en esa línea.

Para finales de la década del cuarenta, a pesar de un marcado cambio de enfoque en el área penitenciaria implementado con el arribo del peronismo al Gobierno, algunas ideas vinculadas al positivismo criminológico, como el «tratamiento» y «resocialización», se mantenían en la institución penitenciaria nacional. Así, por ejemplo, en el año 1949, el profesor Benigno Di Tulio, docente de la Universidad de Roma y miembro fundador de la Sociedad Internacional de Criminología, vino al país invitado por la Dirección General de Institutos Penales y dictó un curso de Antropología Criminal compuesto por cuatro encuentros en la Escuela Penitenciaria de la Nación. Dicho docente, que también ofreció un seminario en la Facultad de Derecho de la Universidad de Buenos Aires, hacía hincapié en la necesidad de estudiar al delincuente en su salud mental y física, en sus antecedentes y capacidades, con la misión que el tratamiento sirva para su reforma. Decía Di Tulio: «Desde que ingresa al penal el recluso debe ser objeto de una atenta observación. El médico informará sobre su salud física, el psicólogo y el psiquiatra determinaran la normalidad o anormalidad de sus reacciones, carácter y temperamento» (RPP, T XIV, 1949: 413).

En las conferencias, además, se presentaron casos prácticos en donde se analizaba el perfil de cada delincuente y el tratamiento indicado para su reingreso a la sociedad. Mayormente se planteaba la influencia del medio ambiente y se sostenían principios clásicos de la criminología positivista como la indeterminación de las penas con un margen discrecional para que la «administración penitenciaria la gradúe adecuadamente» (RPP, 1949: 417).

Esta persistencia discursiva, incluso, se observa en la actualidad, a través de la labor del sistema nacional de estadísticas penitenciarias argentino (el Sistema Nacional de Estadísticas sobre Ejecución de la Pena - SNEEP). En efecto, muchas de las variables y categorías del SNEEP replican las existentes a principios del siglo XX. Así, el sexo, la edad, la nacionalidad o la situación legal de las personas privadas de libertad son variables que ya existían en aquel primer censo carcelario del año 1906 y que continúan en la actualidad. Incluso la metodología básica consistente en la recopilación de datos a partir de la información que surge de los legajos penitenciarios no se ha modificado. Si bien es evidente que el SNEEP ha ampliado ostensiblemente el campo de estudios y la perspectiva teórica, incorporando otra información y otras categorías de análisis, aun así, sostiene una matriz conceptual que dialoga con el momento fundacional analizado en este trabajo. Esto se observa claramente en la fuente de información utilizada y en algunas variables y categorías, como las mencionadas, que son las que aún recopilan los legajos penitenciarios.

Por otra parte, sin el mismo nivel de alcance, en muchos establecimientos penitenciarios aún existen Institutos de Criminología —o gabinetes similares— que estudian a las personas detenidas a partir de conceptos de pretensiones científicas, utilizando instrumentos que aún tienen variables y categorías similares a las de aquellos boletines elaborados por Ingenieros o Loudet. Estos informes o dictámenes criminológicos, además, tienen consecuencias en el futuro de las personas privadas de libertad.

Seguramente muchas son las razones que justifican esta persistencia, y sería materia de otra indagación profundizarlas, pero es evidente la gravitación que tuvieron los discursos y los actores institucionales claves que operaron en el momento fundacional de la producción científica en materia penitenciaria desde el Estado en la República Argentina. El marco teórico y metodológico existente al momento de conformar una oficina, diseñar un instrumento de recolección o analizar los resultados, deja una marca institucional muy difícil de modificar en el tiempo. En ese sentido, en el complejo proceso de construcción de datos criminales desde el Estado, la estructura inicial de funcionamiento institucional va sedimentando una forma de trabajar que tiende a permanecer, consolidando representaciones que definen orientaciones de política criminal. La producción científica así, lejos de su aludida neutralidad, puede servir como un instrumento de legitimación de acciones desde el Estado, bajo el amparo de discursos que gozan de prestigio y reconocimiento.

4. REFERENCIAS

Botana, N. (1994). *El orden conservador. La política argentina entre 1880 y 1916.* Buenos Aires, Sudamericana.

Caimari, L. (2004). *Apenas un delincuente. Crimen, castigo y cultura en Argentina, 1880-1955.* Buenos Aires, Siglo XXI.

Cicourel, A. y Kitsuse, J. (1963). A Note onthe Uses of Oficial Statistics, en Social Problems, II, 2.

Criminología Moderna (1900). Año II, N° 20.

Daniel, C. (2012). Una escuela científica en el Estado. Los estadísticos oficiales en la Argentina de entreguerras. En Plotkin, B. y Zimmermann (Comp.). *Los saberes del Estado.* Buenos Aires: Edhasa. Buenos Aires, Fondo de Cultura Económica, Series Breves.

-------------- (2013). Medir la moral pública: la cuantificación policial del delito en Buenos Aires, 1880-1910, En Números públicos. Las estadísticas en la argentina (1990-2010). *Estadística e Sociedade,* 1 (noviembre), 156.

Olaeta, H. (2018). La construcción científica de la delincuencia. *El surgimiento de las estadísticas criminales en Argentina.* Bernal. Universidad Nacional de Quilmes.

Rodríguez López, C. (2019). *Del Instituto de Criminología al Instituto de Clasificación. Orígenes, funciones e Informes Criminológicos.* Instituto de Investigaciones de Historia del Derecho.

Olaeta, Hernán, García Basalo, Alejo (2020). Juan José O´Connor: Censo Carcelario y Proyecto de Cárcel Mínima. *Revista Historia de las Prisiones-Editorial Humanitas.* San Miguel de Tucuman. ISBN 978-987-754-233-2.

Sozzo, M. (2006). Tradutore, Traditore: Traducción, importación cultural e historia del presente de la Criminología en América Latina. En Reconstruyendo las criminologías críticas. *Cuadernos de Doctrina y Jurisprudencia,* 13: 353-431.

------------ (2007). Retratando al «homo criminalis». Esencialismo y diferencia en las representaciones «profanas» del delincuente, en la *Revista Criminal* (Buenos Aires, 1873), en La ley de los profanos. Delito, justicia y cultura en Buenos Aires (1870-1949), Caimari (compiladora), Fondo de Cultura Económica, pp. 23-66.

Otero, H. (1998). Estadística censal y construcción de la Nación. El caso argentino, 1869-1914. En: *Boletín 16-17 del Instituto de Historia Argentina y Americana*, Dr. Emilio Ravignani, Facultad de Filosofía y Letras, UBA, Fondo de Cultura Económica, 3* serie, 2* semestre de 1997 y 1* de 1998.

Revista penal y Penitenciaria (1949). Año XI, N° 50. Buenos Aires, Talleres Gráficos de la Penitenciaria Nacional.

APROXIMACIÓN A LA REALIDAD CRIMINOLÓGICA DEL DELITO DE CONTACTO SEXUAL TELEMÁTICO A MENORES (ART. 183.2 CP)

Omar Abdedaim Herrera
Universidad de Alicante
omar.abdedaim@ua.es

ABSTRACT

This research undertakes a jurisprudential exploration of the offense of grooming minors as defined in Article 183.2 of the Penal Code, with a focus on understanding its prevalence and characteristics. Through an analysis of 30 legal rulings spanning the period 2015-2023, the study reveals a consistent rise in this illicit activity. The typical offender profile emerges: a male, adult, Spanish national devoid of prior criminal records. Concurrently, the study illuminates patterns in the perpetrators' engagement with victims, often employing deceptive online personas and, in certain instances, resorting to coercion to procure pornographic material.

Keywords: sexual offender; art. 183.2, CP; child pornography; grooming offense; soliciting; sexual abuse.

SUMARIO

1. INTRODUCCIÓN

2. ESTADO DE LA CUESTIÓN

3. ESTUDIO JURISPRUDENCIAL

3.1. Justificación y límites de la investigación.
3.2. Objetivos y metodología.
3.3. Resultados.
3.3.1. Sentido del fallo.
3.3.2. Perfil de los sujetos.
3.3.2.1. Victimario.
3.3.2.2. Víctima.
3.3.3. Relación entre víctima y victimario.
3.3.4. Dinámica del embaucamiento.
3.3.5. Consecuencias jurídicas.

4. DISCUSIÓN.Y CONCLUSIONES

1. INTRODUCCIÓN

El *child grooming online* consiste en la manipulación o seducción de menores mediante Internet u otras tecnologías, con el fin de explotarlos o abusar sexualmente de ellos (Medvedeva, 2020; Gámez-Guadix, Román, Mateos, & de Santisteban, 2021). El Convenio del Consejo de Europa *para la protección de los niños contra la explotación y el abuso sexual*, de 25 de octubre de 2007 (más conocido como Convenio de Lanzarote) fue el primer instrumento jurídico internacional en abordar este fenómeno delictivo (art. 23); procediendo posteriormente, la Directiva 2011/93/UE, de 13 de abril, *relativa a la lucha contra los abusos sexuales y la explotación sexual de los menores y la pornografía*, a sancionar también como conducta diferenciada de este acoso cibernético el denominado *soliciting* (art. 6), a saber: solicitud telemática de un adulto a un menor (que no ha alcanzado la edad del consentimiento sexual) para le proporcione material pornográfico.

Al albur de esta normativa supranacional, la reforma de 2010 del Código penal incorpora en el art. 183 bis el delito de *child grooming*, que sanciona con pena de 1 a 3 años o multa de 12 a 24 meses a quien contacte telemáticamente con un menor y le proponga un encuentro sexual, llevando a cabo actos materiales que le permitan lograr dicha reunión. Se configura así como un delito común, pese a las recomendaciones supranacionales de definirlo como un delito especial en el que el sujeto activo debía ser necesariamente un adulto.

Un lustro después, la reforma operada por Ley Orgánica 1/2015, de 30 de marzo, modifica la numeración del mencionado ilícito que pasa a ser ahora el art. 183 ter; aumenta la edad del sujeto pasivo —de 13 a 16 años—, y, principalmente, incorpora —para dar cumplimiento a lo dispuesto por la anterior directiva— como tipo autónomo en su apartado segundo el mencionado delito de *soliciting* o, en su traducción española: embaucamiento. En concreto, este delito *ex novo* viene a sancionar —con prisión de 6 meses a 2 años— la acción de contactar por medio de las TIC con menores de 16 años y llevar a cabo actos dirigidos a embaucarles, con el objetivo de que le muestren o faciliten imágenes o vídeos sexuales de estos u otros infantes[22]. El

---

[22] Nótese que a efectos del Título VIII del CP, el contenido visual que represente a menores de 18 años en conductas sexualmente explicitas o incluso la representación de sus órganos sexuales (ya sea simulado o real), se considera «material pornográfico infantil» (art. 189.1, párrafo 3, CP). Esto ha llevado a la doctrina a valorar cuál es la relación concursal con los delitos de pornografía infantil, abogando la mayoría en que constituye un acto preparatorio (Tamarit Sumalla, 2016, p. 350; García, & Tarancón, 2021, p. 1189; Muñoz Conde, 2022. p. 257; Moreno Acevedo, 2023, p. 22), mientras que para un sector minoritario se trata de una tentativa (Ramos Vázquez, 2014, p. 17). La jurisprudencia suscribe la primera posición (por ejemplo

legislador nacional discrepa de la norma comunitaria al exigir «actos dirigidos a embaucar» por parte del sujeto activo, el cual, además, no ha de ser necesariamente un adulto ni exigir exclusivamente material pornográfico del menor embaucado, sino también de otros jóvenes, lo que amplía desmesuradamente el ámbito de protección del tipo penal.

La reciente revisión de los delitos sexuales por la LO 10/2022, 6 de septiembre, ha modificado nuevamente la numeración los ilícitos que nos ocupan, recogiéndose ahora en el art. 183.2 CP.

A continuación, se va a realizar una revisión de las ínfimas investigaciones empíricas, así como, una previa contextualización estadística de los datos oficiales nacionales.

2. ESTADO DE LA CUESTIÓN

Hasta el momento presente, los estudios empíricos sobre el delito de embaucamiento sexual son escasos tanto a nivel internacional como en España.

En relación a los primeros, destaca el estudio internacional *Disrupting Harm* realizado por la organización *Global Kids Online* de Naciones Unidas (Kardefelt-Winther, & Saeed, 2022). Entre sus objetivos se encontraban comprender el alcance y la naturaleza de la «explotación sexual infantil», así como evaluar la respuesta jurídica de los sistemas nacionales frente a este delito. Se llevó a cabo entre 2019 y 2022 en 12 países de Asia Pacífico y África[23], con una muestra en

---

la STS 777/2022 de 22-09, el FJ 4.3º y la STS 151/2019 de 21-03) considerando esta conducta como un acto preparatorio previo a la comisión del delito de pornografía infantil, y que de alcanzar el resultado material de este, la conducta deberá incardinarse en art. 189 CP y no de en el art. 183.2, al tratarse de un concurso de normas a resolver por el principio de consunción (art. 8.3, CP).

[23] Los 12 países participantes son 6 de África oriental y meridional (Etiopía, Kenia, Mozambique, Namibia, Tanzania y Uganda) y los otros 6 del sudeste

total N=11 912 usuarios de Internet (repartidos en 1000 participantes por cada Estado) con edades comprendidas entre los 12 y 17 años.

Se ha puesto el foco en la conducta «solicitud de imágenes/vídeos sexuales que han recibido los menores de edad», por su proximidad con el objeto de estudio. Entre sus resultados, 4 de cada 5 solicitudes provenía de otro menor. En esta línea, se había requerido este contenido con mayor frecuencia a través de las redes sociales (entre el 23 % y el 75 %) y concretamente por: Facebook/Facebook Messenger, WhatsApp, Instagram, TikTok y Twitter. Asimismo, entre el 6 % y el 52 % de las solicitudes sexuales fueron a través de videojuegos *online*. En sus conclusiones, destacaron que el sexo femenino tenía una probabilidad más alta de experimentar este fenómeno en comparación con el masculino. Asimismo, existía un mayor riesgo para las víctimas si conocían previamente al autor, que si se trataba de una persona desconocida.

En Norteamérica, los investigadores Finkelhor *et al.* (2022) llevaron a término un estudio entre 2019 y 2021, con una muestra de 2639 adultos jóvenes a los que les preguntó sobre sus experiencias en Internet cuando eran menores. Los autores examinaron 11 formas de explotación sexual infantil, pero aquí solo se recoge la categoría de «solicitud sexual *online*» por el mismo motivo que en el anterior estudio.

Sus principales resultados arrojaron que, en el 74,8 % de los casos, el autor se trataba de una persona extraña para la víctima. El resto sí conocía al victimario porque compartían algún vínculo: amistad (7,3 %), pareja (6,1 %) o simplemente conocidos (10,1 %). En relación con la edad del agresor, predominó el grupo de menores de 18 años (16,3 %), con escasa presencia de mayores de 26 años (1,4 %), aunque nótese que los encuestados no sabían la edad del autor en el 74,3 % de los casos. Por último, destacan que solo el 14,3 % de los adolescentes fueron partícipes de este fenómeno, cifrándose un mayor volumen de mujeres (el doble que los reportados por los varones) sin especificar cuál era el grupo de edad más vulnerable.

---

asiático (Camboya, Indonesia, Malasia, Filipinas, Tailandia y Vietnam). No han tenido en cuenta los datos de Sudáfrica por infrarrepresentación.

En Europa, se puede resaltar que en Reino Unido cuentan con una organización denominada *Perverted Justice* dedicada a denunciar a las personas que tratan de contactar sexualmente con menores por medio de las TIC. La organización utiliza a voluntarios adultos que se hacen pasar por adolescentes de ambos sexos de 12 o 14 años y hablan con otras personas interesadas en intercambiar fotos en línea o concretar un encuentro físico. Los voluntarios recopilan conversaciones de comportamientos pedófilos de otros usuarios —dichos diálogos se publican en la página web de la organización— con el fin de aportar pruebas para investigar a estas personas. Los autores Chiang, & Grant (2017) compilaron 7 trascripciones de las referidas conversaciones mantenidas entre 2006 y 2009 para analizar las características de este fenómeno desde la lingüística forense y el análisis del discurso. Entre sus resultados, cabe destacar que los varones de entre 25 y 36 años preferían contactar con niñas de 13 y 14 años para solicitarles imágenes o vídeos sexuales bajo un engaño.

En Italia, los psicólogos forenses PASCA *et al.* (2022) llevaron a cabo un estudio con una muestra de 316 estudiantes de un instituto de secundaria (en Apulia), con edades comprendidas entre los 13 y 18 años. El objetivo era conocer los factores de riesgo y de protección que actúan en el *child grooming*, con el fin de desarrollar una herramienta para su detección, la cual denominaron: *Online Grooming Risk-Scale* (OGR-S). Si se presta atención en los hallazgos de la «primera fase» del *child grooming* —por tratarse, en definitiva, de la conducta que constituye el delito de embaucamiento—, destacan que, mostrar una baja autoestima era el factor de riesgo más habitual y tener apoyo familiar el factor de protección. Asimismo, en la línea de los anteriores estudios, el riesgo de victimización aumentaba si el intercambio de material sexual se producía con una persona desconocida para el menor.

Tanto en la literatura internacional como los estudios realizados en España, predominan las investigaciones de corte victimológico. En el panorama nacional, cabe destacar las contribuciones de Villacampa Estiarte (2017) y Gámez-Guadix, de Santisteban, & Alcázar (2018).

El primero de estos estudios tenía como objetivo conocer la realidad del *grooming* y del *sexting* en adolescentes (entre 14 y 18 años) de 5 centros educativos públicos de la ciudad de Barcelona (n=489).

La autora se refería con el término *sexting* a la conducta de contactar, solicitar e intercambiar imágenes sexuales. Particularmente, pretendía determinar la prevalencia de menores en estas conductas, así como establecer el perfil de los participantes. Entre sus objetivos secundarios buscaba estudiar la dinámica del *sexting*, la tipología de las imágenes compartidas y los efectos que les producían.

Sus principales resultados resaltaron que la mayoría de los solicitantes eran hombres (60 %), un 30 % las mujeres y un 10 % de sexo desconocido (p. 13). Asimismo, advierte de la elevada incidencia entre iguales (el 48 % eran menores de edad), seguido de adultos próximos a la edad de la víctima (de entre 18-25 años con un 40 %) y solo un 4,5 % tenían 25 años o más (p. 13). Además, revela que el 55 % de los autores eran conocidos por las víctimas y que solo 1 de cada 10 adolescentes fue contactado por un adulto. En cuanto a las víctimas, las niñas y las adolescentes resultaron ser las más afectadas (60 %).

Las plataformas más frecuentes para contactar con los menores fueron: WhatsApp (98 %), Facebook (84 %), Gmail (66 %) e Instagram (62 %). Por otro lado, el estudio evidenció que esta conducta no va acompañada del uso de la intimidación o la violencia por parte de los autores (p. 27). Incluso sostiene que este fenómeno tiene un impacto psicológico mínimo en los menores afectados (p. 26).

Con base en estos resultados, la mencionada autora critica la redacción del ilícito al incluir a menores como sujetos activos de su comisión. A su parecer, se trata de una paradoja, ya que estas conductas en la actualidad son frecuentes entre los jóvenes y, por tanto, en vez de protegerlos, los criminaliza (pp. 4 y 27). En esta línea, aboga por adoptar un discurso de normalidad hacia estas conductas más allá de la intervención penal, sugiriendo enfoques educativos para abordar las solicitudes de material pornográfico a menores.

Por su parte, los investigadores Gámez-Guadix *et al.* (2018) llevaron a cabo un estudio similar también con estudiantes (de entre 12 y 15 años), de 11 institutos de la Comunidad de Madrid (n=2.731). Entre sus objetivos estaba desarrollar una medida integral de la «interacción y solicitud sexual en línea por parte de adultos hacia menores», así como describir su prevalencia y características.

Los resultados también arrojaron una baja incidencia. En este sentido, el 12,6 % de los participantes informaron haber recibido solicitudes sexuales por parte de adultos. En concreto, el 5,8 % había enviado imágenes de contenido sexual —autodesnudos—, y el 1,7 % envió/retrasmitió videos sexuales a través de la cámara web, en los últimos doce meses previos al estudio (p. 982). Los solicitantes generalmente fueron hombres —un 73,7 % (588)—, aunque también hubo presencia de mujeres —con un 26,3 % (201).

En cuanto a la edad del agresor, el 56,9 % tenía entre 18 y 20 años (449), seguido del grupo de 21 y 30 años (27,9 %, 220), y el resto de 31 años o más (15,2 %, 120) (pp. 984-985). Asimismo, detectaron que 2 de cada 3 participantes conocieron por primera vez a sus agresores en Internet, mientras que 1 de cada 3 ya los conocía previamente. Además, el 48,8 % de los menores utilizaba Internet para conocer personas nuevas y el 23,4 % aceptaba a desconocidos en su red social. Entre las plataformas de contacto más frecuentes fueron: Instagram (64,4 %), YouTube (63,5 %), WhatsApp (32,3 %), Snapchat (17,9 %), Twitter (12,6 %), y Facebook (10,2 %).

En otro orden de ideas, si se presta atención a otras fuentes, como, por ejemplo, los datos oficiales contenidos en el Instituto Nacional de Estadística (INE), en los Balances de Criminalidad o en los Informes sobre la Cibercriminalidad del Ministerio del Interior, el primer desafío para su análisis radica en la falta de precisión al operacionalizar y categorizar este fenómeno criminal. Determinar con exactitud su incidencia resulta una tarea ardua, ya que en sus cifras no aparece el embaucamiento sexual de manera aislada, sino junto a otras categorías, como los delitos de agresión sexual (arts. 180 y ss., CP), *child grooming* (art. 183.1, CP), exhibicionismo y provoca-ción sexual (arts. 185 y 186, CP) y pornografía infantil (art. 189, CP), entre otros. Así, por ejemplo, en los Informes sobre delitos contra la libertad sexual elaborados por el mencionado Ministerio cuentan con una categoría estadística denominada «contacto tecnológico a menores de 16 años», que lamentablemente incluye ambas conductas, es decir, el *child grooming* (art. 183.1, CP) y el embaucamiento sexual (art. 183.2 CP).

No obstante, estos Informes son los que más se aproximan al objeto de estudio. Así, atendiendo a los datos que reflejan se observa una alta prevalencia de ambos comportamientos, lo que da lugar a 3 víctimas por cada agresor sexual que realiza un contacto telemático a menores. En este sentido, la serie anual (2017-2022) muestra un aumento del 26,7 % y del 117,3 % de agresores y víctimas respectivamente, en el periodo comprendido entre 2017-2020, registrando el mayor repunte de casos en 2020 (coincidiendo con las restricciones a la movilidad originadas por la pandemia sanitaria). Posteriormente, desde 2020 a 2022, se observa una tendencia decreciente, esto es, una reducción en su incidencia: el número de agresores disminuyó un 19,53 % y el de víctimas un 22,44 %.

Acerca del perfil del autor en el periodo analizado, más del medio millar de los detenidos/investigados por estos delitos fueron hombres (representando el 99 % del cómputo total), con una ínfima prevalencia femenina. Se desconoce la nacionalidad de los autores debido a que no aparece desglosada por tipo penal como ocurre con las variables *sexo* y *edad*.

Por otro lado, del total de detenidos/investigados entre 2017 y 2022 (n=675), el grupo de edad más habitual (en función de la densidad de los intervalos) es entre los 14 y 17 años, seguido del grupo 18-30 años. Llama la atención, por una parte, la evolución decreciente entre los menores de edad (14 a 17 años), disminuyendo en un 57,14 % a lo largo de la serie anual y, por la otra, el aumento entre los mayores de 65 años en el último año.

En lo relativo al número de víctimas, se puede observar en ambos grupos de edad (de 0 a 13 años y de 14 a 17 años) el triple de victimizaciones en el sexo femenino que en el masculino. Aunque resulte llamativo el elevado número de víctimas con menos de 14 años, se debe tener en cuenta la densidad del intervalo. Ello revela que el grupo de edad de 14-17 años concentra un mayor volumen de víctimas.

Llegados a este punto, puede afirmarse que existe coherencia entre las investigaciones y los informes oficiales en que los agresores tienden a ser próximos en edad a las víctimas, y estas últimas suelen ser del sexo femenino. No obstante, no queda claro si existe mayor riesgo de sufrir un embaucamiento cuando ambos se conocen o tienen un vínculo previo al contacto telemático. Como se ha podido corroborar, tanto en el reporte *Disrupting Harm* de 2022, como en el estudio de Villacampa Estiarte (2017), este tipo de fenómeno lo perpetran personas conocidas a los menores, y para esta última, ocurre mayormente el seno de relaciones de amistad, familiar o de pareja. En este sentido, según la autora, el perfil del victimario se aleja del prejuicio estadounidense del *stranger danger*, esto es, la concepción de que detrás de este delito está un pedófilo extraño y peligroso para el menor. En cambio, otros investigadores sugieren que tiene lugar entre personas desconocidas (Finkelhor *et al*., 2022; PASCA *et al*., 2022; Gámez-Guadix *et al*., 2018).

Por otra parte, como se ha indicado, las investigaciones analizadas han abordado el fenómeno mediante encuestas de victimización. Por este motivo, se propone en la presente investigación, la realización de un estudio jurisprudencial sobre el contacto telemático a menores con fines pornográficos, con el fin de contribuir a la realidad criminológica de este fenómeno delictivo en España. En concreto, en las próximas líneas se pretende, a partir de la casuística jurisprudencial del art. 183.2, CP, ofrecer parámetros que permitan categorizar el perfil de la víctima y victimario del embaucamiento, así como conocer los comportamientos victimarios más habituales y la respuesta punitiva frente a estos.

3. ESTUDIO JURISPRUDENCIAL

3.1 JUSTIFICACIÓN Y LÍMITES DE LA INVESTIGACIÓN

Como se ha indicado *supra*, la ausencia de estudios jurisprudenciales en esta materia motiva su realización. Por ello, resulta preciso complementar la información obtenida por las encuestas de victimización, mediante el análisis de resoluciones judiciales para determinar su prevalencia y fenomenología con las víctimas reales. Es relevante señalar que, este estudio, solo se ha accedido a las resoluciones judiciales en las que el delincuente se trataba de un adulto, ante la imposibilidad de consultar las resoluciones de los Juzgados de Menores.

3.2 OBJETIVOS Y METODOLOGÍA

El objetivo principal de la investigación es conocer la incidencia de este ilícito y sus características fenomenológicas en la jurisprudencia española. En concreto, se pretende identificar las siguientes variables: características del autor y la víctima (edad, género, nacionalidad, antecedentes penales, relación previa antes del contacto, consideración de víctimas especialmente vulnerables y denuncia); el *modus operandi*, las tecnologías de la información y la comunicación más utilizadas, el impacto psicosocial en los menores y la respuesta legal en términos de responsabilidad penal y civil.

Se consultó la base de datos Aranzadi, seleccionando en su Tesauro de jurisprudencia la voz «Abusos y agresiones sexuales a menores de 16 años» en concreto, la figura delictiva «Actos dirigidos a embaucar para que facilite material pornográfico o muestre imágenes pornográficas en las que se represente o aparezca un menor». Al no obtener un número amplio de resoluciones, se consultó también la base de datos CENDOJ, empleado las palabras clave: *embauc*. Y menor; ciberacoso. O grooming* para aumentar la muestra. La selección de las resoluciones judiciales se ha basado en dos criterios: a) hechos acaecidos desde su entrada en vigor —julio de 2015-hasta diciembre de 2023—, y b) la víctima debía ser menor de 16 años en el momento de los hechos.

En total, se han obtenido 37 resoluciones —33 sentencias y 4 autos— que cumplían con los criterios establecidos, cuyo listado se encuentra en el anexo final de este trabajo, repartidas entre los siguientes órganos jurisdiccionales: Tribunal Supremo (16), Tribunal Superior de Justicia (3) y Audiencia Provincial (18). Se han tratado los datos con los programas informáticos *SPSS* v.28.0.1.1 y *Excel*.

3.3 RESULTADOS

3.3.1 Sentido del fallo

En cuanto al sentido del fallo, del total de la muestra (n=37, véase Anexo I), fueron absolutorias 5 resoluciones bajo el fundamento de aplicar una interpretación estricta del tipo, esto es, considerando atípicas las conductas por la falta de un engaño[24], o de una solicitud del material pornográfico infantil[25] por parte del autor. Por lo tanto, dichas resoluciones judiciales han sido excluidas del análisis.

A la hora de enjuiciar los hechos en el resto de las resoluciones (n=32), las calificaciones jurídicas que han realizado los tribunales han sido diversas. Se observa que la mayoría (17 resoluciones) han sido condenatorias por el delito de embaucamiento con fines pornográficos (actual art.183.2, CP). Puntualmente (1 sentencia) por un embaucamiento continuado, y un grupo intermedio (8) como un delito

---

24 Así, STS 2652/2022, de 30 de junio; SAP de Barcelona 2342/2021, de 12 enero y SAP de Castellón 12/2019, de 20 marzo.

25 Así, por ejemplo, en la STS 447/2022, de 09 de febrero, no queda acreditada la solicitud por parte de los dos acusados ni la remisión de material pornográfico por parte de la víctima. En cambio en la STS 1110/2021, de 18 de marzo, consta en los hechos probados que el acusado le solicitó por WhatsApp al menor Victorino que remitiera fotografías con los calzoncillos, pero le absuelven del embaucamiento porque no consta que el joven remitiera ninguna imagen sexual.

de pornografía infantil (art. 189, CP) en concurso de normas (art. 8.3, CP) con el embaucamiento (art. 183.2, CP) lo que, en su conjunto, constituye el 70,2 % del total de la muestra.

En las resoluciones restantes —4 condenados por el art. 189, CP y 2 como delito continuado— no especificaban si la conducta del embaucamiento quedaba subsumida en el tipo penal de la pornografía infantil, aunque se puede afirmar que, tras examinar dichas resoluciones, los acusados realizaron todos los elementos típicos del art. 183.2, CP, e incluso los mismos tribunales consideraron que el embaucamiento fue más allá y que, por ese motivo, debía calificarse la conducta desplegada hacia la víctima como un delito de pornografía infantil[26].

En este sentido, resulta criticable la falta de criterio judicial a la hora de calificar los hechos enjuiciados, ya que equiparan el embaucamiento con conductas de *soliciting* y con los contactos acompañados de conminación o corrupción/prostitución de menores para obtener el material pornográfico. En el caso de que se tratase de una solicitud con beneficios materiales o económicos para la víctima, estos deberían de calificarse como un delito de prostitución de menores (art. 188, CP). Por otro lado, se debería graduar la gravedad en el tipo como el precepto que le antecede (art. 183.1, CP, *child grooming*) dejando el *soliciting* para el tipo básico y añadiendo un tipo agravado cuando la solicitud vaya acompañada de un ambiente intimidatorio para el menor.

La jurisprudencia del Tribunal Supremo a la hora de diferenciar si se trataba de un embaucamiento o de un delito de pornografía, el criterio que seguía era si la víctima había remitido el objeto material solicitado. En aquellos casos donde el acusado obtenía dicho contenido sexual, se calificaba como un delito de pornografía infantil (art. 189, CP), y cuando no lograba su propósito, como un delito de embaucamiento (art. 183.2, CP). Ahora bien, no siempre se rigen por dicho

---

[26] Cfr., en este sentido, STSS 4457/2020 de 20 de noviembre; 4403/2021 de 24 de noviembre, así como ATSS 5386/2021 de 22 de abril, y 7043/2022, de 07 abril.

criterio y aun obteniendo los acusados el material pornográfico, se ha calificado como un embaucamiento (ATS 9468/2021 de 03 de junio, y STS 2275/2023, de 18 de mayo) o, incluso, como un delito continuado de embaucamiento (STS 3318/2022, de 22 de septiembre).

A esto se une que, solo en 4 de las resoluciones condenatorias (n=32, véase Anexo I), el embaucamiento ha sido el único delito castigado, mientras que en las 28 restantes hay otros ilícitos enjuiciados como: abuso/agresión sexual a menores de 16 años con/sin acceso carnal (19), exhibicionismo (12), pornografía infantil (10), difusión de pornografía (7), *child grooming* (5), corrupción de menores (4) y *sexting* (3).

Todo ello lleva a pensar a que no se trata de un delito exclusivo y aislado, sino más bien de un ilícito con el que se inicia el contacto con el menor y que de forma paulatina va avanzando. De este modo, el embaucamiento se configura como la fase inicial de una «progresión delictiva», que culmina con la lesión sobre el normal desarrollo del menor y la intromisión en la libre formación de la sexualidad de este.

3.3.2. Perfil de los sujetos

3.3.2.1 Victimario

Con relación al perfil del autor, este es hombre, mayor de edad, español, sin antecedentes penales y con una profesión relacionada con niñas/os y adolescentes. En efecto, todos los contactos telemáticos con fines pornográficos se han realizado por varones (n=32) —no se ha registrado a ninguna mujer—. Las edades oscilan entre los 18 y 52 años, siendo la edad media: 34 años y los grupos de edad menos frecuentes: el de 18 a 22 años; y el de 48 a 52 años.

Por lo general, los reos son de nacionalidad española (n=28 válidos) —solo se ha apreciado puntualmente alguna distinta, a saber: rumano en (STS 3011/2020, de 15 de septiembre); ecuatoriano (STS 89/2020, de 18 de enero) y boliviano (STS 4224/2022, de 07 de noviembre)— y con una profesión relacionada con menores (n=14 válidos) —el 42,9 % era entrenador deportivo (tenis, pádel, natación, baloncesto), el 28,6 %

monitor de actividades extraescolares (canto, inglés, campamento), el 21,4 % docentes de colegio/instituto y el 7,1 % no tenían ocupación.

Llama la atención que la gran mayoría sean delincuentes primarios (n=32) —el 84,4 % no tenían antecedentes, un 9,4 % los tiene, pero no son computables y solo un 6,3 % sí cuenta con ellos—. Además, estos sujetos actúan en solitario, en calidad de autor (n=32). No obstante, la mitad de los condenados (n=16) estaba sujeto a alguna medida cautelar hasta el señalamiento del juicio oral, siendo las más comunes la libertad provisional o la prisión preventiva.

En cuanto a las circunstancias modificativas, se aprecia que son pocos los casos en los que se han apreciado agravantes, siendo las más comunes por: reincidencia (2), superioridad/autoridad (1) y parentesco (1). En cambio, son más las atenuantes aplicadas por: reparación del daño (5 cualificadas y 2 muy cualificadas), dilaciones indebidas (4), confesión (2) y alteración/anomalía psíquica (1 cualificada y 1 muy cualificada). En ningún caso se ha valorado la eximente incompleta.

3.3.2.2 Víctima

En cuanto al perfil de la víctima, se han contabilizado un total de n=171 menores de 16 años de ambos sexos en el momento de los hechos (la edad mínima registrada ha sido 10 años).

En este análisis, los más victimizados han resultado ser del sexo masculino (146) en comparación al femenino (25), siendo el grupo de edad con mayor incidencia entre los 13 y 15 años. Asimismo, llama la atención que el 14 % de las víctimas estén por debajo de esta edad, especialmente por su temprano acceso a las redes sociales. Por otra parte, solo 3 víctimas sufrían algún tipo de diversidad funcional, aunque en las resoluciones no se especifica cuál, si exponen el grado de esta: 36 % discapacidad (2), 33 % discapacidad (1). A esto cabe añadir que no ha sido posible conocer su nacionalidad ni su residencia.

En relación con la detección e investigación de los hechos, normalmente no aparece quién interpone la denuncia (n=142). Ahora bien, de las que sí consta (n=29), el 89,6 % de las denuncias interpuestas han sido por los padres de la víctima. Los progenitores son quienes han advertido a las autoridades sobre la inmersión de su hijo/a en *chats* sexuales con desconocidos, especialmente porque lo descubren, no porque los menores se lo cuenten. Tan solo 2 víctimas han presentado la denuncia y en 1 caso han sido las autoridades de oficio. Por último, es necesario resaltar que, en las sentencias recopiladas apenas ofrecen información acerca del tipo de daño moral o psicológico que sufren las víctimas. De las que sí se han constatado secuelas por los hechos (n=10), solo 8 especificaron que las víctimas presentaban: una vivencia negativa (3), un trastorno adaptativo (2), una sintomatología mixta ansioso-depresiva, con dificultades de concentración, irritabilidad, sentimientos de culpa, baja autoestima y aumento de inseguridad personal-social (1); una sintomatología postraumática relacionada con los hechos, consistentes en pensamientos recurrentes en forma de recuerdos intrusivos, estados de hipervigilancia ante estímulos extraños y respuesta distractora de evitación de dichos pensamientos y recuerdos, junto a una sintomatología ansiosa consistente en sobreactivación fisiológica, nerviosismo, irritabilidad, alteración del sueño, bajo autoconcepto, alteración de la conducta alimentaria y contención emocional (1); así como un trastorno de estrés post traumático (TEPT) con internación en psiquiátrico, ideación suicida y autolesiones (1). Se debe indicar que no se ha podido deducir si las secuelas psicológicas derivan del embaucamiento o de la referida progresión delictiva.

Tabla 1. Estrategias del autor para contactar con la víctima.

Respuesta múltiple.	Respuestas. N	Respuestas. Porcentaje
Engaño: Miente sobre su identidad, cuenta historias falsas, miente sobre algún aspecto de su vida (edad, sexo, y/o nombre).	12	23,1 %
Corrupción: Ofrece beneficios a los menores a cambio del material pornográfico, ya sea mediante favores, regalos o dinero.	10	19,2 %
Adulación: A través de halagos o mensajes románticos seduce a la víctima.	7	13,5 %
Coerción: Emplea conductas de acoso, intimidación, coacción, chantaje o amenazas para obtener el material pornográfico.	10	19,2 %
***Soliciting:* Solicita el material pornográfico sin llevar a cabo ninguna de las anteriores conductas.**	**13**	**25,0 %**

3.3.3 Relación entre víctima y victimario

En cuanto a cuál es el vínculo que une al embaucador con la víctima, el 74,3 % de las víctimas no conocían previamente al contacto a su agresor, mientras que el 25,7 % restante sí; especialmente porque mantenían una relación profesional (33) —el agresor era su entrenador de deportivo, monitor de campamento, monitor de actividades extraescolares o su docente del colegio/instituto— o de su propio ámbito familiar 4) —habitualmente las figuras de padre y tío—. Tan solo 1 víctima mantenía una relación de amistad con su agresor y el resto (6) eran de otro tipo: un vecino (2), un amigo del padre de la víctima (2) o el padre de una amiga de la víctima (2).

3.3.4 Dinámica del embaucamiento

En cuanto a su fenomenología, se ha evidenciado que el 25 % de los autores (n=32) realizaron una conducta más próxima al *soliciting* que al embaucamiento. En el resto de las resoluciones sí existe algún tipo de maniobra que han llevado a cabo los delincuentes sexuales para conseguir su propósito. Estas estrategias se han operacionalizado en cuatro categorías que se detallan en la siguiente tabla —téngase presente que se puede emplear varias de ellas con misma víctima o varias de ellas.

En primer lugar, el uso de perfiles falsos en las redes ha sido la técnica más empleada (23,1 %). Concretamente, los delincuentes han fingido ser menores de edad y del sexo opuesto (53,7 %), así como el empleo de múltiples identidades falsas en redes sociales para fingir ser distintas personas que convencen a la víctima para la remisión del material pornográfico (39,5 %).

En segundo término, se encuentra la corrupción de menores. Los agresores han ofrecido dinero (13), concretamente cantidades que oscilan entre 5 € y 100 € a cambio de obtener el contenido sexual infantil. De la misma manera han hecho regalos de todo tipo a los menores (los más frecuentes han sido: un teléfono móvil y recargas de saldo).

En tercer lugar, al 5,8 % de los menores les han conminado para obtener contenido sexual de estos doblegando su voluntad bajo el temor, la intimidación, el chantaje o las amenazas. Esta práctica coincidía particularmente cuando la víctima se resistía a compartir el material solicitado. La recodificación de la variable se ha hecho de la siguiente manera: a) coacción y manipulación (4): chantajea con contar que mantenía relaciones sexuales con la menor a sus padres (1), chantajea con difundir las imágenes captadas de la víctima (1), coacciona con retirar el teléfono móvil al menor si no accede (2);b) amenazas (3): amenaza a la víctima de hacerle un mal a ella y/o a su familia (3); c) control y hostigamiento (3): le llamaba en número oculto y divulgó su información personal con apelativos como «puta» (1), le daba órdenes sexuales y sadomasoquistas (1), le compelía al menor de enviar y mostrar el material pornográfico (1).

Por último, la adulación ha sido la estrategia que menos han empleado los embaucadores (4,7 %), pero que mayor dependencia emocional ha generado en las victimas. Al igual que la anterior variable, esta se ha recodificado en dos categorías por el bajo número de frecuencias. En la primera, expresiones de adulación directa (4) se han incluido: palabras aduladoras y obscenas sobre el aspecto físico de esta (1), «**Acusado**: kierete mas porqe vales muchisimo, me gustaría sentirte, qe me sintieras dentro. **Menor**: No valgo nada. **Acusado**: pues yo si veo ke vales muchisimo, kierte mas, porque conseguiras lo qe desees, eres bonita por dentro y por fuera (1); diversos halagos, como que tenía la boca muy bonita o que era muy guapa (1); diversos halagos, como que tenía un cuerpazo (1). La segunda ha consistido en la creación de falsa relación amorosa (4): el acusado hizo creer que la menor era especial, agasajándole con presentes y por la forma en la que se dirigía a ella, como «princesa» o «corazón» siendo frecuente que le diera los buenos días y las buenas noches con expresiones tales como: «*good night my sweet sweet sweet princess*» (1), le llegaba a decir que la quería o la amaba (1), le hizo creer que eran novios, le cogía de la mano, chateaban todo el tiempo, mantenían conversaciones sexuales a diario (1) y, por último, creaba en el menor una dependencia emocional que reforzaba constantemente por vía de teléfono (llamadas y videoconferencias) y redes sociales (1).

Por lo que se refiere al número de menores que finalmente comparten con el agresor el contenido requerido, un total de 144 víctimas mostraron o facilitaron dicho material. En este sentido, los tipos de contenido compartido/retrasmitido más frecuentes han sido las fotografías y vídeos pornográficos de autoproducción (bajo la definición del art. 189, CP), mostrando los órganos sexuales (pechos, trasero/ano, pene y vagina) o realizando alguna práctica sexual (masturbarse). Asimismo, solo 8 menores han compartido fotografías que no entrarían en dicha definición como fotografías en ropa interior o mostrando el pubis.

Finalmente, entre las plataformas más utilizadas por los autores para iniciar el contacto con los menores han sido: Instagram (59,1 %) y WhatsApp (18,1 %). Pero a la hora de mantener el contacto, ha sido al revés, es decir desarrollan las conversaciones principalmente en WhatsApp (76,6 %) e Instagram (3,5 %).

3.5 Consecuencias jurídicas

En cuanto a su penalidad, teniendo en cuenta aquellas sentencias donde al imputado se le ha condenado como autor de un embaucamiento sexual a menores (el actual art. 183.2, CP, n=17 resoluciones válidas), se puede destacar que, dentro de la horquilla penológica de 6 meses a 2 años de prisión, los tribunales vienen aplicando el límite inferior, o la pena de 9 meses. Esto podría provocar que, al tratarse de delincuentes sin antecedentes y una pena inferior a 2 años de prisión, pueda suspenderse su ejecución o aplicar una pena pecuniaria (como ha sucedido en STSJ de Andalucía 17722/2022 de 26-10). Ahora bien, la probabilidad de que llegue a producirse es relativamente baja, puesto que, como se ha comentado, los condenados van más allá del embaucamiento.

Por otro lado, las penas accesorias aplicadas a los condenados han sido mayoritariamente las siguientes: la inhabilitación especial para el sufragio pasivo (28); inhabilitación para desempeñar un cargo retribuido o gratuito en contacto con menores (25), la prohibición de comunicarse (24) y acercarse a la víctima y a los lugares que frecuenta (25).

En la SAP de Barcelona, nº 17098/2019, de 23 de diciembre, aplican la «prohibición de utilización de chats informáticos o telefónicos y redes sociales» por un tiempo superior a 2 años por cada delito de embaucamiento cometido con base en los arts. 57.1 y 48.3 CP.

La prohibición de crearse perfiles y usar las TIC, en mi opinión, resulta contraria a principios fundamentales. Cuestiono la eficacia o utilidad de la prohibición de utilización de chats informáticos, telefónicos y redes sociales dado que atenta contra principios fundamentales. Primero, su presunción de inocencia, ya que, tras cumplir condena, el autor no podría utilizar prácticamente Internet. Segundo, es restrictiva de la libertad porque se le impide el uso del principal medio de comunicación teniendo en cuenta que, en la actualidad, es la forma más habitual de interacción social. Por último, es de difícil control y restricción, pues resulta bastante complejo comprobar si el condenado está cumpliendo dicha medida o, por el contrario, utiliza otros sistemas para evitar su detección.

Considero que, hasta la fecha no hay posibilidad material desde los juzgados puedan tener control sobre el acceso a Internet. Tendría lógica si para dicho acceso, cada persona tuviera un usuario y contraseña proporcionado por una institución gubernamental que controlase dichos registros, pero, como no es el caso, el agresor se puede conectar desde cualquier punto sin necesidad de franquear un sistema de verificación. Tan solo tendría explicación si lo que se pretende es agravar la conducta del condenado en el caso de que cometiera de nuevo un ataque sexual y se constatase que el ilícito se cometió a través de las TIC, mientras la pena accesoria está en fase ejecutiva.

Por otro lado, el 87,5 % de los condenados (n=32) ha sido sometido a la medida de libertad vigilada una vez cumplida la pena (art. 192, CP). En dos casos aislados, los tribunales han especificado que dicha medida incluya la participación obligatoria en cursos de reeducación sexual durante su ejecución[27]. Cabe destacar que esta medida de seguridad no se impone por cada delito individual en el fallo dictado, sino que se aplica de manera global por los ilícitos cometidos. No obstante, en las 4 resoluciones que han condenado exclusivamente por embaucamiento, se observa una variabilidad significativa. En dos casos[28], la medida de libertad vigilada no fue impuesta, mientras que en los otros dos casos (y C39)[29] se dictaron penas de 1 año y 5 años, respectivamente.

Por último, en cuanto a la responsabilidad civil derivada del delito, la cuantía se determina en función de la naturaleza de los hechos y la suma de la cuantía engloba los daños morales producidos por todos los ilícitos sufridos. Por ello, como se ha dicho anteriormente, solo 4 condenas (n=32), lo hace exclusivamente por embaucamiento y la responsabilidad civil en estos casos ha sido de: 6000 € (ATS nº 1870/2022, de 20 de enero); 1500 € (STSJ de Comunidad Valenciana nº 3040/2022, de 24 de mayo); 350€ (SAP de Madrid nº 7636/2020, de 9 de julio) y 2000€ (SAP de Valladolid nº 1487/2021, de 24 de septiembre).

4. DISCUSIÓN Y CONCLUSIONES

La literatura científica ha identificado que los victimarios, en su inmensa mayoría, son varones —con una presencia de mujeres en el 1 y 30 % de los casos—. El presente estudio puede confirmar que el 100 % de las resoluciones analizadas tenían como autor a un hombre. Además, según los hallazgos de esta investigación, el delin-

[27] Cfr. en este sentido, SAP Valladolid 1487/2021 de 24 de septiembre, y SAP Zaragoza 2093/2022, de 24 de noviembre.

[28] Así ocurre en STSJ de Comunidad Valenciana nº 3040/2022, de 24 de mayo; y en SAP de Madrid nº 7636/2020, de 9 de julio.

[29] ATS nº 1870/2022, de 20 de enero y SAP de Valladolid, nº 1487/2021, de 24 de septiembre.

cuente generalmente es de nacionalidad española y no tiene antecedentes penales.

A pesar de no haber sido posible consultar las resoluciones dictadas por los Juzgados de Menores —debido a su indisponibilidad en repositorios judiciales—, en la jurisdicción de adultos se podría afirmar que el 65,6 % de los casos analizados el autor tiene un rango de edad comprendido entre los 23 y 42 años. En este sentido, se han identificado tres grupos de edad: a) menores de 18 años (Finkelhor *et al.*, 2022; Villacampa Estiarte, 2017), b) mayores de 18 y 20 años (Gámez-Guadix *et al.*, 2018), y c) de entre 25 y 36 años (Chiang, & Grant, 2017). Los datos de Villacampa Estiarte (2017) y de los Informes del Ministerio del Interior ofrecerían la cifra negra de victimarios, ya que coinciden en que mayoritariamente los agresores son menores de edad.

En relación con las víctimas, se observa que el sexo más vulnerable es el masculino (146 niños frente a 25 niñas)[30], contradiciendo los hallazgos de las investigaciones previas. Ahora bien, las edades de las víctimas coinciden con los datos oficiales del Ministerio del Interior y las investigaciones de Villacampa Estiarte (2017) y Gámez-Guadix *et al.* (2018), siendo la edad más vulnerable para los varones entre los 12-14 años y para las jóvenes entre los 13-15 años. Además, en el análisis se identificaron 4 víctimas con una diversidad funcional —no especificada—, pero que, en todo caso, no superaba el 36 % de discapacidad.

Por otra parte, en esta investigación el 84,2 % de las víctimas accedieron a la solicitud del embaucador de compartir contenido sexual de tipo pornográfico, ya sea mostrando sus órganos sexuales, realizando alguna práctica sexual como masturbarse o desnudos/semidesnudos. se destaca la prevalencia de *soliciting* a menores, lo que confirma su naturaleza extendida y normalizada en la Red, como constataban los estudios mencionados.

---

[30] Debe advertirse que una de las resoluciones (STS nº 4606/2023, de 5 de octubre) contenía a 98 víctimas varones, lo que puede haber incrementado su presencia. No obstante, aun sin tener en cuenta dicha resolución, continúan siendo más chicos que chicas.

En cuanto a si existía una relación previa al contacto sexual telemático entre la víctima y agresor, se constata que normalmente son personas desconocidas. Los condenados en este estudio no tenían ningún vínculo profesional, familiar, de amistad o de cualquier otro tipo.

En la revisión bibliográfica, se observa una escasa atención al análisis de si las conductas de solicitud de imágenes sexuales van acompañadas de coerción o intimidación, salvo los hallazgos de Villacampa Estiarte (2017). En contraste, entre los hallazgos del presente estudio, cabe destacar que el 40 % de los ataques han consistido en *soliciting*, mientras que el 60 % restante han sido contactos seguidos de algún engaño, de coerción, corrupción y/o adulación. Esta diferencia resalta la importancia de explorar no solo la incidencia de estas conductas sino también las dinámicas subyacentes que las acompañan.

La táctica más habitual ha sido *ocultar su verdadera identidad y mentir sobre su edad o género*. Asimismo, actos de *coacción, manipulación, amenazas, control y hostigamiento* han estado presentes en un 10 % de las víctimas, lo que contrasta con lo presentado por Villacampa Estiarte (2017), donde solo un tercio de sus participantes recibieron solicitudes sexuales acompañadas de conminación. Por otro lado, la adulación de las víctimas ha sido la menos frecuente, pero la que mayor dependencia emocional generaba en la víctima. Especialmente ocurría mediante la *creación de una falsa relación sentimental*. La baja autoestima de los menores provocaba que a cambio de los halagos y mensajes románticos, aceptasen enviar o mostrar imágenes/vídeos de carácter pornográfico. Cabe destacar que no se ha podido determinar el grado de afectación psicológica por estos hechos en los menores, ya que han sido víctimas de otros ilícitos — incluso más graves.

Asimismo, en la literatura científica, los autores han identificado las plataformas más habituales de contacto (WhatsApp e Instagram), pero como se ha observado en este estudio, el embaucamiento puede desarrollarse en otra aplicación distinta. En otras palabras, se puede iniciar el primer contacto por Instagram (72,3 %), aunque posteriormente, la conversación para solicitar al menor el material pornográfico tenga lugar en la aplicación WhatsApp (76,6 %). De igual forma, llama la atención que también se evidencie el contacto telemático a través de videojuegos *online*.

En suma, este fenómeno criminal presenta diversas características en los distintos estudios, pero debe reconocerse que se pueden recopilar y observar con mayor facilidad en aquellas investigaciones que interpretan este ilícito como una tipología asilada de la explotación sexual a menores. Los resultados confirman una mayoría de pronunciamientos condenatorios frente a los absolutorios. La falta probatoria, ya sea de la solicitud de material pornográfico por parte del acusado, por la falta de actos dirigidos a embaucar o porque no hubo remisión del material pornográfico requerido a la víctima han sido los fundamentos de absolución basadas en una interpretación restrictiva del tipo penal.

Por otra parte, se ha identificado que los reos se trataban de hombres españoles, desconocidos para los menores y sin antecedentes penales. Además, teniendo que en este estudio los condenados que conocían a la víctima ostentaban profesiones que les servía de acercamiento (entrenador deportivo, monitor de actividades extraescolares, docentes del colegio/instituto), se debería revisar el sistema de acceso a dichos cargos. Cabría señalar que, actualmente, el único filtro que se prevé para trabajar con menores es presentar un certificado que acredite la ausencia de antecedentes penales en delitos sexuales y, como se ha podido comprobar en los resultados, la gran mayoría de los agresores eran delincuentes primarios.

Con relación al perfil de las víctimas, en este estudio se revela una mayor incidencia en varones de 12 a 14 años, sin constatar un número significativo de víctimas con discapacidad. El embaucamiento empleado ha consistido preferentemente en engañar al menor con una identidad falsa. Se ha constatado conductas de amenazas y chantajes hacia los menores, o incluso, actos de corrupción como ofrecer dinero o regalar un teléfono móvil para obtener el contenido sexual de estos. Asimismo, se destaca la prevalencia de *soliciting* a menores, lo que confirma su naturaleza extendida en la Red.

Por ello, concluyo en que se debería estudiar como un fenómeno independiente del *child grooming* (art. 183.1, CP) o *sexting* (art. 197.7, CP), de manera que se pueda ofrecer información acerca de la fenomenología del embaucamiento o «la solicitud telemática de material pornográfico a menores», y sus estrategias. Todo ello en aras de ampliar su estudio criminológico y ofrecer medidas preventivas.

En investigaciones futuras, resultaría interesante poder analizar la jurisprudencia de menores delincuentes en este delito. También se echan en falta investigaciones cualitativas con las víctimas reales, lo que ayudaría a describir el proceso del embaucamiento, su duración, características comunes, o la existencia de un impacto psicológico en los menores y en su caso, de qué tipo.

REFERENCIAS BIBLIOGRÁFICAS

Chiang, E., & Grant, T. (2017). Online grooming: moves and strategies. *Language and Law, 4*(1), 103-141. https://www.proquest.com/scholarly-journals/online-grooming-moves-strategies/docview/2185922890/se-2%0Ahttps://media.proquest.com/media/hms/PFT/1/9P1U8?_a=ChgyMDIyMDUzMDE0MDcxNjg5MDo2Nzg0NTcSBTk0MTA3GgpPTkVfU0VBUkNIIg03OS4xNTguNzQuMjA1KgczODgyNjQ2MgoyMTg1

Dolz, Lago, M. J. (2011). Un acercamiento al nuevo delito *child grooming*: entre los delitos de pederastia. *Diario La Ley*, (7575).

Finkelhor, D., Turner, H., & Colburn, D. (2022). Prevalence of Online Sexual Offenses Against Children in the US. *JAMA Network Open, 5*(10), E2234471. https://doi.org/10.1001/jamanetworkopen.2022.34471

Gámez-Guadix, M., de Santisteban, P., & Alcázar, M. Á. (2018). The Construction and Psychometric Properties of the Questionnaire for Online Sexual Solicitation and Interaction of Minors with Adults. *Sexual Abuse, 30*(8), 975-991. https://doi.org/10.1177/1079063217724766

Gámez-Guadix, M.; Román, F.; Mateos, E., & DE Santisteban, P. (2021). Creencias erróneas sobre el abuso sexual *online* de menores (*child grooming*) y evaluación de un programa de prevención. *Behavioral Psychology - Psico-*

logía Conductual, 29(2), 283-296. Disponible en: https://doi.org/10.51668/bp.8321204s (último acceso: 12/04/2024).

García Rivas, N., & Tarancón Gómez, P. (2021). Lección 17 Agresión y abusos sexuales, en Álvarez García (dir.): *Tratado de Derecho Penal Parte Especial (I). Delitos contra las personas*, 3ª edición., Valencia, 1117-1204.

Kardefelt-Winther, D., & Saeed, M. (2022, junio 1). *Online sexual exploitation and abuse: new findings | GLOBAL KIDS ONLINE*. http://globalkidsonline.net/disrupting-harm-findings/

Lorenzo-Dus, N.; Moreno-Serrano, L. M.; Maruenda-Bataller, S., & Pérez-Sabater, C. (2021). Ciberacoso sexual a menores (*Online Grooming*) y pandemia. Actuar con el lenguaje ante la vulneración de los derechos de la infancia. *Signo y seña* (40), 166-187. Disponible en: https://doi.org/10.34096/SYS.N40.10507 (último acceso: 12/04/2024).

Moreno Acevedo, R. (2023). Los delitos relativos a la captación o utilización con fines exhibicionistas o pornográficos, o para la elaboración de pornografía infantil, art. 189.1 a). *Revista Electrónica de Ciencia Penal y Criminología*, (25)17, 1-32. Recuperado de: http://criminet.ugr.es/recpc/25/recpc25-17.pdf (último acceso: 12/04/2024).

Muñoz Conde, F. (2022). *Derecho Penal*. Parte Especial, 24ª edición, Valencia.

Núñez Fernández, J. (2012). Presente y futuro del mal llamado delito de ciberacoso a menores: análisis del artículo 183 bis CP y de las versiones del Anteproyecto de Reforma de Código Penal de 2012 y 2013*, ADPCP, (LXV) 179-224. Disponible en: https://www.boe.es/biblioteca_juridica/anuarios_derecho/abrir_pdf.php?id=ANU-P-2012-10017900224 (último acceso: 12/04/2024).

Pasca, P., Signore, F., Tralci, C., Gottardo, D., Longo, M., Preite, G., & Ciavolino, E. (2022). *Detecting online grooming at its earliest stages: development and validation of the Online Grooming Risk Scale*. 2022. https://doi.org/10.13129/2282-1619/mjcp-3248

Ramos Vázquez, J. A. (2014). Del otro lado del espejo: reflexiones desordenadas acerca del Derecho penal de la sociedad actual, en Faraldo Cabana; Puente ABA; Brandariz García (coords.). *Nuevos retos del Derecho penal en la era de la globalización*, 1ª edición, Valencia, pp. 65-122.

Tamarit Sumalla, J. (2016). Capítulo II bis. De los abusos y las agresiones sexuales a menores de dieciséis años, en Quintero Olivares (dir.). *Comentarios a la Parte Especial del Derecho Penal*, 10ª edición, Navarra, pp. 344-355.

Villacampa Estiarte, C. (2017). Predadores sexuales *online* y menores: *grooming* y *sexting* en adolescentes. *e-Eguzkilore. Zientzia Kriminologikoen Aldizkari Elektronikoa/ Revista Electrónica de Ciencias Criminológicas, 2*, 1-34.

ANEXO JURISPRUDENCIAL

CASO	SENTENCIA	REFERENCIA/S	FALLO
C3	STS nº 447/2022 (Sala de lo Penal, Sección 1), de 9 de febrero (recurso: 3241/2020)	ECLI:ES:TS:2022:447	Absolutorio
	SAP de Navarra nº 1048/2019 (Sección 1), de 31 de octubre (rec.:85/2019)	ECLI:ES:APNA:2019:1048	
C6	STS nº 2652/2022 (Sala de lo Penal, Sección 1), de 30 de junio (rec.:10776/2021)	ECLI:ES:TS:2022:2652	Absolutorio
	SAP de Guipúzcoa nº 1638/2021 (Sección 3), de 16 de septiembre (rec.: 3017/2020)	ECLI:ES:APSS:2021:1638	
C17	SAP de Castellón nº 12/2019 (Sección 1), de 20 de marzo (rec.: 18/2018)	ECLI:ES:APCS:2019:12	Absolutorio
C21	SAP de Barcelona nº 2342/2021 (Sección 6), de 12 de febrero (rec.: 106/2020)	ECLI:ES:APB:2021:2342	Absolutorio

C31	STS nº 1110/2021 (Sala de lo Penal, Sección 1), de 18 de marzo (rec.: 10657/2020)	ECLI:ES:TS:2021:1110	Absolutorio
	SAP de Málaga nº 3127/2019 (Sección 3), de 13 de noviembre (rec.: 1015/2017)	ECLI:ES:APMA:2019:3127	
C2	ATS nº 9468/2021 (Sala de lo Penal, Sección 1), de 3 de junio (rec.: 3754/2020)	ECLI:ES:TS:2021:9468A	Condenatorio
	STSJ de la Comunidad Valenciana (Sala de lo Civil y lo Penal, Sección 201), de 8 de julio (rec.: 181/2019)	ECLI:ES:TSJCV:2020:9157	
C4	STS nº 4403/2021 (Sala de lo Penal, Sección 1), de 24 de noviembre (rec.: 916/2021)	ECLI:ES:TS:2021:4403	Condenatorio
	SAP de Zaragoza nº 914/2019 (Sección 6), de 16 de mayo (rec.: 19/2018)	ECLI:ES:APZ:2019:914	
C5	ATS nº 1870/2022 (Sala de lo Penal, Sección 1), de 20 de enero (rec.: 2928/2021)	ECLI:ES:TS:2022:1870A	Condenatorio
	SAP de Madrid nº 14598/2020 (Sección 30), de 9 de diciembre (rec.: 1358/2019)	ECLI:ES:APM:2020:14598	
C7	STS nº 2275/2023 (Sala de lo Penal, Sección 1), de 18 de mayo (rec.: 10566/2022)	ECLI:ES:TS:2023:2275	Condenatorio
	SAP de Madrid nº 6574/2022 (Sección 6), de 25 de abril (rec.: 707/2021)	ECLI:ES:APM:2022:6574	
C8	STS nº 4606/2023 (Sala de lo Penal, Sección 1), de 5 de octubre (rec.: 10594/2022)	ECLI:ES:TS:2023:4606	Condenatorio
	SAP de Madrid nº 8169/2022 (Sección 4), de 19 de abril (rec.: 682/2021)	ECLI:ES:APM:2022:8169	
C9	STS nº 3011/2020 (Sala de lo Penal, Sección 1), de 15 de septiembre (rec.: 10187/2020)	ECLI:ES:TS:2020:3011	Condenatorio
	SAP de Castellón nº 42/2019 (Sección 1), de 24 de septiembre (rec.: 66/2018)	ECLI:ES:APCS:2019:42	
C10	ATS nº 5386/2021 (Sala de lo Penal, Sección 1), de 22 de abril (rec.: 3358/2020)	ECLI:ES:TS:2021:5386A	Condenatorio
	STSJ de la Comunidad Valenciana nº 9082/2020 (Sala de lo Civil y Penal, Sección 1), de 15 de julio (rec.: 73/2020)	ECLI:ES:TSJCV:2020:9082	

C11	STS nº 89/2020 (Sala de lo Penal, Sección 1), de 15 de enero (rec.: 10097/2019)	ECLI:ES:TS:2020:89	Condenatorio
	SAP de Pontevedra nº 1206/2018 (Sección 5), de 23 de julio (rec.: 51/2017)	ECLI:ES:APPO:2018:1206	
C12	STS nº 4457/2020 (Sala de lo Penal, Sección 1), de 20 de noviembre (rec.: 10236/2020)	ECLI:ES:TS:2020:4457	Condenatorio
	STSJ de la Comunidad Valenciana nº 9024/2020 (Sala de lo Civil y Penal, Sección 1), de 24 de abril (rec.: 239/2019)	ECLI:ES:TSJCV:2020:9024	
C13	ATS nº 7043/2022 (Sala de lo Penal, Sección 1), de 7 de abril (rec.: 5402/2021)	ECLI:ES:TS:2022:7043A	Condenatorio
	SAP de Madrid nº 4437/2021 (Sección 4), de 19 de abril (rec.: 790/2020)	ECLI:ES:APM:2021:4437	
C14	STS nº 3318/2022 (Sala de lo Penal, Sección 1), de 22 de septiembre (rec.: 4317/2020)	ECLI:ES:TS:2022:3318	Condenatorio
C15	STS nº 191/2023 (Sala de lo Penal, Sección 1), de 19 de enero (rec.: 10477/2022)	ECLI:ES:TS:2023:191	Condenatorio
	SAP de Madrid nº 3491/2022 (Sección 2), de 11 de abril (rec.: 615/2020)	ECLI:ES:APM:2022:3491	
C16	STS nº 4224/2022 (Sala de lo Penal, Sección 1), de 7 de noviembre (rec.: 10258/2022)	ECLI:ES:TS:2022:4224	Condenatorio
	SAP de Madrid nº 15862/2021 (Sección 4), de 24 de noviembre (rec.: 548/2021)	ECLI:ES:APM:2021:15862	
C18	SAP de Barcelona nº 3904/2023 (Sección 5), de 1 de marzo (rec.: 138/2023)	ECLI:ES:APB:2023:3904	Condenatorio
C19	SAP de Almería nº 348/2023 (Sección 3), de 17 de febrero (rec.: 1/2022)	ECLI:ES:APAL:2023:348	Condenatorio
C24	STSJ de Castilla La Mancha nº 2048/2022 (Sala de lo Civil y Penal, Sección 1), de 11 de julio (rec.: 30/2022)	ECLI:ES:TSJCLM:2022:2048	Condenatorio
	SAP de Albacete nº 94/2022 (Sección 2), de 9 de febrero (rec.: 20/2021)	ECLI:ES:APAB:2022:94	
C25	SAP de Barcelona nº 13864/2022 (Sección 7), de 1 de abril (rec.: 34/2021)	ECLI:ES:APB:2022:13864	Condenatorio

C26	SAP de Barcelona nº 15565/2019 (Sección 6), de 5 de noviembre (rec.: 26/2019)	ECLI:ES:APB:2019:15565	Condenatorio
C29	STSJ de Andalucía nº 17722/2022 (Sala de lo Civil y Penal, Sección 201), de 26 de octubre (rec.: 56/2022)	ECLI:ES:TSJAND:2022:17722	Condenatorio
C30	SAP de Zaragoza nº 915/2022 (Sección 6), de 24 de abril (rec.: 1012/2021)	ECLI:ES:APZ:2022:915	Condenatorio
C33	STSJ de Comunidad Valenciana nº 3040/2022 (Sala de lo Civil y Penal, Sección 1), de 24 de mayo (rec.: 134/2022)	ECLI:ES:TSJCV:2022:3040	Condenatorio
C34	SAP de Madrid nº 7636/2020 (Sección 17), de 9 de julio (rec.: 1770/2019)	ECLI:ES:APM:2020:7636	Condenatorio
C35	SAP de Zaragoza nº 2093/2022 (Sección 6), de 24 de noviembre (rec.: 148/2020)	ECLI:ES:APZ:2022:2093	Condenatorio
C36	SAP de Barcelona nº 15581/2018 (Sección 22), de 22 de marzo (rec.: 12/2017)	ECLI:ES:APB:2018:15581	Condenatorio
C37	SAP de León nº 1238/2021 (Sección 3), de 15 de septiembre (rec.: 58/2019)	ECLI:ES:APLE:2021:1238	Condenatorio
C38	SAP de Las Palmas de Gran Canaria nº 1615/2021 (Sección 2), de 30 de junio (rec.: 18/2019)	ECLI:ES:APGC:2021:1615	Condenatorio
C40	SAP de Barcelona nº 17098/2019 (Sección 3), de 23 de diciembre (rec.: 15/2017)	ECLI:ES:APB:2019:17098	Condenatorio
C41	SAP de Almería nº 177/2021 (Sección 2), de 19 de marzo (rec.: 13/2020)	ECLI:ES:APAL:2021:177	Condenatorio
C42	SAP de Alicante nº 1554/2018 (Sección 3), de 18 de septiembre (rec.: 77/2017)	ECLI:ES:APA:2018:1554	Condenatorio
C43	SAP de Valladolid nº 64/2023 (Sección 4), de 20 de enero (rec.: 28/2022)	ECLI:ES:APVA:2023:64	Condenatorio
C44	SAP de Madrid nº 14906/2018 (Sección 30), de 18 de octubre (rec.: 73/2018)	ECLI:ES:APM:2018:14906	Condenatorio

MYTHS AND NARRATIVES OF PREDICTIVE POLICING: AN APPROACH FROM RADICAL CRIMINOLOGY

Carlo Gatti
University of Turku[31]
carlo.c.gatti@utu.fi

ABSTRACT

In this paper, I provide an overview of the expanding use of predictive policing and the narratives backing its implementation. Within the ongoing debate on the use of algorithmic predictions in law enforcement, my point is above all a critique of conventional criticisms, mostly inspired by a privacy-centred approach that focuses on the risks of profiling as the ultimate benchmark for assessing predictive methods. Through practical examples and surveys into the criminological rationalities fuelling predictive initiatives, I argue how, although relevant, this dimension falls short of grasping the technical and theoretical complexities of predictive policing, which frequently leads to inadequate regulatory responses. The need for a holistic approach re-

[31] Turku Law School. With the support of the Turku University Foundation.

flects the key role played by predictive policing in the deployment of neoliberal governance and, in particular, in redefining the traditional relationship between private and public powers in the security provision chain. Against this backdrop, radical criminology is called to a relentless debunking of dominant rhetoric, in view of which I sketch the basis for a necessary future attunement between the materialist sociology of penal control and the critical theory of police power.

KEY WORDS: Predictive Policing; Police Power; Sociology of Penal Control; Radical Criminology; Critique of Security.

SUMMARY

1. INTRODUCTION AND STATE OF AFFAIRS

2. A CRITIQUE OF CONVENTIONAL CRITICISMS

3. AUSTERITY, SOFT PRIVATISATION, SECRECY

4. WHAT DOES RADICAL CRIMINOLOGY HAVE TO SAY ABOUT PP?

1. INTRODUCTION AND STATE OF AFFAIRS

When hearing the phrase 'Predictive Policing', our mind immediately turns to futuristic scenarios in which volitive behaviours are easily anticipated through algorithmic calculations before perpetrators can even have cognition of their own will. This imagery does not correspond to what predictive policing (hereafter PP) stands for nowadays, nor does it facilitate a correct understanding of the problems arising from the functioning of these tools. Indeed, predictive policing designates the use of algorithmic predictions to forecast future police targets, these being either future offenders (person-based PP) or future crime spots (place-based PP) (Brayne, 2021; Ferguson, 2017; Perry *et al.*, 2013; Uchida, 2014; Couchman, 2019). In operational terms, the difference lies in the type of algorithmic output: in the case of person-based PP the result delivered by the algorithmic processing is a risk assessment applied to an individual, while for place-based systems, the risk assessment applies to a geographical or urban district about which the chances for future crimes are calculated. It should be noted that I am deliberately sticking here to a restrictive definition of PP, that is, one limited to algorithmic predictions made at the level of crime prevention and police investigations, leaving aside computational techniques used to make forensic decisions. The latter fall under what Završnik (2021) defines as 'algorithmic justice', consisting of decisions made by the Court within an already initiated trial and normally concerning forensic evaluations (bail, parole length of sentence) about the temporary or partial restoration of personal freedom. The distinction is not an academic sophism, for, in the case of Algorithmic Justice, the encounter with the Criminal Justice System does not originate from any algorithmic prediction and predictive technologies come into play only at a later stage. Moreover, within the forensic context, the subject under assessment can only be an individual, which is why there is no *person vs place* duality in the possible types of predictive outputs. However, a certain conflation in the literature between 'algorithmic/predictive justice' and 'predictive policing' may contribute to explaining why even critical analysts of the latter often limit themselves to reproducing arguments borrowed from the longer-standing tradition of the criticisms of the former (e.g., Angwin *et al.*, 2016). I shall return to this in a moment.

Even adopting such a restrictive notion of PP, recent studies demonstrate how these police practices, after being inaugurated in the US (Robinson, & Koepke, 2016), have spread rapidly in many European countries like the UK (Babuta, & Oswald, 2019; Couchman, 2019), Denmark (Neslen, 2021), the Netherlands (Oosterloo, & Van Schie, 2018), Germany (Gerstner, 2018; Seidensticker, Bode, & Stoffel, 2018), Italy (Fair Trials, 2021), France (Technopolice, 2020) and Switzerland (AlgorithmWatch, 2020[32]). Somehow not surprisingly, the

[32] According to the same source, in 2020 Poland, Greece and Belgium were planning to roll out forms of PP. This projection seems to be confirmed today by the web pages of private companies apparently active in the PP market sector in those countries. See: https://www.mim.ai/predictive-policing-system-for-the-polish-police/ https://www.intracom-telecom.com/en/news/press/press2022/2022_07_15.htm; https://eticasfoundation.org/predictive-policing-in-belgium/

overwhelming majority of predictive systems are place-based in type, and this cannot be dissociated from the basic misconception whereby the critique of PP pivots around the inspection of the existence of profiling[33]. Indeed, the more the critique ends with simply measuring the risk of 'profiling' in a legalistic sense, the more place-based systems can gain ground and secure themselves against more incisive criticisms by simply claiming the unrelatedness to practices of profiling and, hence, their default non-invasiveness. In this regard it should be noted that the appeal to privacy rights - a natural corollary to the grievances about the risk of profiling - has never been effective, historically speaking, as a defensive argument in the field of law enforcement. In fact, the sphere of privacy cannot be invoked as an absolute limit when the reason for certain activities lies in crime prevention. The exception clauses scattered across the Directive (EU) 680/2016 and the draft of the AI act are good examples of how generally imperative legal safeguards can be overridden when necessary for law enforcement purposes[34]. In sum, privacy can be key in other branches of the legal system and against other forms of algorithmic profiling unrelated to crime prevention, but when it comes to law enforcement, the prerogatives of police power have precisely in the overrun of citizens' privacy one of their defining traits and historical *raison d'être*.

In addition to the limited potential —in the law-enforcement context— of the '*privacy vs profiling*' legal argument, further pro-

---

[33] Under art. 4 (4) GDPR, 'profiling' means any form of automated processing of personal data consisting of the use of personal data to evaluate certain personal aspects relating to a natural person, in particular, to analyse or predict aspects concerning that natural person's performance at work, economic situation, health, personal preferences, interests, reliability, behaviour, location or movements.

[34] Think about Art. 10 Directive EU 680/2016 regarding the conditions for processing sensitive data, or the provisions in the current AI act draft dispensing with the general obligation to gather informed consent of natural persons participating in testing of AI tools if implemented for purposes of law enforcement, or the exceptions to the general prohibition of real-time remote biometric identification systems in publicly accessible spaces.

blems result from translating such a 'privacy-centred perspective' into claims and regulatory demands. For example, it is not unusual that concerns regarding the exercise of fundamental freedoms (free speech, free expression, association) related to the non-observance of privacy rights end up being the real keystone for legally assessing PP practices (Couchman, 2019; Lynskey, 2019; Norga, 2021). Without minimising the importance of these civil liberties, perplexities similar to those raised about privacy protection can be reiterated here. Even fundamental freedoms paramount to a democratic society —as is the case with those laid down in Art. 10 and 11 ECHR— are not necessarily an impassable barrier to criminal prosecution. On the contrary, the fundamental rights corresponding to the Criminal Justice Guarantees under the Rule of Law should never shrink. Therefore, especially in light of predictive practices aiming at enabling pre-emptive police intervention, one should rather wonder, in the first place, whether principles like the presumption of innocence, the principle of materiality (*nullum crimen sine iniuria*), or the principle of legality are fulfilled. The reference to the last needs to be explained in relation to the claim of secrecy on the inner workings (in particular the predictive markers) of most algorithms, which I will touch on later.

Lastly, to conclude this introductory section, it is worth adding that a privacy-based approach primarily —if not exclusively— focused on the risks of profiling also forecloses proposals or critical stances going beyond demands for more transparency or the search for technical solutions to operational asymmetries (biases, opacities, self-fulfilling prophecies, *etc.*). At the same time, it flattens the debate to the tackling of moral dilemmas: e.g., *is it more desirable a false negative at liberty or a false positive who gets overpoliced?* Moral dilemmas are of course very important and, in many cases, inescapable: however, simply wondering which outcome is preferable in the alternative between A or B prevents us from pre-questioning the reason why should we act in such a pre-given duopolistic scenario.

2. A CRITIQUE OF CONVENTIONAL CRITICISMS

As just explained, an understanding of PP practices exclusively forged on the concern for 'profiling' is often the prelude to the adoption of a privacy-based prism unable to lay claim to something more (or something different) than greater operational transparency and better-conceived solutions to moral dilemmas. On this premise, I will try to give a brief overview of how a privacy-centred perspective brings in its train a series of misconceptions about the real workings of PP technologies, which end up impacting multiple levels of the understanding of PP-related matters.

From a technical angle, the *first* misunderstanding is that such a critical scrutiny of profiling is usually carried out at the output level only. Accordingly, if the output does not consist of an individualised risk assessment, the threat of profiling is averted. This is, of course, the result of the artificial parallelism between PP and other predictive practices (like predictive justice or other data-driven predictions outside the Criminal Justice system culminating in decisions about targeted recipients) where the assessment is always about an individual and the algorithmic output linearly reflects this operational chain. However, what this approach fails to consider is that the type of output says nothing about the nature of the inputs employed, and indeed, both families of PP (place-based and person-based), independently of the output delivered, usually resort to interchangeable input data. Thus, in the person-based predictive systems, the individual-based nature of the output does not exclude the inputting of geospatial information if assumed indicative of criminal propensity: the person-based HART model, for instance, uses postcodes as markers for individuals (Couchman, 2019). Symmetrically, a place-based system may deliver outputs in the form of geo-spatial predictions, while being fuelled by input data identical to those needed for operations of profiling: examples are place-based systems like XLaw in Italy or CAS in the Netherlands that input criminal records and other personal information of individuals related to the hot areas. Dwelling on the Dutch case, Oosterloo, & Van Schie (2018) bring out that the place-based system CAS is fuelled by three different sources of data, the most important of which are the National Crime Database (BVI) and the Central Bureau of Statistics (CBS). The variables from the BVI, among which "suspect" is used as a personal status rather than as factual evidence in connection to investigated crime, are:

1. *Distance in km of the address of the closest known offender (suspect) of an incident who has been active in the past 6 months.*
2. *Number of known offenders (suspects) of an incident who have been active in the past 6 months that live within 500 meters.*
3. *Number of known offenders (suspects) of an incident who have been active in the past six months that live within 1000 meters.*

Perhaps even more interestingly, the markers retrieved from the CBS are:

1. *Number of inhabitants in zip code area*
2. *Number of men in zip code area*
3. *Number of women in zip code area*
4. *Number of households in zip code area*
5. *Average size of households in zip code area*
6. *Number of non-Western allochthones in zip code area (NB. removed in 2017)*
7. *Number of one person households in zip code area*
8. *Number of one parent households in zip code area*
9. *Number of multiple person households without children in zip code area*
10. *Number of two parent households in zip code area*
11. *Average age in zip code area*
12. *Housing stock in zip code area*
13. *Average property value in zip code area*
14. *Number of income recipients in zip code area*
15. *Number of social benefits recipients in zip code area*
16. *Fiscal monthly income in zip code area*

In sum, while CBS markers 1-11 concern gender and household composition, the following six have an exclusively economic nature, factoring into the housing stock, the average property value, the number of income or social benefits recipients and the fiscal monthly income per zip code area. In addition, although marker 6 was removed in 2017 for its blatantly discriminatory nature, the grid suggests that no substantial changes followed the removal of the reference to non-Western allochthones, insofar as demographic and socio-economic characterizations from the other variables still in place are in themselves sufficient to point at specific ethnic groups within the same social context, thus achieving indirectly the same result. Therefore, a place-based system may be a smokescreen to hide not only operations that beyond the facade of a geospatial output heavily build on person-based data at the input level but even the use of proxies for prohibited sensitive data (in this case race).

What has just been shown introduces a *second* —more theoretical— misunderstanding, which largely explains the first one. Indeed, looking at profiling as the crucial element to assess the acceptability of PP practices generates a false epistemic differentiation between *person-based* and *place-based* techniques, with the latter being regarded as less alarming methods of 'place-profiling'. Nevertheless, I have demonstrated elsewhere (Gatti, 2022a) how misleading is a theoretical differentiation between person-based and place-based predictions in light of the history of criminological thought. Although I cannot reiterate here all the arguments developed there, I will restate that the crime-space relational conceptualisation, started by the French (Quetelet, 1984 [1831]; Balby, & Guerry, 1929) and the English (Fletcher, 1849; Mayhew, 1862) Cartographic schools, has been responsible for the ontologisation of crime (i.e. crime as an ontological reality, and hence predictable) since before the bio-anthropological theories of 'born criminal' appeared. According to the Cartographists, the explanation of crime should follow a straightforward social determinism whereby any knowledge about crime distribution reflected the distribution of poverty (paradigm of *so-*

cio-economic deficit). In other words, mapping crime was a flipside of mapping poverty or other socio-economic variables suggestive of the latter (educational levels, household composition, bastardy, levels of deposits in saving banks etc.) to the point that in many of their arguments poverty and crime are superposable terms (Booth 1904). In this sense, the contribution of the Cartographic school to positivist criminal aetiology —even before the Lombrosian anthropological positivism— is somehow underestimated. What is more, the historical prevalence at the turn of the 20th century of Lombrosian anthropology over the socio-economic framework of the Cartographic School was not the result of an epistemic clash. The reasons are rather to be sought in the practical need for "a convenient rationalization (. . .) and an escape from the implications of the dangerous doctrine that crime is an essential product of our social organization" (Vold, 1979, p. 40). In fact, though without any progressive purpose, in the cartographic analysis, the link with demographic factors remained outspoken, while an anthropological categorisation of the criminal ensured a safer distance from social dynamics and could better serve the interests of those who looked upon the lower classes "as a category detached from the prevailing social conditions and portrayed as a race apart" (Radzinowicz, 1966, p. 39). Therefore, the Cartographic analysis and the Lombrosian positivism were nothing but two different ways - one environmental, the other anthropological - to give "scientific" substance to the notion of "conditionality to crime" (Bianchi, Simondi, & Taylor, 1975) and thus identify persons or social groups worthy of emargination. In sum, two routes led to the same point, but the second one ended up prevailing between the end of the 19th and the turn of the 20th century because of political contingencies which made it preferable in the management of class conflict. The commonality between environmental and person-based rationalisations of crime is largely demonstrated, after this initial 'miscoordination', by the perfect synergy pairing the following generations of theories thrived in each of these two parallel storylines: thus, in the first half of the

20th century, the operational link —e.g. in the interchangeability of predictive markers— is evident between the Ecological School of Chicago end the actuarial paradigm; likewise, starting from the last quarter of 20th century, the situational theories and the theory of selective incapacitation are perfectly complementary and mutually imply each other, both being reactions to the end of penal welfarism (Gatti, 2022a). In sum, dealing with place-based or person-based predictions in differential terms is, inter alia, a deeply erroneous reconstruction from an epistemic point of view, in particular in light of the history of the conceptualisation of crime in relation to space.

The *third* misunderstanding I want to stress is of a legal nature and concerns how the miscomprehension of PP functioning can affect law-making processes and the adequacy of regulatory responses to potential abuses in the implementation of PP technologies. In the absence of a specific body of legislation and being the AI Act still under debate while writing these lines,[35] I will refer here to Directive (UE) 2016/680, also known as 'Law Enforcement Directive'. This is a regulatory text twin to GDPR 2016/679 (together they compose the so-called Data Protection Package), but specifically laid down for Law Enforcement-related matters. In art. 11 LED (2016/680) a provision concerning automated processing is established, which reads as follows: "Member States shall provide for a decision based solely on automated processing, including profiling, which produces an adverse legal effect concerning the data subject or significantly affects him or her, to be prohibited unless authorised by Union or Member State law to which the controller is subject and which provides appropriate safeguards for the rights and freedoms of the data subject, at least the right to obtain human intervention on the part of the controller". As we can see, "profiling", along with the reference to "adverse

35 *It should be noted that even following the approval of EU Regulation 2024/1689 (AI Act), which lays down harmonised rules on artificial intelligence, the same regulatory approach, modelled on privacy rights, has been maintained. This approach focuses exclusively on profiling at the output stage, considering only person-based PP as legally problematic. This is evident in the enumeration of prohibited practices under Article 5 and Recital 42 of the AI Act.*

legal effects", stands as a central element in defining the scope of the provision, implicitly suggesting that the benchmark addressed by the European legislator is a typified and formalised decision-making culminating in an official measure or order issued by a public authority that directly impacts the sphere of rights of targeted individuals. However, we know that PP techniques are used to predict targets of police intervention at the level of crime prevention activity and do not consist of any formal decision-making leading to the issue of decisions delivered to the data subject and affecting his/her personal legal sphere in the same way a ruling or an administrative measure would.

Nevertheless, with an interpretative effort and assuming that the requirement of building "solely" on automated processing is concurrently fulfilled, we may argue that PP practices are covered by the provision through the reference to a "significant affection". Therefore, once agreed that PP practices fall within the scope of art.11 LED, their legitimacy shall be subject to 1) the authorisation of the Union or Member State law, and 2) mandatory safeguards, including "the right to obtain human intervention". Now, how could the "data subject" appeal to such a right in the case of practices that are neither formal decision-making nor processes known to the data subject? Indeed, the real (and often only) recipients of the predictive output are the police forces enacting the algorithmic prompt, not the data subject. The idea behind the provision is borrowed from very different situations where the point is to revert or revise, by bringing human decision-makers into play, an unfair automated decision already known or communicated to the addressee: this is the precondition for the data subject to formally challenge the decision before it produces detrimental effects. However, this is not the context in which PP takes place, whose "effects" are achieved - and, to some extent, already irreversible - just as the prediction is delivered to the police agents. In conclusion, whilst legal countermeasures reproducing guarantees typical of formalised decision-making cannot be a realistic remedy, provisions like art. 11 LED show how a conception gauged on the '*privacy vs profiling*' principle is still the prism through which law-making is conceived, even when the peculiarities of law enforcement should inform the legislative measure.

3. AUSTERITY, SOFT PRIVATISATION, SECRECY

Any attempt to summarise the essence of PP would be grossly incomplete if overlooking the historical conjuncture that backdropped the first theorisations of PP in the US in the period between 2008 and 2009 (Beck and McCue, 2009; Bratton, & Malinowski, 2008). Besides marking the appearance of PP in the public debate, the coincidence with such a historical phase is not accidental and must be examined in light of the economic restructuring after the 2008 crisis. Indeed, this foundational literature represents a very telling mirror of the political agenda of PP, understood as both an economic and a criminal policy. The very cornerstone inspiring the presentation to the public of PP benefits is the attempt to extrapolate into the law-enforcement realm the austerity tenet '*doing more with less*', given the progressive reduction in crime prevention resources. PP is thus touted, first and foremost, as a winning combination of data-driven metrics with a minimum margin for error, ensuring a cost-effective and timely intervention that perfectly meets the tough demands of economic recession. This ideological operation required not only the naturalisation of previous police practices —whose continuity should be secured from the threats of recession— but also the introduction of new narrative layers paving the way for business-like terminology. In this scenario, the reduction in crime figures for police agencies is equated to the production of profit for private companies (Bratton, & Malinowski, 2008, p. 263), while the offender decision-making needs to be tackled through techniques of customer steering (like loyalty programs and e-commerce analytics) and behavioural predictive calculations similar to those used by Walmart and Amazon (Beck and

McCue 2009) or by Netflix and insurance companies (Uchida, 2014). In another interview, Colleen McCue says that studying criminal behaviour is not that different from examining other types of behaviour like shopping, as "people are creatures of habit" and "when you go shopping you go to a place where they have the things you're looking for...the criminal wants to go where he will be successful also"[36]. The premise is that criminals follow patterns, and with software similar to those used by retailers like Wal-Mart and Amazon to determine purchasing trends, police can determine where the next crime will occur and how to prevent it.

At the same time, long-standing criminological leitmotifs are re-enacted to reinforce the idea of mechanistic predictability of crime, in particular through naturalistic metaphors. Predpol blog, for example, states that earthquakes and crime work similarly, in such a way that "mathematical models for predicting earthquake aftershocks can predict the 'after-crimes' of an initial incident" (Friend, 2018). In Beck and McCue's (2009, p. 21) foundational article, the predictability of crime is tantamount to the prediction of the increase in pop-tart demand before an approaching storm, while according to Uchida, & Swatt (2013, p. 290), PP is like a "laser surgery [. . .] to remove tumours or improve eyesight". Further examples, also from different countries, may be given. However, the point here is to bring out why PP finds its best criminological allies in theories, such as the situational and incapacitative ones, sensitive to budgetary demands and easily replicable by computational technologies. On the one hand, the situational theories provide the perfect schematisation of crime prediction according to three simple factors: suitable targets, motivated offender and absence of guardians (Cohen, & Felson, 1979)[37]. In

---

[36] Retrieved from: https://blog.predpol.com/agence-france-presse-features-predpol

[37] However, despite the insistence in situational literature on exclusively environmental variables, on closer analysis, the assessment of target vulnerability for each area ends up corresponding to an estimate of the resident offender population based on unemployment, public housing, and low-income household rates (Townsley *et al.* 2003, p. 621), while in Clarke

addition, the very name of some situational inflexions —for example, the theory of "infectious burglaries" (Townsley *et al.*, 2003), which is the basis of many existing PP systems— contributes to validating the aforementioned naturalistic characterisation. On the other hand, the incapacitative theories provide the perfect rationale for the dismissal of any rehabilitative function of criminal policies, in a historical phase in which rehabilitation turned into an unsustainable cost. To keep all these threads together (business parallelisms, naturalistic metaphors, and specific criminological assumptions), another crucial concept is needed, namely, the 'inherently repetitive nature' of crime. I shall return to this point in the next section when the idea of 'repetitiveness' will be addressed within the debate on the (alleged) technical requirements determining the range of predictable crimes.

The entrepreneurial turn impressed on the security chain can also be observed in another phenomenon that, while not featured in the absolute totality of PP implementations, characterises the vast majority of them. I'm referring to the business relationship usually established between private companies developing and marketing predictive software and institutional buyers. The proprietary nature of the systems —needless to say— increases the wall of secrecy, as private vendors, when surveyed about the inner workings of their algorithms, shield themselves behind the trade-secrecy claim. Referring to that, it is worth noting that the aforementioned list of predictive markers used by the system CAS in the Netherlands was made available to researchers, among other reasons, precisely by the circumstance that the Dutch software is one of the few ones developed in-house by the police forces. At the same time, we also saw how in-house crafting is not synonymous with a lack of abuses or avoidance of questionable variables. However, exceptions aside, the vast majority of cases correspond to a business relationship between private vendors and public purchasers,

(1980, p. 141) the notion of crime is carved as an alternative to legitimate employment. As a result, despite the outspoken focus on environmental characteristics only, the situational theories keep operationalising a notion of crime perfectly coinciding with the paradigm of socio-economic deficit.

which I have renamed elsewhere “soft privatisation” (Gatti, 2022b). In fact, to a first approximation, a certain transfer of power towards the private sector is inherent in these transactions, as police activities end up being steered —more or less directly— by algorithmic technologies whose input data and source codes are proprietary assets. Having made this observation, two additional caveats justify the “soft” attribute. *First,* such a trade relation does not constitute any privatisation of police functions, insofar as the institutional architecture of security provision is not altered, nor are any other public functions outsourced. *Second,* the point of origin of this trade trajectory is not the corporate sector. In other words, we are not facing an ‘outside-in’ trading scheme according to which the software is developed elsewhere by private vendors and enters local institutions from external markets. Nearly all creators of proprietary systems are former police agents who only in their previous capacity as serving police officers could have time and resources to collect big amounts of data, design the systems, train them, and test them for a sufficient time in their precincts. The establishment of private companies —which is when the creators strategically migrate from the public to the corporate sector— only occurs at a later stage, intending to copyright and market a knowledge asset developed and tested within state bodies and built on information available to public authorities only. It would therefore be misleading to take the private domain as the point of origin of a unidirectional trade flow aimed at implanting ‘from the outside’ private creations into the public sector. In sum, without prejudice to the lack of formal outsourcing of public functions and given the increasingly blurring boundaries between the public and private sphere, what seems evident under the ‘soft privatisation’ regime is the radical reconfiguration of the very concept of security and the renegotiation of the security agenda around business productivity. What is more, the lack of formal modifications to the security delivery chain is probably the precondition for such a reconfiguration of the security agenda to take place, while the achievement of the same objectives would be hardly justifiable under ordinary legislative reforms.

In the previous paragraph, I hinted at the problem of secrecy as a facet of the leading role of private companies in the development and marketing of the overwhelming majority of predictive algorithms. This does not mean that the predictive markers of in-house software are automatically disclosed, nor does it indicate that the solution to secrecy is a call for transparency made in the name of privacy. In the opening section, I have pointed out that, in the law-enforcement field, privacy cannot be the primary lens, as it may be easily overcome by the traditional prerogatives of police power. What I want to put forward is then a different interpretation, whereby the problem of secrecy is tackled from the perspective of the principle of legality. This is a basic cornerstone of the Criminal Justice System under the Rule of Law, being synthesisable in the Latin maxim *nullum crimen, nulla poena sine lege*. Traditionally, its meaning consisted in the requirement that any offence and the corresponding criminal penalty must be laid down in a statutory act previously cognisable to anyone who could be subject to its application. One corollary of the principle of legality is then the access to the legal source in which the offence is described and the penalty established. Now, I am not arguing that the algorithmic variables are the equivalent of new (or atypical) legal sources. This would be an exaggerated interpretation. However, the point is to think about the significance of the principle of legality, questioning whether it is really satisfied by only guaranteeing access to legal sources. If this were the case, the principle of legality would comprise a mere procedural duty for legislators to lay down offences and penalties in official texts, and the right of the citizenry to access them. This explanation sounds a bit reductive, though. The historical meaning of the principle of legality is more far-reaching and expresses the need to allow citizens to estimate the institutional reaction against certain behaviours they may put into practice. Keeping secrecy over codes and markers that lead to differential levels of criminal spotlighting because of enduring characteristics or volitional behaviours conflicts with this basic requirement of being able to evaluate in advance the consequences of one's actions or decisions. It must be clear that this has nothing to do with the confidentiality of the investigation, as the claim is not about accessing personal or contextual data of specific individuals or occurrences under investigation, but mass-scale criteria used to steer the very foundations of crime prevention activities. It is in relation to this important dimension of the principle of legality that, to my understanding, the claim of secrecy —even when made by private actors— should be overruled.

4. WHAT DOES RADICAL CRIMINOLOGY HAVE TO SAY ABOUT PP?

The reason I resort to the term 'Radical Criminology' in this last —although not conclusive— section is to add, or perhaps to restore, a semantic plus to the expression 'Critical Criminology', whose original meaning has been progressively diluted[38] to the point that the commonly accepted meaning in contemporary scholarship includes any criticism of neoliberal criminal policies, regardless of the theoretical background from which the critique proceeds. I'm not then positing any 'natural' hierarchy between Critical Criminology and Radical Criminology, nor am I saying that the latter is by definition more radical than the first. I'm only opting for strategic use of terms while regretting the fact that the current meaning attached to the wording 'critical criminology' does not correspond to the original one. It is precisely because of the semantic deformation undergone by the expression 'critical' (probably for its greater 'exportability' from the original political

[38] The tendency to co-optation by the ruling ideology in Academia is a very effective and well-proven strategy of de-radicalisation, which combines — in this case— with the quick adaptation to semantic deformations by the majority of scholars. Indeed, they are more interested in the perspectives of academic marketing opened up by the "inclusive turn" of lines of study originally precluded to them, rather than fighting for the non-deformation of terms.

context[39]), and the lower risk of adulteration thus far proven by the term 'Radical criminology', that I want to borrow here the Berkeley School denomination (Platt 1974) and thus retrieve, immediately and unambiguously, two tenets of the critical tradition which I identify myself with. These premises are 1) the epistemic debunking of any etiological analysis of crime; 2) a dialectic analysis of society whereby the criminal justice system is to be regarded as a facet of the structural (in the sense of 'irreducible') contradiction of the socio-legal system. As for the first point, I want to recall Baratta's statement that traditional criminology's claim to elaborate a theory of the causes of crime is "epistemologically unjustified", since "a search for causes is not possible concerning objects that are defined through social or institutional norms, conventions or evaluations [. . .]" (1989, p. 16).

As regards the second point, the same Baratta (*ibidem*) underscores the structural necessity for the legal system to feed back into a permanent contradiction between the image that the system proposes of itself and its real functioning. This mismatch between stated principles (equality and defence of common interests) and their realisation (substantive inequality) is not an unfortunate and contingent discrepancy, but a necessary condition for the system to keep functioning exactly in this unequal and selective way. Indeed, without this contradiction between 'declared form' and 'actual content', the law could not perform its real function of producing and maintaining inequality in the social system, as its existence —if its real purposes were overtly declared— would be continually threatened by a crisis of legitimacy.

The manifestation of such a structural contradiction in the field of police power is traceable in the structural inconsistency between formal equality and substantive inequality in the chances of being spotlighted and selected as part of the criminal population. Therefore,

---

39 Albeit with a different goal, I dwell on this issue in another paper (Gatti, 2023), where in order to outline what 'critical criminology' in the strict sense should designate, I set forth a range of possible names to tighten up the contents of that definition: '*materialist/critical sociology of penal control*, '*materialist/critical sociology of punitive control*, '*critical Italian-Hispanophone criminology*', '*critical Italian-Iberophone criminology*'.

when parsing PP practices through the lens of radical criminology, one crucial question is whether PP is an attempt at strengthening with an additional layer of technical-numerical 'objectivity' the rationalisation already sought through the promise of formal equality at the law-making level. On reflection, this idea is not entirely new, being rather the continuation of a trend already started in the 19th century under the influence of utilitarianism and positivist philosophy, when "crime statistics carried the promise of attaching reason to modern criminal justice system" (Završnik 2017, p. 133). However, PP appears to go one step further in epitomising so plastically how unquestionable, apolitical and self-evident is the correctness of the procedure, forasmuch as it can be outsourced and automated, while in the meantime we sit and wait for the only thing that matters: the result.

The increasing blurring of political accountability is also visible in the type of justifications —apparently simply technical— given for the operational scope of PP. Although the selection of the targeted crimes occurs "at source" and rather reflects the policy agenda of the criminological theories operationalised by the PP devices, very often the political significance nestled within these delimitations is misrepresented as a set of mere technical requirements, essential for the very functioning of PP technologies. For example, not even referring to the need for large amounts of data, as opposed to small-scale datasets typical of traditional heuristic methods (Europol, 2014; Perry *et al.*, 2013, p. XIV), is unproblematic. Behind the apparent lack of implications, the requirement for 'large amounts of data' as a precondition to build any predictive system (or to make it reasonable to devise and train new ones) is in itself a deliberate focus on clusters of historical crime data, that is, a validation of the pre-existing selectivity of the Criminal Justice System. Indeed, historical crime data is not a picture of crime, but rather a picture of how police responded to crime. The reasons for such a statement are quite intuitive and it may suffice to think of structurally non-reported crimes or crimes that go underreported because of socio-cultural factors (perception of crime relevance, opportunity to report it, social trust in the police). Not to mention other classes of crimes —like police misconduct— hardly ever contemplated in crime statistics for being generally regarded as something different from real crimes. There is also the possibility of reported offences not followed up by the police, as well as phenomena of crime overrepresentation in those areas systematically over-policed. Moreover, depending on how official statistics are collected, reported incidents (e.g. arrests) may be contemplated within crime data even when in Court, at a later moment, they are not declared unlawful acts.

But apart from these general warnings on what historical crime data mean, the particular emphasis in PP on the need for large datasets brings in its train two other fallacies, usually represented as mere technical requirements: the importance of the space-time traceability of crime incidents, and special attention on crimes 'repetitive in nature'. Now, the point is not to deny that these factors may work as operational delimiters and trainers of the predictive systems; the issue is rather whether they are just technical requirements or entail something else. On closer look, securing the conditions for space-time traceability of crime is in itself a selective look on criminal matters, since wondering about the exact physical place of a criminal offence only makes sense when referring to a certain concept of 'space' where only certain conducts take place (normally inter-personal offences and property crimes in the urban or, at most, domestic space)[40]. On the contrary, other types of offences (e.g., financial crime, big tax frauds), corresponding not by accident to the crimes of the upper class, are exactly the ones for which it makes no sense to wonder about the place of commission. Quite similarly, 'repetitiveness' is not an intrinsic quality, nor a neutral description. As seen above, the statistical frequency of certain occurrences can be altered by reporting habits based on cultural factors, as well as artificially created through

[40] For an in-depth analysis of how conceiving crime in relation to space is *per se* a short-sighted view concealing a socio-economic selection, see Gatti, 2022b.

the systematic over-policing of certain sectors of society. Moreover, some crimes may be statistically less frequent just for being beyond the material reach of the general population (corporate crimes) or because of their legal definition requiring qualified status for perpetrators (corruption, abuse of office, etc.), thus ensuring further mechanisms of socioeconomic filtering. The very idea of repetitiveness reflects a precise phenomenology of crime, primarily construed as an activity replacing legal forms of livelihood, somehow limited to those social sectors implicitly depicted as 'in need to' commit crime. This assumption of an underlying 'necessity' is the tacit precondition to building a predictability theorem, being rhetorically conveyed to the public in the shape of naturalistic or consumer-like metaphors. Indeed, what is being borrowed from the business context in these parallels with customer behaviour analytics is the estimation of how certain 'needs' are covered. Again, there is very little self-evidence in thinking of crime in terms of 'necessary repetitiveness', being this another tool of socio-economic governance in criminal matters.

A last point, not thoroughly analysable here but at least to be mentioned, concerns the concept of 'security' consistent with a radical criminology standpoint. On the one hand, the term 'security' appears in Baratta's work as a claim formulated in terms of 'security of rights' (Baratta, 2001), as opposed to the 'right of security' which is instead the normative point of view (purely intra-systemic) of technocratic policies. The 'security of rights' is instead an extra-systemic look at rights, whereby rights are primarily understood as the normative projection of human necessities (Baratta, 1990). In this perspective, law may deploy in ways more or less functional to covering these necessities, but positive law is not the centre of the reasoning. Thus, the term 'security of rights' should be construed as the 'certainty of getting primary necessities fulfilled', rather than an abstract idea of security recalling demands of order and self-referential solidity of the legal system. On the other hand, the critical theory of police power (Neocleous, 2021) —which guides my analysis of PP practices— seems to have a different approach to the question of 'security'. Here security stands as a category problematic in itself (Neocleous, 2008; Id., 2018) insofar as, in parallel with the term 'police', security is the ultimate cornerstone of capitalist order. This emerges from a careful reading of the foundational literature of bourgeois thought (Hobbes, Locke, Smith, Bentham, Montesquieu, and Hume) in which security, implanted in commodified social relations, systematically overrides liberty as the precondition for capital productivity. In his analysis, Neocleous demonstrates how security has little to do with the prosecution of unlawful acts while constituting in its essence governance of the side effects of capital deployment, in particular by establishing mechanisms of less-eligibility between accepted livelihood modalities and unlawful ones. Far from being a definite value, security is a process where the final goal must be never fully attained, so that the need for security can be articulated at any moment as a demand for obedience.

The coexistence between Neocleous' call for a "reckless critique of security" (2018, p. 887) and claims still based on the "security of rights" in the radical criminology tradition raises the issue of their compatibility. However, my point is that, despite their different formulations, these are arguments meant to address different aspects of the problem, without denying each other. What is more, I believe that Neocleous can help to better understand Baratta. Indeed, Baratta's (1990, p. 14) use of the term 'right(s)' is knowingly ambivalent: sometimes it refers to positive law, sometimes to the necessities underlying it, regardless of their actual transposition into positive norms or their actual satisfaction once formalised as legal provisions. But the fact remains that these are two separate concepts since the mere existence of a positive norm does not ensure the satisfaction of the necessity inherent to its establishment, nor do all necessities find normative projection in a given legal system. Therefore, "security of rights" is the ideal goal to which to aspire, not what security is in practice. The latter corresponds instead to the 'right to security', namely, to the description of security provided by Neocleous. To preserve the internal coherence of Baratta's reasoning, the 'security of rights' as the ideal goal (i.e. the undifferentiated satisfaction of needs within society) is not attainable in an intra-systemic perspective, as the problem of the ineffectiveness of rights for Baratta, far from being a problem of intra-system correctives, reflects the structural contradiction of capitalist society. Although he apparently resorts to an intra-system language, this is simply the precondition to transcend the system in practice, since in order to be formulated as claims to strive for under the capitalist system, human necessities must be framed as demands for rights. Considering this, Baratta is not trapped in any contradiction, unless one ignores the dialectical perspective of his analysis and wants to overinterpret the use of the 'language of rights'. In conclusion, while there is no doubt that an irreducible problem arises from the very term 'security', this lies precisely in what Neocleous illustrates, not in the problematic separation of security from right-wing rhetorics, as Pitch (2013) suggests. This is, in a nutshell, my take on the issue, with the hope that it can represent a baseline for deeper and growing attunement between the Critical theory of Police Power and the Materialist Sociology of Punitive Control.

REFERENCES

AlgorithmWatch (2020). *Automating Society Report 2020.* https://automatingsociety.algorithmwatch.org

Angwin, J., Larson, J., Mattu, S., & Kirchner, L. (2016). *Machine Bias.* https://www.propublica.org/article/machine-bias-risk-assessments-in-criminal-sentencing

Babuta, A., & Oswald, M. (2019). *Data Analytics and Algorithmic Bias in Policing.* Royal United Services Institute for Defence and Security Studies. https://static.rusi.org/20190916_data_analytics_and_algorithmic_bias_in_policing_web_0.pdf

Balbi, A., & Guerry, A. M. (1829). *Statistique comparée de l'état de l'instruction et du nombre des crimes dans les divers Arrondissements des Académies et des Cours Royales de France.* Jules Renouard.

Baratta, A. (1989). Por una teoría materialista de la criminalidad y del control social. *Estudios Penales y Criminológicos Publicacións da Universidadede Santiago de Compostela, XII* (57), 14-68.

Baratta, A. (1990). Derechos humanos: Entre violencia estructural y violencia penal. *Revista IIDH, 11*, 11-28.

Baratta, A. (2001). El concepto actual de seguridad en Europa. *Revista catalana de seguretat pública, 8*, 17-31.

Beck, C., & McCue, C. (2009). Predictive Policing: What Can We Learn from Wal-Mart and Amazon about Fighting Crime in a Recession? *Police Chief, 76*(11), 18-24.

Bianchi, H., Simondi, M. & Taylor, I. (1975). *Deviance and control in Europe: papers from the European Group for the Study of Deviance and Social Control.* Wiley.

Booth, C. (1904). *Life and Labour of the People in London. First series: Poverty. East, Central and South London.* The Macmillan Co.

Bratton, W. J., & Malinowski, S. W. (2008). Police Performance Management in Practice: Taking COMPSTAT to the Next Level. *Policing, 2*(3), 259-265.

Brayne,S.(2021). *PredictandSurveil.Data,Discretion,andthefutureofPolicing.* Oxford University Press. https://doi.org/10.1093/oso/9780190684099.001.0001

Clarke, R. (1980). Situational Crime Prevention: Theory and Practice. *The British Journal of Criminology, 20*(2), 136–147. https://doi.org/10.1093/oxfordjournals.bjc.a047153

Cohen, L., & Felson, M. (1979). Social Change and Crime Rate Trends: A Routine Activity Approach. *American Sociological Review, 44*(4), 588-608. https://doi.org/10.2307/2094589

Couchman, H. (2019). *Policing by Machine: Predictive Policing and the Threats to our Rights.* Liberty. https://www.libertyhumanrights.org.uk/issue/policing-by-machine/

Europol (2014). *Internet Organised Crime Threat Assessment (iOCTA).* European Police Office. https://www.europol.europa.eu/iocta/2014/chap-4-4-1-view2.html

Fair Trials (2021). *Automating Injustice: the use of artificial intelligence & automated decision-making systems in criminal justice in Europe.* https://www.fairtrials.org/articles/publications/automating-injustice/

Ferguson, A. G. (2017). Policing Predictive Policing. *Washington University Law Review, 94*(5), 1109-1189. https://journals.library.wustl.edu/lawreview/article/id/3851/

Fletcher, J. (1849). Moral and Educational Statistics of England and Wales. *Journal of the Statistical Society of London, 12*(3), 189-335. https://doi.org/10.2307/2338176

Friend, Z. (2018). *LAPD Predicting Crime with PredPol - KQED California Report.* https://www.predpol.com/lapd-predicting-crime-with-predpol-kqed-california-report/

Gatti, C. (2022a). Policing the poor through space: The fil rouge from criminal cartography to geospatial predictive policing. *Oñati Socio-Legal Series, 12*(6), 1733-1758. https://doi.org/10.35295/osls.iisl/0000-0000-0000-1360

Gatti, C. (2022b). Monitoring the monitors: a demystifying gaze at algorithmic prophecies in policing. *Justice, Power and Resistance, 5*(3), 227-248. https://doi.org/10.1332/UBQA2752

Gatti, C. (2023). The Bologna-Barcelona axis between Criminal Law Dogmatics and Critical Sociology of punitive control. Hidden Continuities and Apparent Overcomings. *Crítica Penal y Poder, 25.* https://doi.org/10.1344/cpyp.2023.25.44853

Lynskey, O. (2019). Criminal justice profiling and EU data protection law: precarious protection from predictive policing. *International Journal of Law in Context, 15*(2), 162-176. https://doi.org/10.1017/S1744552319000090

Mayhew, H. (1862). *London Labour and the London Poor.* Griffin, Bohn, and Company.

Neocleous, M. (2008). *Critique of security* (1st ed.). Edinburgh University Press. https://doi.org/10.1515/9780748632329

Neocleous, M. (2018). Security and Police. In B. Best, W. Bonefeld, & C. O'Kane (Eds.), *The SAGE Handbook of Frankfurt School Critical Theory* (pp. 886-898). SAGE Publications.

Neocleous, M. (2021). *A critical theory of police power: the fabrication of the social order.* Verso.

Neslen, A. (2021, October 21). Pushback against AI policing in Europe heats up over racism fears. *Thomson Reuters Foundation.* https://www.reuters.com/article/europe-tech-police-idINL8N2R92HQ/

Norga, A. (2021, July 12). 4 Benefits and 4 Drawbacks of Predictive Policing. *The Civil Liberties Union for Europe.* https://www.liberties.eu/en/stories/predictive-policing/43679

Oosterloo, S., & Van Schie, G. (2018). The Politics and Biases of the Crime Anticipation System of the Dutch Police. *Bias. Proceedings of the Workshop on Bias in Information, Algorithms and Systems,* 30-41. https://dspace.library.uu.nl/handle/1874/377356

Perry, W. *et al.* (2013). *Predictive policing: the role of crime forecasting in law enforcement operations.* RAND. https://www.jstor.org/stable/10.7249/j.ctt4cgdcz

Pitch, T. (2013). *Contro il decoro: L'uso politico della pubblica decenza.* Laterza.

Platt, T. (1974). Prospects for a Radical Criminology in the United States. *Crime and Social Justice, 1,* 2-10. https://www.jstor.org/stable/29765882

Quetelet, A. (1984 [1831]). *Research on the Propensity for Crime at Different Ages.* Anderson Pub. Co.

Radzinowicz, L. (1966). *Ideology and Crime.* Columbia University Press.

Robinson, D., & Koepke, L. (2016). *Stuck in a Pattern. Early evidence on "predictive policing" and civil rights.* Upturn. https://www.upturn.org/reports/2016/stuck-in-a-pattern/

Seidensticker, K., Bode, F., & Stoffel, F. (2018). *Predictive Policing in Germany.* Konstanzer Online-Publikations-System (KOPS). https://kops.uni-konstanz.de/server/api/core/bitstreams/10477c12-a4b9-46b2-b9d0-5b58cbd127bf/content

Technopolice (2020, July 23). *La police prédictive progresse en France. Exigeons son interdiction!* https://technopolice.fr/blog/la-police-predictive-progresse-en-france-exigeons-son-interdiction/

Townsley, M., Homel, R., & Chaseling, J. (2003). Infectious Burglaries. A Test of the Near Repeat Hypothesis. *British Journal of Criminology, 43*(3), 615-633. https://www.jstor.org/stable/23639045

Uchida, C. (2014). Predictive policing. In Bruinsma, G. & Weisburd, D. (Eds.), *Encyclopedia of Criminology and Criminal Justice* (pp. 3871-3880), Springer. https://doi.org/10.1007/978-1-4614-5690-2

Uchida, C., & Swatt, M. (2013). Operation LASER and the Effectiveness of Hotspot Patrol: A Panel Analysis. *Police Quarterly, 16*(3), 287-304. https://doi.org/10.1177/1098611113497044

Vold, G. (1979). *Theoretical criminology* (2nd ed.). Oxford University Press.

Završnik A. (ed.) (2017). *Big Data, Crime and Social Control* (1st ed.). Routledge. https://doi.org/10.4324/9781315395784

Završnik, A. (2021). Algorithmic justice: Algorithms and big data in criminal justice settings. *European Journal of Criminology, 18*(5), 623-642. https://doi.org/10.1177/1477370819876762

Cambio climático y regulación jurídica: desafíos actuales

MESURES FISCALS PER AFRONTAR LA SEQUERA A FAVOR DEL SECTOR RAMADER

Maria Àngels Capdevila Subirana
Universitat Autònoma de Barcelona
MariaAngels.Capdevila@autonoma.cat

RESUM

A Catalunya, la gestió de l'aigua està dividida per les conques internes i les conques intercomunitàries. Actualment, està en una situació de sequera molt crítica, fet que comporta que s'hagi hagut d'aplicar uns plans especials d'actuació segons es presenti el grau de sequera, d'aquesta forma, les entitats que presten el servei d'abastament d'aigua hauran d'aplicar diferents accions per evitar el malbaratament de l'aigua.

La ramaderia forma part del sector primari, un sector essencial que està molt vinculat amb els efectes del canvi climàtic. Degut a aquesta situació i altres com els conflictes bèl·lics, s'ha hagut de considerar que hi ha d'haver unes mesures fiscals a favor de la cabanya ramadera en els diferents impostos com: l'Impost sobre la Renda de les Persones Físiques; l'Impost de Béns Immobles; l'Impost de Societats; i també, l'Impost sobre Hidrocarburs d'ús Agrícola. A més, s'han aplicat altres mesures per ser aplicades de forma immediata.

El canvi climàtic fa que estiguem en una situació extraordinària de sequera, un escenari que afecta a zones i col·lectius especialment vulnerables com el sector agrícola ramader, una situació amb una tendència creixent en les afectacions que cal actuar per evitar mals majors. És per aquest motiu que l'objectiu central és doble, per una banda, s'analitza la situació de sequera a Catalunya descrivint la gestió de l'aigua i, per altra banda, s'identifiquen les mesures fiscals d'actuació que s'han adoptat per recolzar el sector ramader per fer front a la sequera. Aquest capítol s'ha elaborat seguint una metodologia fonamentada en la normativa vigent.

ABSTRACT

In Catalonia, water management is divided between internal and inter-community basins. Currently, the region is facing a critical drought situation, which has led to the implementation of special action plans based on the level of drought. As a result, water supply entities are required to implement different measures to prevent water waste.

Livestock farming is part of the primary sector, an essential sector that is closely linked to the effects of climate change. Due to this situation, and others such as war conflicts, it has been considered necessary to implement tax measures in favour of livestock in different taxes such as: Personal Income Tax, Property Tax, Corporation Tax, and the Tax on Hydrocarbons for Agricultural Use. In addition, other measures have been implemented for immediate application.

Climate change has placed us in an extraordinary drought situation, a scenario that particularly affects vulnerable areas and groups such as the agricultural and livestock sector. This is a situation with a growing trend of impacts that must be addressed to avoid greater harm. For this reason, the main objective is twofold, on one hand, the drought situation in Catalonia is analysed by describing water management, and on the other hand, the fiscal measures that have been adopted to support the livestock sector in coping with the drought are identified. This chapter has been prepared following a methodology based on current regulations.

KEY WORDS: climate change, livestock, tax measures.

SUMARI

1. INTRODUCCIÓ

2. SITUACIÓ SEQUERA

2.1. Agència Catalana d'Aigua.
2.2. Confederació Hidrogràfica de l'Ebre.
2.3. Confederació Hidrogràfica del Xúquer.
2.4. Servei Meteorològic de Catalunya.

3. MESURES FISCALS.

3.1. Impost Sobre la Renda de les Persones Físiques
3.2. Impost de Béns Immobles.
3.3. Impost de Societats.
3.4. Impost sobre Hidrocarburs d'ús Agrícola.

4. ALTRES MESURES PER AFRONTAR LA SEQUERA

5. CONCLUSIONS

6. BIBLIOGRAFIA

1. INTRODUCCIÓ

Estem davant d'una situació de sequera preocupant. L'augment de les temperatures, la disminució de les precipitacions i l'increment d'ús de l'aigua, fa que hi hagi un canvi d'escenari que perjudiqui directament el medi ambient. Una situació que també comporta afectacions econòmiques, l'aigua és necessària pel desenvolupament d'activitats empresarials.

El sector primari, és un sector essencial que engloba l'agricultura, la ramaderia, la pesca, la caça, la silvicultura i la mineria. El fet d'obtenir productes dels recursos naturals amb poca o cap manipulació, o que en la primera transformació hi hagi un estret vincle amb els propis productes en sí, comporta que entre altres, sigui el punt de partida de la cadena alimentària. A causa de l'elevat impacte de la sequera, fa que hi hagi una disminució en la producció agrícola, i com a conseqüent, hi hagi un increment de preus del cost de determinats insums.

Des del punt de vista del règim jurídic-tributari del sector primari, s'ha de tenir en compte les directives emanades del Consell Europeu i la Comissió Europea reguladora, ja que en aquestes institucions s'estableixen les bases legals i normatives on es fonamenten les polítiques agrícoles i ramaderes en tota la Unió Europea (UE), posteriorment es realitzarà una distribució de competències estatals i autonòmiques.

L'article 130.1 de la Constitució Espanyola , estableix que els poders públics consideraran a la modernització i desenvolupament de tots els sectors econòmics i, en particular, de l'agricultura, de la ramaderia, de la pesca i de l'artesania, amb l'objectiu de poder assolir un nivell de vida equitatiu per a tots els ciutadans espanyols.

L'article 116 de l'Estatut d'autonomia de Catalunya disposa que la gestió de l'agricultura, ramaderia i aprofitaments forestals correspon en exclusiva a la Generalitat. En el mateix precepte, es regula el desenvolupament de l'agricultura, la ramaderia i el sector agroalimentari, la seva regulació i execució tenint en compte la qualitat, la traçabilitat i els requisits dels productes ramaders.

D'acord a l'article 117 de l'Estatut d'autonomia de Catalunya, es determina que la Generalitat té la competència exclusiva en relació a l'aigua que pertanyi a conques hidrogràfiques intracomunitàries, a més dels usos i dels aprofitaments hidràulics, també li correspon l'ordenació administrativa, la planificació i la gestió de mesures extraordinàries per poder garantir el subministrament d'aigua.

2. SITUACIÓ DE SEQUERA

La gestió de l'aigua a Catalunya es caracteritza per una divisió clara entre les conques internes o districte fluvial de Catalunya i les conques intercomunitàries. Conèixer aquesta segmentació en el territori és bàsica per poder entendre la complexitat de la gestió hidrològica, a cada zona li correspon l'acompliment d'unes accions que s'han determinat segons la distribució de competències entre les diferents administracions.

L'Agència Catalana de l'Aigua (ACA), és una entitat pública adscrita al Departament d'Acció Climàtica, Alimentació i Agenda Rural de la Generalitat (DACC), i disposa de les competències per gestionar les conques internes dels rius: Muga, Ter, Daró, Tordera, Besòs, Llobregat, Foix, Gaià, Francolí i Riudecanyes, entre altres.

Les conques intercomunitàries tenen una gestió compartida entre la pròpia Comunitat Autònoma de Catalunya i l'Estat espanyol, en formen part els rius: Ebre, Garona i Xúquer. La Confederació hidrogràfica de l'Ebre (CHE), és l'organisme responsable de la gestió de l'aigua en la conca de l'Ebre i del Garona, i depèn del Ministeri de Transició Ecològica i el Repte Demogràfic del Govern d'Espanya. La Confederació hidrogràfica del Xúquer (CHX) és l'organisme que regula la conca del riu Xúquer, també depèn del Ministeri de Transició Ecològica i el Repte Demogràfic del Govern d'Espanya.

El Servei Meteorològic de Catalunya (SMC) és una entitat pública adscrita al DACC responsable de facilitar les dades a l'Administració de la Generalitat de Catalunya, amb l'objectiu de què hi hagi una òptima gestió en l'aigua amb una previsió coherent dels fenòmens meteorològics, ja que, cal tenir-ho en compte per la situació actual en el canvi climàtic, fet que comporta que hi hagi una emergència climàtica.

2.1. Agència Catalana d'aigua

El 10 de gener de 2020 es va publicar l'Acord GOV/1/2020, de 8 de gener, pel qual s'aprova el Pla especial d'actuació en situació d'alerta i eventual sequera (PES), un instrument de planificació per la utilització del domini públic hidràulic, superficial i subterrani d'aplicació a l'àrea que engloba les conques internes o, anomenat també, districte fluvial de Catalunya.

L'objectiu del PES consisteix en disposar d'una eina per evitar actuacions no programades. Cal tenir en compte la situació de la sequera del present i planificar el futur, d'aquesta forma els ens públics podran aplicar en la mesura que els correspongui les accions que tinguin establertes. Els Ajuntaments, que disposin d'una població empadronada superior a 20 000 habitants, hauran de disposar d'un pla d'emergència on hi haurà unes mesures que s'hauran d'aplicar segons es presenti l'escenari del grau de sequera: alerta, excepcional i emergència.

Per facilitar la feina als Ajuntaments, l'abril de 2020, es va publicar un document realitzat per l'ACA, en què establia recomanacions per als municipis per a la redacció dels Plans d'emergència en situacions de sequera. Aquest document ofereix una guia clara i detallada per ajudar els municipis a planificar i desenvolupar adequadament en el supòsit d'haver-hi una crisis hídrica.

Altres accions que s'hauran de portar a terme per part de les entitats que presten el servei d'abastament d'aigua, és que també hauran de disposar d'un procediment a seguir per un pla d'actuació d'emergència per garantir una gestió efectiva. Aquest pla haurà de contenir procediments específics i incloure accions pràctiques com la reducció de la pressió de l'aigua o el tall de subministrament d'aigua en unes determinades hores del dia.

La finalitat del Pla d'Emergència és que sigui un document pràctic i que es pugui aplicar un pla d'autocontrol municipal. Cal que hi hagi un primer apartat per contextualitzar la situació del municipi, en el segon apartat s'haurà de definir els objectius que es volen assolir amb el plantejament de les mesures que cal realitzar, a més, caldrà definir quin serà el comitè de persones que liderarà aquestes mesures i quines responsabilitats haurà d'assumir cada persona. Altres aspectes no tan rellevants que haurà de tenir el Pla són la vigilància i el seguiment del compliment del Pla, definint qui serà el responsable del seguiment, i també, les actualitzacions del Pla d'Emergència seguint les possibles variacions de la normativa.

En l'apartat de la situació actual, caldrà que hi hagi una descripció en detall de tota la xarxa que subministra aigua en el municipi, tenint en compte els diferents elements que formen part d'aquesta xarxa, com per exemple, els dipòsits o els llocs de captació. En la descripció de les fonts d'abastament caldrà que es detalli la informació de les fonts pròpies, ja siguin superficials o subterrànies, i també caldrà definir els recursos que provenen de fora del municipi, ja sigui per compres a tercers o connexions amb altres xarxes d'altres municipis.

Els Ajuntaments hauran de portar un registre dels consums d'aigua separat per sectors segons el tipus d'ús: agrícola, ramader, industrial, recreatiu i altres usos. En la mesura que sigui possible s'haurà de disposar d'un històric de varis anys per veure les tendències de consum dels diferents sectors. A més, caldrà portar un registre de les possibles fuites d'aigua.

En la secció 5 del PES, s'estableix les mesures que s'hauran d'aplicar en relació a l'ús de l'aigua, diferenciant els tipus d'ús en: reg agrícola, ramader, industrial, recreatiu que impliqui reg, altres usos recreatius. Fet que es va establir uns percentatges de reducció per cada situació respecte el consum en una situació normal. La següent taula mostra les dades.

Tipus d'ús	Situació d'alerta	Situació d'excepcionalitat	Situació d'emergència
Reg agrícola	25%	40%	80%
Ramader	10%	30%	50%
Industrial	5%	15%	25%
Recreatiu que impliqui el reg	30%	50%	Prohibit
Altres usos recreatius	5%	15%	25%

Font: Acord GOV/1/2020

Font: Acord GOV/1/2020

Les mesures que caldrà aplicar segons es presenti cada estat de sequera, és l'apartat elemental del Pla estratègic de cada municipi, segons tota la recopilació de dades, tot i que el propi municipi podrà establir unes mesures, cal tenir present que hi ha un conjunt de mesures que són d'obligat compliment. S'haurà de tenir en compte els tipus de mesures com: les preventives; les d'administració i gestió; les d'organització i control; les estructurals; i les de demanda. En aquests tipus de mesures es podran incloure diferents accions i s'haurà de portar un control de la demanda i l'oferta d'aigua que caldrà.

Per tal de saber les dades sobre la situació hidrològica d'ús ramader, l'apartat 5.2.2.b de PES, es determina que "les persones titulars d'explotacions ramaderes amb una capacitat superior a les 3.000 Unitats de bestiar (UB) han de comunicar a l'ACA els seus volums de captació, desagregats per orígens, amb periodicitat trimestral", ja que és cabdal que hi hagi una bona comunicació i transparència en les dades per poder atendre les necessitats de cada situació.

El DACC, disposa d'una sèrie de tràmits vinculats a l'ús de l'aprofitament d'aigües subterrànies i d'aigües pluvials, mecanismes que s'utilitzen en les finques que disposen d'activitats econòmiques vinculades a usos ramaders, ja que la normativa estableix un ordre de preferència en l'atorgament segons sigui el destí de l'aigua.

La limitació de consums d'aigua per l'abastament de població, apartat 5.3.2.e del PES, té en compte els municipis que disposin d'una cabanya ramadera considerable, fet que comporti que, si la quantitat de consum és superior a 10 litres per habitant i dia, aleshores, podran facilitar les dades per separat, diferenciant l'ús ramader i l'ús domèstic, tot i que cal tenir present que l'ús per habitant està limitat segons es presenti la situació de sequera. L'apartat 5.4.1, 5.5.1 i 5.6.1 del PES, determina la limitació en: estat d'alerta no pot superar 250 litres per habitant i dia; estat d'excepcionalitat no es pot superar 230 litres per habitant i dia; i, estat d'emergència no es pot superar 200 litres per habitant i dia.

Cal tenir en compte que el mateix PES especifica que l'aigua que s'utilitzi per la ramaderia, es considerarà de quin tipus d'explotació de bestiar és, per adaptar-se millor a les necessitats dels animals, tenint present el moment de la cria, amb l'objectiu d'acompliment en el benestar animal, tal i com s'estableix en el Reial Decret 348/2000, de 20 de març, pel qual s'incorpora a l'ordenament jurídic la Directiva 98/58/CE, relativa a la protecció dels animals en les explotacions ramaderes.

A finals d'any, degut a la falta de pluges i les baixes reserves emmagatzemades dels embassaments, es publica la Resolució ACC/3987/2023, de 24 de novembre, per la qual es fa públic l'Acord del Consell d'Administració de l'ACA pel qual s'intensifiquen determinades mesures en escenari d'excepcionalitat per sequera a les unitats d'explotació Embassaments Ter-Llobregat, Embassaments Llobregat i Embassaments Ter, d'acord amb el Pla especial d'actuació en situació d'alerta i eventual sequera. Aquesta situació es considera com a pas previ a que hi hagi la situació de comunicar l'estat d'emergència.

2.2. Confederació hidrogràfica de l'Ebre

El Real Decret Legislatiu 1/2001, de 20 de juliol, per el que s'aprova el text refós de la Llei d'Aigües, estableix que, les conques hidrogràfiques que passen per vàries comunitats autònomes, anomenades conques intercomunitàries, s'establiran organismes de conca, tal i com es determina en la pròpia Llei. A més, la Llei 10/2001, de 5 de juliol, del Pla Hidrològic Nacional, en l'article 27 estableix la gestió de les sequeres.

La Confederació Hidrogràfica de l'Ebre (CHE), té establerts uns Plans d'Emergència, i en concret, disposa del Pla Especial de sequera vigent que es va aprovar mitjançant l'Ordre TEC/1399/2018, de 28 de novembre de 2018, per la que s'aprova la revisió dels plans especials de sequera corresponents a les demarcacions hidrogràfiques del Cantàbric Occidental, Guadalquivir, Ceuta, Melilla, Segura i Júcar; a la part espanyola de les demarcacions hidrogràfiques del Miño-Sil, Duero, Tajo, Guadiana i Ebre; i l'àmbit de competències de l'Estat de la part espanyola de la demarcació hidrogràfica del Cantàbric Oriental.

La part de Catalunya que està gestionada per la CHE està formada per sis unitats territorials d'escassetat (UTE) amb el seu codi: UTE11A Baix Ebre, UTE11B Conca del Ciurana, UTE12A Segre, UTE12B Noguera Pallaresa, UTE13A Noguera Ribagorçana, UTE18 Conca del Garona.

Les Administracions responsables del proveïment, ja sigui de forma singular o en grup, que tinguin una població de 20 000 habitants o més, i que estan subministrades per les conques intercomunitàries, hauran d'aplicar un pla d'emergència per fer front a les diferents situacions de la sequera, com per exemple, el pla que ha hagut de realitzar el Consorci d'Aigües de Tarragona, on s'inclou seixanta-tres poblacions.

El Pla especial de sequeres (PES) de la CHE, descriu la demarcació hidrogràfica i de forma molt esquemàtica s'exposen les dades de la demanda en hectòmetres cúbics per any: demanda urbana 482,93 hm^3/any; demanda agrària 54 hm^3/any; demanda de regadiu 8036,4 hm^3/any; demanda ramadera 104,9 hm^3/any; demanda industrial 207,95 hm^3/any. Unes dades on es pot destacar la poca demanda que hi ha per part del sector ramader, un sector que amb freqüència se'l fa responsable de negligències en l'ús de l'aigua.

L'objectiu general del PES, és poder superar els períodes de sequera amb la menor afectació possible a la biodiversitat d'espècies i minimitzar les repercussions de les pròpies utilitats de l'aigua. De forma més específica, s'han determinat uns objectius on es pretén garantir el subministrament de l'aigua, minimitzar els efectes negatius de la sequera en l'aigua i reduir els impactes negatius sobre les activitats econòmiques, on el subministrament es farà seguint l'ordre establert en la Llei d'aigües

La CHE, planteja quatre escenaris segons es presenti el grau de la sequera: normalitat, prealerta, alerta i emergència. A més, es fa una diferenciació quan la sequera és contínua per causes naturals on el territori ha de suportar una deficiència del subministrament d'aigua, o bé, quan es presenta un escenari d'escassetat conjuntural, on es podrà establir cinc tipus d'accions:

- Preventives: on es farà una planificació definint quins són els valors que es pretén determinar per valorar els possibles escenaris.
- Operatives: disminuir la demanda amb restriccions en l'ús, o augmentar l'oferta buscant altres fonts de subministrament d'aigua
- Organitzatives: determinar una comissió on es tindrà en compte diferents entitats públiques i privades.
- De seguiment: vetllar les accions i l'acompliment dels objectius mostrant amb transparència les dades que es van obtenint.
- De recuperació: tornar a restablir els deterioraments en la biodiversitat.

La Disposició Addicional Primera del Real Decret 35/2023, de 24 de gener, per el que s'aprova la revisió dels plans hidrològics de les demarcacions hidrogràfiques del Cantàbric Occidental, Guadalquivir, Ceuta, Melilla, Segura, i Júcar, i de la part espanyola de les demarcacions hidrogràfiques del Cantàbric Oriental, Miño-Sil, Duero, Tajo, Guadiana i Ebre, estableix que hi ha treballs de cooperació amb altres Estats com França en què es va realitzar un acord sobre la gestió de l'aigua.

En la següent taula es mostra els escenaris segons les mesures de sequera:

Situació	No hi ha escassetat	Escassetat moderada	Escassetat severa	Escassetat greu
Escenari	Normalitat	Prealerta	Alerta	Emergència
Accions	Planificació general i seguiment	Conscienciació, estalvi i seguiment	Mesures de gestió (demanda i oferta) i control de seguiment	Intensificació de les mesures considerades en alerta i possible adopció de mesures excepcionals

Font: PES de la part espanyola de la DHE.

En totes les UTE es coincideix que, quan es presenti la situació d'escassetat greu, en l'escenari d'emergència, una de les mesures que s'adoptaran, entre el mes de març fins l'octubre, serà que es tindrà en compte la reserva per determinats cultius i explotacions ramaderes.

Quan es presenti la situació en què hi hagi una reducció significativa dels subministraments de l'aigua, fet que, entre altres supòsits, comporti falta de viabilitat econòmica en la ramaderia, està previst com a criteri orientatiu determinat per CHE que, si disminueix el subministrament de pinsos que utilitzen matèries primeres de la pròpia UTE, atès que no s'han pogut fer aquests pinsos per la falta de pluges, aleshores, la unitat territorial haurà de ser declarada de situació excepcional per sequera extraordinària (SESE).

Les propostes per l'avaluació dels impactes futurs en el sector ramader, són unes idees enfocades, d'acord amb l'historial que s'ha obtingut, quan s'ha presentat un període de sequera en què s'ha afectat l'activitat econòmica i el benestar de la població. Cal que s'impliquin tots els agents vinculats a la cabanya ramadera, amb l'objectiu de millorar i optimitzar les mesures junt amb la presa de decisions, establint un escenari de treball per seguir i intercanviar dades amb d'altres sectors, un cop s'hagi arribat als llindars d'alerta en el sector primari, s'hauria de monitoritzar totes les dades tenint en compte la informació, les mesures i els corresponents costos.

S'hauria de reforçar el seguiment dels caudals de l'oferta de subministrament d'aigua mitjançant registres mensuals, per tenir present la quantitat de què es disposa i de quines fonts provenen, ja siguin masses d'aigua superficials o subterrànies. Per altra banda, caldria realitzar un altre seguiment de la demanda del sector agropecuari, empreses agrícoles i ramaderes, per saber en detall les necessitats que calen. A més, caldria tenir informació dels recursos alternatius que s'utilitzen des d'una vessant privada, fet que comportaria poder millorar el càlcul dels indicadors en les unitats territorials.

Es podria diferenciar un apartat en els registres donant atenció a l'estacionalitat quan les dades siguin rellevants, tenint en compte quins són els mesos en què es produeix aquest increment de demanda i quines actuacions cal preveure abans i durant el període, vinculat amb l'oferta de subministrament, d'aquesta forma, es podria disposar d'una valoració de l'impacte que suposa les sequeres sobre la població rural.

Un cop es vagi disposant de les corresponents dades dels agents involucrats, es podrà analitzar l'evolució anual en rendiment y preus del sector ramader, llavors, caldrà plantejar estudis per relacionar les necessitats d'aigua en la ramaderia, amb el rendiment dels animals i la resposta dels ramaders amb les seves decisions, amb la finalitat de poder fer un treball conjunt per optimitzar-ne la gestió.

En tot, cal tenir present que, els informes de la CHE disposen d'apartats diferenciats dels impactes amb: subministrament, ambiental i econòmics, recopilant una descripció general dels impactes previstos, les mesures preventives o correccions adoptades i una valoració de les previsions d'evolució a curt i mig termini.

2.3. Confederació hidrogràfica del Xúquer

La Confederació hidrogràfica del Xúquer (CHX) es regeix per la mateixa normativa que la CHE, la Llei 10/2001 i l'Ordre TEC/1399/2018, per tant, les seves directrius a l'hora d'haver de realitzar del Pla especial de sequera (PES) seran les mateixes. La part de Catalunya que està gestionada per la CHX està formada per una unitat territorial d'escassetat (UTE) amb el seu codi: UTE1 Sénia-Maestrat.

2.4. Servei meteorològic de Catalunya

L'article 4.2.q de la Llei 15/2001, de 14 de novembre, de meteorologia, determina que una de les funcions del Servei Meteorològic de Catalunya (SMC) és "estudiar i analitzar el canvi climàtic a Catalunya i participar i col·laborar en les investigacions que sobre aquesta matèria a terme diversos grups a Catalunya".

La incidència del canvi climàtic que es produeix a Catalunya, està relacionat amb la sensibilitat que té l'àrea mediterrània en l'augment de la temperatura, fet que comporta que hi hagi d'haver un seguiment en els registres de les temperatures per determinar-ne la tendència i planificar possibles accions. Mitjançant les dades que s'obtenen en punts establerts de la pròpia Comunitat Autònoma, es realitza el Butlletí Anual d'Indicadors Climàtics (BAIC), un document on es mostra l'evolució del clima a Catalunya.

Els principals punts on es detecten aquestes anomalies són en què: el ritme d'escalfament és superior de totes les temperatures a nivells global; s'incrementen les temperatures altes però les baixes perden intensitat, no hi ha tantes glaçades; hi ha disminució de pluges i com a conseqüent augmenten els períodes de sequera; s'incrementa la temperatura de l'aigua del mar; i també, s'avancen els cicles de maduració de la vegetació i l'arribada d'aus migratòries.

És un conjunt de factors s'accentuen els episodis extrems, fet que es modifiqui l'oferta de la producció dels aliments, perquè si els episodis de sequera són cada vegada més llargs, hi ha menys pluges, i les temperatures són més altes fa que disminueixin l'obtenció dels aliments, o dit d'una altra manera, si per les variacions climatològiques poc favorables, no s'obté tanta producció agrícola, si el rendiment de la pesca disminueix degut a que les espècies actuals no s'adapten a les temperatures de l'aigua del mar, i la cabanya ramadera extensiva no pot pasturar per falta d'herba fresca, aleshores, la demanda dels aliments augmentarà, fet que es posi en risc la seguretat alimentària.

Aquesta meteorologia adversa fa que el sector primari pateixi un greuge en la viabilitat econòmica, ja que hi ha hagut un augment considerable dels costos i els ingressos no han augmentat proporcionalment, s'ha de poder compensar amb suports econòmics per assegurar que es continuaran produint aliments seguint la normativa de la seguretat alimentària.

3. MESURES FISCALS

Actualment, el sector de la ramaderia està patint un greuge en què cal destacar l'episodi actual de la sequera, ja que, com s'ha comentat, cada cop hi ha menys pluges i les temperatures són més altes. A més, hi ha altres factors com els conflictes bèl·lics en altres països que provoquen problemes de subministrament d'aliments, fet que comporta que hi hagi un augment considerable de costos en la ramaderia. Tenint en compte aquests factors, s'ha considerat que hi ha d'haver unes mesures fiscals a favor de la cabanya ramadera.

3.1. Impost sobre la renda de les persones físiques

L'Ordre HFP/1172/2022, de 29 de novembre, per la qual es desenvolupen per l'any 2023 el mètode d'estimació objectiva de l'Impost sobre la Renda de les Persones Físiques (IRPF) i el règim especial simplificat de l'Impost sobre el Valor Afegit (IVA), ja s'ha tingut en compte la greu situació econòmica, fet que s'han considerat reduccions en el rendiment net al mètode d'estimació objectiva, a sobre d'això, es podrà minorar el rendiment net previ en l'adquisició del gasoil agrícola en un 35 % i en la compra de fertilitzants el 15 %, a més, es van mantenir pel 2022 els índexs correctors per adquirir pinsos a tercers i l'energia elèctrica pels cultius en terres de regadiu.

Per altra banda, s'ha considerat en la mateixa Ordre, comentada en el paràgraf anterior, una revisió per l'exercici 2023 el tractament tributari en els ajudes directes desacoblades de la Política Agrària Comuna (PAC), de tal forma que, la tributació serà en proporció als ingressos de les explotacions que es condiciona en obtenir un mínim d'ingressos de l'activitat diferent de la pròpia ajuda directa: ajuda bàsica a la renda per la sostenibilitat; ajuda redistributiva complementària a la renda, règims a favor del clima i del medi ambient; ajuda complementària per joves agricultors. Uns beneficis que només podran gaudir els ramaders que tributin pel mètode d'estimació objectiva, excloent de forma clara i directa els ramaders que tributen pel mètode d'estimació directa.

El 2022, ja es va determinar mitjançant el Real Decret-llei 4/2022, de 15 de març, per el que s'adopten mesures urgents de recolzament al sector agrari per causa de la sequera, en l'article 4 la reducció en 2021 del rendiment net calculat pel mètode d'estimació objectiva en el IRPF per les activitats agrícoles i ramaderes i del IVA, va ser del 20 %. En la consulta vinculant de la Direcció General de Tributs (DGT) V1114-22, va determinar que, perquè s'apliqui la reducció, s'implementarà en la casella 1549 del model D-100.

Les darreres dades publicades a l'Agència Estatal de l'Administració Tributària (AEAT), en l'any 2021, hi havia 879.637 activitats agrícoles, forestals i ramaderes que tributaven pel mètode d'estimació objectiva. Per altra banda, el mateix organisme també publicava el número d'activitats que tributaven pel mètode d'estimació directa i eren 82.049 activitats. Unes dades on es mostra que, 82.049 activitats vinculades al sector primari no s'haurien pogut beneficiar de les reduccions per l'adquisició del gasoil agrícola i els fertilitzants.

3.2. Impost de béns immobles

L'Impost sobre Béns Immobles (IBI) és un tribut local que pot ser urbà o rústic, per aquest capítol es farà referència al rústic. S'ha de pagar de forma obligatòria les persones propietàries de béns immobles rústics. És un tribut que es liquida anualment i cada ajuntament estableix en les seves ordenances fiscals el període de liquidació. És un tribut que es contribueix al finançament dels serveis públics municipals i a la redistribució de la renda.

El mateix RDL 4/2023, en el Capítol II, determina les mesures de caràcter fiscal, queden exemptes de tributar l'Impost de Béns Immobles les propietats dels titulars d'explotacions agrícoles o ramaderes, que en l'exercici 2023, hagin tingut una reducció del rendiment net d'almenys el 20 % a zones amb limitacions naturals, o un 30 % a altres zones.

Una mesura que, a efectes pràctics cal saber com s'ha de portar a terme per poder gaudir del corresponent benefici. En el cas de l'exempció, la consulta vinculant de la DGT V2134-23, determina que, per calcular el rendiment net, serà mitjançant la diferència entre els ingressos i les despeses, sense haver de tenir en compte l'Impost de Societats.

3.3. Impost de societats

En els diferents preceptes estatals i/o autonòmics, que afecten a les activitats econòmiques vinculades a la ramaderia, es pot trobar que hi hagi variacions, com la de l'article 13 del RDL 4/2023, modifica la Disposició Addicional Tercera, apartat 1, lletra a), de la Llei 27/2014, de 27 de novembre, de l'Impost sobre Societats (IS), que queda redactat de la següent manera, no s'integraran a la base imposable de l'Impost, les rendes positives que es posin de manifest com a conseqüència de, entre altres:

- La percepció dels següents ajuts a la política comunitària (PAC).
  * Abandonament definitiu de la producció lletra.
  * Ajuts als règims a favor del clima i del medi ambient (ecorègims del pasturatge extensiu).

3.4. Impost sobre hidrocarburs d'ús agrícola

Les condicions climàtiques de la primavera ha comportat que hi hagués greus afectacions a l'agricultura i la ramaderia, el Reial Decret Llei 5/2023, de 28 de juny, pel qual s'adopten i prorroguem determinades mesures de resposta a les conseqüències econòmiques i socials de la Guerra d'Ucraïna, de recolzament a la reconstrucció de l'illa de la Palma i a altres situacions de vulnerabilitat: de transposició de Directives de la Unió Europea en matèria de modificacions estructurals de societats mercantils i conciliació de la vida familiar i la vida professional dels progenitors i els cuidadors; i d'execució i compliment del Dret de la Unió Europea, en l'article 200 s'estableix l'ajuda extraordinària i temporal per pagar el preu del gasoil consumit pels productors agraris.

Una mesura que servirà per pal·liar les despeses del combustible utilitzat per les activitats del sector primari, aquest tipus d'ajuda en podran ser beneficiaris les persones que compleixin els requisits que també han de complir per sol·licitar la devolució parcial de l'Impost sobre Hidrocarburs d'ús agrícola, article 52 ter. de la Llei 38/1992, de 28 de desembre, d'Impostos Especials.

4. ALTRES MESURES PER AFRONTAR LA SEQUERA

El sector ramader, està travessant una greu situació, degut a què, a part de la situació de sequera i els conflictes bèl·lics, en el període de la pandèmia, també van tenir una greu afectació. S'ha de tenir en compte que ja fa temps que estan suportant grans dificultats i alts costos en la producció. Les mesures que s'anomenaran en aquest apartat, són per ser aplicades d'una forma immediata, ja que la situació és molt preocupant.

El canvi climàtic està afectant a tothom, però en el cas de l'agricultura i la ramaderia, que és un sector essencial, cal mantenir-lo viu perquè és qui produeix els aliments que consumim, a més, mentre hi hagi activitat del sector primari en les zones rurals, també hi haurà altres activitats econòmiques vinculades de forma directa o indirecta al sector primari, fet que comportarà que no hi haurà despoblament rural.

El Decret Llei 1/2023, de 28 de febrer, pel qual s'estableixen mesures extraordinàries i urgents per fer front a la situació de sequera excepcional en l'àmbit del districte de conca fluvial de Catalunya. Un Decret Llei que té per objecte establir normes i mesures extraordinàries per optimitzar els recursos hidràulics per garantir l'abastament d'aigua apta per al consum humà.

Un precepte que, en l'article 12, es fa referència a la gestió de les dejeccions ramaderes quan la situació de sequera estigui en fase d'excepcionalitat o d'emergència. En concret, s'exposa que si no hi ha aigua, i aquest fet comporta que no es pugui sembrar, tampoc es podrà fer ús de les dejeccions com a adob orgànic, per tant, l'òrgan competent podrà d'aplicar un procediment per emmagatzemar aquest excés de dejeccions per evitar que se'n faci un mal ús, tenint en compte el risc sanitari i prenent les corresponents mesures de bioseguretat.

El Reial Decret Llei 4/2023, d'11 de maig, pel qual s'adopten mesures urgents en matèria agrària i d'aigües en resposta a la sequera i l'agreujament de les condicions del sector primari derivat del conflicte bèl·lic en Ucraïna i de les condicions climatològiques, així com de promoció de l'ús de transport públic col·lectiu terrestre per part dels joves i prevenció de riscos laborals en episodis d'elevades temperatures, és un altre precepte per fer front al desequilibri del sector agrari, i a la seguretat alimentària, fet que s'hagi hagut d'adoptar mesures de recolzament públic.

L'article 4 del RDL 4/2023, s'estableix els ajuts directes al sector ramader, tenint en compte que els beneficiaris són persones físiques o jurídiques que compleixin: haver rebut ajudes con base en la Política Agrícola Comuna (PAC) del 2022; siguin titulars de les explotacions ramaderes donades d'alta el 30 d'abril de 2023, segons la classificació zootècnica, tal i com estableix l'article 4.2.b del RDL 4/2023 "siguin titulars d'explotacions de ramaderia bovina, ovina i caprina donades d'alta a 30 d'abril de 2023 amb un cens major de cero en el Registre General d'Explotacions Ramaderes amb el tipus «Producció i reproducció» o «Pastura»..."; i també, que estiguin el corrent a l'AEAT i la Seguretat Social (SS).

Uns ajuts que serveixen per compensar l'increment dels costos de producció, atès que, tal i com ja s'ha fet referència anteriorment, el cicle és molt elemental, si hi ha menys pluja, hi haurà menys pastura i menys agricultura, aleshores, el ramader haurà de comprar més insums i tindrà més costos, fet que potser no podrà assumir i com a conseqüent hi haurà menys activitat productiva, o dit d'una altra forma, menys aliments.

Tot i semblar que en aquest RDL 4/2023, s'hagi tingut en compte a tots els ramaders, independentment de la modalitat que hagin escollit tributar, cal tenir present que seran beneficiaris els que estiguin autoritzats per una classificació zootècnica determinada, fet que comporta que s'exclogui a ramaders que no compleixin aquest requisit.

La Llei 9/2023, del 19 de maig, de mesures extraordinàries i urgents per afrontar la situació de sequera excepcional a Catalunya, és una normativa que complementa el Decret Llei 1/2023. La Disposició Addicional Segona de la Llei 9/2023, determina que el Govern, per mitjà del Departament d'Acció Climàtica, Alimentació i Agenda Rural, s'haurà de realitzar en el termini d'un mes de l'aprovació de la Llei, un pla de xoc per recolzar a l'activitat agrària, incorporant mesures per a garantir la subsistència de les explotacions agrícoles i ramaderes per fer front a la situació de sequera excepcional. S'haurà de determinar una línia d'ajuts directes per als sectors agraris i ramaders, o bé, establir una línia de préstecs bonificats per part de l'Institut Català de Finances (ICF) per garantir-ne la continuïtat.

A efectes pràctics, el pla de xoc que s'ha portat a terme ha sigut quan, el Fons Espanyol de Garantia Agrària (FEGA), durant el mes de juliol de 2023, publica d'ofici en el seu taulell la relació provisional de beneficiaris de l'ajut, indicant en cada cas, els animals amb dret a l'ajut i l'import total de l'ajut. Per finalitzar aquest pla de xoc, el pagament es va realitzar el cap de tres mesos, l'octubre de 2023.

5. CONCLUSIONS

El canvi climàtic fa que estiguem en una situació extraordinària de sequera, un escenari que afecta a zones i col·lectius especialment vulnerables com el sector agrícola ramader, una situació amb una tendència creixent en les afectacions. Catalunya es troba en una situació de sequera crítica, fet que ha comportat haver de implementar plans especials d'actuació per distribuir l'aigua, una gestió que està dividida entre conques internes i les intercomunitàries, el que implica una coordinació entre diferents entitats i administracions, com l'ACA, la CHE, la CHX i el SMC, així com l'aplicació de mesures adaptades al grau de sequera i els diferents usos de l'aigua. La implementació de plans d'emergència són essencials per afrontar la sequera i garantir el subministrament d'aigua, però, cal adoptar mesures per disminuir els efectes del canvi climàtic i la vulnerabilitat del sector primari.

S'han dut a terme diferents mesures fiscals en benefici a la ramaderia, com certes reduccions en el rendiment net pels ramaders que tributen en l'estimació objectiva a l'IRPF, exempcions a l'IBI pels propietaris que hagin tingut una determinada reducció del rendiment net, exempcions a l'IS quan en la base imposable de les rendes positives siguin derivades d'ajudes a règims climàtics i ambientals, una ajuda extraordinària per l'Impost sobre Hidrocarburs d'ús Agrícola, o també, altres mesures per afrontar la sequera. Unes accions per ajudar a mantenir la viabilitat dels sector ramader en un context de canvi climàtic i altres crisis. Però aquests avantatges no han sigut per tots els ramaders, per tant, s'ha de proposar una regulació i execució de polítiques públiques adaptades a les necessitats actuals en benefici a tots els ramaders per evitar conseqüències més greus.

6. BIBLIOGRAFIA

Acord GOV/1/2020, de 8 de gener, pel qual s'aprova el Pla Especial d'Actuació en situació d'alerta i eventual sequera (PES).

Constitució Espanyola:

Decret 40/2014, de 25 de març, d'ordenació de les explotacions ramaderes.

Decret 91/2023, de 16 de maig, pel qual s'aprova el Pla de gestió del districte de conca fluvial de Catalunya per al període 2022-2027.

DL 1/2023, de 28 de febrer, pel qual s'estableixen mesures extraordinàries i urgents per fer front a la situació de sequera excepcional en l'àmbit del districte de conca fluvial de Catalunya.

Estatut d'Autonomia de Catalunya:

Llei 9/2023, del 19 de maig, de mesures extraordinàries i urgents per afrontar la situació de sequera excepcional a Catalunya, és una normativa que complementa el Decret Llei 1/2023.

Llei 10/2001, de 5 de juliol, del Pla Hidrològic Nacional.

Llei 15/2001, de 14 de novembre, de meteorología.

Llei 17/2011, de 5 de juliol, de seguretat alimentària i nutrició.

Llei 38/1992, de 28 de desembre, d'Impostos Especials.

Ordre HFP/1172/2022, de 29 de novembre, per la qual es desenvolupen per l'any 2023 el mètode d'estimació objectiva de l'Impost sobre la Renda de les Persones Físiques i el règim especial simplificat de l'Impost sobre el Valor Afegit.

Ordre TEC/1399/2018, de 28 de novembre de 2018, per la qual s'aprova la revisió dels plans de sequera corresponents a les demarcacions hidrogràfiques del Cantàbric Occidental, Guadalquivir, Ceuta, Melilla, Segura i Júcar; a la part espanyola de les demarcacions hidrogràfiques del Miño-Sil, Duero, Tajo, Guadiana i Ebre; i l'àmbit de competències de l'Estat de la part espanyola de la demarcació hidrogràfica del Cantàbric Oriental.

Plan Especial de sequías 2023. Demarcación Hidrográfica del Júcar.

Plan especial de sequías de la parte espanyola de la Demarcación Hidrográfica del Ebro.

Real Decret 35/2023, de 24 de gener, per el que s'aprova la revisió dels plans hidrològics de les demarcacions hidrogràfiques del Cantàbric Occidental, Guadalquivir, Ceuta, Melilla, Segura, i Júcar, i de la part espanyola de les demarcacions hidrogràfiques del Cantàbric Oriental, Miño-Sil, Duero, Tajo, Guadiana i Ebre.

Real Decret-llei 4/2022, de 15 de març, per el que s'adopten mesures urgents de recolzament al sector agrari per causa de la sequera.

Recomanacions per als municipis per a la redacció dels Plans d'emergència en situacions de sequera.

Resolució ACC/3987/2023, de 24 de novembre, per la qual es fa públic l'Acord del Consell d'Administració de l'ACA pel qual s'intensifiquen determinades mesures en escenari d'excepcionalitat per sequera a les unitats d'explotació Embassaments Ter-Llobregat, Embassaments Llobregat i Embassaments Ter, d'acord amb el Pla especial d'actuació en situació d'alerta i eventual sequera.

RDL 4/2023, d'11 de maig, pel qual s'adopten mesures urgents en matèria agrària i d'aigües en resposta a la sequera i l'agreujament de les condicions del sector primari derivat del conflicte vèlic en Ucraïna i de les condicions climatològiques, així com de promoció de l'ús de transport públic col·lectiu terrestre per part dels joves i prevenció de riscos laborals en episodis d'elevades temperatures.

RDL 5/2023, de 28 de juny, pel qual s'adopten i prorroguem determinades mesures de resposta a les conseqüències econòmiques i socials de la Guerra d'Ucraïna, de recolzament a la reconstrucció de l'illa de la Palma i a altres situacions de vulnerabilitat: de transposició de Directives de la Unió Europea en matèria de modificacions estructurals de societats mercantils i conciliació de la vida familiar i la vida professional dels progenitors i els cuidadors; i d'execució i compliment del Dret de la Unió Europea.

RDLeg. 1/2001, de 20 de juliol, per el que s'aprova el text refós de la Llei d'Aigües.

RD 348/2000, de 20 de març, pel qual s'incorpora a l'ordenament jurídic la Directiva 98/58/CE, relativa a la protecció dels animals en les explotacions ramaderes.

CAMBIO CLIMÁTICO Y RETROCESO DEL LITORAL EN PUERTO RICO

Jaime Villeta García, J.D., M.A.
Facultad de Derecho, Universidad de Barcelona
jvillega20@alumnes.ub.edu

Keywords: Cambio climático, propiedad social, derecho administrativo, Puerto Rico, erosión costera.

ABSTRACT

Centrada en la comunidad de Ocean Park en San Juan, Puerto Rico, se observa como los terrenos que bordean el mar, que antes era área de paseo y de conexión del litoral, ya casi no existen. El aumento del nivel del mar, la evidente y desenfrenada erosión costera y el futuro incierto a razón del cambio climático urge la necesidad de repensar la propiedad en el litoral costero. De un nuevo concepto propietario para las propiedades en la zona costera y de su eficaz ejecución por un Estado consciente y responsable, depende la seguridad de vida, de propiedades y el aprovechamiento justo y ordenado de unos de los recursos más valiosos de Puerto Rico. Ya no se trata de preguntar si el derecho de propiedad costera puede contribuir a salvaguardar la costa, sino de determinar cómo ha de hacerlo. Esto se logra, mediante la expansión de la función social de la propiedad y el deber de debida diligencia del Estado para la imposición de obligaciones costeras con el fin de preservar la playa y el litoral. El derecho de propiedad y derecho administrativo en el litoral costero de Puerto Rico ante el cambio climático requiere de una reconceptualización. Específicamente, una actualización de la definición de lo que constituye la zona marítimo terrestre en Puerto Rico, por esta estar enclaustrada en la Ley de Puertos española de 1880. Además, en canto al derecho administrativo, por el Estado tener disposiciones legales que emanan de dicha definición y del 1980, previo a los efectos más presentes del cambio climático.

Centered on the community of Ocean Park in San Juan, Puerto Rico, it's observed how the land that borders the sea, which was previously an area for walking and connecting the coast, almost no longer exists. The rise in sea level, the obvious and rampant coastal erosion and the uncertain future due to climate change urge the need to rethink property on the coastline. The security of life, property and the fair and orderly use of some of the most valuable resources of Puerto Rico depend on a new concept for properties in the coastal zone and its effective execution by a conscious and responsible State. It's no longer a question of whether coastal property rights can contribute to safeguarding the coast, but rather of determining how it should do so. This is achieved through the expansion of the social function of property and the State's duty of due diligence for the imposition of coastal obligations in order to preserve the beach and the coastline. Property law and administrative law on the coastline of Puerto Rico in the face of climate change requires reconceptualization. Specifically, an update of the definition of what constitutes the maritime-terrestrial zone, due to it being cloistered in the Spanish Ports Law of 1880. In addition, in terms of administrative law, for the State to have legal provisions that emanate from said definition and from 1980's, prior to the most present effects of climate change.

SUMMARY

1. LA INCERTIDUMBRE CLIMÁTICA
2. LA NOCIÓN DE CAMBIO CLIMÁTICO
3. EL CONTENIDO PUERTORRIQUEÑO
4. LA PLAYA Y LA COSTA
5. PUERTO RICO Y SU MANEJO COSTERO
6. DOS CARAS DE UNA MISMA MONEDA
7. «LO QUE ES DEL MAR, AL MAR VUELVE»

I. LA INCERTIDUMBRE CLIMÁTICA

> El entorno físico será más duro, mucho más extremo y devastadoramente brutal cuando se enfade. En cuanto a la experiencia humana —la calidad de vida, las oportunidades de participar en los tesoros de la naturaleza, la capacidad de crecer y prosperar— todo se verá muy disminuido. Las vidas se acortarán. Los traumas serán mucho más comunes y la buena salud será más difícil de mantener. Nada de esto será culpa de la propia naturaleza. Será en gran parte por la inacción de esta generación de adultos, en lo que podría describirse como la mayor injusticia intergeneracional jamás infligida por una generación de humanos a la siguiente. (Sharma, 2021)

La ciencia nos ha advertido, los gases de efecto invernadero provocan el aumento de las temperaturas, que a su vez provoca el alza en el nivel del mar y el aumento en la intensidad de fenómenos atmosféricos (lluvias, sequías, ciclones). Estos cambios drásticos tienen como resultado la pérdida masiva de especies, migraciones masivas de gente, profundización de las desigualdades sociales, angustia y dolor. «[S]obre el impacto del cambio climático a nivel global [y]a el daño está hecho. Muchos de los daños como consecuencia del cambio climático ya son irreversibles» (Méndez, 2023). El cambio climático representa uno de los retos más importantes que la humanidad enfrenta al presente y enfrentará en las próximas décadas.[1] (Fernández Egea, 2022, p. 88).

> Se están alterando los patrones básicos del sistema planetario, especialmente los meteorológicos y oceánicos, pero no únicamente. Lo que produce amplios efectos sobre el planeta, modificando profundamente las condiciones ambientales, la economía y la sociedad, que pone en peligro los medios de subsistencia, la salud, el agua, la seguridad alimentaria y energética de las poblaciones. Y esto, a su vez, agudiza la pobreza, las migraciones, el desplazamiento forzado y el conflicto. Las evidencias son inequívocas, no hay discusión científica al respecto, otra cosa diferente es a nivel político. (Baldasano, 2019)

Hoy en día, ciertamente, la comunidad científica ha concluido que, en su manifestación más visible, el calentamiento global es incuestionable y fundamentalmente producto de las emisiones de gases de efecto de invernadero provocadas por el uso de combustibles fósiles y el cambio en los usos del suelo por el ser humano. Estos cambios afectan a diversos sectores, tales como la cultura, la forma de vida, el ambiente, la biodiversidad, el modelo económico, la movilidad, el comercio, la alimentación, el acceso al agua y recursos naturales, las infraestructuras y la salud. Sus repercusiones se extienden en la alteración de la temperatura, la precipitación, la humedad, el viento, la temperatura del agua y acidificación del océano y, entre otras, el aumento de los fenómenos meteorológicos extremos. Sin duda, el cambio climático como gran riesgo global, está aumentando la frecuencia e intensidad de peligros climáticos y meteorológicos como olas de calor, sequías y lluvias torrenciales (IPCC, 2021).

> The recent WMO Atlas of mortality and economic losses from weather, climate and water extremes (1979-2019) (WMO, 2021) con-

cluded that 1) "a disaster related to either a weather, climate or water hazard occurred every day on average over the 50 years -killing 115 people and causing US$ 202 million in losses daily"; 2) "of all deaths from weather, climate, and water hazards, 91 % occurred in developing countries according to the United Nations country classification. (Vide, 2022)

La crisis climática está causando perturbaciones peligrosas, que avanzan a la humanidad hacia escenarios graves que agudizan la ya existente crisis habitacional. «Los movimientos migratorios, el deterioro de la calidad del aire y la reducción de acceso a la comida serán otras de las terribles consecuencias que están por llegar» (Martín Pallín, 2022).

> Las repercusiones del cambio climático sobre la salud humana son muy amplias. De hecho, la Organización Mundial de la Salud cifra en 250 000 las muertes adicionales directas debidas al cambio climático, a partir de 2030; 38 000 por exposición de personas al calor; 48 000 por diarrea; 60 000 por paludismo, y 95 000 por desnutrición infantil, sin hablar de las indirectas, cuyas cifras son mucho más elevadas. Enfermedades cardiovasculares o respiratorias, infecciones por vectores o digestivas, son solo algunos ejemplos claros del impacto directo en nuestra salud. Pero no podemos hablar solo de las consecuencias en la salud física; la amenaza del cambio climático origina un estrés emocional y psicológico, y los datos que se manejan alertan de que las personas con trastornos psiquiátricos son susceptibles de verse afectadas de forma desproporcionada por las consecuencias del cambio climático. (Martín Pallín, 2022)

2. LA NOCIÓN DE CAMBIO CLIMÁTICO

Aunque se usan los términos «calentamiento global» y «cambio climático» de manera equivalente, sus significados son ligeramente diferentes. El calentamiento global se refiere solo a la creciente temperatura de la superficie de la Tierra, mientras que el cambio climático incluye efectivamente cambios de la temperatura pero a su vez representa una multitud de efectos que resultan de dicho calentamiento con retroalimentaciones positivas —en la mayoría de los casos— y también negativas, incluidos los glaciares que se derriten, aumento de la humedad, tormentas más extremas y cambios en los patrones de algunos eventos extremos relacionados con el clima. En resumidas palabras, el calentamiento global es a causa del aumento de gases de efecto de invernadero atrapado en la atmósfera debido al exceso de la actividad humana en el planeta, mientras el cambio climático ocurre debido a las alteraciones de temperaturas causando daños en el ambiente continuamente. Diversas manifestaciones del cambio climático ya experimentándose son la acidificación de los océanos, cambios en los patrones de precipitación, aumento de potencial destructivo de las tormentas y huracanes, aumento en la ocurrencia de marejadas producidas por frente de fríos, aumento de nivel del mar, erosión costera, olas de calor, salinización de aguas subterráneas, entre otros.

> Se están alterando los patrones básicos del sistema planetario, especialmente los meteorológicos y oceánicos, pero no únicamente. Lo que produce amplios efectos sobre el planeta, modificando profundamente las condiciones ambientales, la economía y la sociedad, que pone en peligro los medios de subsistencia, la salud, el agua, la seguridad alimentaria y energética de las poblaciones. Y esto, a su vez, agudiza la pobreza, las migraciones, el desplazamiento forzado y el conflicto. Las evidencias son inequívocas, no hay discusión científica al respecto, otra cosa diferente es a nivel político. (Baldasano, 2019)

El cambio climático se refiere a los cambios a largo plazo de las temperaturas y los patrones climáticos. Anteriormente, estos cambios podían ser naturales, debido a variaciones en la actividad solar o erupciones volcánicas grandes, pero desde el siglo XIX, las actividades humanas han sido el principal motor del cambio climático, debido principalmente a la quema de combustibles fósiles como el carbón, el petróleo y el gas. (IPCC, 2021). Estos cambios pueden ser naturales, pero desde el siglo XIX, las actividades humanas han sido el principal motor del cambio climático especialmente la emisión de gases de efecto invernadero. Diversas manifestaciones del cambio climático ya experimentándose son la acidificación de los océanos, cambios en los patrones de precipitación, aumento de potencial destructivo de las tormentas y huracanes, aumento en la ocurrencia de marejadas producidas por frente de fríos, aumento de nivel del mar, erosión costera, olas de calor, salinización de aguas subterráneas, entre otros. Mientras que ciertos patrones meteorológicos asociados al cambio climático se están produciendo, los cambios futuros siguen inciertos. Con mucha probabilidad estos causarán graves consecuencias sociales, ambientales y económicas mediante el aumento en las temperaturas del aire, del nivel del mar, un incremento en la frecuencia y fuerza de huracanes, acrecentando las condiciones de exposición de infraestructura costera y la vulnerabilidad socioambiental. Impactos asociados a dichos efectos agudos y crónicos son cada vez más evidentes en el archipiélago de Puerto Rico.

3. EL CONTENIDO PUERTORRIQUEÑO

Puerto Rico se encuentra al este de las Antillas Mayores, entre el Océano Atlántico y el Mar Caribe. Al este y sudeste se encuentra un segundo grupo de islas, las Antillas Menores. Las coordenadas principales que definen su centroide son 18°15' Norte y 66° 30' Oeste. Puerto Rico es un archipiélago que se compone de la isla principal y de otras islas pequeñas, islotes, cayos, de arrecifes que la rodean, terrenos y aguas bajo su jurisdicción. 23 L.P.R.A. sec. 2101. La isla de Puerto Rico tiene un área aproximada de 903,900 hectáreas (ha).12 Su longitud es de 191,5 kilómetros (km) de largo por 62,7 km de ancho, cubriendo un área total de 8,928 km².[2] Según el Informe sobre el Estado del Clima en Puerto Rico, preparado por el Consejo de Cambio Climático de Puerto Rico,

> [s]i la tendencia de incremento en el nivel del mar para Puerto Rico continuara linealmente sin aceleración, el incremento al 2100 sería al menos 0,4 metros. El Cuerpo de Ingenieros de los Estados Unidos

> realizó un análisis para el CCPR proyectando posibles escenarios de incremento del nivel del mar al 2165, para las costas norte y sur de Puerto Rico. [. . .] [L]as proyecciones de incrementos futuros del nivel del mar, el CCCPR recomienda planificar para un incremento de entre 0,5 y 1,0 metros al 2100.

De continuar el crecimiento poblacional en la costa, se espera un mayor desarrollo urbano, explotación de recursos y deterioro del ambiente costero. Como resultado, las comunidades necesitarían más recursos a medida que aumenta el nivel del mar sumado al engrandecimiento en el impacto y frecuencia de eventos ciclónicos (Gopalakrishan, 2019). Las comunidades costeras, la infraestructura, la fauna y los ecosistemas son vulnerables a estos cambios. La Guía de Financiamiento para la Resiliencia Costera: Una herramienta para que los municipios de Puerto Rico se recuperen de los impactos de los huracanes Irma y María cita datos del Departamento de Recursos Naturales y Ambientales de Puerto Rico del 2017, que indican que el litoral del archipiélago tiene una longitud de aproximadamente 800 millas con más de 1,225 playas, incluyendo a las cuatro islas principales en torno a Puerto Rico: Vieques, Culebra, La Mona y Desecheo. «Todo Puerto Rico está clasificado como un área costera, lo que expone a toda la población, los recursos naturales y la infraestructura critica de Puerto Rico a algún grado de riesgo de peligros costeros», indica el informe.

De los datos del Censo del 2020 se desprende que el 61 % de la población de Puerto Rico vive en alguno de los 44 municipios costeros. Desde el 2017 Puerto Rico ha perdido 99,7793 kilómetros (62 millas) de su litoral de 1285,87 kilómetros (799 millas). (Barreto *et al.*, 2020). Una cifra alarmante, más cuando se tiene presente que 44 de sus 78 municipios ubican en la costa conteniendo el 67 % de la población. El litoral se encuentra en un proceso de cambio constante, extendiéndose o reduciéndose, transformando así su topografía y posición con respecto al nivel del mar. Su pérdida neta es ya evidente en diversas partes, con el consecuente deterioro y en algunos casos, destrucción absoluta de edificaciones.

4. LA PLAYA Y LA COSTA

En ciertos lugares, donde antes había un amortiguador de playa entre propiedad y agua, ahora el océano choca con la estructura ya destinada a desaparecer o a convertirse en inhabitable. Es en estas propiedades costeras donde este trabajo centra su lupa, puesto que son el escenario de una de las mayores transformaciones en el paisaje natural de Puerto Rico. Transformación contextualizada en un ordenamiento jurídico puertorriqueño que no cuenta con una ley de costa, sino solo con la Ley de Muelles y Puertos de Puerto Rico de 1968, Ley Núm. 151 de 28 de junio de 1968, 23 L.P.R.A. sec. 2101 *et seq.*, que adopta una definición de la zona marítimo terrestre que se remonta a la Ley de Aguas Española de 1866 y la Ley de Puertos Española de 1866. La exjueza presidenta del Tribunal Supremo de Puerto Rico, la Hon. Juez Liana Fiol Matta interpretó la Ley de muelles y puertos de 1968, Ley de muelles y puertos de Puerto Rico de 1968, Ley Núm. 151 de 28 de junio de 1968, 23 L.P.R.A. §§ 2101-2801 (2020), como una «anticuada, desfasada y elaborada para aplicarse en otro contexto social, económico, temporal y geográfico, totalmente ajeno a nuestras realidades físicas, jurídicas y sociales». (Buono Correa, p. 459). «Aun los textos gramaticalmente más claros se vuelven oscuros con el pasar de los años si no se adecúan a la realidad en la que habrán de operar» (Buono Correa, 468). La zona marítimo terrestre significa el espacio de las costas de Puerto Rico que baña el mar en su flujo y reflujo, en donde son sensibles las mareas, y las mayores olas en los temporales en donde las mareas no son sensibles e incluye los terrenos ganados al mar y las márgenes de los ríos hasta el sitio en que sean navegables o se hagan sensibles las mareas; y el término, sin condicionar, significa la zona marítimo terrestre de Puerto Rico.

> La franja costera, la ribera del mar, encierra unos recursos naturales muy valiosos al tiempo que está sujeta a una demanda de uso y explotación muy intensa. Esta tensión, [. . .] entre demandas de uso público y necesidad ineludible de protección, ha hecho de las costas

un objeto destacado de regulación jurídica y tutela administrativa. (Esteve, 2022, pp. 212)

De continuar el crecimiento poblacional en la costa, se espera un mayor desarrollo urbano, explotación de recursos y deterioro del ambiente costero. Como resultado, las comunidades necesitarían más recursos a medida que aumente el nivel del mar sumado al engrandecimiento en el impacto y frecuencia de eventos ciclónicos. Sumado al dato de que el 50 % de las viviendas en Puerto Rico están construidas sin el correspondiente permiso de edificación de un ingeniero civil o arquitecto, lo que da idea de la magnitud de un problema que se agrava con el cambio climático, cuando las marejadas invaden las costas provocando daños en viviendas construidas en plena costa. Más cuando la mayoría de estas infraestructuras costeras fueron construidas durante un periodo de tiempo de baja intensidad ciclónica. La infraestructura crítica de la mayoría de las ciudades está construida basada en las condiciones climáticas del pasado y no reflejan las condiciones climáticas actuales y esperadas. Como consecuencia, se ignoró la potencial capacidad destructiva de tormentas y huracanes, que, aunque extraordinarios, inciden enormemente sobre la zona costera. Tal desafío a los fenómenos naturales ha provocado que muchas propiedades se encuentren hoy día expuestas a un alto nivel de riesgo de pérdida.

5. PUERTO RICO Y SU MANEJO COSTERO

Ante este contexto, procede una forma nueva de conceptualizar la propiedad costera. Una en la cual se expande su función social mediante una perspectiva integral y filosófica y desde donde se determinan las obligaciones positivas que tiene que soportar el propietario para atenerse a los cambios climáticos presentes, futuros e inciertos de la costa. El derecho de propiedad siempre ha mantenido una relación compleja y contradictoria con el medio ambiente. Por un lado, la preservación del medio ambiente, la prevención de riesgos ambientales y el deseo de evitar el deterioro de los recursos naturales han servido como justificación de un régimen de propiedad privada. Por otro lado, la propiedad privada, en ocasiones, ha frustrado las iniciativas gubernamentales para conservar los recursos naturales y ha amenazado la capacidad de los gobiernos para hacer frente a los desafíos climáticos y ambientales. «Ante la inoperancia, la naturaleza nos advierte del peligro, generando, cada vez con más frecuencia, grandes catástrofes naturales» (Martín Pallín, 2022, pp. 39). El cambio climático es el mayor problema ambiental al que se enfrenta la actual generación y, previsiblemente, las siguientes. Sus impactos prevenibles incrementan al considerarse los riesgos inherentes a la ubicación de las propiedades en la zona costera. El aumento del nivel del mar, la evidente y desenfrenada erosión costera y el futuro incierto a razón del cambio climático urge la necesidad de repensar la propiedad en el litoral costero. Los propietarios y el gobierno deben procurar lo mismo, un interés colectivo de atemperar los efectos del cambio climático. En el caso de Puerto Rico, evitar la continua pérdida de costa.

> Cuando compré [Hostería del Mar en Ocean Park] era un hotel en la playa. Ahora nos anunciamos como un hotel en el mar. Es más, a veces pienso anunciarlo como un barco. [. . .] La gente podía acceder a una barra al aire libre desde la playa y a un restaurante. Pero con la desaparición de la arena, el mar choca contra la pared trasera del edificio. (Ávila-Claudio, 2023)

Los hechos particulares de la comunidad de Ocean Park en el Municipio de San Juan proporcionan un supuesto concreto catalizador que ayuda a vocalizar los grandes temas que están en el trasfondo del trabajo. Su litoral ha sobrellevado cambios monumentales en las últimas décadas. Ocean Park provee claros ejemplos de diferentes estrategias, a su vez, representa un espacio donde se pueden identificar infraestructuras críticas y propiedades de alto valor que hace años gozaban de una gran playa entre la propiedad y la costa, pero por la erosión costera y diversos elementos geográficos, se ha perdido la barrera y ahora, ciertas propiedades colindan con el agua.

> Erosion at Ocean Park Beach has been aggravated by EWE and sea level rise. However, erosion might also be seen as the result of decades of coastal mismanagement. The Ocean Park area once formed part of a wetland (see Figure 8) that was eventually subtracted from the sea. Accordingly, the constructions built in the area have violated the land-maritime zone. (Méndez Tejera, 2020)

Ocean Park tiene el elemento particular de que, con este retroceso del litoral, no ha conllevado una reducción en el valor inmobiliario de la zona, sino que ha causado un aumento en sus precios. Así, estos detalles proveen la posibilidad de entender y atender las limitaciones o restricciones a los terrenos colindantes a los bienes de dominio público marítimo que persiguen garantizar la integridad y el equilibrio ecológico de los mismos.

6. DOS CARAS DE UNA MISMA MONEDA

Las estrategias para hacer frente al cambio climático tienen un impacto en el desarrollo del derecho privado y este puede contribuir a favorecerlas. Todo esto, partiendo de que el derecho de propiedad está subordinado a principios fundamentales de la vida en comunidad; lo que provoca que este derecho ceda ante su función social. El propietario es parte, vive, se desenvuelve, se desarrolla y se beneficia de su condición de integrante de la sociedad.

> [. . .] [S]er propietario, sobre todo de un bien inmueble, aun cuando todavía equivale a tener control y poder individual sobre este, así como un cierto grado relativo de poder económico en la sociedad, a la misma vez se trata de un privilegio que está íntima e inseparablemente unido a una serie de obligaciones y cargas que tiene que soportar el titular y hasta cumplir, en beneficio del interés social. (García Cárdenas, 2004)

Por lo cual, se tienen que balancear las facultades de un propietario con los intereses de la sociedad. «[L]a propiedad en las sociedades democráticas tradicionales entraña determinados derechos, [que] viven en competencia continua con otros intereses, privados y públicos, de importancia cambiante y en ocasiones creciente». Richards Group of PR, Inc., v. Junta de Planificación de PR, 108 D.P.R. 23, 36 (1978). En el 1949 el Tribunal Supremo de Puerto Rico emitió la primera opinión importante sobre el alcance y las limitaciones de la propiedad previendo su función social. A esos efectos, señaló:

> [que] [e]l concepto moderno del derecho de propiedad dista mucho del que conocieron los autores de la Constitución [se refiere a la de los Estados Unidos]. Hoy nadie califica de sagrado el derecho a la propiedad como ocurría frecuentemente en el pasado siglo. Hoy la propiedad tiene una función social que es la de servir a la sociedad y no exclusivamente a su dueño [. . .] en el nuevo concepto el privilegio individual queda supeditado al interés social. (Fontánez Torres, 2014, pp. 111-112)

En esa misma línea, en ELA v. Rosso, 95 D.P.R. 501 (1967), reconoció que el concepto de propiedad está supeditado al interés social. Entre las autoridades que el Tribunal Supremo cita como fundamento y justificación se encuentra Graham (1940) el cual expone la siguiente visión del derecho de propiedad.

> Conceder el valor social de la tierra no quiere decir que se trata como propiedad común. Es más bien reconocer que la comunidad tiene el derecho de determinar, tanto para el presente como para el futuro, el uso apropiado de la tierra, sea para vivienda, uso industrial, comercial, agrícola o público. La misión de la propia tierra es actuar como agente catalizador que ayude al capital al desarrollo y sirva al individuo y a las necesidades comunales sin perder su identidad como tierra o despojarse de su valor inherente. En la concepción social del valor de la tierra lo que el individuo posee no es la tierra misma sino un privilegio de dedicar esa tierra a su mejor uso según lo determine la sociedad. (ELA v. Rosso, 95 D.P.R. 501, 524-525 (1967))

En Vélez v. Secretario, 115 D.P.R. 533 (1984), el Tribunal Supremo reafirmó que hoy en día el derecho de propiedad además de servir al dueño tiene que servir a la sociedad. Así, se debe adaptar el tradicional derecho de propiedad pasándolo por el tamiz de los desafíos climatológicos desde una óptica del pluralismo legal, afinando su función social frente a determinados riesgos. De esta manera, en vez de soportar restricciones, como son las urbanísticas, la expansión de su función social producirá que la propiedad soporte obligaciones positivas de hacer, además de no hacer. Paralelamente, se busca brindar un marco jurídico de las obligaciones positivas del Estado a raíz del derecho a una buena administración y de su obligación jurídica derivada de diligencia debida para mitigar posibles daños al derecho a la vida y a la propiedad. Según han elaborado por el Tribunal Europea de Derechos Humanos, la violación de la buena administración (omisiones de deberes positivos o desarrollo de mala administración en su cumplimiento) acarrea consecuencias en el ámbito de la responsabilidad pública, contextualizado en que el Estado tiene un deber de cuidado de tomar medidas adecuadas ante el cambio climático. Este análisis hace posible concluir que mediante el Art. VI sec. 19 de la Constitución de Puerto Rico se puede exigir el cumplimiento de obligaciones positivas por establecer como política pública del Estado «[...] la más eficaz conservación de los recursos naturales y su mayor aprovechamiento para el beneficio general de la comunidad» (Art. VI, sec. 19, Const. ELA, L.P.R.A., Tomo 1). Esta postura, que prevé obligaciones positivas de buen gobierno y debida diligencia, contrasta con la postura del Tribunal Supremo de los Estados Unidos. En DeShaney v. Winnebago County, 489 U.S. 189 (1989). El Tribunal negó, con carácter general, la existencia de obligaciones positivas de las autoridades estadounidenses a desarrollar con la debida diligencia, derivadas de los derechos constitucionales. No obstante, la disposición constitucional puertorriqueña es clara en su deber de protección al medio ambiente y la cultura jurídica civilista puertorriqueña permite que se adapte el derecho a una buena administración y su obligación jurídica derivada de diligencia debida.

7. «LO QUE ES DEL MAR, AL MAR VUELVE» [3]

En Puerto Rico no existe una ley que regule las costas ni una definición actualizada de lo que constituye la zona marítimo terrestre, aun cuando esta temática ha sido foco de constantes debates legales y su panorama es eje de una alarmante erosión costera. Ante las discrepancias sobre la más correcta interpretación de la legislación aplicable a los bienes de dominio público marítimo-terrestre, que proviene de la legislación española de fines del siglo XIX y a los parámetros que deben guiar a las agencias de interés público en su aplicación. Ha llegado el momento de abandonar el criterio de la sensibilidad de las mareas, para definir lo que constituye la zona marítimo terrestre, puesto que ello responde a un contexto histórico y geográfica europeo, que en nada corresponde a nuestra realidad actual. Se propone una nueva forma de pensar la propiedad, partiendo de la función ecológica, de una propiedad sostenible. A su vez, ver el derecho de propiedad de una forma diferente mediante una perspectiva integral y filosófica. Para así, incorporando las diversas visiones propietarias, resolver el problema de la propiedad costera. Teniendo presente que abordar el cambio climático de cualquier manera adecuada requerirá una redefinición de los derechos de propiedad del litoral costero.

Ante la ausencia de un entendimiento jurídico que recoja la experiencia, aspiraciones, preocupaciones y perspectivas sobre el futuro de las propiedades costeras en Puerto Rico, esta investigación, con la cual reconoce el valor de la zona costera como un recurso de vital importancia para la sociedad puertorriqueña. Es en las propiedades costeras donde este trabajo centra su lupa, investigando como el Estado y el propietario pueden responder —soportando obligaciones positivas— a las realidades climáticas para garantizar que los litorales continúen siendo habitables en el presente inmediato y en el futuro venidero. El tema tiene varias perspectivas desde las cuales mirarlo: 1) como uno de seguridad de propiedad de lo que ubica frente al mar; 2) como un asunto de exigencia al Estado por su deber de responsabilidad de seguridad de vida o 3) como un asunto de protección medioambiental de las costas. Según el IPCC la reciente tasa de aumento del nivel del mar se ha triplicado en comparación con los primeros 70 años del siglo XX. Se estima que para el año 2150 podría ocurrir un aumento de cinco metros en el nivel del mar, lo cual amenazaría con severas inundaciones para finales de este siglo a millones de personas alrededor del mundo que viven en zonas costeras. El mar avanza modificando el límite interior de la zona marítimo terrestre invadiendo propiedad privada.

A largo plazo de lo que se trata es de «construir un conocimiento histórico que nos permita reconocer la comunidad que podemos ser, y entender la necesidad de asumir los costos que implique construirla». Esta es una frase del historiador panameño Guillermo Castro Herrera que, aunque la utiliza para describir las tareas que él le asigna a la historia ambiental en América Latina, parece que ofrece una orientación y un estímulo que muy bien se puede aprovechar en Puerto Rico para emprender la tarea que aquí se ocupa.

REFERENCIAS

Alvarado León, G. (octubre 12, 2022). Marcados por la erosión costera. *El Nuevo Día.* https://uprrp.idm.oclc.org/login?url=https://www.proquest.com/newspaper/marcados-por- la-erosión-costera/docview/1291054524/se-2

Alvarado León, G. (2019). Pueden solicitar protección del DRNA. *El Nuevo Día.* https://uprrp.idm.oclc.org/login?url=https://www.proquest.com/newspaper/pueden- solicitar-protección-al-drna/docview/2273251454/se-2

Ávila-Claudio, R. (7 marzo 2023). Las edificaciones fantasmas que el mar devora en la costa de Puerto Rico. BBC News Mundo. https://www.bbc.com/mundo/noticias-america-latina-64461261?xtor=CS3-33-%5Bwsmundo%7EC%7EA38B38C42D37E38F37G38wsmktgMundoLatAm_8MS%7EMundo_MundoLatAm_Facebook_Male%5D-%5BFacebook%5D-%5B1202063827761000063%5D-%5B120206382776140063%5D&utm_source=mktg&utm_campaign=MundoLatAmFB&utm_medium=paid&utm_

id=120206382776100063&utm_content=120206382776140063&utm_term=120206382776090063

Baldasano, J. M. (2019). *El actual cambio climático: Una visión holística de la crisis climática* (p. 22). Real Academia Europea de Doctores.

Barreto, M., & Méndez Tejera, R. (2021). El estado de la erosión costera pos-thuracán María en Puerto Rico. *Revista Geográfica de Chile Terra Australis*, 29-40.

Barreto, M., Castro, A., & Méndez, R. (2020, 10 de noviembre). *El estado de las playas de Puerto Rico Post María*. Recuperado 7 de junio de 2023 de https://storymaps.arcgis.com/stories/b96cf30c1451462fbff284d720 25255e

Beyeler c. Italia [GC], nº 33202/96, § 120, CEDH 2000 I.

Buono Correa v. Srio. Rec. Naturales, 177 D.P.R. 415, 440, 459, 468 (2009).

Borisov v. Ucrania (Application no. 2371/11) de 4 de marzo de 2021.

DeShaney v. Winnebago County, 489 U.S. 189 (1989).

ELA v. Rosso, 95 D.P.R. 501, 524-525 (1967).

Esteve Pardo, J. (2022). *Derecho del Medio Ambiente* (5th ed., p. 71). Marcial Pons.

Fernández Egea, R. (2022). *Climate change litigation and human rights: Addressing the rights of future generations* (pp. 85-102). Atelier.

Fontánez Torres, E. (2020). *Casa, Suelo y Título Vivienda e informalidad en Puerto Rico*. Ediciones Laberinto.

Fontánez Torres, E. (2014). *Ambigüedad y Derecho: Ensayos de crítica jurídica*. Educación Emergente.

Fontánez Torres, E. (2009). El discurso legal en la construcción del espacio público: Las playas son públicas, nuestras, del pueblo. *Revista de Ciencias Sociales*, (20), 42, 59.

García Cárdenas, M. (2004). El Derecho de Propiedad y los Aprovechamientos Urbanísticos. *Revista del Colegio de Abogados*, *67*, 1.

Graham, J. J. (1940). *Housing in Scandinavia*. The University of North Carolina Press.

Massol Deyá, A. (2020). *Ciencia para la insurgencia*. Ediciones Callejón.

Martín Pallín, J. A. (2022). *Los Derecho de la Tierra*.

Méndez, L. J. (2023, noviembre 30). *Inversionistas de Ley 22 atraídos por el desarrollo costero en medio de la crisis climática*. Centro de Periodismo

Investigativo. Recuperado 2 de diciembre de 2023, de https://periodismoinvestigativo.com/2023/11/inversionistas-de-ley-22-atraidos-por-el- desarrollo-costero-en-medio-de-la-crisis- climatica/?mc_cid=50cd9cba02&mc_eid=4a2c4b48a3

Méndez Tejera, R., & Barreto, M. (2020). Impact of Extreme Weather Events on the Beaches of Puerto Rico: The Case of Ocean Park, San Juan. *American Journal of Marine Science, 4.*

Noguera de la Muela, B. (2009). *Lección 6 Las Costas. En: Lecciones y materiales para el estudio del derecho administrativo Tomo V Bienes e infraestructuras públicas* (1ra ed.). Iustel.

Picó, R. (1962). *Puerto Rico: Planificación y Acción.* Banco Gubernamental de Fomento Para Puerto Rico.

Ponce Solé, J. (2022). *Jurisprudencia seleccionada y comentada de tribunales extranjeros, del TEDH, del TJUE, del TS y de los TSJ de las CCAA* (p. 21). Universidad de Barcelona.

Ponce Solé, J. (2019). *Cuadernos de la Cátedra de Democracia y Derecho Humanos, La lucha por el buen gobierno a una buena administración mediante el estándar jurídico de diligencia debida.* Universidad de Alcalá.

Puerto Rico. *Ley sobre Política Pública Ambiental,* Ley Núm. 9 de 18 de junio de 1970, según enmendada, 12 L.P.R.A. sec. 1121 *et seq.*

Puerto Rico. Ley española de Puertos de 7 de mayo de 1880 hecha extensiva por Real Decreto de 5 de febrero de 1886 intitulada Ley de Puertos para la Isla de Puerto Rico.

Puerto Rico. Art. VI, sec. 19, Const. ELA, L.P.R.A., Tomo 1.

Puerto Rico. Ley Núm. 151 de 28 de junio de 1958, mejor conocida como la Ley de Muelles y Puertos de 1968; 23 L.P.R.A. sec. 2103(n).

Richards Group of PR, Inc., v. Junta de Planificación de PR, 108 D.P.R. 23, 36 (1978).

Rubert Armstrong v. E.L.A., 97 D.P.R. 588, 623 (1969).

Seguinot Barbosa, J. (1997). *San Juan, Puerto Rico. La ciudad al margen de la bahía: Una visión geoecológica y jurídica.* GEO.

Sepúlveda, A. (1987). *Cangrejos-Santurce: Historia ilustrada de su desarrollo urbano (1519-1950).* Carimar.

Sepúlveda, A. (1989). *San Juan: Historia ilustrada de su desarrollo urbano, 1508-1898.* Carimar.

Sharma, & Others v. Minister for the Environment [2021] FCA 560.

Vélez v. Secretario, 115 D.P.R. 533 (1984).

Vide, J. M. (2022). *Understanding vulnerability in the context of climate change* (M. Campins, & R. Bentirou, Eds.) (pp. 2-36, 35). Atelier.

[1] Of all the environmental problems in current times, climate change is one of the most important, or even the most important. It is responsible for producing severe effects on nature, ecosystems and humans and presents such risks that many cities' countries or regional organizations such as the UE have called for a climate emergency (Fernández Egea, 2022).

[2] Además de la Isla Grande, hay otras dos islas del archipiélago que se encuentran habitadas: Vieques y Culebra. Otras islas más pequeñas son Mona y Monito y los islotes Desecheo, Caja de Muertos, Isla Piñeros, Palominos, Sardinera, Cayo Icacos e Isla de Cabras.

[3] Refrán popular puertorriqueño.

VACCINE NATIONALISM, ENVIRONMENTAL SUSTAINABILITY, AND LEGAL DYNAMICS: A COMPREHENSIVE EXPLORATION OF IMPLICATIONS AND TRANSFORMATIVE APPROACHES

Vijayamalar Arumugam
University Malaya, Malaysia
17050863@siswa.um.edu.my

ABSTRACT

Vaccine nationalism, a phenomenon propelled into prominence by the challenges posed by the COVID-19 pandemic and its intricate interplay with environmental sustainability and legal dimensions, has emerged as a critical area of inquiry with profound implications for global health, equity, and the environment. This research study explores the multifaceted challenges and transformative opportunities arising from converging these essential aspects within the context of "Law and Social Change." As countries grapple with the complex task of safeguarding their populations in the face of a global health crisis, the dynamics of vaccine distribution have taken on a new dimension. It examines how nations prioritize their citizens in vaccine distribution, often at the expense of equitable access for marginalized regions.

Central to the research is an exhaustive examination of the ramifications of vaccine nationalism on environmental sustainability supported by a case study. Beyond the immediate goal of curbing the pandemic's impact, the study meticulously analyses the entire lifecycle of vaccines, dissecting each stage from production and transportation to administration and disposal. This meticulous dissection reveals the often-hidden environmental consequences that accompany the pursuit of swift vaccination campaigns. By connecting the dots between vaccine nationalism and environmental footprints, this exploration encompasses immediate health considerations and the intricate nexus of environmental sustainability and social equity to highlight critical dimensions that require innovative solutions and interdisciplinary cooperation. In addition, this study endeavors to provide nuanced insights that can inform policymaking, legal reform, and societal action on a global scale.

By weaving together the intricate concepts of vaccine nationalism, environmental sustainability, and legal dynamics, this research contributes substantively to the evolving discourse on global health, equity, and environmental protection. It recognizes the urgency for a transformative dialogue to adopt holistic strategies that respond to immediate health crises and uphold the long-term goal of sustainable planetary stewardship.

Keywords: Vaccine nationalism, environmental sustainability, global health.

SUMMARY

1. INTRODUCTION

2. ENVIRONMENTAL SUSTAINABILITY IN VACCINE LIFECYCLES

2.1. Production phase.
2.2. Transportation and distribution.
2.3. Administration and disposal.
2.4. Hidden environmental consequences.

3. CASE STUDY: INTERPLAY BETWEEN VACCINE NATIONALISM AND ENVIRONMENTAL SYSTEMS

3.1. Case study findings.

4. LEGAL FRAMEWORKS GOVERNING VACCINE DISTRIBUTION.

4.1. International agreements.
4.2. Intellectual property rights and equitable access.
4.3. Potential for legal adaptations.

5. HARMONIZING VACCINE NATIONALISM AND ENVIRONMENTAL SUSTAINABILITY.

5.1. The need for balance.
5.2. Innovations and adjustments in legal approaches.

6. INTERNATIONAL COOPERATION: EMPOWERING NATIONS FOR PUBLIC HEALTH AND ENVIRONMENTAL PROTECTION.

6.1. Technology transfer and data sharing.
6.2. Collaborations among governments,

industries, and environmental organizations.

7. CONTRIBUTING TO THE GLOBAL DISCOURSE ON HEALTH, EQUITY, AND ENVIRONMENTAL PROTECTION.

7.1. Holistic strategies for sustainable planetary stewardship.
7.2. Transformative legal frameworks and practices.

8. CONCLUSION AND CALL TO ACTION.

8.1. Recapitulation of key findings.
8.2. Urgency for equitable vaccine distribution and environmental safeguarding.
8.3. Recommendation and future research

1. INTRODUCTION

The rapid onset and spread of COVID-19 was unprecedented in human history. The virus was first detected in Wuhan, China, on December 9, 2019 (Hao *et al.*, 2022). The World Health Organization (WHO) designated COVID-19 as a Public Health Emergency of International Concern (PHEIC) on January 30, 2020, eventually declaring it a pandemic on March 11, 2020 (Jun *et al.*, 2021). By then, the virus had spread to 110 countries across all continents except Antarctica (Jun *et al.*, 2021). In just six months after the first reported case, 3,75 million cases and 289,342 COVID-19-related deaths were reported (data for May 9, 2022) (Mathieu *et al.*, 2020).

Governments worldwide implemented various infection control measures, such as rigid border control, lockdowns, social distancing, public advisories on wearing masks and hand hygiene, close-contact tracking, and large-scale testing, significantly impacting social and legal dynamics that define trends and patterns experienced in society (Hao *et al.*, 2021). Some researchers argued that such measures culminated in a crisis for democracy (Repucci, & Slipowitz, 2020). Information for the Freedom House indicates that some governments capitalized on the pandemic as a pretext to effectively suppress opposition, destabilize the systems of accountability, control access to information, and marginalize minority groups (Repucci, & Slipowitz, 2020).

Many researchers postulated that COVID-19 vaccine development would be a "game changer" for pandemic control (Gupta, & Gupta, 2021; Yoo, 2021). By December 2, 2023, the vaccine for the virus had been developed by BioNTech and Pfizer and further approved for emergency use in the US (CDC Covid-Response Team, & Food and Drug Administration, 2021). While this innovation was instrumental in mitigating the loss of life and adverse effects of the virus, it also galvanized intense debates on various sociomedical issues, such as mandatory vaccinations (Franco, 2021; Gur-Arie *et al.*, 2021; King *et al.*, 2022) and vaccine nationalism (Bieber, 2020; Caliendo, 2022; Nhamo *et al.*, 2021; Zhou, 2021).

Vaccine nationalism has been defined as a situation where countries push to get the first supply of vaccines and potentially hoard key inputs for vaccine production (Hafner *et al.*, 2022). According to Hafner *et al.* (2022), the emergence of vaccine nationalism can be traced to the onset of the pandemic, with several countries implementing foreign and domestic policies toward achieving national interests instead of pursuing a more globally coordinated approach. For instance, in the early stages of the pandemic, while other global institutions such as the WHO and the United Nations were trying to advocate for a more unified approach towards vaccination and immunization, some of the world's leading economies, such as the United States were reluctant to commit and invest into these efforts while at the same time hoarding and seeking to get first access to crucial vaccines for the mitigation of the effects of the virus (Hafner *et al.*, 2022).

Vaccine nationalism has significantly impacted global health and equity (Paiva, & Miguel, 2021). As of November 25, 2023, 13,53 billion vaccine doses had been administered globally, of which 20,84 % were administered in high-income countries, 40,13 % in upper-middle-income countries, 36,59 % in lower-middle-income countries, and only

2,46 in low-income countries (Mathieu *et al.*, 2020). The evidence of vaccine nationalism is appalling to the extent that it highlights the disparities in the distribution of vaccines. Based on data statistics, approximately 4,69 billion doses of vaccines were produced and utilized in the US in 2021 and 2022 (Riaz *et al.*, 2021). Similarly, 3.13 billion doses were distributed in India, 1.90 billion in China, 0.95 billion in the UK, and 0.50 billion in Germany (Riaz *et al.*, 2021). With effect, 76 % of the US population is believed to have been vaccinated (Riaz *et al.*, 2021). In comparison, only 37,2 % of the whole African continent was vaccinated, demonstrating the extent of the global disparity in access and distribution of vaccines (Jensen *et al.*, 2022).

Another major impact of vaccine nationalism was that many health organizations worldwide often could not provide effective vaccination due to the high prices of these essential vaccines brought about by the quest for countries to outbid each other (Ferranna, 2023). Research in this context indicates that due to the absence of global coordination, there are many instances where countries have often outbid each other and subsequently raised the prices of these crucial vaccines (Bollyky, & Bown, 2020). Thus, vaccine nationalism has had far-reaching impacts on the global health sector, which has yielded what can be considered inhibitors to health in many third-world countries.

In addition to prolonging the global health crisis, vaccine nationalism undermines the efforts to achieve global equity in health, which affects 14 out of the 17 Sustainable Development Goals (SDGs) (Decouttere *et al.*, 2021) and, thus, may also hinder the quest to achieve global environmental sustainability (Bollyky, & Bown, 2020). To understand the intersection between vaccine nationalism and environmental sustainability, it is imperative first to understand the impacts of vaccine nationalism on global environmental sustainability efforts. Therefore, this research seeks to understand the underlying dynamics that have acted as drivers to the trends and patterns witnessed in the recent past in the context of the intricate interplay between vaccine nationalism, environmental sustainability, and legal dimensions.

2. ENVIRONMENTAL SUSTAINABILITY IN VACCINE LIFECYCLES

2.1. Production phase

The manufacture and storage of different vaccines have been associated with practices often resulting in adverse outcomes that undermine environmental sustainability measures (Abbasi *et al.*, 2023). For instance, the manufacture and storage of vaccines, including the COVID-19 vaccine, has been associated with CO_2 emission, which poses a significant threat to the environment (Hasija *et al.*, 2022). With effect, several authors have argued that there is a significant nexus between vaccine production and global warming (Beggs, 2001; Klemes *et al.*, 2021; Santos *et al.*, 2021), a condition that has threatened the well-being and existence of human beings historically.

Evidence indicates that the pivotal crisis of CO_2 gas emission during the production phase of vaccines significantly enhances global warming, contrary to the spirit of enhancing sustainable environmental practices (Hasija *et al.*, 2022). The high rate of carbon emission during the vaccine production phase is generally enhanced by the unavoidable generation of microfiber upon incineration autoclaving, and pyrolysis, where open dumping of vaccine waste during this phase has further worsened the situation (Hasija *et al.*, 2022). Additionally, significant resources, including water, energy, and land, are consumed during the vaccine production phase, leading to the emission of greenhouse gases (Kurzweil *et al.*, 2021; Patenaude, & Ballreich, 2022). Therefore, the manufacture and production of vaccines have a detrimental environmental impact, which calls for decisive actions to curb such pollution.

2.2. Transportation and distribution

Moving vaccines from one point to another threatens the environment significantly. The transportation phase of vaccines is perhaps the most significant stage regarding the environmental pollution it causes. It is imperative to note that the transportation and distribution of vaccines are mainly through traditional means such as air and road transport, significantly contributing to degraded air quality and a changing climate (Panayotou, 2020). Research in this context informs that transport is one of the leading sources of environmental pollution and the largest source of heat-trapping emissions in the United States (Moomaw, & Johnston, 2007). Another study indicates that air transport, which requires burning large quantities of fossil fuels, has a strong warming effect due to non-CO2 pollutants such as nitrogen oxides (NOx) (Fahey, & Lee, 2016).

Thus, it is imperative to note that there is a notable release of greenhouse gases, along with waste generation and pollution during the transportation and distribution stage, resulting in unsustainable environmental practices and global warming.

2.3. Administration and disposal

Finally, in the administration and disposal stage, there is an impact on waste generation and pollution. This phase is crucial to consider as it marks the final stage of the process, determining how efficiently and responsibly resources are managed. For instance, the administration of COVID-19 vaccines produces non-biodegradable plastic waste, such as disinfectant bottles, single-use plastic equipment, and vaccine-packaging materials that cannot be recycled (Phadke *et al.*, 2021) which, in addition to the cold-chain storage can lead to significant pollution and carbon footprint. For instance, in Germany, a single mRNA vaccine dose injected into a patient is associated with 0.01 to 0.2 kg CO_2 equivalents depending on cold chain requirements (Kurzweil *et al.*, 2021). The carbon footprint of intramuscular COVID-19 vaccines is conceivably more significant in developing countries like India and Kenya (Patenaude, & Ballreich, 2022).

Therefore, the vaccine administration and disposal phase are equally prone to unsustainable environmental practices. Making the vaccines eco-friendly at the administration and disposal stage would begin at the production phase. Some sources propose that vaccines are manufactured and packaged using eco-friendly material to avoid pollution at the disposal and administration stage (Phadke *et al.*, 2021) or switch to oral vaccines to reduce non-recyclable material utilization (Patenaude, & Ballreich, 2022).

2.4. Hidden environmental consequences

Some hidden environmental consequences from vaccines and related activities are often overlooked or underestimated. One such consequence is heavy waste production following vaccination activities. The waste produced by disposing of vaccines and using personal protective equipment (PPE), such as masks and suits, has proven to be a significant environmental pollutant (Ammendolia *et al.*, 2021; De-la-Torre *et al.*, 2022; Rakib *et al.*, 2021).

Another issue that has emerged as significantly hazardous to the environment about vaccines is the limited production centers around the world (Abbasi *et al.*, 2023). In this context, research that limited production centers around the world implies that the logistical cost of transportation to different parts of the world results in high environmental pollution through the carbon emitted through the air and other forms of transport used to move and distribute the vaccines (Hasija *et al.*, 2022).

3. CASE STUDY: INTERPLAY BETWEEN VACCINE NATIONALISM AND ENVIRONMENTAL SYSTEMS

Considering the level of inter-connectedness in the modern world, COVID-19 intersects with diverse regional and global challenges ranging from inequality to environmental change. The rise of COVID-19 coincided with the hottest years on record globally (Ford *et al.*, 2022). In this context, it is evident from research that even though nationalism has been identified as a dominant ideology, environmentalism is the rising star of the 21st Century (Posocco, & Watson, 2022). This perspective represents the dominant view in the scholarly field, where the general perception is that environmentalism will soon overtake vaccine nationalism and become the dominant issue or subject in many platforms worldwide.

We interviewed 100 participants for this case study to establish the interplay between vaccine nationalism and environmental systems. The following five questions were posed to the participants:

1. Does vaccine nationalism affect environmental systems?
2. If so, to what extent does vaccine nationalism affect environmental systems?
3. What are the implications of vaccine nationalism on environmental sustainability?
4. What do you think should be done to ensure that environmental sustainability is guaranteed about vaccine nationalism and related activities?
5. Are you satisfied with the government's progress in ensuring sustainable environmental practices in the manufacturing, acquisition, transportation, distribution, administration, and disposal of vaccine waste?

3.1. Case study findings

On the first question, 95 participants responded by affirming the existence of a nexus between vaccine nationalism and environmental systems, while five answered the contrary. On the second question, 80 participants answered that vaccines have significantly contributed to unsustainable environmental practices that have resulted in the degradation of the environment to a large extent. On the third question, 57 claimed that vaccine nationalism had stretched the gap in health inequities that have been in the global health sector, thus hardening the chances of achieving sustainable practices regarding environmental conservation since it depends on the achievement of equality in health parameters and access to essential healthcare services around the world. This argument is backed by research, where Jensen *et al.* (2022) asserted that, in practice, the biochemical infrastructure of vaccines remains highly uneven, fragmented, and unjust mainly because of vaccine nationalism.

On the fourth question, 83 participants argued that the government should adopt eco-friendly materials to manufacture and produce vaccines as the primary step towards ensuring sustainability. Earlier research on this issue indicates that the current vaccine structure is hedged in forms of economic nationalism that precedes unsustainable practices that impact the environment negatively (Iyanda *et al.*, 2021). Finally, 76 participants expressed their lack of satisfaction with the government's steps to ensure sustainable environmental practices in the context of vaccine nationalism. Many expressed the desire for global governments to work collectively and coordinate efforts to ensure environmentally sustainable practices about vaccine nationalism.

4. LEGAL FRAMEWORKS GOVERNING VACCINE DISTRIBUTION

4.1. International agreements

There are numerous international legal frameworks governing vaccine distribution that seek to achieve vaccine equity around the world. The primary legal framework in this context is the International Health Regulation (IHR) of 2005, which obligates member states to develop core capacities regarding their ability to detect, assess, report, and respond to potential public health emergencies of international concern (Gostin, & Katz, 2016). The framework is prudent in providing the minimum core capacities necessary at different levels ranging from local, intermediate (regional/provincial), and national to detect unprecedented developments in morbidity and mortality and assess and report on such developments (Gostin, & Katz, 2016).

The member states that have ratified the IHR 2005 must report to WHO, where necessary, for vaccines to be made available to mitigate the risks arising from threats by such unprecedented developments. WHO developed the IHR Core Capacity Monitoring Framework in 2010 and subsequently updated it in the context of vaccine distribution (Razavi *et al.*, 2021) (Kandel *et al.*, 2020). This regulation serves as a framework for assessing the states that need urgent distribution of vaccines to mitigate any risks arising from different diseases (Bartolini, 2021). Hence, this regulation serves more like a monitoring framework used to define the order of urgency regarding the distribution of vaccines.

Similarly, the Agreement on Trade-Related Aspects of Intellectual Property Rights (TRIPS) (World Trade Organization, 1994) is a legal framework that is internationally binding to all members of the World Trade Organization with implications for vaccine equity. This agreement mainly covers patents, copyrights, and trademarks. Under the TRIPS agreement, the appropriate rights to be conferred and the exceptions to the rights in each context are defined (World Trade

Organization, 1994). TRIPS sets out rights requiring that the substantive obligations of the main conventions of the World Intellectual Property Organization (WIPO), the Paris Convention, and the Berne Convention (Taubman, 2020; United Nations Conference on Trade and Development (UNCTAD), & International Centre for Trade and Sustainable Development (ICTSD), 2022) must be complied.

However, the TRIPS agreement is a minimum standard agreement, implying that member states can enact policies to provide relatively more extensive protections for their intellectual property (World Trade Organization, N.D.). Therefore, despite offering a legal framework for international property rights, TRIPS is significantly inefficient in achieving equitable vaccine distribution (Chimpango, 2021) and the achievement of SDGs (Haugen, 2021) in that it confers significantly much freedom to member states to undertake relevant measures to protect their intellectual property rights. With effect, powerful nations have adopted relatively high standards that exploit developing nations in acquiring vaccines through their intellectual property laws (Thambisetty *et al.*, 2022).

4.2. Intellectual property rights and equitable access

Intellectual property laws have often been associated with inequities regarding vaccine access (Sekalala, Forman *et al.*, 2021). Research further indicates that even though vaccines have been developed, offering hope to billions, the restrictive intellectual property laws in this area have often made it relatively harder for less-developed citizens to access these crucial vaccines (Sekalala, Forman *et al.*, 2021).

The main reason for these trends is that vaccine patents produce monopolies that increase prices and decrease access (Sekalala, Forman *et al.*, 2021). This has led to stark disparities regarding vaccine access, where some sources refer to this situation as a 'vaccine apartheid' (Forman *et al.*, 2023; Lanziotti *et al.*, 2022). Thus, it can be prudently concluded that the intellectual property laws under these areas and the concept of intellectual property rights are significantly inefficient and enhance vaccine nationalism and, therefore, inequities in vaccine distribution.

4.3. Potential for legal adaptations

Access to vaccines is a human right that should not be abrogated under any circumstances, considering that it is a life-saving therapeutic (Commissioners of collaborators with the International Aids Society-Lancet Commission on Health and Human Rights, 2021; Sekalala, Perehudoff *et al.*, 2021). Thus, potential legal adaptations should be premised around three concepts: The first concept should be a maximum benefit, where the aim of such adaptations should be an obligation to protect and promote public health and its socioeconomic well-being, both short-and long-term, the second concern for the legal adaptation should be an equal concern, and the third should be the mitigation of health inequities to promote equal access to vaccines (National Academies of Sciences *et al.*, 2020). Thus, modifying the intellectual property laws that govern this area seems the best place to start implementing legal adaptations.

5. HARMONIZING VACCINE NATIONALISM AND ENVIRONMENTAL SUSTAINABILITY

5.1. The need for balance

One of the best ways to achieve a balance between vaccine nationalism and environmental sustainability is through immunization (Decouttere *et al.*, 2021). Immunization has a direct health impact and ripple effect on other Sustainable Development Goals (SDGs), such as ending poverty, reducing hunger, and reducing inequalities (Decouttere *et al.*, 2021). Immunization is critical in realizing the SDGs, especially in low-income and relatively less developed countries.

It is imperative to recognize the need for countries to foster their national interests over the interests of others. However, such an approach to global issues has often proven inefficient, like in the context of COVID-19 (Ferranna, 2023; Sekalala, Perehudoff *et al.*, 2021). Earlier research has shown that when driven by environmental change due to natural or anthropogenic causes, pathogens can adapt accordingly (Adger *et al.*, 2008). It is evident from this context that it is impossible to separate vaccination's impact on the environment, especially for achieving SDGs. Thus, creating a balance is imperative for realizing the SDGs that have been set, which can be easily achieved by ensuring equal access to immunization procedures at equal rates around the world.

5.2. Innovations and adjustments in legal approaches

As mentioned above, any innovations and approaches to vaccine nationalism should be based on the universal principles of fairness and justice to create harmony with environmental sustainability. However, understanding the genesis of disharmony is first necessary to eradicate it and achieve the desired harmony. According to Amankwah Amoah and Hinson (2022), the disharmony between vaccine nationalism and environmental sustainability has been created by accelerating global inequality in vaccine access.

Notably, the developed world has access to better healthcare and education than the developing world. Thus, the need for equal distribution of resources is imperative for the realization of SDGs. Hence, innovation and adjustments to legal frameworks in this context should be concerned with adopting laws that ensure that resources are distributed fairly to enhance the rate of development in developing countries. Further, there is a need for a legal framer that criminalizes the practice of nations seeking first access to vaccines instead of embracing unified approaches to global issues.

6. INTERNATIONAL COOPERATION: EMPOWERING NATIONS FOR PUBLIC HEALTH AND ENVIRONMENTAL PROTECTION

6.1. Technology transfer and data sharing

As evidenced in Africa, data sharing and technology transfer significantly impact health research by enhancing data coverage and quality (Ismaila, 2023). Extensive research on the influence of data sharing and technology in empowering nations for public health and environmental protection reveals that the efficiency of research and the accuracy of research findings in public health and environmental protection are enhanced by coordinated efforts that are facilitated by the right tools such as digital technology to create the premise for making informed decisions (He, 2022). Nevertheless, policy responses to health crises have proven more efficient when informed by coordinated efforts through data sharing (Castro *et al.*, 2022). The importance of data sharing cannot be overstated in avoiding duplication of outcomes of studies and findings (Halabi, & Santos Rutschman, 2021). More informed decisions are often made when technology transfer and data-sharing practices are embraced at the government level (Fu *et al.*, 2021).

6.2. Collaborations among governments, industries, and environmental organizations

Governments, industries, institutions, and organizations are often compelled to collaborate since some of the prevalent issues that all communities are global require collective efforts to mitigate effectively (Fu *et al.*, 2021). Issues such as vaccine nationalism often undermine and act as barriers to effective collaboration since nations foster national interests instead of unity of purpose. According to He (2022), when institutions share data and transfer technologies, they strengthen their health systems by adopting better technologies, which, in turn, hasten the pace at which environmental sustainability is achieved globally. Therefore, international collaboration is one of the most prudent ways of strengthening and protecting public health and realizing environmental goals (Fu *et al.*, 2021).

7. CONTRIBUTING TO THE GLOBAL DISCOURSE ON HEALTH, EQUITY, AND ENVIRONMENTAL PROTECTION

7.1. Holistic strategies for sustainable planetary stewardship

A strategic approach to the issue of sustainable development reveals that three elements must be harmonized for sustainable development. These elements include economic growth, social inclusion, and environmental protection (Institute for Stewardship of the Natural World, N.D.). Another research suggests that addressing the intertwined social challenges of inequality and the climate crisis is essential to achieving sustainable health equity, which is central to realizing environmental sustainability (Castro *et al.*, 2022).

Therefore, the most prudent strategic approach to the issues of health, equity, and environmental protection is first to address the challenges that act as inhibitors to the realization of the respective goals of these three issues. On the other hand, environmental stewardship is heavily premised on the idea that individuals, groups, or networks of actors should take responsibility for their surroundings by undertaking practices that do not pollute the environment (Bennett *et al.*, 2018). Thus, the most holistic approach to realizing this need is creating awareness of the remedies for irresponsible behavior that negatively affects the environment and encouraging people to be more responsible for their respective environments (Barr *et al.*, 2011; Halady, & Rao, 2010).

7.2. Transformative legal frameworks and practices

Many sources often cite conflicting health laws, regulations, or mandates in different jurisdictions as the root cause of inefficiencies regarding the realization of sustainable health and environmental goals worldwide, which often augments existing inequities in health (Hawkes, & Buse, 2020; Ng, & Ruger, 2011; Ollila, 2005). With the advent of global health governance, international law has a significant role in promoting and coordinating international cooperation and national action purposely meant to promote and protect public health (Taylor, 2017).

However, international law has often proved inefficient in matters strictly premised on health and public health protection (Fidler, 2003; Fidler, & Gostin, 2006; Matthew *et al.*, 2021). With effect, the most prudent transformative legal framework that should be adopted in this context is one that is meant to unify global health laws and, in turn, create an amalgam of laws that clearly define the position of the world on health and serve as a framework that guides the distribution of resources on fair terms to eradicate the inequities that is brought about by the effects of vaccine nationalism and related uncouth practices (Ruger, 2008).

8. CONCLUSION AND CALL TO ACTION

8.1. Recapitulation of key findings

The intersection between vaccine nationalism and environmental sustainability reveals the need for a holistic approach to global issues. It is evident that the global health sector needs a radical strategic approach that seeks to remove the factors that enhance inequities in health and, in turn, hinder the realization of SDGs. The advent of the COVID-19 pandemic brought about the concept of vaccine nationalism, which has significantly hindered the realization of the SDGs and environmental protection in many aspects.

Despite the adverse effects of vaccine nationalism, many countries, such as the United States, still seem unwilling to abandon domestic interests and embrace a unified approach to global issues (Graham *et al.*, 2023). In this regard, the collaborative effort through technology transfer and data sharing, which have proved to be effective in enhancing the efficiency of health systems worldwide, have been sidelined.

Many sources have indicated that the pandemic and even future pandemics cannot be defeated by vaccine nationalism (Bollyky, & Bown, 2020; Peacock, 2022; Rutschman, 2021). Instead, the findings inform that global issues such as environmental protection can only be realized through a collaborative effort between governments and relevant institutions. Further, the presence of intellectual property laws that undermine the accessibility of vaccines, mainly by developing states, hinders the effective realization of environmental protection and SDGs. With effect, the need for the revisionist approach to healing the defects of such laws cannot be overstated, mainly for realizing SDG goals indirectly affected by such laws and regulations.

8.2. Urgency for equitable vaccine distribution and environmental safeguarding

It is imperative to draw an informed assumption that the inequity in the distribution of vaccines is mainly driven by vaccine nationalism. When the interests of a state override global interests, a common approach to solving the problem becomes impossible to achieve. Thus, there is an urgent need for equitable vaccine distribution and environmental safeguarding.

The gap in vaccine distribution is significantly enhanced by the absence of an elaborate framework to enhance the fair global distribution of vaccines. In light of such information, this research advises that a global health law be adopted to aid such distribution and ensure that the inequities regarding vaccine access are mitigated.

8.3. Recommendation and future research

Research has proven beyond doubt that the current distribution mechanisms, ranging from intellectual property laws to strategic locations for the manufacturing of vaccines, hugely favor developed countries. One of the ways to solve such inequity is through ensuring that manufacturing plants are distributed around the world to make the vaccine easily accessible to the developing-world population within reasonable prices, in the absence of unhealthy competition from the developed world that often seeks to outbid each other, thus raising the prices of vaccines. Further, research has shown that high pollution rates undermine environmental protection measures when vaccines must be transported over long distances. Ensuring even distribution of vaccine manufacturing facilities worldwide will reduce pollution to reasonable extents.

9. REFERENCES

Abbasi, S., Zahmatkesh, S., Bokhari, A., & Hajiaghaei-Keshteli, M. (2023). Designing a vaccine supply chain network considering environmental aspects. *Journal of Cleaner Production, 417,* 137935. https://doi.org/10.1016/j.jclepro.2023.137935

Adger, N., Aggarwal, P., Agrawala, S., Alcamo, J., Allali, A., Anisimov, O., Arnell, N., Boko, M., Canziani, O., Carter, T., Casassa, G., Confalonieri, U., Cruz, R. V., de Alba Alcaraz, E., Easterling, W., Field, C., Andreas, F., Fitzharris, B. B., García, C. G., . . . Yohe, G. (2008). *Climate Change 2007 - Impacts,*

Adaptation and Vulnerability. Working Group II contribution to the Fourth Assessment Report of the IPCC (Vol. 4). Intergovernmental Panel on Climate Change Secretariat.

Amankwah Amoah, J., & Hinson, R. E. (2022). COVID 19 pandemic, vaccine nationalism and counterfeit products: Discourse and emerging research themes. *Thunderbird International Business Review, 64*(6), 595-604. https://doi.org/10.1002/tie.22302

Ammendolia, J., Saturno, J., Brooks, A. L., Jacobs, S., & Jambeck, J. R. (2021). An emerging source of plastic pollution: Environmental presence of plastic personal protective equipment (PPE) debris related to COVID-19 in a metropolitan city. *Environ Pollut, 269*, 116160. https://doi.org/10.1016/j.envpol.2020.116160

Barr, S., Gilg, A., & Shaw, G. (2011). 'Helping People Make Better Choices': Exploring the behaviour change agenda for environmental sustainability. *Applied Geography, 31*(2), 712-720. https://doi.org/10.1016/j.apgeog.2010.12.003

Bartolini, G. (2021). The Failure of 'Core Capacities' under the Who International Health Regulations. *International and Comparative Law Quarterly, 70*(1), 233-250. https://doi.org/10.1017/s0020589320000470

Beggs, P. J. (2001). Vaccine Storage and Handling: Maintaining the Cold Chain under Global Warming. *Environmental Health, 1*(4), 67-75. https://search.informit.org/doi/10.3316/informit.229334017459091

Bennett, N. J., Whitty, T. S., Finkbeiner, E., Pittman, J., Bassett, H., Gelcich, S., & Allison, E. H. (2018). Environmental Stewardship: A Conceptual Review and Analytical Framework. *Environ Manage, 61*(4), 597-614. https://doi.org/10.1007/s00267-017-0993-2

Bieber, F. (2020). Global Nationalism in Times of the COVID-19 Pandemic. *Nationalities Papers, 50*(1), 13-25. https://doi.org/10.1017/nps.2020.35

Bollyky, T. J., & Bown, C. P. (2020). The Tragedy of Vaccine Nationalism. Only Cooperation Can End the Pandemic. *Foreign Affairs, 99*(5), 96-109. https://www.jstor.org/stable/26985731

Caliendo, G. (2022). Vaccine Nationalism or 'Brexit Dividend'? Strategies of Legitimation in the EU-UK Post-Brexit Debate on COVID-19 Vaccination Campaigns. *Societies, 12*(2), 37. https://doi.org/10.3390/soc12020037

Castro, A., Marmot, M., Garay, J., de Negri, A., Buss, P., & Sustainable Health Equity, M. (2022). Achieving sustainable health equity. *Bull World Health Organ, 100*(1), 81-83. https://doi.org/10.2471/BLT.21.286523

CDC Covid-Response Team, & Food and Drug Administration (2021). Allergic Reactions Including Anaphylaxis After Receipt of the First Dose of Pfizer-BioNTech COVID-19 Vaccine - United States, December 14-23, 2020. *MMWR Morb Mortal Wkly Rep, 70*(2), 46-51. https://doi.org/10.15585/mmwr.mm7002e1

Chimpango, B. (2021). Vaccine nationalism and equitable access to COVID-19 pharmaceuticals: TRIPS Agreement under trial (again). *Journal of International Trade Law and Policy, 20*(3), 166-183. https://doi.org/10.1108/jitlp-03-2021-0012

Commissioners of collaborators with the International Aids Society-Lancet Commission on Health and Human Rights. (2021). Human rights and fair access to COVID-19 vaccines: the International AIDS Society-Lancet Commission on Health and Human Rights. *Lancet, 397*(10284), 1524-1527. https://doi.org/10.1016/S0140-6736(21)00708-X

De-la-Torre, G. E., Dioses-Salinas, D. C., Pizarro-Ortega, C. I., Fernández Severini, M. D., Forero López, A. D., Mansilla, R., Ayala, F., Castillo, L. M. J., Castillo-Paico, E., Torres, D. A., Mendoza-Castilla, L. M., Meza-Chuquizuta, C., Vizcarra, J. K., Mejía, M., De La Gala, J. J. V., Ninaja, E. A. S., Calisaya, D. L. S., Flores-Miranda, W. E., Rosillo, J. L. E., . . . Santillan, L. (2022). Binational survey of personal protective equipment (PPE) pollution driven by the COVID-19 pandemic in coastal environments: Abundance, distribution, and analytical characterization. *J Hazard Mater, 426*, 128070. https://doi.org/10.1016/j.jhazmat.2021.128070

Decouttere, C., De Boeck, K., & Vandaele, N. (2021). Advancing sustainable development goals through immunization: a literature review. *Global Health, 17*(1), 95. https://doi.org/10.1186/s12992-021-00745-w

Fahey, D. W., & Lee, D. S. (2016). Aviation and Climate Change: A Scientific Perspective. *Carbon & Climate Law Review, 10*(2), 97-104. http://www.jstor.org/stable/44135212

Ferranna, M. (2023). Causes and costs of global COVID-19 vaccine inequity. *Semin Immunopathol.* https://doi.org/10.1007/s00281-023-00998-0

Fidler, D. P. (2003). Emerging trends in international law concerning global infectious disease control. *Emerg Infect Dis, 9*(3), 285-290. https://doi.org/10.3201/eid0903.020336

Fidler, D. P., & Gostin, L. O. (2006). The new International Health Regulations: an historic development for international law and public health. *J Law Med Ethics, 34*(1), 85-94, 84. https://doi.org/10.1111/j.1748-720X.2006.00011.x

Ford, J. D., Zavaleta-Cortijo, C., Ainembabazi, T., Anza-Ramirez, C., Arotoma-Rojas, I., Bezerra, J., Chicmana-Zapata, V., Galappaththi, E. K., Hangula, M., Kazaana, C., Lwasa, S., Namanya, D., Nkwinti, N., Nuwagira, R., Okware, S., Osipova, M., Pickering, K., Singh, C., Berrang-Ford, L., . . . Observatory, C. (2022). Interactions between climate and COVID-19. *Lancet Planet Health, 6*(10), e825-e833. https://doi.org/10.1016/S2542-5196(22)00174-7

Forman, L., Jackson, C., & Fajber, K. (2023). Can we move beyond vaccine apartheid? Examining the determinants of the COVID-19 vaccine gap. *Glob Public Health, 18*(1), 2256822. https://doi.org/10.1080/17441692.2023.2256822

Franco, J. V. A. (2021). Should COVID-19 vaccination be mandatory? *BMJ Evid Based Med, 26*(6), 269-270. https://doi.org/10.1136/bmjebm-2021-111813

Fu, X., Buckley, P. J., Sanchez-Ancochea, D., & Hassan, I. (2021). The world has a unique opportunity: Accelerating technology transfer and vaccine production through partnerships. *Journal of International Business Policy, 5*(3), 406-415. https://doi.org/10.1057/s42214-021-00124-7

Gostin, L. O., & Katz, R. (2016). The International Health Regulations: The Governing Framework for Global Health Security. *Milbank Q, 94*(2), 264-313. https://doi.org/10.1111/1468-0009.12186

Graham, A., Pickett, J. T., Cullen, F. T., Jonson, C. L., Haner, M., & Sloan, M. M. (2023). Blinded by the White (Nationalism): Separatist Ideology and Discounting the Threat of COVID-19 to Society. *Polity, 55*(1), 195-222. https://doi.org/10.1086/722762

Gupta, B., & Gupta, A. (2021). Will COVID vaccine be a game changer in current pandemic situation? *IP Journal of Surgery and Allied Sciences, 3*(2), 34-38. https://doi.org/10.18231/j.jsas.2021.010

Gur-Arie, R., Jamrozik, E., & Kingori, P. (2021). No Jab, No Job? Ethical Issues in Mandatory COVID-19 Vaccination of Healthcare Personnel. *BMJ Glob Health, 6*(2). https://doi.org/10.1136/bmjgh-2020-004877

Hafner, M., Yerushalmi, E., Fays, C., Dufresne, E., & Van Stolk, C. (2022). COVID-19 and the Cost of Vaccine Nationalism. *Rand Health Q, 9*(4), 1. https://doi.org/10.7249/RRA769-1

Halabi, S., & Santos Rutschman, A. (2021). Viral Sovereignty, Vaccine Diplomacy, and Vaccine Nationalism: The Institutions of Global Vaccine Access. *SSRN Electronic Journal*. https://doi.org/10.2139/ssrn.3902809

Halady, I. R., & Rao, P. H. (2010). Does awareness to climate change lead to behavioral change? *International Journal of Climate Change Strategies and Management, 2*(1), 6-22. https://doi.org/10.1108/17568691011020229

Hao, R., Zhang, Y., Cao, Z., Li, J., Xu, Q., Ye, L., Guo, X., Zheng, T., & Song, H. (2021). Control strategies and their effects on the COVID-19 pandemic in 2020 in representative countries. *J Biosaf Biosecur, 3*(2), 76-81. https://doi.org/10.1016/j.jobb.2021.06.003

Hao, Y. J., Wang, Y. L., Wang, M. Y., Zhou, L., Shi, J. Y., Cao, J. M., & Wang, D. P. (2022). The origins of COVID-19 pandemic: A brief overview. *Transbound Emerg Dis, 69*(6), 3181-3197. https://doi.org/10.1111/tbed.14732

Hasija, V., Patial, S., Raizada, P., Thakur, S., Singh, P., & Hussain, C. M. (2022). The environmental impact of mass coronavirus vaccinations: A point of view on huge COVID-19 vaccine waste across the globe during ongoing vaccine campaigns. *Sci Total Environ, 813*, 151881. https://doi.org/10.1016/j.scitotenv.2021.151881

Haugen, H. M. (2021). Why are Intellectual Property Rights (IPRs) Hardly Visible in the Sustainable Development Goals (SDGs)? In O. A. Rognstad, & I. B. Ørstavik (Eds.), *Intellectual Property and Sustainable Markets* (pp. 12-37). Edward Elgar. https://doi.org/10.2139/ssrn.4006386

Hawkes, S., & Buse, K. (2020). Socially Constructed Determinants of Health: The Case for Synergies to Arrive at Gendered Global Health Law. *Public Health Ethics, 13*(1), 16-28. https://doi.org/10.1093/phe/phaa013

He, Z. (2022). When data protection norms meet digital health technology: China's regulatory approaches to health data protection. *Computer Law & Security Review, 47*, 105758. https://doi.org/10.1016/j.clsr.2022.105758

Institute for Stewardship of the Natural World. (N.D.). *Environmental Stewardship and Sustainability*. https://www.jmu.edu/stewardship/what-is-environmental-stewardship.shtml

Ismaila, L. (2023). *Breaking Barriers: Empowering Africa's Health Research Through Data Sharing and Governance.* https://www.thedatasphere.org/news/breaking-barriers-empowering-africas-health-research-through-data-sharing-and-governance/

Iyanda, A., Boakye, K., & Lu, Y. (2021). COVID-19: Evidenced Health Disparity. *Encyclopedia, 1*(3), 744-763. https://doi.org/10.3390/encyclopedia1030057

Jensen, N., Barry, A., & Kelly, A. H. (2022). More-than-national and less-than-global: The biochemical infrastructure of vaccine manufacturing. *Economy and Society, 52*(1), 9-36. https://doi.org/10.1080/03085147.2022.2087899

Jun, S. P., Yoo, H. S., & Lee, J. S. (2021). The impact of the pandemic declaration on public awareness and behavior: Focusing on COVID-19 google searches. *Technol Forecast Soc Change, 166,* 120592. https://doi.org/10.1016/j.techfore.2021.120592

Kandel, N., Chungong, S., Omaar, A., & Xing, J. (2020). Health security capacities in the context of COVID-19 outbreak: an analysis of International Health Regulations annual report data from 182 countries. *Lancet, 395*(10229), 1047-1053. https://doi.org/10.1016/S0140-6736(20)30553-5

King, J., Ferraz, O. L. M., & Jones, A. (2022). Mandatory COVID-19 vaccination and human rights. *Lancet, 399*(10321), 220-222. https://doi.org/10.1016/S0140-6736(21)02873-7

Klemes, J. J., Jiang, P., Fan, Y. V., Bokhari, A., & Wang, X. C. (2021). COVID-19 pandemics Stage II - Energy and environmental impacts of vaccination. *Renew Sustain Energy Rev, 150,* 111400. https://doi.org/10.1016/j.rser.2021.111400

Kurzweil, P., Muller, A., & Wahler, S. (2021). The Ecological Footprint of COVID-19 mRNA Vaccines: Estimating Greenhouse Gas Emissions in Germany. *Int J Environ Res Public Health, 18*(14), 7425. https://doi.org/10.3390/ijerph18147425

Lanziotti, V. S., Bulut, Y., Buonsenso, D., & Gonzalez-Dambrauskas, S. (2022). Vaccine apartheid: This is not the way to end the pandemic. *J Paediatr Child Health, 58*(2), 228-231. https://doi.org/10.1111/jpc.15805

Mathieu, E., Ritchie, H., Rodés-Guirao, L., Appel, C., Giattino, C., Hasell, J., Macdonald, B., Dattani, S., Beltekian, D., Ortiz-Ospina, E., & Roser, M. (2020). *Coronavirus Pandemic (COVID-19).* https://ourworldindata.org/coronavirus

Matthew, U. O., Kazaure, J. S., Amaonwu, O., Adamu, U. A., Hassan, I. M., Kazaure, A. A., & Ubochi, C. N. (2021). Role of Internet of Health Things (IoHTs) and Innovative Internet of 5G Medical Robotic Things (IIo-5GMRTs) in COVID-19 Global Health Risk Management and Logistics Planning. In M. Niranjanamurthy, S. Bhattacharyya, & N. Kumar (Eds.), *Intelligent Data Analysis for COVID-19 Pandemic* (pp. 27-53). Springer Singapore. https://doi.org/10.1007/978-981-16-1574-0_2

Moomaw, W., & Johnston, L. (2007). Emissions mitigation opportunities and practice in Northeastern United States. *Mitigation and Adaptation Strategies for Global Change, 13*(5-6), 615-642. https://doi.org/10.1007/s11027-007-9135-0

National Academies of Sciences, E., Medicine, Health, Medicine, D., Board on Population, H., Public Health, P., Board on Health Sciences, P., & Committee on Equitable Allocation of Vaccine for the Novel, C. (2020). The National Academies Collection: Reports funded by National Institutes of Health. In B. Kahn, L. Brown, W. Foege, & H. Gayle (Eds.), *Framework for Equitable Allocation of COVID-19 Vaccine*. National Academies Press (US). https://doi.org/10.17226/25917

Ng, N. Y., & Ruger, J. P. (2011). Global Health Governance at a Crossroads. *Glob Health Gov, 3*(2), 1-37. https://www.ncbi.nlm.nih.gov/pubmed/24729828

Nhamo, G., Chikodzi, D., Kunene, H. P., & Mashula, N. (2021). COVID-19 vaccines and treatments nationalism: Challenges for low-income countries and the attainment of the SDGs. *Glob Public Health, 16*(3), 319-339. https://doi.org/10.1080/17441692.2020.1860249

Ollila, E. (2005). Global health priorities - priorities of the wealthy? *Global Health, 1*(1), 6. https://doi.org/10.1186/1744-8603-1-6

Paiva, E. L., & Miguel, P. L. S. (2021). Overcoming enduring inequalities in Global Value Chains? Interpreting the case of Brazil's Covid-19 vaccine supply through a chess metaphor. *Organization, 29*(3), 414-425. https://doi.org/10.1177/13505084211057259

Panayotou, T. (2020). 14. Economic Growth and the Environment. In *The Environment in Anthropology (Second Edition)* (pp. 140-148). https://doi.org/10.18574/nyu/9781479862689.003.0018

Patenaude, B., & Ballreich, J. (2022). Estimating & comparing greenhouse gas emissions for existing intramuscular COVID-19 vaccines and a novel thermostable oral vaccine. *J Clim Chang Health, 6*, 100127. https://doi.org/10.1016/j.joclim.2022.100127

Peacock, S. J. (2022). Vaccine nationalism will persist: global public goods need effective engagement of global citizens. *Global Health, 18*(1), 14. https://doi.org/10.1186/s12992-022-00802-y

Phadke, R., Dos Santos Costa, A. C., Dapke, K., Ghosh, S., Ahmad, S., Tsagkaris, C., Raiya, S., Maheswari, M. S., Essar, M. Y., & Ahmad, S. (2021). Eco-friendly vaccination: Tackling an unforeseen adverse effect. *J Clim Chang Health, 1*, 100005. https://doi.org/10.1016/j.joclim.2021.100005

Posocco, L., & Watson, I. (2022). Nationalism and environmentalism: The case of Vauban. *Nations and Nationalism, 28*(4), 1193-1211. https://doi.org/10.1111/nana.12823

Rakib, M. R. J., De-la-Torre, G. E., Pizarro-Ortega, C. I., Dioses-Salinas, D. C., & Al-Nahian, S. (2021). Personal protective equipment (PPE) pollution driven by the COVID-19 pandemic in Cox's Bazar, the longest natural beach in the world. *Mar Pollut Bull, 169*, 112497. https://doi.org/10.1016/j.marpolbul.2021.112497

Razavi, A., Collins, S., Wilson, A., & Okereke, E. (2021). Evaluating implementation of International Health Regulations core capacities: using the Electronic States Parties Self-Assessment Annual Reporting Tool (e-SPAR) to monitor progress with Joint External Evaluation indicators. *Global Health, 17*(1), 69. https://doi.org/10.1186/s12992-021-00720-5

Repucci, S., & Slipowitz, A. (2020). *Democracy under lockdown: the impact of COVID-19 on the global struggle for freedom*. https://freedomhouse.org/report/special-report/2020/democracy-under-lockdown

Riaz, M. M. A., Ahmad, U., Mohan, A., Dos Santos Costa, A. C., Khan, H., Babar, M. S., Hasan, M. M., Essar, M. Y., & Zil, E. A. A. (2021). Global impact of vaccine nationalism during COVID-19 pandemic. *Trop Med Health, 49*(1), 101. https://doi.org/10.1186/s41182-021-00394-0

Ruger, J. P. (2008). Normative Foundations of Global Health Law. *Georgetown Law J, 96*(2), 423-443. https://www.ncbi.nlm.nih.gov/pubmed/24748684

Rutschman, A. S. (2021). Is There a Cure for Vaccine Nationalism? *Current History, 120*(822), 9-14. https://doi.org/10.1525/curh.2021.120.822.9

Santos, A. F., Gaspar, P. D., & de Souza, H. J. L. (2021). Refrigeration of COVID-19 Vaccines: Ideal Storage Characteristics, Energy Efficiency and Environmental Impacts of Various Vaccine Options. *Energies, 14*(7), 1849. https://doi.org/10.3390/en14071849

Sekalala, S., Forman, L., Hodgson, T., Mulumba, M., Namyalo-Ganafa, H., & Meier, B. M. (2021). Decolonising human rights: how intellectual property laws result in unequal access to the COVID-19 vaccine. *BMJ Glob Health, 6*(7). https://doi.org/10.1136/bmjgh-2021-006169

Sekalala, S., Perehudoff, K., Parker, M., Forman, L., Rawson, B., & Smith, M. (2021). An intersectional human rights approach to prioritising access to COVID-19 vaccines. *BMJ Glob Health, 6*(2). https://doi.org/10.1136/bmjgh-2020-004462

Taubman, A. (2020). 'Trade-Related' after All? In G. W. Austin, A. F. Christie, A. T. Kenyon, & M. Richardson (Eds.), *Across Intellectual Property* (pp. 129-143). Cambridge University Press. https://doi.org/10.1017/9781108750066.013

Taylor, A. L. (2017). Global Health Law: International Law and Public Health Policy. *International Encyclopedia of Public Health*, 268-281. https://doi.org/10.1016/b978-0-12-803678-5.00238-1

Thambisetty, S., McMahon, A., McDonagh, L., Kang, H. Y., & Dutfield, G. (2022). Addressing Vaccine Inequity during the Covid-19 Pandemic: The Trips Intellectual Property Waiver Proposal and Beyond. *The Cambridge Law Journal, 81*(2), 384-416. https://doi.org/10.1017/s0008197322000241

United Nations Conference on Trade and Development (UNCTAD), & International Centre for Trade and Sustainable Development (ICTSD). (2022). *Intellectual Property Rights and Development: A Policy Discussion Paper.* https://www.iprsonline.org/unctadictsd/docs/policypaper_sept02.pdf

World Trade Organization. (1994). *TRIPS: Agreement on Trade-Related Aspects of Intellectual Property Rights, Apr. 15, 1994 (Amended 23 Janurary 2017), Marrakesh Agreement Establishing the World Trade Organization, Annex 1C, 1869 U.N.T.S. 299, 33 I.L.M. 1197 (1994).* https://www.wto.org/english/docs_e/legal_e/31bis_trips_01_e.htm

World Trade Organization. (N.D.). *Intellectual property: protection and enforcement.* https://www.wto.org/english/thewto_e/whatis_e/tif_e/agrm7_e.htm
Yoo, J. H. (2021). What We Do Know and Do Not Yet Know about COVID-19 Vaccines as of the Beginning of the Year 2021. *J Korean Med Sci, 36*(6), e54. https://doi.org/10.3346/jkms.2021.36.e54
Zhou, Y. R. (2021). Vaccine nationalism: contested relationships between COVID-19 and globalization. *Globalizations, 19*(3), 450-465. https://doi.org/10.1080/14747731.2021.1963202
Business law

BLOCKCHAIN TOKENS AS AN EQUIVALENT OF BEARER SHARES: IDEA (UN)TENABLE?

Author: Martina Černá, LL.M, PhD
University of Edinburgh
mcerna@exseed.ed.ac.uk

ABSTRACT

This paper looks at distributed autonomous organizations (DAOs), an innovative way of running a business, which can be seen as an immaterial robotic equivalent to business entities and follows up on thoughts about providing them with a legal personality similar to those of traditional corporations. In particular, it examines the idea of seeing the participation tokens through a similar lens as anonymous bearer shares in traditional business entities, and the possible consequences of such an approach, considering the aspect of participation tokens representing the holder's share of the total voting power within the DAO as well as the one of blockchain structures allowing for the full anonymity of their users and uncontrollable transferability of the participation tokens. Building upon the approximation of participation tokens to the anonymous bearer shares in traditional companies, this paper explains that such an approach gives rise to serious challenges, especially from the point of view of the overall effort for transparency in business ownership structures and prevention of money laundering through artificial legal persons and does not seem suitable for a high number of jurisdictions. This paper does not bring a unanimous and universally plausible response to those challenges. Instead, it aims to provide a certain framework of what any jurisdiction thinking about providing DAOs with a separate legal personality should consider in terms of the technical and legal nature of the participation tokens and what logic the decision-making about whether such tokens should be understood as a type of anonymous bearer shares should follow.

Keywords: DAO, tokens, anti-money-laundering, bearer shares, legal personality.

Summary

This paper analyses the idea of DAO participation tokens being understood as a virtual type of anonymous bearer shares, what consequences such an approach is likely to have in the context of the discussion about providing DAOs with legal personality as business entities and what other approaches to the matter are possible. The paper is based on the author's PhD research.

1. INTRODUCTION

Distributed autonomous organizations (DAOs) and similar blockchain-based business arrangements are innovative ways of running a business, which the law still seems to be searching for the right approach to. A DAO is a socioeconomic arrangement which was translated into a computer program and left to run on a blockchain infrastructure without needing to be actively and consistently operated by people. This makes such an arrangement, basically, an immaterial robotic equivalent to a business entity. Thus, one of the rather obvious ideas on how to treat DAOs in terms of the law is to provide them with a legal personality similar to what traditional corporations have and to treat them as artificial legal persons. This, however, brings many unexpected questions and challenges in terms of fitting DAOs into the traditional frameworks of corporate law and related regulation. One of such thorny points is the discrepancy between the traditional definition and conditions of company membership/shareholding and the practical consequences of the specific features of holding a share in a DAO in terms of transparency, disclosure and anti-money-laundering (AML) duties.

One of the most straightforward possible approaches to the legal classification of the subjects participating in DAOs is looking at the participation tokens through a similar lens as at the shares in traditional business entities. This could make sense; participation tokens are virtual assets which bear voting rights in the DAO by which they were issued and basically represent the holder's share of the total voting power within the DAO. But, apart from that, we should also note other features of such an arrangement, especially that blockchain structures allow for the full anonymity of their users and uncontrollable transferability of the participation tokens if the relevant steps are taken to ensure this.

Thus, we can notice that participation tokens share substantial features with anonymous bearer shares in traditional companies. As a consequence, it might be very tempting to think about blockchain participation tokens simply as a crypto-version of traditional anonymous bearer shares and about embracing them as such as about a way to integrate DAOs into the existing law of the legal entities without having to deal with many of the questions related to the specific nature of participation in them. However, this could easily cause that there might be DAOs without their founders, token-holders or other users and stakeholders being identified, just the same as nobody knows for sure who Satoshi Nakamoto is and those paying with bitcoins may remain anonymous in relation to their transactions if they wish so and if the type of the transaction allows for that. Such an approach gives rise to certain challenges, especially from the point of view of the overall effort for transparency in business ownership structures and prevention of money laundering through artificial legal persons.

While it is not expected that a unanimous and universally plausible response to those challenges would be possible to find, this paper aims to provide a certain framework of what any jurisdiction thinking about providing DAOs with a separate legal personality should consider in terms of the technical and legal nature of the participation tokens and what logic the decision-making about whether such tokens should be understood as a type of anonymous bearer shares should follow. This will reflect the overall trend towards imposing a requirement of all members of traditional business corporations to be identifiable and result in a general conclusion that understanding anonymous blockchain tokens as a crypto-equivalent of anonymous bearer shares can only withstand as a plausible and systemic step in those jurisdictions which allow for anonymous bearer shares in the so-far existing company types.

2. DAO MEMBERSHIP AS AN AMBIGUOUS NOTION

Members and shareholders are one of the crucial elements of traditional corporations. Those notions describe subjects (either natural persons or legal entities) which own a portion of a corporation. Thus, discussing the idea of providing DAOs with legal personality and setting them on par with traditional corporations, it must be also discussed how the notion of membership or the status of a company's shareholder, as understood by the traditional corporate law, i.e. a share of the company's ownership, could apply to DAOs. Another question arises in who could be considered as a member of a DAO or what the notion of DAO membership comprises of at all. The following ideas aim to identify parallels between the members/shareholders of a traditional corporation and those who operate a DAO or benefit from its operation in some way.

In terms of a DAO, each token is represented by an address, while there is no limitation in terms of who or what may own or control the address. The Blockchain Council resources then describe the principle of DAO membership as ownership of one or more tokens, which are, on a factual level, shares of a DAO (Sharma, 2017).

It is not without interest that the existing law has been dealing with most of the related questions on various levels. Authorities competent for exercising oversight over securities markets in various countries have issued case law and guidance on when certain types of blockchain tokens should be treated as securities, from which it may be derived under which circumstances they can be considered an equivalent to company shares.[41] First national laws providing for blockchain-based LLC forms presuppose that those entities have members and usually offer legal definitions of a DAO's member or a way how to derive it from the general provisions of corporate law.

Examining the Wyoming Decentralized Autonomous Organization Supplement (W.S. 17-31-101 through 17-31-116), a specific law enabling the incorporation of DAOs in the U.S. state of Wyoming, we can derive the definition of a DAO's member from the legal definition of membership interest in (W. S. 17-31-102 (a)(6)), which is "a member's ownership right in a decentralized autonomous organization, which may be determined by the organization's articles of organization or operating agreement or ascertainable from a blockchain on which the organization relies to determine a member's ownership right. A membership interest may also be characterized as either a digital security or a digital consumer asset as defined in W.S. 34-29-101, if designated as such in the organization's articles of organization or operating agreement." Therefrom we may conclude that a member is a holder of a certain type of blockchain token, which is related to the DAO in question, and that unless the articles of organization or operating agreement provide for another definition thereof, the definition of a DAO's member is basically left to the founders thereof.

Comparably, the Blockchain Act adopted in the U.S. state of Vermont uses the term 'participant', which is defined in S 4172 (2) as "(A) each person that has a partial or complete copy of the decentralized consensus ledger or database utilized by the blockchain technology, or otherwise participates in the validation processes of

[41] For a more detailed overview, see for example Maume and Fromberger (2019) or Hacker and Thomale (2018).

such ledger or database; (B) each person in control of any digital asset native to the blockchain technology; and (C) each person that makes a material contribution to the protocols." This covers well not only the token holders, but also other core groups of people involved in running a DAO.

However, it can be noted that approaching DAOs from the perspective of LLCs only seem to be suitable for small DAOs which maintain a restricted circle of hopefully closely cooperating members. On the other hand, bigger DAOs, possibly issuing high numbers of membership tokens and offering them to the broad public, may rather resemble PLCs and the question of the (im)possibility to control the future transfers of the membership tokens comes forward with much more urgence, giving, indeed, rise to the idea that the membership tokens would resemble anonymous bearer shares.

And while little can be said against the idea of understanding a membership token as a DAO's share as such, as long as this idea is in discussion, it must be questioned what impact their typical features, which basically allow for an anonymous and uncontrollably transferable participation in DAOs, will have on the overall plausibility of the idea of legal personality of DAOs as such.

3. WHAT IS AT STAKE: BENEFICIAL OWNERSHIP AS A CORE UNDERLYING NOTION

The keyword to understanding the problem is transparency. To respond to the questions outlined above, it must be first understood which transparency obligations comparable traditional legal persons usually underlie. Further, we need to ask how DAOs, if granted the status of legal entities, may fit into the same frameworks and, if not, what the extent of disruption caused by any exceptions granted to them would be. This closely relates to the notion of beneficial ownership and to the transparency requirements related thereto, which represent, indeed, one of the thorniest points of DAOs in general. Before we examine this more in detail, it appears useful to briefly remind the definition of a beneficial owner in the most general terms of law. In general, it can be said that a beneficial owner is a natural person ultimately controlling a legal entity or taking a set, usually substantial, amount of profit from a legal entity. To provide a more detailed overview, the notion of a beneficial owner is traditionally and generally defined with regard to the land as "[a]n owner who is entitled to the possession and use of land or its income for his own benefit" (Law, 2018, 'beneficial owner'). A more entity-specific definition used in the European legal environment can then be found for example in the Directive (EU) 2015/849, Art. 3 (6). This understands a natural person controlling an entity or having a certain activity conducted on their behalf, as a beneficial owner of such entity or activity and will be used for the purpose of this paper, at least where the European legal environment is mean to be on the readers' mind.

Assuming that DAOs could be recognized as legal entities, a beneficial owner of a DAO could be a natural person holding a certain amount of participation tokens. It might therefore appear sound to approach such persons the same way the beneficial owners of traditional entities are approached. However, the practical aspects of the identification and registration of such individuals appear to be rather complex. Even though the law may impose a formal duty to register the beneficial owner as well as other members of certain arrangements, it may be very difficult to verify firstly, which tokens belong to whom, secondly that all existing members were actually registered. A complex approach is required also to ensure that the registered persons are not straw persons. This is, on its own, not a completely new problem. The concept of straw men (straw persons) in business has been known as a persisting problem for some time, at least in some jurisdictions.[42] However, with the anonymous structu-

[42] In the context of commercial law, a straw man (or a straw person) is defined as [a]n individual who acts as a front for others who actually incur the expense and obtain the profit of a transaction, see Batten (2010), 'Straw Man'. Deployment of straw men in corporations often serves to conceal

res not allowing for a straightforward detection of DAO members, it may appear to be even more difficult to deal with than in traditional entities, if not practically impossible. Thus, even if members of DAOs were obliged to register, it might turn out impracticable to verify even just that the persons registered are the actual token holders.

At this point, it may be, indeed, sound to ask whether it is useful to insist on the registration of members, managers and beneficial owners of blockchain-based entities at all, or whether anonymous membership therein should be allowed, which could be eventually compared to anonymous bearer shares in traditional stock companies. To find an answer, we must first look at the recent developments around bearer shares, particularly at the fact that bearer shares were outlawed in many jurisdictions and why this happened. Apart from that, we need to ask for the sense and purpose of the notion of beneficial ownership and beneficial owners registration in the context of the entities and how it collides with the concept of anonymous bearer shares.

4. BEARER SHARES IN THE CONTEMPORARY CORPORATE LAW FRAMEWORKS

However, before doing so, it may be useful to briefly recall what bearer shares are. A bearer share is defined as "[a] company share owned by the person holding it at a particular time" (Rutherford, 2013, 'Bearer share')[43] There is no name stated on the share, no endorsement is needed to transfer such a share and there is no central

---

illicit steps of the real managers or those who benefit from an entity, for example to avoid both civil and criminal liability if such entity is about to go bankrupt or serves as a vehicle for illegal activities. Cf for example Janošek (2019) or Vávra (2015).

43 Cf also Financial Action Task Force (FATF) (2012-2021), according to which "[b]earer shares refers to negotiable instruments that accord ownership in a legal person to the person who possesses the bearer share certificate."

register of the owners of any particular issue of bearer shares.[44] By their nature, blockchain participation tokens indeed resemble bearer shares in the respect that any rights vested in them can be exercised by the person actually having control over the medium in which the token is saved and knowing the respective private key, regardless of the identity of such a person and sometimes even regardless of whether they acquired them lawfully or not. This would speak in favour of considering those blockchain tokens which constitute membership in a DAO as a crypto-equivalent of bearer shares. However, the question of whether such a solution is plausible should be considered individually in each jurisdiction, with regard to the respective jurisdiction's point of view on bearer shares in traditional companies, so that non-systemic steps are avoided. Several matters need then to be taken into account.

The advantages and risks of bearer shares in traditional companies have been discussed for some time, with rather distinctive outcomes. The main advantage of bearer shares is that of protection of confidentiality of the identity of their holders. On the other hand, they may as easily be used as a tool facilitating a range of financial crimes. Bearer shares have been subject to restrictions in many jurisdictions over still rather recent years, resulting in them being either prohibited or at least burdened with additional conditions and duties resulting in their actual owner being capable of identification. To form a grounded opinion on whether considering legal recognition of anonymous memberships in DAOs is plausible, it appears useful to first examine why anonymous bearer shares in traditional companies became subject to such measures.

Taking a little bit of a broader perspective on what has been going on in the sub-field of anonymous bearer shares over the past years, we can see that they used to be rather common even in European countries, even recently. For example, they were only abolished in

[44] Cf also Rutherford (2013), 'Bearer bond'. The principle applies analogically to bearer shares.

2015 in the UK[45] and as late as in 2019 in Switzerland.[46] Peer reviews performed in the framework of the Global Forum on Transparency and Exchange of Information for Tax Purposes and the Revised Financial Task Force Recommendations represent valuable reference materials which may help to shed more light on this development. Picking up some examples of such peer reviews, and subsequent recommendations, which resulted in the abolition, or restriction, of bearer shares in selected jurisdictions in recent years then may help reveal the reasons and set them in the context of DAOs so that a conclusion on whether DAO membership deserves to be considered as plausible to be anonymous can be achieved. Particularly the peer review for Switzerland from 2016, together with the respective Revised Financial Task Force Recommendations, will serve us now as an illustration of the reasons for which bearer shares became subject to tight restrictions or even abolition.

The revised task force recommendation touches bearer shares (or, more generally, bearer negotiable instruments) from several points of view, which all aim to support transparency of bearer negotiable instruments, as well as prevention of their misuse for money laundering and terrorism financing. Thus, for example, it is recommended to consider that companies having nominee shareholders or issuing shares in bearer form are at higher risk of money laundering and terrorism financing (Financial Action Task Force [FATF], 2012-2021, p. 68). Therefore, countries are advised to take all measures to prevent bearer shares from being misused for such purposes, which includes steps such as ban on, or immobilisation of, the bearer shares, their conversion into registered shares, or placing a requirement on com-

45 This was made via the Small Business, Enterprise and Employment Act 2015 (SBBE), although it must be noted that they were made subject to some restrictions even earlier.

46 See Bundesgesetz zur Umsetzung von Empfehlungen des Globalen Forums über Transparenz und Informationsaustausch für Steuerzwecke, BBl 2019 4489, but, again, it must be noted that they were made subject to some restrictions even earlier.

panies to record the identity of the holders of bearer shares with a controlling interest (FATF, 2012-2021, p. 94).

In 2015, Switzerland adopted certain, rather elaborate, measures in accordance with those recommendations.[47] However, the most recent peer review from 2016 recommended that information on the identity of bearer shares holders should be available in all (i.e. not only selected, especially important) cases, which resulted in further amendments to the law. Finally, a new Swiss Federal Act implementing the recommendations of the Global Forum on Transparency and Exchange of Information for Tax Purposes[48] was adopted, entering into force on November 1, 2019. This meant a practical ban on bearer shares in Switzerland (Glanzmann, & Spoerlé, 2019) and (Meili, & Dreifuss, 2020).

Apart from what is illustrated by the example above, it must be noted that the regulation restricting anonymous bearer shares which is available nowadays did not come out of the blue, in a sudden reaction of the jurisdictions to the recommendations of the Global Forum on Transparency and Exchange of Information for Tax Purposes by which it was preceded. On the contrary, the process of making bearer shares subject to at least some control tends to be of a longer-lasting character. Independently of the Global Forum on Transparency and Exchange of Information for Tax Purposes issuing recommendations serving as a reference source and inspiration for national law-making in financial and tax-related fields, some jurisdictions had started to apply specific national rules about bearer shares years before the peer reviews and recommendations cited in this paper were issued and some of the measures might have been introduced in a gradual manner. For example, certain limitations on the issuance of anonymous bearer shares used to apply in the Czech Republic even before

[47] See Bundesgesetz zur Umsetzung der 2012 revidierten Empfehlungen der Groupe d'action financière BBl 2014 9689 and BBl 2014 9689.

[48] Bundesgesetz zur Umsetzung von Empfehlungen des Globalen Forums über Transparenz und Informationsaustausch für Steuerzwecke, BBl 2019 4489.

the latest peer review took place and recommendations which resulted in the adoption of the Czech Transparency in Public Limited Companies Act were issued.[49] However, the new, and even stricter, regulation resulted in the identity of a holder of bearer shares not being able to be protected anymore.[50]

Those examples are far from stray and most of the OECD member states follow the recommendations. This shows that the overall trend is for all members of companies to be identifiable.

5. WHAT DOES IT MEAN FOR DAOS?

Although the above-cited sources mostly relate to public limited companies, their principles may be easily set in the context of DAOs for the reasons explained above. Therefore, it must be noted that where requirements on the identification of people behind traditional companies already apply, any future requirement on the identifica-

[49] Zákon . 134/2013 Sb, o některých opat eních ke zvýšení transparentnosti akciových spole ností a o změně dalších zákon (Czech Transparency in PLCs Act). It must be noted that certain, even though much more lenient, restrictions on bearer shares used to apply even before this law was adopted. For example, certain types of companies were not allowed to issue bearer shares at all or were only allowed to issue bearer shares if they were immobilized. Also, the general requirement to identify shareholders holding shares which exceeded prescribed amount of voting rights applied to bearer shares as well and the holders of bearer shares in paper form were required to disclose their identity in order to be allowed to participate in the annual shareholders' meeting. However, this was deemed insufficient by the peer review and adoption of significantly tighter restrictions was recommended, see OECD (2012), pp. 31-32 and 75-77.

[50] At the moment, the bearer shares are allowed in the Czech Republic unless expressly banned in specific cases, but must be immobilized, see zákon . 90/2012 Sb., Zákon o obchodních spole nostech a družstvech (Czech Corporations and Cooperatives Act) S 274 (2). The Czech Transparency in PLCs Act provides for conversion of bearer shares which had not been immobilized in the prescribed time period into registered shares.

tion of people behind a DAO would only be a logical continuation of the already existing trend. The traditional purposes of registration of beneficial owners (and in some cases also other shareholders and stakeholders), such as prevention of tax evasion and money laundering or terrorism-financing, or the effective possibility to pierce the corporate veil even in cases of entity chaining, are as relevant in DAOs as in the traditional entities, and may even become doubly important if decentralized and potentially anonymous structures (such as public blockchains) or alternative means of payment or unusual objects of economic value (such as various types of blockchain tokens) are involved, because the same structures as those used for running DAOs are notorious for being used for illicit activities by certain subjects, with vast amounts of investigatory powers required to break through them. Under such circumstances, allowing for anonymous DAOs membership to be legally recognized while membership in traditional companies is subject to regulation aiming at the members being identifiable under most, or even all, circumstances seems likely to lead to undesirable results yet from the point of view of legal certainty, fair competition and overall sustainability of law.

The EU member states must, on top of this, take into account that anonymous memberships in DAOs also appear to be contrary to the overall intentions of the EU legislator, particularly if we take into consideration the above-mentioned concept of beneficial ownership information, as introduced in the Directive (EU) 2015/849. While the Directive's scope of application relates to financial and corporate transactions in which financial institutions, legal professionals, tax advisors or estate and letting agents are involved (Directive (EU) 2015/849, recitals 7, 8 and 9), and therefore it would presumably apply only to a minority of DAOs, it still may serve as a source of inspiration and of the broader context of the EU legislator's intentions regarding the identification of persons exercising the actual control over legal entities.

Overall, the analysis of existing resources suggests that only those jurisdictions which allow for anonymous bearer shares in traditional companies seem to still have a plausible and systemic option of putting DAOs on a par with such companies and allowing anonymous membership in them, although even those should be aware of the risks connected therewith. On the other hand, those which apply measures to make members of traditional companies identifiable should rather aim to apply the same standards to DAOs. A different approach would result in a non-systemic exception, which might be to the detriment of equal treatment of subjects of law and also open space for registered DAOs being used for illicit activities, which would, eventually, contradict the overall aim of providing registered DAOs with a legal status which should be to help them maintain a certain level of reputation and credibility comparable with other registered entities, in which there is access to information about owners/shareholders or other stakeholders. Therefore, an exception allowing anonymous membership in DAOs does not seem tenable in jurisdictions which do not allow for anonymous bearer shares in traditional companies.

6. LOOKING FOR A WORKING APPROACH TO TRANSPARENCY IN DAO OWNERSHIP

Being able to assume that most of the national states would need to maintain transparency in ownership structures of DAOs, as well as identifiability of their owners, as a part of a plausible legal status of DAOs, a further question to be asked is how those states should enact and enforce the requirement that members of DAOs are identifiable. Several aspects need to be taken into consideration in this context.

First of all, it should be noted that providing for a corporate form which enables DAOs does not mean that all DAOs will incorporate. In addition, any formal duty to register is likely to be extremely difficult and costly to enforce, using repressive measures, for the reasons described above. Therefore, it may appear more practical to reach out via positive motivation and emphasise that registration will provide

DAOs with incentives stemming from legal personality. Apart from the obvious, such as credibility and improved reputation as a legally existing business partner, this may for example give the opportunity to take part in tenders, or obtain subventions, under conditions comparable with those applicable to traditional entities.

Having persuaded at least some DAOs to register, it must be further noted that the authorities who maintain a register of DAOs should be reasonably able to perform preventive control, among other, in relation to the aspect of the persons behind the DAO in question, i.e., to verify that the persons to be registered as members of a DAO are legally capable thereof and that all required documentation submitted by them is correct. Further, as blockchain tokens are usually transferable, as with shares in traditional companies, there is a need to ensure that any subsequent changes in the ownership structure of any DAO will be registered as well.

First examples of how to address those challenging tasks are already available. Although not exactly providing DAOs with separate legal personality,[51] Maltese law may serve as a valuable source of inspiration on how to approach registration of blockchain-based arrangements and the key people behind them, so that the registration serves its purpose rather than being purely formal, bureaucratic act. Indeed, Malta seems to be perhaps the very first jurisdiction to present some kind of a holistic legal framework for blockchain-based economic arrangements, having implemented comprehensive legal regulation regarding innovative digital solutions in 2017. This includes a detailed method of legal recognition of blockchain-based establishments. A trinity of laws, namely the Virtual Financial Assets Act (VFAA), the Malta Digital Innovation Authority Act (MDIAA) and the Innovative Technology Arrangements and Services Act (ITASA) set up a legal framework which is meant to be able to cover blockchain-based esta-

[51] Maltese law provides for a rather elaborate system of registration of innovative technological arrangements, covering DAOs comfortably, which does not provide such arrangements with separate legal personality and is, in its principles, closer to the systems of registrations of cars or firearms.

blishments (including DAOs) with rules which provide a certain level of legal certainty to most stakeholders.

While the Maltese model leaves arrangements such as DAOs without their own legal personality, it still contains inspiring points, for example in elaborate preventative control procedure which is performed by a specialist body and precedes registration of any innovative technological solution. It also includes a number of particular measures, such as introducing the role of a registered technical administrator, who must be a natural person meeting specific conditions provided for by the ITASA and fulfilling the duties imposed on them thereby and who is liable for compliance with all of the regulations, or the duty to notify a competent authority if there is a transfer of ownership of at least 25 % share in a legal-entity innovative technology services provider.

Should DAOs become separate legal entities, building upon those principles and adopting a similar approach should be considered in the relevant jurisdictions. Among others, it might seem desirable to impose a requirement to have technological measures in place to prevent uncontrollable transfers of the membership tokens on all potential DAOs. Likewise, all transfers of ownership in membership tokens of DAOs should be recorded on a compulsory basis, in a similar way as in the case of shares in public limited companies. Where technically possible, subsequent audits should also become a standard, to verify that the number of existing membership tokens is the same as the one entered into the register and that all current owners of membership tokens are registered.

7. CONCLUSION

It has been suggested that blockchain participation tokens resemble company shares or stock. Looking at this similarity more in detail, it can be seen that they provide their holders with a certain portion of control over a DAO, while they can be anonymous and transferable without any outer control. Those features make them rather similar to a very specific type of shares, namely to the anonymous bearer shares. This may tempt those who think about DAOs being candidates for the status of legal entities to think about creating a company type with a crypto-version of bearer shares.

This would be, indeed, a way to integrate DAOs into the existing law of the legal entities without the legislator having to burden ourselves with most of the questions related to the specific nature of the participation in them and, indeed, such an approach could work rather well in tax havens. However, the vast majority of national jurisdictions shall find out that doing so would mean introducing a non-systemic and rather disruptive exception from the established context of the traditional business entities laws.

Thinking about the idea of DAOs' participation tokens as about stock or shares in DAOs more in-depth, we can see that they, by their nature, go in a completely opposite direction than the broadly spread ongoing effort to make sure that companies' ownership structures are transparent and that owners of companies are identifiable at all times, an effort which has eventually resulted in the traditional bearer shares becoming subject to ban or tight restriction in most countries over the past number of years. This constitutes and significant obstacle in terms of embracing blockchain participation tokens as a crypto alternative to bearer shares and still allowing DAOs to exist as legal entities, as such a step would be likely to undermine what was already achieved in the field of transparency as such and also to create unequal conditions for traditional and blockchain-based entities. This could eventually turn into a persuasive argument against legal personality for DAOs in general.

On the other hand, there may be other and more suitable approaches to the problem. Existing sources suggest that there may be ways how to approximate DAO membership tokens to immobilized or registered shares, such as imposing certain technical requirements on the DAOs which seek incorporation, ensuring that the usual transparency requirements are met before the entity starts operating. Subsequently, only the DAOs which meet such requirements should benefit from the status of legal persons.

REFERENCES

Batten, D. (Ed.) (2010). *Gale Encyclopedia of American Law* (3rd ed.). Gale.

Financial Action Task Force (2012-2021). *International Standards on Combating Money Laundering and the Financing of Terrorism & Proliferation: The FATF Recommendations.* FATF/OECD. www.fatf-gafi.org/recommendations.html

Glanzmann, L., & Spoerlé, P. (2019). De Facto Abolition of bearer shares and new criminal sanctions for board members and shareholders of Swiss companies. *Butterworths Journal of International Banking and Financial Law, November,* 709-711. https://www.alexandria.unisg.ch/259027/1/jibfl%20de%20facto%20abolition%20of%20bearer%20shares.pdf

Hacker, P., & Thomale, C. (2018). Crypto-Securities Regulation: ICOs, Token Sales and Cryptocurrencies under EU Financial Law. *European Company and Financial Law Review, 15*(4), 645-696. https://doi.org/10.1515/ecfr-2018-0021

Janošek, V. (2019). Co Vás eká a (a možná) i nemine v p ípadě p evodu firmy na tzv. bílého koně. *Epravo.Cz.* https://www.epravo.cz/top/clanky/co-vas-ceka-a-a-mozna-i-nemine-v-pripade-prevodu-firmy-na-tzv-bileho-kone-109653.html

Law, J. (Ed.) (2018). *Oxford reference. A dictionary of law: Over 4800 entries* (9. ed.). Oxford University Press. http://rzblx10.uni-regensburg.de/dbinfo/detail.php?bib_id=alle&colors=&ocolors=&lett=fs&tid=0&titel_id=7444 https://doi.org/10.1093/acref/9780198802525.001.0001

Maume, P., & Fromberger, M. (2019). Regulation of Initial Coin Offerings: Reconciling U.S. And E.U. Securities Laws. *Chicago Journal of International Law, 19*(2), 548–585. https://www.proquest.com/scholarly-journals/regulation-initial-coin-offerings-reconciling-u-s/docview/2216825519/se-2?accountid=10673

Meili, M., & Dreifuss, P. (2020, June 7). Switzerland restricts bearer shares. *International Financial Law Review*. https://www.iflr.com/article/b1mb1x3cgkdq80/switzerland-restricts-bearer-shares

OECD (2012). *Global Forum on Transparency and Exchange of Information for Tax Purposes Peer Reviews: Czech Republic 2012: Phase 1: Legal and Regulatory Framework* (Global Forum on Transparency and Exchange of Information for Tax Purposes Peer Reviews). https://read.oecd-ilibrary.org/taxation/global-forum-on-transparency-and-exchange-of-information-for-tax-purposes-peer-reviews-czech-republic-2012_9789264168800-en#page4 https://doi.org/10.1787/9789264168800-en

Rutherford, D. (2013). *Routledge dictionary of economics* (3rd ed.). Routledge. http://gbv.eblib.com/patron/FullRecord.aspx?p=1244570

Sharma, T. K. (2017, September 30). What Is Decentralized Autonomous Organization (DAO), & How DAO Works? *Blockchain Council*. https://www.blockchain-council.org/blockchain/decentralized-autonomous-organization-dao-dao-works/

Vávra, L. (2015). Trestní odpovědnost tzv. "bílého koně". *Právní Prostor*. https://www.pravniprostor.cz/judikatura/trestni-pravo/trestni-odpovednost-bileho-kone

THE EU TAX LIST OF NON-COOPERATIVE JURISDICTIONS: REFLECTIONS ON ITS GOVERNANCE, POWER DYNAMICS, AND COUNCIL'S CONFIDENTIALITY

Federica Casano, University of Leeds
f.casano@leeds.ac.uk

ABSTRACT

This contribution is developed on the basis of some of the empirical findings which emerged during my PhD research. The contribution elaborates on the EU governance and political dynamics behind the EU tax list of non-cooperative jurisdictions. By means of an inductive design, the research employs a qualitative empirical methodology which includes the analysis of EU documents and expert interviews. The contribution explores the key mechanisms of the EU tax list, with particular emphasis on its governance, the interactions among stakeholders, and the implied power dynamics. By using a constructivist and a new-institutional-sociological approach, it valorises the role of actors which, despite not playing any formal power in the EU decision-making on the EU tax list, have had significant influence on its development. It further explains that the media has the strength to break the current power dynamics within the governance of tax policy initiatives in the EU in favour of the influencers. For this phenomenon to increase, more accessibility to the work of the makers is necessary. Therefore, the contribution finally suggests strategies to mitigate the confidentiality issues concerning the current work of the Council on tax matters.

Keywords: EU studies, constructivism, EU governance, transparency, tax havens.

SUMMARY

1. INTRODUCTION.

1.1. Research Methodology.

2. The EU tax list of non-cooperative jurisdictions.

2.1. Mechanisms of the EU tax list of non-cooperative jurisdictions.
2.2. The governance of the EU tax list and its political dynamics.
2.3. Transparency issues in the EU tax list of non-cooperative jurisdictions.

3. CONCLUSIONS

REFERENCES

1. INTRODUCTION

Traditionally, a national tax policy affects the amount of tax revenues that its country earns. Yet, due to globalization, national policies also affect the amount of tax revenues that other countries earn. An example is provided by tax havens: in the hope of attracting foreign investments and financial flows, tax havens offer attractive tax regimes that taxpayers use to reduce their global tax. This has created a negative trend where profits are shifted from high-tax jurisdictions to low-tax jurisdictions, therefore affecting the amount of tax revenues that countries can access.

Such a trend has particularly impacted the Member States of the European Union (EU) whose tax revenues are lost in fiscal paradises inside and outside the EU. This has motivated the EU to compile a blacklist of tax havens, formally known as the EU list of non-cooperative jurisdictions for tax purposes. Now, a question is raised: is this list a step in the right direction?

To answer this question, I conducted a PhD research investigating the efficacy of the EU tax list. The project analyses underneath goals and political dynamics of the EU tax list, its coercive vs. cooperative nature, and the reactions that it caused in non-EU countries. Furthermore, the research sheds light on the level of transparency and diplomacy in the EU decision making on taxation; on the power relations between the EU and non-EU countries; on the potential to which EU initiatives can influence the development of international tax law (e.g., harmful tax competition) and the actions of other international actors (e.g., the Organization for Economic Cooperation and Development (OECD)). This project further contributes to the rethinking on tax havens, to the application of empirical methodology and political science theories to tax political initiatives.

This contribution constitutes a summary of some of the findings of my PhD research. It highlights the discussion on the governance of the EU tax list and its power dynamics. Moreover, by stressing the relevance of transparency to enhance the role of political influencing actors (i.e. the European Commission, the European Parliament, NGOs, mass media) in the decision-making process on the EU tax list, the contribution raises the issue of confidentiality of the Council's work and offers solutions to overcome it.

The first part of the contribution briefly explains the methodology used in my PhD research to achieve the empirical findings which are discussed in this contribution. The second part describes the origins, goals, and mechanisms of the EU tax list, with special attention to its governance and transparency issues. The third part offers concluding remarks.

1.1. Research methodology

The PhD research, and the related findings discussed in this paper, rely on a qualitative empirical methodology which is developed within an inductive design. Additionally, it relies on doctrinal research.

As a first step, the empirical methodology required the collection of primary data from semi-structured expert interviews and official documents.

The expert interviews were conducted with policymakers and advisors from:

- EU Member States (small and large countries located in the EU).
- Non-EU countries (small and large countries located in Africa, Europe, Latin America, the Caribbean, and Oceania).
- EU institutions (the European Commission, the European Parliament, and the Council of the EU).
- A Private stakeholder.
- An international tax forum.
- NGOs.

The official documents used include:

- OECD documents publicly available (e.g. peer-review reports from the OECD Global Forum on Transparency and Exchange of Information for Tax Purposes, and the OECD Forum for Harmful Tax Practices (FHTP)).
- EU documents (e.g., minutes of Code of Conduct Group's (COCG) meetings redacted by the European Commission; COCG's and Council's working papers; COCG's progress reports; Council's decisions; resolutions of the European Parliament; communications of the European Commission).

Not only EU public documents were used. A few of the confidential documents of the European Commission and the Council have been obtained via Freedom of Information (FOI) requests on the basis of the EU Transparency Regulation 1049/2001. However, the limitations encountered with the FOI requests strongly encouraged the use of interviews to triangulate, interpret, and complete the information found in the EU documentation.

The research resorts to an interpretivist epistemology which highlights the relevance of perceptions and interpretations in building our reality and our knowledge (Crotty, 1998).

Due to privacy concerns, the interviews in this contribution are reported with generic names, such as 'EU stakeholder' to indicate interviews with EU institutions and/or EU Member States. The specific name of the interviewed non-EU countries is not mentioned and the generic reference 'non-EU country' is used.

2. THE EU TAX LIST OF NON-COOPERATIVE JURISDICTIONS

The EU tax list is a tax initiative established by the EU in 2016 (Council, May 2016). The list is an exercise of screening and scoring non-EU countries. It is carried out by the Council of the EU —specifically by one of its working body, namely the COCG— with the technical assistance of the European Commission.

The establishment of the EU tax list originates from political discussions raised in 2012 by the Commission's Recommendation on non-EU tax havens (European Commission, 2012; Council, 2013). Thereby, the Commission suggested to coordinate Member States' blacklists by establishing common listing criteria. The Commission designed such criteria as including OECD tax transparency standards on the exchange of information, and EU standards on preferential tax regimes.

The Recommendation led to the establishment of the Platform for Tax Good Governance, where the European Commission, the Member States, NGOs, Trade Unions, business associations, and academia have been meeting for the implementation of the Commission's Recommendation. After multiple political discussions and negotiations, the Platform agreed on a first attempt to coordinate, at EU level, the national tax lists of the Member States. However, this attempt —known as the Pan-EU list of non-cooperative tax jurisdictions— failed due to the difficulty of ensuring coordination while little power was actually delegated to the EU institutions (Casano, 2024). This led the Council to eventually approve the establishment of the EU tax list as an EU instrument to fight against tax avoidance and fraud, and to promote the principle of tax good governance outside the EU borders (Council, May, 2016).

2.1. Mechanisms of the EU tax list of non-cooperative jurisdictions

The EU listing exercise started in 2016 with the selection of non-EU countries to be included in the screening. The determination of the geographical scope of the EU tax list was based on selection indicators and risk indicators. The selection indicators were applied to all jurisdictions and assessed the countries' strength of economic ties with the EU,[1] the magnitude of countries' financial activities,[2] and their institutional stability.[3] To assess the actual risk of tax avoidance facilitation, risk indicators were applied to economically-relevant countries, i.e. countries ranking above the threshold in all selection indicators. The risk indicators were: the level of transparency and exchange of information;[4] the existence of preferential tax regimes;[5] and the absence of a corporate income tax (CIT) system or the application of a zero (or almost zero) CIT rate (European Commission, 2016).

Selected countries have been scrutinized under three listing criteria (Council, May 2016; Council, Nov. 2016):

1. Tax transparency:
   - Criterion 1.1: countries should exchange tax data with all EU Member States through automatic exchange of information, either through the common reporting system (CRS) established by the OECD or through equivalent arrangements.

- Criterion 1.2: countries should exchange tax information on request and obtain at least 'largely compliant' rating at the OECD Global Forum's review.
- Criterion 1.3: countries should be party to the OECD Multilateral Convention on Mutual Administrative Assistance in Tax Matters, or have a network of exchange arrangements in place that covers all EU Member States.
- Future criterion 1.4: although not yet agreed, negotiations at the COCG are in place to require non-EU countries to exchange information on beneficial ownership.

2. Fair taxation:
   - Criterion 2.1: countries should not have actually harmful preferential CIT regimes. To assess whether a preferential regime is harmful, the EU Code of Conduct is applied (Council, 2022).
   - Criterion 2.2: countries should not facilitate offshore structures or arrangements seeking to attract profits without any real economic activity. Where a country has no CIT system or a zero, or almost zero, nominal CIT rate, it is required to impose substance requirements to its resident companies, collective investment vehicles (CIVs), and partnerships.
3. Implementation of OECD/G20 BEPS minimum standards:
   - Criterion 3.1: countries should commit to implementing the OECD/G20 BEPS minimum standards, which concern harmful tax measures, treaty shopping, country-by-country reporting and dispute resolution.
   - Criterion 3.2: countries should receive positive peer-review assessments for the effective implementation of the OECD/G20 BEPS minimum standard on Country-by-country reporting (CbCR).

Criteria 1 and 3 mainly rely on the work of the OECD Global Forum and OECD Inclusive Framework (IF). Criterion 2 partially relies on the peer review and standards of the OECD FHTP, while also establishing a broader definition of harmful tax regime on the basis of the EU Code of Conduct for Business Taxation (Council, 1998) (see subsection 2.2).

The dialogue between non-EU countries, the European Commission, and the Chair of the COCG starts by means of letters sent by the COCG Chair. The aim of the letters is to obtain high-level commitments by non-EU countries to satisfy the EU requests. This starts a dialoguing phase where countries have the chance to present their position to the European Commission – but not to the COCG– about the EU concerns, and to discuss how to improve their cooperation. However, little room is left for negotiating the requirements to be satisfied, especially when the non-EU country is a small one (Interviews non-EU countries). The dialoguing process is mainly carried out by the European Commission, which keeps the COCG informed on the process. The Commission declared to prioritize fairness, transparency, and openness towards the countries in the dialogue (European Commission, 2017).

Non-EU countries that commit to comply with the listing criteria are included in the EU greylist. They generally have one year to fulfil their commitment and be de-listed. Non-EU countries that do not commit, or do not fulfil their commitment within the deadline, are blacklisted. Blacklisted countries are subject to tax and non-tax defensive measures applied by the EU and the EU Member States in a coordinated manner (Council, May 2016; Council, Nov. 2016; Council, 2019). Reputational damage is also perceived by non-EU countries as a threat for listed countries (Interviews non-EU countries, NGOs, international tax forum; Casano, 2024).

With the EU tax list, the EU seems to act similarly to an international organization using an approach that can be defined as 'flexible conditionality': the requisites of the EU tax list aim at conditioning non-EU countries' behaviour via promising a final reward, with the latter being the non-application of harmful defensive measures (Melis, & Persiani, 2019).

2.2. The governance of the EU tax list and its political dynamics

Makers and influencers

The EU tax list is managed by the Council. The fist level of decision-making process takes place at the COCG, which is a Council's working body. The work of the COCG includes discussing and evaluating the Commission's assessments of non-EU countries, negotiating political and diplomatic issues connected to the EU tax list, and suggesting listing decisions to the Council. Once the COCG's listing suggestions are approved by Coreper, the final decisions are then taken by the Economic and Financial Affairs Council configuration (ECOFIN) in the form of Council Conclusions.

The COCG is a body made of Member States' national experts on taxation (i.e. fiscal attachés). It is a Council's preparatory body, namely one of the numerous specialized permanent working groups of the Council. Such groups have been defined as the least well-known, yet the most vital Council's bodies since they play a relevant role on the preparation of the Council's decision-making process (Westlake, & Galloway, 2004; Hayes-Renshaw, & Wallace, 2006).

The COCG has a mixed-character since it was founded by a mixed resolution encompassing both an intergovernmental decision by the Member States and a Council act. Such a complex nature has proved to be problematic for certain aspects, such as the parliamentary scrutiny on the work of the COCG. This is stressed in the following quotation from the TAX3 public hearing:

> the COCG, as we have been told by the Chair of the PANA Committee of Inquiry – is not currently an official European Union body. It is intergovernmental. Its argument for refusing to release information has been: 'we are not an EU body, so we do not have any duty to the European Parliament'. (TAX3, 2018, p. 18)

The COCG deals exclusively with CIT matters. The 1997 mandate gave the COCG the task to develop common policies on tax competition and tax sensitive areas (Council, April 1998). Accordingly, the mandate made the COCG in charge of identifying and assessing Member States' preferential tax regimes by applying a Code of Conduct for Business Taxation (Council, 1998). This Code is a soft-law instrument agreed by Member States to tackle harmful tax competition within the EU. The 1997 mandate limited the scope of the Code of Conduct to the Member States and their overseas territories (Nouwen, 2020). However, in 2016, with the establishment of the EU tax list, the Council extended the mandate of the COCG by making it in charge of the EU tax list. Therefore, it mandated the COCG to apply the Code to all non-EU countries (see paragraph 2.1, listing criterion 2.1 on fair taxation).

The COCG, the Council, and the Member States play a significant and formal role in the EU tax list as they are in charge of the decision-making process. Nevertheless, my research findings (Casano, 2024) shows that other EU actors have also played a significant role in the establishment and/or management of the EU tax list. Through the lens of constructivism, neo-functionalism, and new institutional sociology (Cini, & Pérez-Solórzano, 2022), the role of interactions and ideas in shaping policies, as well as the role of interest-groups in the formation of states' political preferences have emerged in my analysis of the EU tax list. As a result, this seems to be shaped by actors' interactions, agendas, and compromises.

Consequently, my research concludes that the EU tax list is made by 'makers' and 'influencers'. The makers —i.e. the Council, the COCG, the Member States, and partly the European Commission— are the ones formally involved in the EU decision-making process, and taking the final decisions on the EU tax list. They act according to their own agendas (e.g., protecting trading and diplomatic relations with countries; increasing national tax revenues; increasing national competitiveness), although their interests could be affected by the influencers. This occurred, for example, when Member States were pushed to take anti-tax avoidance actions following the spread of tax scandals (Interviews with EU stakeholders). Additionally, Council offices such as the Council Presidency might shape the discussions on the EU tax list according to their own interests. These may include showing an active and strong presidency, or a latent one (Interviews with EU stakeholders).

The influencers —i.e. European Parliament, NGOs, the media, and partly the European Commission— have proved to be able to influence the debate of the makers by creating political and public pressure to influence the agenda of the makers. Nonetheless, the lack of formal power for the influencers gives no guarantee that makers' final decisions will be in line with the influencers' proposals or claims. An example is the attention that the COCG tries to have for developing countries in the context of the EU tax list: although such attention mainly results from the pressure by NGOs and the European Parliament, the latter assess the COCG's efforts on the matter as unfulfilling their demands.

Influencers have been interacting with each other and with the makers bilaterally, but also via the Platform for Good Tax Governance. The Platform supported especially the dialogue between NGOs and the European Commission. Although invited, Member States preferred to not to take an active role in the dialogue with NGOs within the Platform, and rather opted for confidential negotiates within the COCG (Interviews NGOs).

The European Commission

The Commission joins the COCG meetings and gives a substantial contribution by providing the technical base for the COCG's decisions. For example, the Directorate-General for Taxation and Customs Union (DG TAXUD) carries out the assessments and progress reports on non-EU countries, and it drafts listing suggestions for the COCG. The Commission also plays a diplomatic role as it is the only intermediary between the COCG and the non-EU countries. These cannot communicate with the COCG, but are in regular contact with DG TAXUD and the COCG Chair via letters, phone calls, and emails during the whole listing process (Interviews with EU stakeholders, non-EU countries).

Other Commission's DGs specialized in maintaining external relations are also involved in the dialogue with non-EU countries. For each country, they suggest the contact points, as well as the strategies for discussions on sensitive issues.

The Commission does not decide on political matters: the latter are in the competence of the Member States, which are in charge of all listing decisions via the COCG and the Council.

Similarly to the makers, the European Commission is formally involved in the decision-making on the EU tax list: it joins the COCG's meetings, it works on a daily basis with the Member States at the COCG, and it carries out all listing procedural steps. Consequently, the Commission is able to impact the Council's decisions more than other influencers, although it is not in charge of taking final decisions as the makers. At the same time, thanks to its closer contact with NGOs, the European Parliament, and by taking advantage of its 'COCG-insider' position, the Commission has been able to channel NGOs' and the European Parliament's demands into Member States' and COCG's discussions. For example, DG TAXUD has been crucially involved in the establishment of the EU tax list, and has channelled civil society and parliamentary demands for more transparency in the COCG's work on the list.

The European Parliament

The European Parliament has no formal involvement in the decision-making process of the EU tax list. However, different special Parliamentary Committees (TAXE1, 2015; TAXE 2, 2016; PANA,2017; TAX3, 2018) have been created to investigate the work of the COCG and improve democratic control. In 2020 the European Parliament established a permanent Subcommittee on Tax Matters (known as FISC) monitoring the EU tax initiatives, including the EU tax list (European Parliament, 2020).

The FISC Subcommittee interacted in public hearings with the COCG Chair, the European Commission, some Member States, and the Caymans Islands, which is a non-EU country included in the EU tax list (European Parliament, n.d). Such interactions have inspired Parliamentary Resolutions that, among other things, condemn the exclusions of the Member States from the EU tax list and regret the absence of the most famous tax havens from the blacklist (European Parliament, 2021).

Furthermore, the European Parliament had a significant role in the connection of the EU tax list to the initiative of the EU on Public Country-by-Country Report (PCbCR), enhancing public scrutiny on companies established in blacklisted countries (Directive, 2021; Interview with EU stakeholders); and in the connection of the EU tax list to EU rules on securitization (Regulation, 2017).

Power dynamics

The interactions of influencers and makers are dominated by power dynamics. Within the EU tax list, actors' formal and informal power is decisive in determining what policy goals and what policy results should be prioritized over others. Influencers have shown to be able to impact debates on the EU tax list. However, whether or not influencers' demands are fulfilled depends on the influencers' power, and on the power of their political allies.

In light of the current power dynamics, which see the Council and the Member States dominating the EU decision-making on taxation, it is difficult for the European Parliament to have an institutional role in the EU tax list. This is why, despite its openness and responsiveness to NGOs' claims, the Parliament is not always successful in bringing NGOs' demands forward in the decisions-making process on the EU tax list. However, the Parliament has proved to be politically influential towards the list.

Reaching the Council is particularly difficult for NGOs due to its opaqueness. However, NGOs are able to indirectly voice their claims to the Council by impacting political discussions on tax at national level, and by relying on the mediator role of the Commission at EU level. This occurred, for example, in the instance of NGOs' demands towards the Member States and the European Commission to take action against tax havens following the spread of tax scandals. To such demands, Member States and the Commission reacted by enacting more anti-tax abuse rules and, among others, establishing the EU tax list. [6]

What could break the established power dynamics is the public pressure and political momentum created by the media with the spread of tax scandals. In the case of the EU tax list, this has proved to be a key factor for the European Commission to gain enough power to pursue its agenda, and for the European Parliament and NGOs to gain a stronger influential voice, despite the initial resistance of the Member States. For example, the establishment itself of the EU tax list has been strongly pushed by the spread of tax scandals (Lux Leaks and Panama papers) by mass media. Multiple influencers' claims and demands towards the makers followed —and gained relevance due to— such tax scandals and related newspapers' articles (Casano, 2024).

In view of the empowering effect of the media in favour of the influencers, and considering the role of NGOs and the European Parliament in the democratization of EU tax policy, it is suggested to increase the transparency of COCG's and Council's meetings. This would help public scrutiny, Member States' governments accountability, and the impact of informal actors (NGOs, the European Parliament, the media) in the EU decision-making on tax policy (Casano, 2024; Nouwen, 2017). The following paragraph suggests solutions to increase the transparency of Council's work.

2.3. Transparency issues in the EU tax list of non-cooperative jurisdictions

The European Parliament (Interviews with EU stakeholders; TAX3 2018), NGOs (Interviews with NGOs), and newspapers (Comte, 2017; Investigate Europe, 2020; Schumann, 2021; Cann, 2021) have criticized the work of the COCG for its lack of transparency. Secrecy and confidentiality have been featuring also the decision-making process on the EU tax list.

I have personally experienced this high level of confidentiality as I submitted FOI requests to the European Commission and the Council on the basis of the EU Transparency Regulation 1049/2001. In spite of the relevance that confidential documents could have for my research, obtaining them was a challenging and often an unsuccessful task. Between 2020 and 2021, eleven FOI requests were sent to the Council. Despite the 15-days deadline to reply, answers to the requests were received after a few months and only a few documents were disclosed.[7] Consequently, confirmatory applications[8] were sent to the Council in 2021. However, decisions on the confirmatory applications mainly confirmed the Council's position of first instance. To motivate the limitations to documents-access, in its decision the Council recalled the confidentiality of the COCG and highlighted that Member States should feel free to speak. It also stressed the need to protect international relations and the Council's decision-making process, as the disclosure of the documents might induce non-EU countries to request to reopen negotiations for obtaining more favourable conditions.

A similar experience relates to the FOI requests sent to the European Commission in 2020, reflecting the same delay in the reply and similar justifications to limit access to the Commission's minutes of COCG meetings. As the Council, the Commission referred to the risk of undermining the public interest as regards the financial or economic policy of the Member States, and the decision-making process of the COCG. The Commission stressed that granting access to documents would make Member States more hesitant to express their frank views. Further, it would undermine the confidence of discussions in the COCG, which could affect the COCG's effectiveness. Moreover, the Commission stated that, as non-EU countries are assured of confidentiality during the screening process, the release of records would breach that confidentiality. As a result, the Commission did not release information on, among others, Member States' positions, non-EU countries' assessments, implementation of listing criteria, and future developments of the EU tax list. Seven confirmatory applications were submitted to the European Commission, but they received a negative response one year after the submission.

The COCG justifies its confidentiality by the nature and goals of its work consisting in reaching gentlemen agreements and compromises among Member States to coordinate sensitive topics which are part of national competence. According to the Council, the COCG's work needs an open dialogue among Member States, so that national delegates can express their concerns and their interests in a direct and open manner without external pressure and threats (Nouwen, 2017; Meijer; 2013; Comte, 2017; Interview with EU stakeholder).

Yet, the confidentiality of the Council raises questions about the merit of its work. Due to the difficulty at monitoring the Council's decision-making process, it is challenging to understand certain Council's decisions without alleging the interference of political interests. For example, in the context of the EU tax list, doubts have been brought up about the technical merit of the assessment of the USA, since the country raises questions of compliance with standards of tax transparency and preferential tax regimes (European Commission, Scoreboard 2016; Council, 2018; Greens/EFA 2016; TAX3, 2018), and yet the country has never been listed by the EU and the results of the EU assessments are covered by high confidentiality —higher than other non— EU countries. Such a high level of confidentiality, and the political interests in the management of the USA case have been confirmed by multiple interviews with EU stakeholders and non-EU countries. Another example is Turkey, whose compliance with tax transparency standards is flawed —since it refuses to recognize Cyprus as a country, and to exchange information with it— and yet, the country has never been blacklisted by the EU (Interview with EU stakeholder). On the basis of the mere public documentation in relation to the Turkish case, it would be difficult to understand the Cypriot diplomatic issue. The latter was revealed only via interviews and informal conversations with EU stakeholders.

The principle of confidentiality has been embraced since the establishment of the COCG in 1998 (Council, April 1998). It was then reaffirmed in 2015, when the Council insisted on the confidentiality of the COCG's deliberations to protect the economic policy of Member States (Council, 2015); and in 2016, when the Member States highlighted the need to protect the confidentiality of the COCG's discussions for the good functioning of the COCG (Council, January 2016).

Although the Council tends to protect its confidentiality, paragraph 2.2 of this paper shows that transparency plays a role in favour of democratic interactions, participation (Erkkilä, 2020; Hood, & Heald, 2006), accountability, and monitoring (Meijer, 2013). Transparency also plays a relevant role in shaping debates based on the information made available to scholars, press, and civil society. Therefore, it could facilitate the impact of influencers such as NGOs, media (national and) European Parliaments, and redistribute power among EU actors (Koppenjan, & Klijn, 2004; Meijer, 2013). As Meijer says, "the availability of information frames and reframes debates" (Meijer, 2013, p. 432).

Recently, some progress has been made on transparency in the Council. Six-months reports summarising the work of the COCG present more information than they used to, although they still lack disclosure of Member States' positions and of technical analyses standing behind the COCG's decisions. More documents are available on the Council's website database, including some non-EU countries' assessments and commitment letters, although their publication is not systematic. Political consideration towards the European Parliament has increased, as the COCG Chair and some Member States have interacted with the FISC Subcommittee during public hearings, besides parliamentary inquiries —yet, such interactions are often still quite formal and based on pre-made statements (Interview with EU stakeholder)—. Finally, the new EU Code of Conduct, as reformed in 2022, formally acknowledges the Council's commitment to publish final documents approved by the Council and other documents when appropriate (Council, 2022).

Nonetheless, Council's efforts towards transparency can be assessed as an authoritative step lacking degrees of genuine dialogue with other involved stakeholders. Council's steps towards transparency are the result of a unilateral decision taken by the Member States, whose effectiveness, sufficiency, and beneficiaries have not been discussed with other stakeholders. This attitude may represent a short-term commitment from the Council, aiming at satisfying current parliamentary requests instead of seriously reassessing the institutional role that the Council should have in the current political and societal settings.

Therefore, I suggest to form a (temporary) working group where all stakeholders are involved with the mission of finding a compromised solution on transparency. This could provide a more effective and long-term revision of Council's transparency, and its relation with other EU institutions and EU stakeholders. This solution is suggested in light of transparency's relation to history and culture. Transparency is a changeable value whose balance with secrecy should be adjusted from time to time, depending on societal evolutions. Institutional transparency should be the construction of multi-actor interactions (Meijer, 2013) instead of being an authoritative decision from the institution. In my view, in light of current cultural and political settings where EU citizens and civil society push for the exercise of their democratic rights, a secretive Council is not adequate to satisfy such demands.

On this assumption, scholars, among other stakeholders, should conduct further research on transparency to raise awareness of the need for a debate that involves all interested parties—civil society, politicians, public servants, scholars. Their research could particularly focus on those situations —such as the EU tax list— in which less secrecy may result in a redistribution of power among stakeholders and institutions.

The suggested working groups on transparency should organize consultations and focus groups where representatives from the Council, the European Commission, the Member States, academics, civil society, European and national Parliaments are involved in a discussion on how and to what extent Council's transparency should be improved. From an interinstitutional perspective, the EU-Treaty principle of sincere cooperation may inform the discussions.

On a technical level, the management of FOI requests could be improved by increasing the amount of references to confidential documents in the public reports. Such references should contain detailed information for the identification of the confidential documents, which can be used to draft FOI requests.

3. CONCLUSIONS

This paper summarised the discussion of findings from my PhD research. More specifically, the paper focused on the governance and stakeholders' interactions on the EU tax list, and on the relevance of institutional transparency to enhance the role of (political) influencers (i.e. the European Commission, the European Parliament, NGOs, mass media) in the decision-making process on the EU tax list.

The research relied on qualitative empirical methods and an interpretivist epistemology. The PhD research findings explained in this paper relied on expert interviews and official documents to shed light on the origins, mechanisms, and governance of the EU tax list.

The paper started by explaining that the EU tax list is an EU initiative derived from years of political discussions and compromises. Part of the them involved multiple EU stakeholders via the Platform for Tax Good Governance, while another part was confined to Member States' confidential negotiations at the COCG.

Furthermore, the paper illustrated the key mechanisms of the EU tax list. It is a screening and scoring exercise whose geographical scope includes non-EU countries that are economically relevant for the EU. The screening is based on three main listing criteria, which countries have to comply with to be safe from blacklisting.

The paper continued by focusing on the governance and power dynamics of the EU tax list. While admitting the dominant role of the Council (especially the COCG) and the Member States in the decision-making process on the EU tax list, the paper stressed the influential role of other EU stakeholders, such as the European Commission, the European Parliament, NGOs, and the media. EU actors are therefore divided into makers and influencers. The European Commission stands in between the two roles, as it has a formal role which influencers do not have. Yet, the Commission is not allowed to take final decisions on the EU tax list, as makers do.

Finally, it is explained as the media has the strength to break governance's power dynamics in favour of the influencers. To this purpose, more transparency in the work of the Council would facilitate the spread of information and, therefore, the public pressure generated by the media, civil society, and EU institutions.

Indeed, the paper concluded by analysing the issue of confidentiality of the Council's work, and offering solutions to overcome it. Such solutions focus on the need for multi-stakeholders interactions to assess and reach a modern and satisfactory balance between transparency and confidentiality in the Council. Furthermore, practical remedies could facilitate citizens' FOI requests to the Council, contributing to its transparency.

REFERENCES

Casano F. *Anatomy of the EU tax list of non-cooperative jurisdictions and its efficacy*, PhD research, forthcoming in 2024/2025.

Cini, M., & Pérez-Solórzano, N. (eds.). (2022). *European Union Politics* (7th ed.). Oxford University Press.

Crotty, M. (1998). *The foundations of social research: meaning and perspective in the research process* (1st ed.). SAGE Publications.

Erkkilä, T. (2020). *Transparency in public administration.* In W. Thompson (ed.), *Oxford Research Encyclopedia of Politics.* Oxford University Press.

Hayes-Renshaw, F., & Wallace, H. (2006). *The Council of Ministers* (2nd ed.). New York: Palgrave Macmillan.

Hood, C., & Heald, D. (eds.) (2006). *Transparency: the key to better governance?* The British Academy.

Koppenjan, J., & Klijn, E. (2004). *Managing uncertainties in networks: a network approach to problem solving and decision making* (1st ed.). London: Routledge.

Meijer, A. (2013). *Understanding the complex dynamics of transparency*, Public Administration Review, Vol. 73 (3).

Melis, G., & Persiani, A. (2019). *The EU blacklist: a step forward but still much to do*, EC Tax Review 5.

Nouwen, M. (2020). *Inside the EU Code of Conduct Group: 20 years of tackling harmful tax competition*, IBFD Doctoral Series.

Nouwen, M. (2017). *The European Code of Conduct Group becomes increasingly important in the fight against tax avoidance: more openness and transparency is necessary*, 45 Intertax 2.

Westlake, M., & Galloway, D. (eds.) (2004). *The Council of the European Union* (3rd ed.). London: John Harper Publishing.

DOCUMENTS COLLECTION AND LAW SOURCES

Committee of Inquiry to investigate alleged contraventions and maladministration in the application of Union law in relation to money laundering, tax avoidance and tax evasion (PANA). European Parliament. European Union. (2017, November). *Report on the inquiry into money laundering, tax avoidance and tax evasion*. Doc. No. A8-9999/2017.

Committee on Financial Crimes, Tax Evasion and Tax Avoidance (TAX3). European parliament. European union. (2018, May). *Public Hearing: the Fight against Harmful Tax Practices within the European Union and Abroad*. Doc. No. 1-002-0000.

Council of the EU. European Union. (1998) *Conclusions of the ECOFIN Council Meeting on 1 December 1997 concerning taxation policy*. Doc. No. 98/C 2/01. Official Journal of the European Communities.

Council of the EU. European Union. (1998, April). *Council Conclusions of 9 March 1998 concerning the establishment of the Code of Conduct Group (Business Taxation).* Doc. No. 98/C 99/01. Official Journal of the European Union.

Council of the EU. European Union. (2013, May). *Conclusions on tax evasion and tax fraud.* Doc. No. 9549/13.

Council of the EU. European Union. (2015, December). *Conclusions on the Future of the Code of Conduct (Business Taxation).* Doc. No. 15148/15. Council Database.

Council of the EU. European Union. (2016, January). *Fiscal Counsellors/Attachés meetings of 13 and 19 January 2016.* Doc. No. 5643/16. Council Database.

Council of the EU. European Union. (2016, May). *Commission Communication on an External Strategy for Effective Taxation and Commission Recommendation on the implementation of measures against tax treaty abuse: Council Conclusions.* Doc. No. 9452/16. Council Database.

Council of the EU. European Union. (2016, November). *Criteria and process leading to the establishment of the EU list of non-cooperative jurisdictions for tax purposes: Council Conclusions.* Doc. No. 14166/16. Council Database.

Council of the EU. European Union. (2018, November). *Code of Conduct Group (Business Taxation): Report to the Council: Endorsement.* Doc. No. 14364/18. Council Database.

Council of the EU. European Union. (2019, November). *Code of Conduct Group (Business Taxation): Report to the Council: Endorsement.* Annex IV. Doc. No. 14114/19. Council Database.

Council of the EU. European Union. (2022, November). *Council conclusions on the reform of the Code of Conduct for Business Taxation.* Doc. No. 14452/22. Council Database.

Directive (EU) 2021/2101 of the European Parliament and of the Council of 24 November 2021 amending Directive 2013/34/EU as regards disclosure of income tax information by certain undertakings and branches, O.J. L 429/1. Official Journal of the European Union.

European Commission. European Union. (2009, April). *Communication from the Commission to the Council, the European Parliament and the European Economic and Social Committee: Promoting Good Governance in Tax Matters.* Doc. No. COM (2009) 201. EU Law IBFD.

European Commission. European Union. (2012, December). *Recommendation of 6.12.2012 regarding measures intended to encourage third countries to apply minimum standards of good governance in tax matters.* Doc. No. OJ.L.338/37. Official Journal of the European Union.

European Commission. European Union. (2016, September). *First step towards a new EU list of third country jurisdictions: Scoreboard.*

European Parliament. European Union. (2015, November). *Promoting Good Tax-Governance in Third-Countries: the Role of the EU: In-Depth Analysis for the ECON Committee.* Doc. No. IP/A/ECON/2015-08.

European Parliament. European Union. (2020, June). *Decision on Setting up a Subcommittee on Tax Matters.* Doc. No. P9_TA-PROV(2020)0159. European Parliament Database.

European Parliament. European Union. (2021, January). *Resolution of 21 January 2021 on reforming the EU list of tax havens.* Doc. No. P9_TA(2021)0022. European Parliament Database.

Greens/EFA. European Parliament. European Union. (2016, May). *The role of the U.S. as a tax haven: implications for Europe.*

Regulation (EC) No 1049/2001 regarding public access to European Parliament, Council and Commission documents. Doc. No. OJ.L.145. Official Journal of the European Union.

Regulation (EU) 2017/2402 of the European Parliament and of the Council of 12 December 2017 laying down a general framework for securitisation and creating a specific framework for simple, transparent and standardised securitisation, and amending Directives 2009/65/EC, 2009/138/EC and 2011/61/EU and Regulations (EC) No 1060/2009 and (EU) No 648/2012. OJ L 347/35. Official Journal of the European Union.

Special Committee on Tax Rulings and Other Measures Similar in Nature or Effect (TAXE1). European Parliament. European Union. (2015, November). *Report on tax rulings and other measures similar in nature or effect.* Doc. No. A8-0317/2015.

Special Committee on Tax Rulings and Other Measures Similar in Nature or Effect (TAXE 2). European Parliament. European Union. (2016, June). *Report on tax rulings and other measures similar in nature or effect.* Doc. No. A8-0223/2016.

WEBSITES AND NEWSPAPERS' ARTICLES

Cann, V. (2021, July). Business lobbies offered privileged access to secretive EU Council group. *Social Europe*. Retrieved from https://www.socialeurope.eu/business-lobbies-offered-privileged-access-to-secretive-eu-council-group

Comte J. (2017, July). Inside the Code of Conduct, the EU's most secretive group. *EU Observer*. Retrieved from https://euobserver.com/institutional/138550

European Commission (2017, December). *Questions and Answers on the EU list of non-cooperative tax jurisdictions*. Retrieved from https://ec.europa.eu/commission/presscorner/detail/en/MEMO_17_5122

European Parliament. (n.d.) *Subcommittee on Tax Matters: Latest News*. Retrieved from https://www.europarl.europa.eu/committees/en/fisc/home/highlights

Investigate Europe (2020, November). Secrets of the Council. Retrieved from https://www.investigate-europe.eu/posts/secrets-of-the-council

Oxfam (2023, October). EU tax havens list: a nonsense exercise. Retrieved from https://www.oxfam.org/en/press-releases/eu-tax-havens-list-nonsense-exercise

Schumann, H., Melchior, S., Ferguson, J., Chondrogiannos T., & Nakou. G. (2021, April). Behind closed doors: Secret deals in the Council of the EU. *Reporters United*. Retrieved from https://www.reportersunited.gr/en/4546/behind-closed-doors-secret-deals-in-the-council-of-the-eu/

INTERVIEW SOURCES

EU Member States:

- Total number of countries: 6.
- Total number of interviewees: 8 (policy officers).

Non-EU countries:

- Total number of countries: 6.
- Total number of interviewees: 8 (policy officers).

EU institutions:

- European Commission: total number of interviewees: 2 (policy officers).
- Council of the EU: total number of interviewees: 1 (civil servant).
- European Parliament: total number of interviewees: 3 (2 policy advisors and 1 MEP).

A private stakeholder:

- Total number of interviewee: 1 (tax consultant).

An international tax forum:

- Total number of interviewees: 2 (policy officers).

NGOs:

- Total number of NGOs: 3 (policy advisors).
- Total number of interviewees: 3.

|1| To assess the economic ties, the European Commission used trade data, affiliates controlled by EU residents and bilateral foreign direct investments flows.

|2| Meaning disproportionally high level of financial services exports or disconnection between a country financial activity and the real economy. This indicator was based on total foreign direct investments, specific financial income flows and statistics on foreign affiliates.

|3| To assess the institutional stability, the European Commission evaluated countries' level of corruption and regulatory quality. The aim was to assess whether tax avoiders would consider a country 'safe' to save their financial resources.

|4| The Commission evaluated countries' compliance with OECD tax transparency standards on automatic exchange of information and exchange information on request.

|5| This was evaluated on the basis of publicly available information (e.g., IBDF database, national websites, OECD reports).

[6] Although NGOs have subsequently criticized the EU tax list for being ineffective (Interviews with NGOs; Oxfam, 2023).

[7] Around 8 % of documents were released following the first request, 5 % following the second, 20 % following the third, and 50 % following the fourth.

[8] Confirmatory applications are second-round FOI requests by which the applicant asks the transparency department of the EU institution concerned to reassess its position and grant access to documents.

Res pública: Ciencia política, Derecho constitucional y Filosofía del derecho

LA ADMINISTRACIÓN PÚBLICA EDUCATIVA, FIJACIÓN DE ESTÁNDARES Y RESPONSABILIDAD PATRIMONIAL

Luis Pérez Orozco[52]
Universidad de Castilla-La Mancha
luis.perezorozco@uclm.es

RESUMEN

La responsabilidad patrimonial de la Administración es la institución jurídica que permite la indemnización a los perjudicados por el daño o perjuicio sufrido en la prestación de un servicio público. La educación en tanto derecho de dimensión prestacional se materializa en la instrumentación de un servicio de calidad por la Administración docente. Sin embargo, los miembros de la comunidad educativa o terceras personas pudieran ser perjudicados en la prestación de este

[52] Contratado predoctoral para la formación de personal investigador en el marco del plan propio de I+D+i de la Universidad de Castilla-La Mancha, cofinanciado por el Fondo Social Europeo. Modalidad formación de personal investigador (FPI).

servicio. Para exigir responsabilidad en ese sentido, el sistema legal español concibe los presupuestos jurídicos desde la Constitución, la Ley 39/2015 y 40/2015 que disponen los principios y procedimientos a seguir, así como otras normativas que regulan deberes y prerrogativas en el contexto educacional.

Todo este diseño ha sido catalogado como de carácter objetivo, pero el estudio de la doctrina y la jurisprudencia muestran que, para determinar responsabilidad, en ocasiones se debe acudir a parámetros subjetivos, por ejemplo, los estándares de conducta. En el sector educativo dichos estándares se encuentran contenidos en protocolos, los cuales eventualmente carecen de especificidad y fuerza jurídica. Un panorama que debe ser transformado por el legislador en aras de lograr certeza y evitar que el casuismo judicial sea quien determine el estándar de la Administración docente.

PALABRAS CLAVE: Administración pública, responsabilidad patrimonial, servicio educativo, estándar de calidad.

ABSTRACT

The state liability of the Administration is the legal institution that allows the compensation to the injured parties for the damage or harm suffered in the provision of a public service. Education, as a right with a provisional dimension, is materialized in the implementation of a quality service by the educational Administration. However, members of the educational community or third parties may be harmed in the provision of this service. In order to demand responsibility in this sense, the Spanish legal system conceives the legal budgets from the Constitution, Law 39/2015 and 40/2015 that provide the principles and procedures to be followed, as well as other regulations that regulate duties and prerogatives in the educational context.

All this design has been catalogued as objective in nature, but the study of doctrine and jurisprudence shows that in order to determine liability sometimes subjective parameters must be used, for example, standards of conduct. In the educational sector such standards are contained in protocols, which eventually lack specificity and legal force. This is a situation that must be transformed by the legislator in order to achieve certainty and prevent judicial casuism from determining the standard of the teaching administration.

KEY WORDS: Public administration, state liability, educational service, quality standard.

SUMARIO

1. LA RESPONSABILIDAD PATRIMONIAL EN EL ÁMBITO EDUCATIVO Y SU MARCO NORMATIVO EN ESPAÑA.

2. ALGUNAS PRECISIONES SOBRE LOS ELEMENTOS SUBJETIVOS DE LA RESPONSABILIDAD PATRIMONIAL DE LOS CENTROS DOCENTES.

3. TÍTULOS DE IMPUTACIÓN EN EL ÁMBITO EDUCATIVO.

4. LA RESPONSABILIDAD PATRIMONIAL Y LOS ESTÁNDARES EN EL ÁMBITO EDUCACIONAL.

5. LA DEBIDA DILIGENCIA, LOS ESTÁNDARES Y SU EXIGIBILIDAD EN LA RESPONSABILIDAD PATRIMONIAL A LOS CENTROS DOCENTES.

5.1. Debida diligencia y estándares escolares: ¿inexactitud e incertidumbre?

5.2. Los protocolos escolares y su rol para determinar la culpa de la Administración docente.

6. CONCLUSIONES

REFERENCIAS

1. LA RESPONSABILIDAD PATRIMONIAL EN EL ÁMBITO EDUCATIVO Y SU MARCO NORMATIVO EN ESPAÑA

La responsabilidad jurídica se manifiesta en varias ramas del Derecho como la civil, laboral, penal y administrativo, siendo esta última objeto de estudio de la investigación. Dicho carácter multifacético del instituto de la responsabilidad tiene una perspectiva en el ámbito educativo. La positivización del derecho a la educación ha provocado una mayor influencia de las Administraciones públicas en la garantía del mismo y con ello la expansión del Derecho Administrativo en este sector de la sociedad. Todo ello ha incidido en los criterios de imputación de responsabilidad patrimonial en el sector educativo y la diligencia exigible conforme a los estándares de prestación de este servicio público.

La responsabilidad patrimonial luego será la vía por la que disponen las víctimas o sus representantes legales para exigir la reparación de los daños y perjuicios. Su fundamento está dado por el artículo 106.2 de la Constitución que ofrece protección por igual a todos los perjudicados:

> Los particulares, en los términos establecidos por la ley, tendrán derecho a ser indemnizados por toda lesión que sufran en cualquiera de sus bienes y derechos, salvo en los casos de fuerza mayor, siempre que la lesión sea consecuencia del funcionamiento de los servicios públicos.

El desarrollo legal del instituto de la responsabilidad patrimonial de las Administraciones públicas se expresa en la Ley 39/2015, de 1 de octubre, del Procedimiento Administrativo Común de las Administraciones Públicas y la Ley 40/2015, de 1 de octubre, de Régimen Jurídico del Sector Público. Específicamente, la Ley 40, en su artículo 32 dispone:

> Los particulares tendrán derecho a ser indemnizados por las Administraciones Públicas correspondientes, de toda lesión que sufran en cualquiera de sus bienes y derechos, siempre que la lesión sea consecuencia del funcionamiento normal o anormal de los servicios públi-

cos salvo en los casos de fuerza mayor o de daños que el particular tenga el deber jurídico de soportar de acuerdo con la Ley.

Por tanto, el artículo antes mencionado establece los requisitos que deben apreciarse para que haya responsabilidad de la Administración pública.

2. ALGUNAS PRECISIONES SOBRE LOS ELEMENTOS SUBJETIVOS DE LA RESPONSABILIDAD PATRIMONIAL DE LOS CENTROS DOCENTES

El sistema de responsabilidad patrimonial español es uniforme, general y de carácter directo, lo que determina su aplicabilidad a todas las Administraciones públicas sin importar el tipo de relaciones que estas establezcan. La Administración pública titular del servicio responde frente al perjudicado y cubre tanto los daños causados por actos imputables a sus agentes concretos como aquellos derivados de un funcionamiento impersonal, sin perjuicio de que el ente administrativo pueda con posterioridad ejercitar la acción de regreso frente al sujeto responsable. Se trata de una cuestión de especial relevancia en el ámbito escolar, en el que con frecuencia resulta difícil la determinación de la diligencia exigible a cada uno de los sujetos intervinientes.

La educación es una actividad de numerosas interacciones y sujetos, denominándosele comunidad educativa al conjunto de esas relaciones que se establecen. A los efectos de esta investigación es pertinente la identificación de los sujetos de derecho a los que les es exigible responsabilidad jurídica en el ámbito de la comunidad educativa: la Administración educativa y sus agentes, la sociedad, los familiares e incluso los propios alumnos.

En cuanto a los elementos subjetivos de la responsabilidad patrimonial hay que mencionar la participación de sujetos privados. En primer lugar, porque su responsabilidad puede ser exigida conjuntamente con la de la Administración ante el mismo orden jurisdiccional y procedimiento. Además, la participación privada en el resultado de un daño puede crear un conglomerado de actuaciones que inevitablemente fluya hacia al debate en torno a las teorías de la causa adecuada y la de la equivalencia de condiciones. Sus consecuencias podrán exonerar, evidenciar o moderar la responsabilidad de la Administración pública.

Aunque exista una interferencia en la relación de causalidad, esto no significa necesariamente que no haya responsabilidad patrimonial. En algunos casos se ha reconocido la posibilidad de que la responsabilidad sea compartida, cuando la conducta de la víctima contribuye al resultado dañino junto con la acción de la Administración. Aunque los hechos de la víctima no sean suficientes para romper el nexo causal entre el funcionamiento de la Administración y el resultado dañino, se puede aplicar una reducción en el monto de la indemnización (Valenzuela Ortego, 2022, pp. 142-143).

Por ejemplo, si en un supuesto se aprecia responsabilidad de los padres o tutores de los alumnos por inadecuada educación, puede ser un elemento de interferencia en el nexo causal de la actuación de la Administración o moderar su responsabilidad por concurrencia de culpas. Los efectos de una posible valoración de culpa o negligencia de los padres o tutores de los alumnos son que sufragarán toda o parte de la indemnización por los daños y perjuicios causados, en función de la moderación realizada según el grado de culpabilidad. En cambio, si se identificara una infracción del deber de diligencia por un docente o directivo de un centro público, será improbable exonerar de responsabilidad a la Administración, con independencia de la posterior acción de repetición.

3. TÍTULOS DE IMPUTACIÓN EN EL ÁMBITO EDUCATIVO

Para apreciar la existencia de responsabilidad patrimonial de la Administración, de conformidad con constante jurisprudencia, se precisa la concurrencia de los siguientes requisitos: la efectiva realidad del daño o perjuicio, evaluable económicamente e individualizado en relación a una persona o grupo de personas; que el daño o lesión patrimonial sufrida por el reclamante sea consecuencia del funcionamiento normal o anormal de los servicios públicos, en una relación directa e inmediata y exclusiva de causa a efecto, sin intervención de elementos extraños que pudieran influir, alterando el nexo causal; ausencia de fuerza mayor y que el reclamante no tenga el deber jurídico de soportar el daño.

En virtud de lo establecido en el artículo 32.1 de la Ley 40/2015, las Administraciones docentes son las obligadas a indemnizar, tanto si el daño deriva de una actuación como de una omisión o inactividad, con independencia del régimen jurídico bajo el que actúen y de la vinculación con el agente que produce el daño. Lo único decisivo es que el daño provenga del funcionamiento del servicio educativo. El surgimiento de la responsabilidad patrimonial requiere que la lesión producida pueda ser imputada, o sea, jurídicamente atribuida. *A priori*, la responsabilidad será efecto de la infracción de un deber conductual impuesto por el ordenamiento jurídico, por lo que es suficiente que los hechos lesivos sean consecuencia de la actividad administrativa, sin requerir la anormalidad del servicio ni el juicio de reprochabilidad. Al respecto, Ahumada (2009) indica:

> Para que el daño que un alumno pueda sufrir en su integridad física o moral sea jurídicamente imputable a la administración debe tratarse de un daño antijurídico, para lo cual se exige que pueda hablarse propiamente de la lesión de un derecho y que la lesión sea atribuible a algunos de los factores que componen el servicio público educativo: función o actividad docente (entendida en un sentido amplio que engloba las actividades de dirección y administrativas del centro), deficiente estado de las instalaciones o de los elementos materiales que se utilizan en el desarrollo de las actividades escolares o falta de vigilancia o custodia jurídicamente exigibles. No cabrá exigir responsabilidad de la administración, en cambio, cuando el daño, en caso de existir, resulte atribuible exclusivamente a factores ajenos al servicio educativo (v. gr.: culpa exclusiva de la víctima o acción de un tercero

sin concurrencia de factores imputables al servicio o fuerza mayor). Es lo que quiere decirse cuando salude a la conexión-desconexión del daño con el servicio público educativo. (p. 620)

El objetivo del análisis del tipo de funcionamiento es determinar si la Administración es responsable del daño causado y establecer una base jurídica sólida para obligarla a reparar el patrimonio lesionado. En términos generales, la normalidad o anormalidad de la actividad de los servicios públicos se analizará en relación a la imputación del daño, donde se evaluará si se cumplen los diferentes criterios que conforman la fórmula unitaria: culpa o negligencia en el caso de un funcionamiento anormal, o riesgo o daño sacrificial en el caso de un funcionamiento adecuado del servicio público (Esteve Girbés, 2021, p. 60). Para Romero Rey (2020), los títulos de imputación se pueden agrupar en tres categorías distintas. La primera de ellas es el funcionamiento anormal, que requiere una evaluación de los niveles de funcionamiento de los diversos servicios públicos. Las otras dos categorías corresponden a lo que se podría llamar un funcionamiento normal: la imposición de un sacrificio especial al ciudadano y aquellos motivos derivados de la creación de un riesgo específico (p. 22). De lo anterior se deduce que en la responsabilidad patrimonial los títulos de imputación son tanto el funcionamiento normal como el anormal del servicio público.

4. LA RESPONSABILIDAD PATRIMONIAL Y LOS ESTÁNDARES EN EL ÁMBITO EDUCACIONAL

La responsabilidad patrimonial y los estándares de calidad son dos cuestiones importantes en el ámbito educacional que se deben abordar cuidadosamente para garantizar una educación de calidad. La responsabilidad involucra la implementación de medidas de seguridad adecuadas, la capacitación de los agentes educativos y la realización de inspecciones para detectar posibles riesgos. Por otro lado, los estándares de calidad son un conjunto de criterios que se utilizan para evaluar la calidad de la educación que se imparte en un centro docente. Estos estándares incluyen aspectos como la calidad de la enseñanza, la infraestructura, la oferta de programas educativos y la formación continua del personal. El cumplimiento los estándares establecidos garantiza que los alumnos reciban una educación de calidad y que estén preparados para enfrentar los desafíos sociales.

Con frecuencia los estándares son reconocidos en un instrumento de las organizaciones al que se le denomina «Carta de servicios». Es elaborado por la Administración o sus entes, y su finalidad radica en describir las condiciones a cumplir por un determinado servicio o prestación pública. En él se informa a los administrados sobre los servicios cuya gestión y prestación tiene encomendado el ente, los compromisos de calidad asumidos en su prestación y los derechos que los administrados tienen en relación con los mismos.

> Una carta de servicios es un instrumento de mejora continua a través del cual las organizaciones públicas informan a las personas usuarias (ciudadanía) sobre los servicios que tienen encomendados, sobre los derechos que le asisten y sobre los compromisos de calidad en su prestación, en respuesta y alineados con las necesidades y expectativas de aquellas. De esta definición cabe destacar tres pilares fundamentales sobre los que se sostienen: servicios, derechos y compromisos. (Fernández Ronquillo, 2016, p. 49)

El cumplimiento de tales obligaciones no es vinculante para el ente administrativo prestador del servicio. De acuerdo con Martín Rebollo (2008), actualmente las Cartas de servicios tienen un valor principalmente simbólico, pues se consideran una referencia de prestigio para las entidades que las ofrecen, pero «es de suponer que su evolución puede ir poco a poco incidiendo en la práctica judicial entre otros efectos, por ejemplo, como patrón en los supuestos de responsabilidad por mala, defectuosa o tardía prestación» (p. 379). Sin embargo, no puede obviarse que el propósito de explicitar dichas obligaciones y compromisos de calidad no puede ser otro que el de llevarlos a efecto y que el resultado de dicho incumplimiento es una gran insatisfacción del usuario.

Las Cartas de servicios establecen compromisos que pueden ser decisivos para determinar si el funcionamiento de un servicio público es anormal y, por lo tanto, si la Administración pública es responsable de cualquier daño antijurídico. Esto significa que, en caso de incumplimiento de dichos compromisos, la Administración puede ser considerada responsable y tener que indemnizar por los daños causados. Por ende, el contenido de las Cartas de Servicios puede ser transcendental para establecer la responsabilidad de la Administración en caso de un funcionamiento anormal del servicio público.

La evaluación de si ha ocurrido una lesión antijurídica puede verse influenciada significativamente por los compromisos establecidos en las Cartas de servicios. Estos actúan como medidas de calidad que ayudan a determinar si el daño sufrido por un ciudadano es suficiente para considerarse antijurídico. La responsabilidad administrativa el ordenamiento jurídico español se basa en la existencia de una lesión antijurídica, que se produce cuando un servicio público funciona de manera anormal (y se ha demostrado la relación de causalidad, imputación y daño evaluables económicamente). Sin embargo, debido a la falta de criterios previamente establecidos para los servicios públicos, la determinación de lo que constituye un funcionamiento normal o anormal ha quedado a discreción de los tribunales. Por lo tanto, es importante destacar la importancia de las Cartas de servicios como normas que establecen compromisos que sirven como estándares de calidad que determinan si la actuación administrativa se puede considerar como funcionamiento normal o anormal de la Administración (Tornos Mas, 2006, p. 80).

La doctrina y la jurisprudencia definen la actuación administrativa que es objetivamente inadecuada o técnicamente incorrecta como una violación de los estándares de diligencia y calidad que deben guiar el funcionamiento normal del servicio público. En palabras del Tribunal Superior de Justicia (TSJ) de Navarra: puede concluirse que, para que el daño concreto producido por el funcionamiento del servicio a uno o varios particulares sea antijurídico, basta con que el riesgo inherente a su utilización haya rebasado los límites impuestos por los estándares de seguridad exigibles conforme a la conciencia social. No existirá entonces deber alguno del perjudicado de soportar el menoscabo y, consiguientemente, la obligación de resarcir el daño o perjuicio causado por la actividad administrativa será a ella imputable (STSJ Navarra, a 16 de mayo de 2003 - ROJ: STSJ NA 677/2003 - ECLI:ES:TSJNA:2003:677).

El problema surge cuando estos estándares no están claramente establecidos, lo que lleva a que el poder judicial tenga que determinar, caso por caso, cuál es el nivel mínimo de diligencia exigido. Esta situación de determinación particular por parte de los tribunales crea inseguridad, ya que no existe una norma general que defina claramente los estándares de diligencia y calidad para todas las actuaciones administrativas (De Franch i Saguer, 2020, p. 286). A lo anterior se agrega la postura de Aguado y Netell (2013) al decir que

> la ausencia de estándares normativos de cómo debe actuar la Administración pueden derivar en un excesivo decisionismo judicial. Tal situación puede provocar incerteza e inseguridad jurídica y, por tanto, frustrar esta necesaria función de control sobre una de las patologías más extendidas pero al mismo tiempo más preocupantes. (p. 363)

Martín Rebollo (1999) indica que, en estas situaciones, el resultado puede variar significativamente, lo que da lugar a la aplicación de un enfoque casuístico. Si el juez establece un estándar alto de calidad para el funcionamiento medio de los servicios, se ampliarán los casos de responsabilidad, ya que cualquier funcionamiento por debajo de ese nivel óptimo se consideraría como anormal e implicaría una indemnización por los daños sufridos. En cambio, si se utiliza un estándar bajo de calidad, los casos de responsabilidad se reducirían porque cualquier funcionamiento por encima de ese estándar medio no se consideraría anormal (p. 364).

No obstante, es criterio del autor de esta investigación que los estándares de calidad para diferentes servicios deben establecerse por el legislador, y no por los órganos judiciales, en aras del respeto a la separación de poderes establecida por la Constitución. Paricio Rallo (2009) añade la falta de legitimación democrática de los órganos judiciales para asumir la función de completar el régimen jurídico de la institución de la responsabilidad patrimonial, definiendo y concretando sus límites, sin la necesaria perspectiva general y sin tener en cuenta criterios generales como los de sostenibilidad presupuestaria y la necesidad de priorizar unas inversiones sobre otras, decisión esta última de naturaleza política y no jurisdiccional (pp. 154 y 168-169).

Un diseño legal de estándares exigibles evitaría que, en condiciones similares, se impute o exonere de responsabilidad a la Administración pública. Para hacer obligatorias las Cartas de servicios, es necesario que se incorporen en leyes o reglamentos. Al hacerlo, se establecería legalmente que la Administración debe seguir las directrices establecidas en estas Cartas y tiene escaso margen para alejarse de ellas. Este cambio tendría un efecto jurídico significativo en la relación entre los administrados y la Administración pública. La positivización en normas de los estándares de calidad de los servicios serían el fundamento para la probanza del funcionamiento normal o anormal del servicio público.

En el ámbito normativo español se debe señalar el Real Decreto 951/2005, de 29 de julio, por el que se establece el marco general para la mejora de la calidad en la Administración General del Estado. Su objetivo principal es prestar servicios de alta calidad a los ciudadanos y mejorar su nivel de satisfacción con los servicios ofrecidos por la Administración. Esta normativa establece un conjunto de medidas para garantizar que el ente administrativo preste servicios de alta calidad a los ciudadanos y mejore constantemente su desempeño. Entre las medidas establecidas por el Real Decreto, se incluyen la elaboración de planes y programas de calidad, la definición de indicadores de desempeño, la promoción de la participación y colaboración de los ciudadanos en la mejora de los servicios, y la evaluación periódica de la calidad de los servicios prestados. Además, instituye la figura de un responsable de calidad en cada órgano de la Administración General del Estado, que se encarga de coordinar y supervisar la implementación de medidas de mejora de la calidad en su área de competencia.

5. LA DEBIDA DILIGENCIA, LOS ESTÁNDARES Y SU EXIGIBILIDAD EN LA RESPONSABILIDAD PATRIMONIAL A LOS CENTROS DOCENTES

Cuando los tribunales han tenido que resolver litigios en los que se reclama responsabilidad patrimonial de la Administración docente, acuden a nociones indeterminadas para determinar la culpa de los agentes educativos. Sin lugar a dudas, la motivación de una sentencia en conceptos ambiguas da lugar a interpretaciones disímiles en supuestos similares. Es por ello por lo que, en el ámbito escolar, se aboga con fuerza por la protocolización de la conducta de los sujetos intervinientes en el proceso de enseñanza/aprendizaje. A continuación, se desarrollarán las aseveraciones antes realizadas.

5.1. Debida diligencia y estándares escolares: ¿inexactitud e incertidumbre?

El nivel de diligencia exigible es de difícil uniformidad y determinación, en tanto depende de la casuística. En ocasiones se ha desplazado este parámetro a lo que cabe esperar de un buen padre de familia para prevenir el daño. Por ejemplo, en la Sentencia del Tribunal Supremo, a 26 de febrero de 1998 se dice que:

> en el hecho desencadenante de la lesión sufrida por la menor, la imputación de responsabilidad no se deriva de que el mismo aun siendo previsible fuera inevitable, insuperable e irresistible sino por la falta de diligencia en el cuidado de la menor por parte del personal docente encargado de su custodia en las actividades extraescolares realizadas en Saldes (Girona), actividad englobada y dentro del servicio público de enseñanza durante el cual el profesorado tiene, respecto de los alumnos, el deber de observar la diligencia propia de los padres de familia a tenor de lo establecido en el art. 1903 del Código Civil en el cuidado y vigilancia de los menores que están bajo su custodia, habiéndose en el presente caso reconocido expresamente por la

> Administración demandada que la lesión padecida por la menor se produce con ocasión del funcionamiento del servicio público de enseñanza, aun cuando la actividad tuviera carácter extraescolar. (ROJ: STS 1296/1998 - ECLI:ES:TS:1998:1296)

Sin embargo, esa analogía no resulta una solución salomónica, pues también es una noción jurídica indeterminada y que requiere concreción según los supuestos de hecho. La amplitud, la falta de definición de los elementos, la incertidumbre que propicia un amplio margen en las decisiones administrativas y judiciales, el aumento del número de reclamaciones y su cuantía constituyen aspectos que convidan a la necesidad de modificar el presente sistema de responsabilidad patrimonial de la Administración pública. En el ámbito escolar, es un riesgo trocar a la Administración educativa en una aseguradora universal. La responsabilidad patrimonial mutaría en asistencia social universal de todos los daños ocurridos en centros docentes o esté involucrado su personal, lo que haría insostenible el sistema público de educación. Es por ello por lo que Martín Rebollo (2001) argumenta:

> De ahí el significado central de la responsabilidad en la concepción constitucional de las Administraciones Públicas. De ahí también que, a mi juicio, el régimen de dicha responsabilidad no deba equipararse o confundirse con un sistema de asistencia social universal. Si se confunde, el resultado será más inseguridad y el correlato de que o no se aplicará el régimen resarcitorio con todas sus consecuencias o, de aplicarse, puede cuestionar sus propios condicionantes económicos. El sistema asistencial es diferente del régimen de responsabilidad, aunque mantenga con él una relación de vasos comunicantes: a más seguridad social, menos espacio cubre la responsabilidad. (p. 18)

La diligencia debida y la fijación de estándares para disminuir la incertidumbre en la solución de los procedimientos tanto administrativos como judiciales es, sin lugar a dudas, una prioridad actualmente. Si tras ser valoradas las circunstancias concurrentes, se concluye que no se pudo evitar el daño con la utilización de las medidas razonables de vigilancia y control, no se imputará responsabilidad a la Administración.

La evaluación de la diligencia exigible al docente debe hacerse caso por caso, sin requerir una actuación que supere el nivel de atención y cuidado correspondiente a sus funciones educativas. Esto puede resultar difícil de delimitar, ya que existen muchas situaciones diferentes que pueden surgir en la práctica. Por lo tanto, se debe considerar cada caso individualmente y solo se podrá demostrar una conducta negligente en aquellos casos en los que no se hayan cumplido las obligaciones correspondientes (Villagrasa, 2012, pp. 160-161). *Ergo*, la diligencia exigible a las Administraciones públicas del sector educacional y a todos los agentes con responsabilidades educativas se cristaliza en un parámetro determinante.

Por ejemplo, en un proceso de reclamación patrimonial, la madre de una menor de edad con discapacidad solicita la indemnización por la caída de su hija desde una ventana en su escuela. La niña, que padece de Síndrome de Down había quedado atrapada en su aula sin haberse percatado la otra estudiante que cerró el local. La parte actora argumenta que la profesora de guardia no disponía de la llave del aula y, cuando encontró a los alumnos, no efectuó un recuento para averiguar, de forma inmediata, si faltaba alguno y, así acudir en su búsqueda. El Tribunal Superior de Galicia respondió a este conflicto el 14 de mayo de 2014, y para ello se apoya en la noción de estándar del servicio:

> En definitiva, el deber de previsión exigible al centro escolar, a la profesora de guardia, se ha de construir desde un estándar normal de exigibilidad y, a su vez, representarse como lógico, adecuado y posible el resultado (...) Y aun cuando se extremasen los deberes de vigilancia y cuidado de la actividad educativa, no se impediría que, en ocasiones, se originen desenlaces fatales como el que nos ocupa que no deja de constituir un accidente sin relación causal con la conducta de la Administración o un funcionamiento normal o anormal del servicio público, sino que se trata de un acontecimiento extraño a él, por quedar fuera del estándar normal de exigibilidad o del funcionamiento estándar del mismo. (ROJ: STSJ GAL 5706/2014 - ECLI:ES:TSJGAL:2014:5706)

Esta sentencia demuestra que la concreción del nivel de diligencia exigible es necesario si se aspira a mantener un régimen de responsabilidad patrimonial que indemnice suficientemente los daños sin actuar la Administración como aseguradora universal. Se trata de un principio que se reitera en la jurisprudencia y muestra de ello es la siguiente sentencia de 28 de julio de 2016 del Tribunal Superior de Justicia de Galicia:

> Extremar la objetivación de la responsabilidad transformaría el régimen de responsabilidad de la Administración en un sistema providencialista no contemplado en nuestro ordenamiento jurídico. La Sala considera que hubiera sido imprescindible la prueba de un déficit en el cuidado, atención o mantenimiento del edificio del colegio para que la responsabilidad pudiera surgir, lo cual no puede desprenderse, sin más, del relato y de las pruebas practicadas en este concreto supuesto. No se considera concurrente el requisito de antijuridicidad del daño al no constar haberse rebasado los estándares de seguridad exigibles. (ROJ: STSJ GAL 6333/2016 - ECLI:ES:TSJGAL:2016:6333)

Los tribunales han acotado el concepto de antijuridicidad mediante la consideración de los estándares de seguridad exigibles en la actividad administrativa, lo que evidencia la interconexión de los elementos de la responsabilidad patrimonial. En consecuencia, el daño solo es considerado antijurídico cuando la actividad administrativa supera dichos estándares, no cuando se encuentra dentro de ellos. Asimismo, es posible una graduación en la responsabilidad de acuerdo al tipo de actividad administrativa desarrollada. Lo anteriormente dicho lo refrenda De Fracnh i Saguer (2020) cuando dice:

> No solamente la *lex artis* es una lección que la administración parece haber aprendido, también lo ha hecho en la elaboración de los protocolos y el establecimiento de los estándares en la prestación del servicio, que repercuten directamente en la calidad del mismo. La determinación de estándares mínimos o medios del servicio, y el establecimiento de las cartas de servicio convierten a la actuación de la administración realizada dentro de los márgenes fijados en estos documentos sea dentro del funcionamiento normal, aunque el resultado sea lesivo para el ciudadano. (p. 290)

A través del análisis jurisprudencial, se puede verificar que la determinación de la diligencia exigible a las Administraciones y centros docentes se transforma en un aspecto crítico para establecer la existencia de un nexo causal adecuado y la posible interferencia en la ruptura del mismo. La identificación de este nivel de diligencia es crucial, ya que su cumplimiento puede exonerar de responsabilidad a dichas entidades en el ámbito educativo. Por ejemplo, en Sentencia de la Audiencia Nacional el 1 de febrero de 2013 se exime de responsabilidad patrimonial a un centro docente que tomó las medidas necesarias ante un conflicto violento entre estudiantes:

> En cualquier caso, y esto es lo que importa, con independencia de la culpa de los sujetos intervinientes en las peleas, la Sala no ha podido identificar en los episodios concretos acaecidos, negligencia o ausencia de actuación del personal del Centro Educativo que pudiera calificarse de culpa *in vigilando*, sobre todo teniendo en cuenta las concretas actuaciones e intervenciones, en ningún caso discutidas, que tuvieron en los incidentes del Centro, de manera inmediata, y llevando a cabo un correcto seguimiento de los conflictos y reyertas de los alumnos. (ROJ: SAN 406/2013 - ECLI:ES:AN:2013:406)

Para llevar a cabo la valoración de la diligencia exigible es necesario considerar diversos elementos como medidas preventivas o la facilitación de apoyos al perjudicado o sus familiares. Esto es especialmente relevante ante actitudes que hoy día son de preocupación para los familiares de los estudiantes y la sociedad: acoso escolar o *bullying*. En un proceso resuelto por el Tribunal Superior de Justicia de Cataluña el 3 de diciembre de 2009, se esgrimió determinante demostrar la pasividad de las autoridades del centro educacional para desestimar la reclamación por responsabilidad patrimonial a la Consejería de Educación de la Generalidad de Cataluña, por presunto mal funcionamiento de la Administración educativa:

> A este proceso no se ha traído ni intentado prueba relativa a la situación de la menor en el Colegio, más que prueba sobre la situación de ansiedad, datos colaterales o indicativos, —indicios— de una situación de presión que viviese la menor. Siendo consciente además este

Tribunal, que ello no es fácil, y se ha de ser cauto en atención a los intereses en conflicto, así como a la alarma social que ello puede producir en entornos especialmente sensibles, como es el educativo. Pero ello, es absolutamente necesario para poder comprobar la situación concreta que vivió la menor Luz, o otros menores, a los que la actora menta en la reclamación de responsabilidad patrimonial cuando manifiesta la pasividad del colegio ante situaciones de riesgo evidente, calificarla objetivamente y a partir de ahí si el Centro y la Inspección educativa actuó acorde a la misma (. . .) Se ha valorado especialmente el Informe del Director del Centro (folio 15-16 EA), donde se hace una exposición detallada de los diversos momentos a partir del incidente del 1.10.2004, y se constata un completo control de cada una de las etapas de gestión del incidente a partir del conocimiento del Centro del mismo. (ROJ: STSJ CAT 14727/2009 - ECLI:ES:TSJCAT:2009:14727)

En el contexto educativo, la intensidad de la diligencia exigible puede variar dependiendo del lugar donde se produzca el daño o de la actividad relacionada con el centro docente en la que se haya originado. Además, es importante tener en cuenta la diligencia que se exige a los demás sujetos involucrados en el proceso educativo, junto con la de la Administración. Sobre esta última, Doménech Pascual (2009) ha dicho que tiene la capacidad de controlar y orientar la actividad de sus empleados, pudiendo supervisar con mayor énfasis a aquellos que son más descuidados, asignar las tareas más peligrosas a los más competentes y evitar que los menos cautelosos ocupen los puestos más riesgosos, entre otras acciones. Además, mediante el ejercicio adecuado de la potestad disciplinaria, la Administración puede prevenir la realización de conductas dañinas por parte de su personal (p. 148).

Sin embargo, la dificultad para identificar responsabilidades en el ámbito educativo sigue siendo un problema y la falta de criterios objetivos para establecer estándares de calidad que midan el nivel de diligencia exigible a los distintos sujetos involucrados en el proceso de enseñanza/aprendizaje no ayuda a resolver esta cuestión. La definición de estándares en relación con la responsabilidad patrimonial puede tener un impacto en cómo funciona la Administración docente. Existe una estrecha correlación entre la responsabilidad patrimonial y su capacidad para operar de manera eficiente y efectiva, medido en estándares de calidad que se deben cumplir. Las Administraciones educativas siguen estándares que por lo general están contenidos en los protocolos escolares.

5.2. Los protocolos escolares y su rol para determinar la culpa de la Administración docente

El sistema jurídico de responsabilidad patrimonial de la Administración pública en España tiene como función primordial garantizar la integridad patrimonial de los administrados: reparación al perjudicado por un daño que no tiene el deber de soportar. Este tipo de responsabilidad se aplica indistintamente en casos de funcionamiento normal o anormal de los servicios públicos. A pesar de la configuración objetiva de la responsabilidad patrimonial, son indiscutibles los conflictos que implica prescindir de la culpa o la negligencia para evitar posibles arbitrariedades. Al decir de Medina Alcoz (2020):

> La realidad a la que responde el derecho de daños es muy heterogénea. Reclama por ello respuestas articuladas, igualmente variadas, sin que el juicio de responsabilidad pueda descansar en una única regla general. El sistema de responsabilidad patrimonial ofrece aquella variedad de respuestas, a mi modo ver. De acuerdo con su genuina interpretación, permite acotar, con mayor o menor rotundidad, reglas de diverso signo para grupos diferenciados de casos. Frente al subjetivismo, establece criterios objetivos de imputación a través de la «responsabilidad por funcionamiento normal»; y frente al panobjetivismo, sigue confiando en la culpa como regla o criterio de cierre. La culpa es un criterio virtualmente utilizable en cualquier supuesto y materialmente operativo fuera de los grupos de casos gobernados por un título alternativo (objetivo) de atribución. (pp. 80-81)

Tanto culpa como negligencia son de importancia como elemento configurador para considerar la diligencia exigible a las Administraciones educativas. Estas vienen a complementar las nociones de objetividad, imputabilidad y nexo causal. Es más sencillo aseverar la existencia del nexo causal entre el funcionamiento del servicio público educativo y el daño alegado al producirse una infracción de los estándares de diligencia exigibles y de la ponderación del cumplimiento del deber de vigilancia. La exigencia de un grado de vigilancia adecuado es inexcusable para evitar daños en el ámbito escolar. Según en un litigio resuelto por el Tribunal Supremo el 16 de febrero de 1999 se concluyó que:

> (. . .) hubo funcionamiento anormal del servicio público, pues la actuación de los profesores fue objetivamente insuficiente para impedir que las niñas jugaran con un objeto peligroso en un lugar inadecuado, existiendo, pues un riesgo creado por el funcionamiento del servicio, que hay que calificar de anormal, remitiéndose a los estándares de rendimiento medio exigibles según el grado de sensibilidad social y desarrollo efectivo del servicio, que en la época actual impone en la enseñanza impedir que se produzcan daños como el sucedido (. . .) hay que concluir de las anteriores circunstancias que la actuación de los profesores fue objetivamente insuficiente para impedir que las niñas jugaran con un objeto peligroso en un lugar inadecuado, existiendo, pues un riesgo creado por el funcionamiento del servicio. (ROJ: STS 1006/1999 - ECLI:ES:TS:1999:1006)

El grado de eficacia que se espera de la Administración en el desarrollo de sus actividades, especialmente en la gestión directa de servicios, puede resultar difícil de determinar con precisión. Este problema se vuelve aún más complejo cuando la Administración debe realizar labores de supervisión sobre las actividades de terceros. En estos casos, es común que la Administración intente eximirse de responsabilidad a través de acciones que, en el mejor de los casos, son consideradas como mínimas y que no impidieron el daño producido. Por esta razón, la determinación de estándares, aunque en ocasiones sea inconsistente debido a la jurisprudencia, es fundamental para evaluar si la actuación de la Administración es adecuada para evitar el daño (Aguado y Netell, 2013, p. 314).

Es por ello por lo que, en el caso de determinar la responsabilidad patrimonial de los agentes de la Administración pública, la culpa se convierte en un elemento indispensable para modular dicha responsabilidad. Es complejo definir los términos de culpa o negligencia, especialmente en el ámbito del Derecho Administrativo, donde los agentes están sujetos a una serie de deberes y obligaciones establecidos por leyes, reglamentos y protocolos o incluso en disposiciones deontológicas.

Es necesario introducir especificaciones normativas en el ámbito educativo. En el ámbito escolar se requiere introducir mayor precisión en la normativa sectorial. Aunque la objetividad del funcionamiento del servicio público sea una premisa fundamental, su impacto práctico es innegable y se hace evidente la necesidad de complementar las posibles reformas normativas con la definición de estándares de calidad y protocolos para establecer la diligencia exigible. La aprobación de cartas de servicios, protocolos de actuación o instrumentos semejantes serían una buena solución para la propia Administración, al dotarla de más seguridad jurídica y mediante su cumplimiento facilitar su exoneración de responsabilidad.

En el ámbito escolar son muy comunes los llamados protocolos. En ellos se establece la conducta que deben seguir tanto los docentes como los estudiantes, se establecen medidas preventivas y se describe cómo se abordarán las conductas inaceptables detectadas, ya sean de alumnos o profesores, tipificándolas y determinando las medidas correctoras. Sin embargo, su naturaleza jurídica se ha debatido por ser manifestación de las relaciones jerárquicas internas de los órganos administrativos y su actuación. De ahí que, no pueden ser considerados como fuentes de Derecho porque no son actos o hechos a los que el ordenamiento jurídico les reconoce capacidad para crear Derecho.

Por tanto, la protocolización del funcionamiento correcto del servicio público educativo introduciría un matiz de seguridad para las familias, la Administración y los órganos judiciales. De esta manera, se puede aumentar el grado de homogeneidad en las decisiones relacionadas con la responsabilidad patrimonial de la Administración en casos de daños en el ámbito escolar. Según Villagrasa Alcaide (2012), los docentes tienen la obligación de intervenir cuando tengan conocimiento de que un niño o adolescente está en una situación de riesgo. Esto debe hacerse de acuerdo con los protocolos específicos establecidos y en colaboración con el departamento competente en protección al alumnado. El desafío es establecer una regulación clara que detalle el proceso y las acciones a tomar para que la ley sea efectiva. Se sugiere que los diferentes protocolos existentes en distintas áreas se unifiquen para crear un sistema óptimo basado en su eficacia demostrada, su pertinencia y sus resultados (pp. 154 y 162).

La actitud que adopten docentes y Administraciones educativas es innegable para apreciar la existencia de responsabilidad patrimonial, de ahí la gran utilidad de los protocolos de actuación. Respecto a los profesores se debe considerar además que la legislación de este sector les otorga más herramientas para facilitar su intervención en los procesos escolares lo que establece un mayor nivel de exigencia de responsabilidad. Los componentes para valorar la adecuación de la conducta de centros y Administraciones educativas pueden ser diversos: advertencias a familiares, activación de protocolos, procedimientos incoados a profesores o alumnos, inspección educativa, entre otros. Algunas resoluciones judiciales consideran estas circunstancias en su motivación, manejan el adecuado nivel de diligencia como referencia y condenan por funcionamiento anormal.

A modo de cierre, en los casos de reclamaciones de responsabilidad patrimonial, el administrado puede sostener que ha sufrido un daño por la falta de cumplimiento de los estándares del servicio establecidos por la Administración. Los estándares del servicio público también son necesarios para establecer los criterios de evaluación si se ha producido un daño indemnizable y el grado de responsabilidad de la Administración. La debida diligencia a partir de estándares en el ámbito escolar es fundamental para garantizar una educación de calidad.

Ciertamente, esos patrones de conducta dirigidos a los miembros de la comunidad educativa, en ocasiones se recogen en disposiciones carentes de valor jurídico: los protocolos. No obstante, ellos pueden ser una herramienta muy útil para prevenir o aminorar las consecuencias de daños en el centro docente, determinar cómo se produjeron los hechos y de guía para evaluar la debida diligencia en la resolución de las reclamaciones de responsabilidad patrimonial. Sin embargo, ante conflictos por daños ocasionados en el contexto docente, son los órganos judiciales quienes terminan por predefinir los contornos de los estándares y con ellos la conducta de la Administración educativa.

6. CONCLUSIONES

En España, la responsabilidad patrimonial de la Administración pública se encuentra en la Constitución, que en su artículo 106.2 reconoce el derecho de los particulares, en los términos establecidos por la ley, a ser indemnizados por toda lesión que sufran en cualquiera de sus bienes y derechos, salvo en los casos de fuerza mayor. El mencionado artículo se complementa con la Ley 39/2015, de 1 de octubre, del Procedimiento Administrativo Común de las Administraciones Públicas y en Ley 40/2015, de 1 de octubre, de Régimen Jurídico del Sector Público. Ambas legislaciones son de aplicación a los centros docentes públicos, ya que los privados se rigen por el Código Civil. La doctrina es copiosa en torno a sostener que el sistema de responsabilidad patrimonial en España es de carácter objetivo, una posición que de igual manera se evidencia en las sentencias de los órganos judiciales. Sin embargo, este planteamiento no puede ser asumido de manera absoluta, pues, si así fuera, la Administración estaría obligada a ser una aseguradora universal de todos los riesgos. Es por ello por lo que se defiende la posibilidad de introducir parámetros subjetivos para determinar la responsabilidad de la Administración, siendo un ejemplo los estándares de conducta.

Tanto los órganos administrativos y judiciales que deben resolver estos conflictos, se auxilian en la motivación de sus decisiones de categorías ambiguas e inexactas para imputar responsabilidad, dígase, por ejemplo, «estándares de conducta». Esto demuestra que el sistema no es objetivo en sentido estricto, y que no se puede prescindir de la culpa. También, denota que la falta de concreción de dichos estándares provoca soluciones divergentes a litigios de similar naturaleza. Por tanto, la doctrina recomienda que el legislador sea quien regule normativamente esos niveles de comportamiento, y las Administraciones lo desarrollen, implementen y controlen. El análisis de la doctrina, la legislación y la jurisprudencia manifiesta que los estándares son una categoría que influye en la determinación de responsabilidad a los miembros de la comunidad educativa. Este fenómeno debe ser atendido con cautela en el ámbito docente debido a la significación social del proceso de enseñanza/aprendizaje y constituir especialmente sensible de la actividad administrativa y en el que pueden darse una variedad de daños. No es menos cierto que los Protocolos escolares tributan a establecer patrones de conducta, pero estos se tornan insuficientes por carecer de valor jurídico y falta de especificidad.

En ciertos casos, la Administración puede ser considerada responsable y estar obligada a indemnizar al perjudicado, incluso cuando el funcionamiento del servicio educativo se ajusta a todos los estándares establecidos y acreditados. El daño causado se considerará antijurídico y el cumplimiento de los estándares actuará como componente que modera la indemnización. Todo ello destaca el papel cada vez más transcendental de los estándares y la importancia de instituirlos, actualizarlos, evaluarlos y certificarlos de manera continua, ya sea para la gestión propia de la Administración docente o para el reconocimiento de la responsabilidad patrimonial.

REFERENCIAS

Aguado i Cudolà, V. y Nettel Barrera, A. del C. (2013). La responsabilidad patrimonial por inactividad de la administración. En T. Quintana López (Dir.) y A.B. Casares Marcos (Coord.). *La responsabilidad patrimonial de la administración pública. Estudio general y ámbitos, sectoriales* (tomo I, 2.ª edición). Tirant lo Blanch.

Ahumada Ramos, F. J. (2009). *La responsabilidad patrimonial de las Administraciones públicas. Elementos estructurales: lesión de derechos y nexo causal entre la lesión y el funcionamiento de los servicios públicos* (3ra edición). Aranzadi.

De Fracnh I Saguer, M. (2020). La responsabilidad administrativa: ¿una lección para la administración de cómo actuar? En J. Cortés Campos, J. C. Marín y J. Roldán. *La responsabilidad patrimonial del Estado: avances y retos*. Tirant lo Blanch.

Doménech Pascual, G. (2009). ¿Deberían las autoridades y los empleados públicos responder civilmente por los daños causados en el ejercicio de sus cargos? *Revista de administración pública*, (180), 103-159. https://www.cepc.gob.es/sites/default/files/2021-12/27606gabrieldomenechpascual-rap180.pdf

Esteve Girbés, J. (2021). El mito de la responsabilidad objetiva global de la administración pública (pandemia por coronavirus como oportunidad para una reevaluación del sistema). *Revista Aragonesa de Administración Pública*, (57), 43-71. https://bibliotecavirtual.aragon.es/i18n/catalogo_imagenes/grupo.do?path=3720378

Fernández Ronquillo, J. C. (2016). Aproximación al enfoque de la calidad de los servicios públicos: la carta de servicios. *Boletín de la Asociación Andaluza de Bibliotecarios*, *31*(112), 30-56. https://www.aab.es/app/download/27949001/Bibliotecas-Bolet%A1n-112%20-%20030-056.pdf?_gl=1*3cixy2*_ga*MTM5Nzg1NzQ1NS4xNzExMjA0NzE5*_ga_KT002P-C79R*MTcxMjI1MjI4MC4yLjEuMTcxMjI1MjM0Ny4wLjAuMA..

Martín Rebollo, L. (1999). Ayer y hoy de la responsabilidad patrimonial de la Administración: un balance y tres reflexiones. *Revista de Administración pública*, (150), 317-372. https://www.boe.es/biblioteca_juridica/anuarios_derecho/abrir_pdf.php?id=ANU-A-2000-10027300316

Martín Rebollo, L. (2001). La acción de regreso contra los profesionales sanitarios: (Algunas reflexiones sobre la responsabilidad pública y la responsabilidad personal de los empleados públicos). *DS: Derecho y salud*, *9*(1), 9-20. https://www.ajs.es/sites/default/files/2020-05/Vol0901-2.pdf

Martín Rebollo, L. (2008). Sobre el nuevo concepto de servicio público en Europa y sus posibles implicaciones futuras. En D. Cienfuegos Salgado y L. G. Rodríguez Lozano (Coord.), *Actualidad de los servicios públicos en Iberoamérica*. Universidad Autónoma de México.

Medina Alcoz, L. (2020). El problema de la culpa en la responsabilidad patrimonial por acto administrativo. Análisis crítico de la jurisprudencia del Tribunal Supremo. *Revista de Administración Pública*, (213), 69-91. https://doi.org/10.18042/cepc/rap.213.04

Paricio Rallo, E. (2009). Responsabilidad patrimonial de la Administración. Especial referencia a la responsabilidad de las Administraciones Locales por daños sufridos en la vía pública. En J. Ortiz Blasco y P. Mahillo García (Coord.). *La responsabilidad patrimonial de las Administraciones Públicas. Crisis y Propuestas para el Siglo* XXI. Fundación Democracia y Gobierno Local.

Romero Rey, C. (2020). La responsabilidad patrimonial de las Administraciones públicas: un palimpsesto. *Revista de Administración Pública*, (213), 2020, 13-27. https://doi.org/10.18042/cepc/rap.213.01

Tornos Mas, J. (2006). Las cartas de servicios. *Cuadernos de derecho local*, (10), 72-82. https://repositorio.gobiernolocal.es/xmlui/bitstream/handle/10873/252/qdl10_06_est05_tornos.pdf?sequence=3&isAllowed=y

Valenzuela Ortego, D. (2022). La responsabilidad patrimonial de la administración en la contratación pública. *Gabilex: Revista del Gabinete Jurídico de Castilla-La Mancha*, (29), 115-159. https://jornadasgabilex.castillalamancha.es/sites/default/files/articulos_gabilex/daniel_valenzuela_ortego.pdf

Villagrasa Alcaide, C. (2012). Los conflictos de derechos en el aula y las alternativas de gestión y resolución. *Educatio Siglo* XXI, *30*(2), 149-166. https://revistas.um.es/educatio/article/view/153731/140771

ABDICACIÓN TÁCITA Y RACIONALIZACIÓN DE LA MONARQUÍA DE LUXEMBURGO EN LA REFORMA CONSTITUCIONAL DE 2023

Miguel Cabanillas Sanz
Universidad Complutense de Madrid[53]
Miguel.cabanillas@correo.gob.es / mcabanillas@ucm.es

RESUMEN

La amplia reforma constitucional acometida por Luxemburgo en 2023 sobre su Constitución de 1868 sitúa al Gran Ducado en una nueva posición dentro de la clasificación de las Monarquías parlamentarias existentes en las democracias occidentales. A medio camino entre el reducido grupo de las Monarquías racionalizadas, que integran Japón, Suecia y España, y el de las Monarquías convencionales, que encabeza el Reino Unido, se encuentra desde el 1 de julio de 2023 este pequeño Estado centroeuropeo. En el segundo semestre del año ha entrado en vigor una reforma de la Ley Fundamental que además

[53] Doctorando en Derecho Constitucional. Responsable de Comunicación de la Delegación del Gobierno en Canarias.

introduce el mecanismo de la abdicación tácita para posibilitar el cese del jefe del Estado. Este estudio analiza los últimos cambios implementados sobre la Constitución de Luxemburgo que llevan a su Monarquía a aproximarse al modelo sueco.

ABSTRACT

The extensive reform undertaken by Luxembourg in 2023 on its 1868 Constitution takes the Grand Duchy to a new position in the classification of Constitutional Monarchies in Western democracies. Since the 1st of July 2023, this small state located in the centre of democratic Europe claims its own place, halfway between the small group of rationalized Monarchies, which includes Japan, Sweden and Spain, and the bigger group of conventional Monarchies, led by the United Kingdom. In the second half of the year, has come into force a reform of the Constitution that also introduces the mechanism of tacit abdication to allow the dismissal of the Head of State. This study analyses the latest changes implemented to the Constitution of Luxembourg that lead its Monarchy to approach the Swedish model.

KEY WORDS: Monarchy, Abdication, Constitution, Convention, Regency.

ÍNDICE

1. INTRODUCCIÓN

2. LA DEFINICIÓN DE LA FORMA DE GOBIERNO

3. EL NUEVO CAPÍTULO III DEDICADO AL GRAN DUQUE

3.1. La Jefatura del Estado.
3.2. Las atribuciones constitucionales.
3.3. La sucesión y la constitucionalización del Derecho principesco.
3.4. El juramento.

4. LA SUSTITUCIÓN DEL GRAN DUQUE

4.1. La Lugartenencia.
4.2. La Regencia.

5. LA NUEVA ABDICACIÓN TÁCITA

6. CONCLUSIONES

1. INTRODUCCIÓN

En las primeras décadas del siglo XXI, Luxemburgo ha revisado las principales lagunas existentes en torno a la regulación de su Monarquía, en la línea de avanzar hacia una racionalización casi completa del sistema monárquico-parlamentario y aproximarse al modelo sueco, en el que la Corona es fundamentalmente una institución simbólica y ceremonial.

El punto de inflexión tuvo lugar en el año 2008, cuando una crisis constitucional desatada por la negativa del gran duque a sancionar la Ley de regulación de la eutanasia hizo replantear hasta qué punto la Monarquía de Luxemburgo, país fundador de las Comunidades Europeas, disponía de los resortes jurídicos necesarios para garantizar el regular funcionamiento de su sistema democrático, manteniendo en la cúspide del Estado a un órgano no electivo y hereditario.

La amplia reforma constitucional llevada a cabo en 2023 no puede interpretarse sin tener en cuenta lo sucedido entonces, una crisis que hizo que se retirara al gran duque la sanción de las leyes para, de este modo, garantizar que no se viera cuestionada por el jefe del Estado la voluntad mayoritaria de la ciudadanía, expresada en el Parlamento.

La actual versión de la Constitución de Luxemburgo de 1868, que entró en vigor el 1 de julio de 2023, lleva a cabo una nueva adaptación a la democracia parlamentaria del rol del gran duque. Entre otras cuestiones, la Constitución no le reserva poderes, en tanto que en las Monarquías democráticas el rey carece de *potestas*. Le reconoce atribuciones. Y además se elimina la remisión al Derecho privado de la familia ducal, constitucionalmente reconocido hasta entonces en el artículo 3.

En su camino hacia la racionalización y asimilación con el modelo sueco, la reforma de la Constitución de 2023 introduce la abdicación tácita, que permite el cese del gran duque como jefe del Estado si se considera que no ejerce sus atribuciones constitucionales. Esta novedad no puede entenderse tampoco sin tener presente que en 2008 el monarca desatendió su función constitucional al negar la sanción a una ley.

Este estudio analiza en qué medida Luxemburgo camina ya con paso decidido hacia su integración en el grupo de Monarquías parlamentarias racionalizadas, en el que hasta el momento y en puridad solo podemos situar a Japón, Suecia y España. Y repasa los principales cambios acometidos en su modelo constitucional monárquico en 2023.

2. LA DEFINICIÓN DE LA FORMA DE GOBIERNO

Uno de los aspectos principales para determinar la racionalización del sistema monárquico-parlamentario es la definición de su forma de gobierno[54]. La mayor parte de las Monarquías parlamentarias europeas no han variado la denominación de sus sistemas desde la aprobación de su Ley Fundamental, ni siquiera al alcanzar la democracia plena. Esta cuestión es uno de los condicionantes que ha motivado el recurso a las convenciones constitucionales para adaptar sus sistemas a las democracias. Es por eso por lo que son mayoritarios los sistemas monárquicos de tipo convencional hoy en Europa.

Luc Heuschling (2013) ha conceptualizado la realidad que rige en la mayoría de las monarquías democráticas europeas como una «normatividad a dos voces». La primera «voz» sería la referente a la normatividad expresa, es decir, la que figura en todo el ordenamiento jurídico, que reconoce una larga lista de competencias al monarca en las que aparentemente tiene un amplio margen de discrecionalidad. La segunda «voz» sería la que, bajo la forma de convenciones constitucionales, costumbres o prácticas políticas, pretende «reducir o, incluso, suprimir la discrecionalidad» (Heuschling, 2020, p. 54-55) en la ejecución de tales prerrogativas por parte del monarca.

La reciente reforma de la Constitución de 1868 permite a Luxemburgo transitar desde los modelos convencionales hasta los racionalizados, pero sin alcanzar del todo la racionalización plena. El Gran Ducado de Luxemburgo viene dando pasos en los últimos años hacia la asimilación con el modelo sueco. Pero esta aún no se ha producido del todo, por lo que ocupa un lugar especial, intermedio, entre los modelos racionalizados y los convencionales, cuyo paradigma es el Reino Unido.

El germen de la reforma que ahora analizamos se remonta a los cambios en la Ley Fundamental que se produjeron en 2009 tras la

---

[54] En este aspecto, la Constitución española de 1978 ha sido pionera al introducir por primera vez el término Monarquía parlamentaria en el articulado de una Ley Fundamental. Así el art. 1.3 CE.

crisis desatada por la negativa del gran duque a sancionar la Ley de eutanasia. Entonces, Luxemburgo resolvió la crisis modificando el artículo 34 de la Constitución[55], y retirando así la sanción legislativa de las manos del gran duque. En el informe preceptivo sobre esa reforma[56], el Consejo de Estado ponía el acento, de hecho, en que la brecha entre el texto constitucional y el funcionamiento de las instituciones no había dejado de ampliarse, a pesar de las continuas modificaciones hechas sobre la Carta Magna. La deriva convencional era cada vez mayor.

El entonces presidente de la Comisión de Instituciones y de la Revisión Constitucional, Paul-Henri Meyers planteó una propuesta de reforma constitucional de calado[57]. Este texto establecía una formulación de los artículos sobre el gran duque similar a la del Instrumento de Gobierno de Suecia de 1974, con la que el cambio a República fuera tan sencillo como sustituir el término Gran Ducado por el de la Presidencia (republicana)[58]. Pero esta propuesta no salió adelante y hubo que esperar 14 años para retomar su espíritu en 2023.

A pesar de lo trascendental de las modificaciones de 2023, la definición de la forma de gobierno es una de las cuestiones en las que menos cambios ha habido. Se ha de reconocer una voluntad sistematizadora que ha permitido traer al Capítulo I, Sección I del texto la definición del sistema como una «democracia parlamentaria» (art. 2). Esta definición quedaba anteriormente inserta en el artículo 51, dentro del Capítulo dedicado a la Cámara de los Diputados. Y no

---

[55] Ley de 12 de marzo de 2009 para la revisión del artículo 34 de la Constitución. Diario Oficial del Gran Ducado de Luxemburgo, núm. 43, de 12 de marzo de 2009.

[56] Avis du Conseil d'État, no. 48.250, sur le Project de revisión de l'article 34 de la Constitution. Luxemburgo, 9 de diciembre de 2008, pág. 2.

[57] Puede analizarse la propuesta en Comisión Europea para la Democracia a través del Derecho (Comisión de Venecia). Avis 544/2009: *Proposition de revision portant modification et nouvel ordonnancement de la Constitution du Luxembourg*. Estrasburgo, 26 de agosto de 2009.

[58] La crisis desatada por la negativa del gran duque a sancionar la ley de eutanasia había incrementado los porcentajes de apoyo popular a la República y a la vía de la abdicación para el monarca.

solo eso, puesto que Luxemburgo añade ahora a la definición de su forma de gobierno la caracterización de Monarquía constitucional, de la misma manera en la que lo hace, por ejemplo, Dinamarca[59].

En un apartado de comentarios a los artículos inserto en la proposición de reforma constitucional de 2023[60], se pone de relieve que el concepto de democracia parlamentaria va más allá que el de Estado democrático, dado que es sinónimo de democracia representativa e implica que el ordenamiento jurídico reconocerá el lugar que le corresponde al Parlamento en el marco de las instituciones constitucionales.

En puridad, el concepto de Monarquía constitucional se ha venido atribuyendo al estadio previo al plenamente democrático, el que existía en Europa hasta las primeras décadas del siglo XX. Pero, de la misma manera, el Reino Unido sigue definiéndose hoy como una Monarquía constitucional, en el sentido de que es un sistema regido por una Constitución, aunque no se encuentre codificada. A pesar de estas pequeñas diferencias semánticas que persisten, existe un amplio consenso en señalar cuatro etapas en la evolución de la Monarquía desde el nacimiento del Estado moderno (Minoves, 2015), etapas que coinciden con cuatro tipos de sistemas (Torres del Moral, 1983) y que no todos los países han experimentado a la vez, ni en su totalidad (Lauvaux, 1996). Se trata de la Monarquía absoluta, limitada[61], constitucional y parlamentaria.

---

59 Constitución de Dinamarca de 5 de junio de 1953. Sección 2. Servicio de publicaciones del Parlamento danés (Folketing). Copenhague, 2019.

60 Proposition de revision des Chapitres Ier, III, V, VII, IX, X, XI et XII de la Constitution. Diario Oficial de la Cámara de Diputados de Luxemburgo, núm. 7.700, de 29 de diciembre de 2020. Sesión ordinaria 2020-2021. Luxemburgo, pág. 5

61 Noruega cuenta con la Constitución monárquica más antigua en vigor entre las democracias occidentales, y en ella sigue definiéndose como Monarquía «limitada y hereditaria». Así en el artículo 1 de la Constitución de Noruega de 17 de mayo de 1814, en la versión consolidada a fecha de 12 de enero de 2023.

Estos modelos son fruto, por ese orden, de la progresiva pérdida de poder e influencia de la Corona en las decisiones más relevantes del Estado —aquellas con implicaciones jurídicas, particularmente—, a medida que se iba construyendo la clásica división de poderes entre el Ejecutivo (un Gobierno cada vez más desligado del monarca), el Legislativo (un Parlamento autónomo) y el Judicial (jueces y magistrados independientes).

Por lo tanto, podemos decir que, a pesar de que Luxemburgo no incluya, como sí hace España (art. 1.3 CE), la definición de Monarquía parlamentaria en tales términos en su Constitución, sí que ha querido llevar a la Ley Fundamental la misma caracterización. Luxemburgo se define como una democracia parlamentaria, por lo que tenemos constancia de que el peso de su sistema reside en un Parlamento que controla al Gobierno y, además, que se rige por el principio democrático. A ello se une la definición de la forma de gobierno como monárquica[62], aunque atribuyendo el adjetivo constitucional, que pudiere llevar a confusión por entender que se trata del estadio inmediatamente anterior a la democracia. La propia sistematización de las dos caracterizaciones, la democrática y la monárquico-constitucional, en el mismo artículo no dan lugar a tal posibilidad. En este caso la Monarquía constitucional no ha de entenderse sino como un sistema monárquico democrático dotado de Constitución.

3. EL NUEVO CAPÍTULO III DEDICADO AL GRAN DUQUE

La reforma constitucional de Luxemburgo también ha traído una reordenación de los artículos referentes al gran duque y una sistematización que recuerda a la de la Constitución española de 1978. Así, al igual que ocurre con el Título II de la Carta española, el nuevo

---

[62] La Constitución de Bélgica de 1831, en su redacción vigente, no habla siquiera de Monarquía en la caracterización del Estado, como puede verse en su artículo 1.

Capítulo III de la Constitución luxemburguesa está íntegramente dedicado al monarca.

3.1. La Jefatura del Estado

Dentro del nuevo Capítulo III de la Constitución la atribución al gran duque de la Jefatura de Estado es otro de los aspectos que han quedado mejor sistematizados. De hecho, la piedra angular que determina las funciones del monarca es el artículo 44, que engloba aspectos que quedaban antes formulados en otros apartados y en el que se redefinen los términos conceptuales de su posición dentro del Estado.

En la actualidad el artículo 44.1 establece una posición exclusivamente simbólica del gran duque, lo que le aproxima mucho más al papel que juega el monarca en los sistemas de Japón[63] y, particularmente, de Suecia. La propia Casa del Gran Duque[64] define en su página web a la Jefatura del Estado como la «clave de bóveda» del sistema institucional, fuera y por encima de los partidos políticos con carácter representativo, e incide en que su posición respeta la máxima de Adolphe Thiers de que «el rey reina, pero no gobierna».

3.2. Las atribuciones constitucionales

El nuevo texto constitucional de Luxemburgo también racionaliza en términos semánticos las funciones del gran duque. El artículo 44.2 ya no habla de poderes del monarca (como hacía el anterior artículo

---

63 *The Constitution of Japan. Effective May 3, 1947*. Oficina de Publicaciones del Gobierno de Estados Unidos. Washington, 1947 (traducción oficial hecha por el Departamento de Estado de Estados Unidos que conserva la Universidad de Columbia). Así, la Constitución japonesa caracteriza en su artículo primero al emperador como «símbolo del Estado y de la unidad del pueblo», pero no se le reconoce de un modo expreso su condición de jefe de Estado.

64 www.monarchie.lu

32.2) sino de atribuciones. De nuevo la Ley Fundamental recoge una suerte de cláusula de cierre racionalizadora por la que se descarta la posibilidad de cualquier tipo de poder implícito. Todo lo que puede hacer el gran duque ha de quedar determinado por la Constitución y las leyes.

En el anterior artículo 32.2 se establecía una cláusula similar, pero con la particularidad de que la remisión no solo era a la Constitución y las leyes. El precepto concluía precisando que esta atribución se hacía «sin perjuicio» de lo que el entonces artículo 3 establecía, es decir, teniendo en cuenta la remisión al Derecho privado que rige la Casa del Gran Duque. Con los cambios, las funciones del monarca ya no pueden venir determinadas sino por fuentes jurídicas democráticas.

Pero en el mismo artículo 44.2 se encierra el principal motivo por el que no puede decirse que esta Monarquía parlamentaria haya alcanzado una completa racionalización. La Constitución luxemburguesa sigue incluyendo al gran duque dentro del Ejecutivo. De hecho, la Ley Fundamental dice que el monarca «ejerce» junto con el Gobierno este poder. Y esto en la práctica no es así. Con todo, debemos reconocer que en esta cuestión Luxemburgo ha dado pasos hacia la racionalización. En la anterior versión de la Constitución se señalaba que el poder ejecutivo era ejercido por el gran duque sin mencionarse al Gobierno.

En la exposición de motivos de la proposición de reforma constitucional[65] se ponía de relieve que una lectura literal de la anterior versión de la Ley Fundamental podía dar una impresión errónea. Por ello, se quería eliminar toda suposición de que el Gobierno pudiera participar en el ejercicio del poder ejecutivo bajo la autoridad y control del gran duque.

---

[65] Proposition de revisión des Chapitres Ier, III, V, VII, IX, X, XI et XII de la Constitution. Diario Oficial de la Cámara de Diputados de Luxemburgo, núm. 7.700, de 29 de diciembre de 2020. Sesión ordinaria 2020-2021. Luxemburgo, pág. 5.

La nueva redacción de la Constitución en su artículo 49 conserva además la atribución de la promulgación de las leyes para el gran duque tal y como quedó establecida en el anterior artículo 34 (sin la sanción legislativa). Como hemos mencionado ya, la reforma de tal artículo vino tras el rechazo del gran duque Enrique a poner su firma a la Ley de eutanasia por motivos de conciencia, lo que desató una crisis similar a la acontecida con el rey Balduino en Bélgica en 1990 (Mabille, 1990; Sánchez, 1993; Torres del Moral, 2014)[66].

El entonces primer ministro luxemburgués, Jean Claude Juncker, justificaba la decisión de modificar la Constitución en la necesidad de respetar el derecho a la libertad de conciencia del jefe del Estado[67]. Podría colegirse entonces que el procedimiento de reforma se pondría en marcha por una necesidad personalísima del gran duque, y no por la necesidad de que el sistema democrático luxemburgués pudiera garantizar que se hacía efectiva la voluntad del Parlamento. Luc Heuschling (2020) considera que podría haberse entendido que el derecho de veto que tenían los monarcas en el siglo XIX gracias a la sanción había quedado «implícitamente derogado» por la democratización del sistema (pp. 53-56). Y en esa misma línea, el Consejo de Estado[68] advertía de que la lectura del artículo 34 y la sanción no podía hacerse al pie de la letra, sino en el marco de un procedimiento legislativo en el que el gran duque se había convertido en un actor «puramente formal». La retirada de la sanción al gran duque constituía así la confirmación de la atribución plena de la función legislativa al Parlamento (Consejo de Estado, 2006, p. 16), justamente como ocurrió en Suecia en 1974.

66 Si Bélgica procedió a inhabilitar por unas horas a su rey para que el propio Gobierno sancionara la Ley del aborto sin cambiar la Constitución, Luxemburgo optó por reformar la Carta Magna para resolver la crisis.

67 El discurso íntegro de Jean Claude Juncker está disponible en francés en la web del Gobierno luxemburgués: www.gouvernement.lu.

68 Avis du Conseil d'État, no. 48.250, sur le Project de revision de l'article 34 de la Constitution. Luxemburgo, 9 de diciembre de 2008, pp. 2-3.

3.3. La sucesión y la constitucionalización del Derecho principesco

La sección 2 del nuevo Capítulo III de la Constitución luxemburguesa regula, entre otras cuestiones, la sucesión en el Gran Ducado y la sustitución del monarca. En este ámbito se ha producido una importante novedad con respecto a la regulación anterior, una novedad que apunta también en la racionalización, pero, fundamentalmente, en la prevalencia del principio democrático.

El anterior artículo 3 de la Constitución luxemburguesa establecía que la Corona del Gran Ducado era hereditaria en los Nassau conforme a una serie de instrumentos jurídicos de naturaleza privada acordados por la familia ducal y tratados internacionales que datan del siglo XIX: el Pacto de Familia de 30 de junio de 1783, el Tratado de Viena de 9 de junio de 1815 (art. 71) y el Tratado de Londres de 11 de mayo de 1867 (art. 1).

Los dos tratados internacionales venían, en distintos tiempos, a vincular el Gran Ducado de Luxemburgo con la familia reinante en los Países Bajos, los Orange-Nassau, estableciendo una unión personal en sus Coronas. El Gran Ducado fue reconocido como un Estado soberano en el Congreso de Viena que redefinió las fronteras europeas tras la derrota napoleónica. Sin embargo, el país fue entonces cedido al rey del recién creado Reino de los Países Bajos, Guillermo D'Orange-Nassau, que lo administraría como si fuera una provincia neerlandesa más[69].

Además, y hasta la primera mitad de 2023, sobre el Gran Ducado seguía rigiendo el Pacto de 30 de junio de 1783 al que remitía también la Constitución y que conforma el grueso del Derecho de familia principesco, llamado *Fürstenrecht*. Al pertenecer al ámbito privado,

[69] No sería hasta 1890 cuando Adolfo de Nassau, único heredero varón de la Casa de los Nassau, se convertiría en gran duque de Luxemburgo, rompiéndose la unión personal con la Corona neerlandesa al fallecer su antecesor, Guillermo III de Holanda, sin descendencia masculina y asumir su hija primogénita el trono de Países Bajos.

es el propio gran duque el que puede modificarlo. Así Guillermo IV en 1906 pudo cambiarlo para permitir que sus seis hijas pudieran acceder al trono a falta de un heredero varón. Y, en septiembre de 2010 (Heuschling, 2012a, p. 98), el actual gran duque Enrique introdujo el principio de primogenitura absoluta, eliminando la discriminación entre el hombre y la mujer[70].

Más allá del contenido concreto de este Pacto de Familia, lo que el cambio constitucional de 2023 pone sobre la mesa es el final a una remisión —pudiéramos decir— «casi ciega» por parte de la democracia luxemburguesa a las decisiones que el gran duque pudiere adoptar para los Nassau. El hecho de que el propio gran duque, jefe de Estado de carácter hereditario, pueda convertirse en fuente de derecho (Cabanillas, 2022) para su propia familia supone un choque con el principio democrático, puesto que la herencia de los Nassau incluye también la Jefatura del Estado. Y estas normas no pueden abstraerse a la voluntad democrática del Parlamento (Heuschling, 2012b, p. 19).

En la exposición de motivos de la proposición de reforma constitucional se apunta en esta línea, la de incluir en el texto constitucional todas las disposiciones que conciernen a la Jefatura del Estado, particularmente la forma del ascenso al trono. Los promotores de la reforma señalaban que con ello se quería evitar una remisión al Pacto de Familia, lo que definían como «convención de orden privado»[71].

Luc Heuschling (2012a) señala que con este *Fürstenrecht* asistimos a la «revelación de un Derecho mantenido durante mucho tiempo en secreto, un fenómeno bastante raro en Derecho, al menos en los Estados de Derecho democráticos» (pp. 98-99). Y expone cómo hasta solo hace una década, el Derecho principesco era un Derecho «casi totalmente secreto». Para este autor, estamos ante un «objeto jurídico no identificado» (Heuschling, 2012b, p. 15).

---

70 Más información sobre el orden de sucesión puede encontrarse en la web de la Casa Ducal: www.monarchie.lu.

71 Proposition de revision des Chapitres Ier, III, V, VII, IX, X, XI et XII de la Constitution. Diario Oficial de la Cámara de Diputados de Luxemburgo, núm. 7.700, de 29 de diciembre de 2020. Sesión ordinaria 2020-2021. Luxemburgo, pág. 4.

Este tipo de Derecho privado de las antiguas familias regias alemanas se puede encontrar aún en Luxemburgo, Liechtenstein y Mónaco. Su origen en el siglo XIV se fundamenta en el principio de autonomía de las casas reinantes, por el que pretendían separarse del Derecho civil ordinario y establecer sus propias reglas. La trascendencia de las relaciones jurídicas entre los miembros de estas dinastías que posteriormente pasaron a ocupar la Jefatura del Estado se multiplicó exponencialmente al quedar su regulación al margen del Parlamento.

En el caso luxemburgués, hasta la reforma de 2023 no se habían explicitado en la Carta Magna las normas y principios que deben regir la sucesión en la Jefatura de Estado. El nuevo artículo 56 de la Constitución introduce una formulación para la sucesión a la Corona muy similar a la utilizada por el artículo 57.1 de la Constitución española de 1978. Se establecen los principios de primogenitura y representación y se sitúa en la «copa» del árbol genealógico al gran duque Adolfo, fundador de la dinastía de los Nassau-Luxemburgo (VVAA, 2010). Queda explicitado además que la sucesión en la Jefatura de Estado solo se contempla para hijos legítimos.

En el artículo 56.2 se introduce además la posibilidad de que el propio Parlamento pueda excluir a ciertas personas del orden de sucesión ante «circunstancias excepcionales». Frente al poder discrecional del gran duque mediante decretos para modificar el Pacto de Familia, la Constitución concede a la Cámara de Diputados el poder de decidir si algunos de los descendientes legítimos no son aptos para asumir la Jefatura del Estado. Esta exclusión se hará aprobando una ley mediante mayoría cualificada[72].

En la búsqueda de una mayor racionalización, el nuevo texto constitucional de Luxemburgo también introduce una cláusula por la que se fija el procedimiento por el que se materializará la abdicación expresa del gran duque. A diferencia de lo que se ha entendido que

[72] El artículo también comprende la posibilidad de que se den renuncias voluntarias a la sucesión, que serán irrevocables y que solo afectarán a la persona en cuestión y no a sus sucesores.

es el procedimiento en España con ocasión de la abdicación de Juan Carlos I (Carrillo, 2014, pp. 270-277; Cazorla, & Fernández-Fontecha, 2021, p. 26; García, 2018, pp. 1584-1587; Herrero de Miñón, 2014, pp. 33-34; Pérez de Armiñán, 2022, p. 162; Serrano, 2013; Torres del Moral, 2014, pp. 16-17, 2018, p. 53; Torres, 2014, pp. 279; Aragón et al, 2023, pp. 55-65), en Luxemburgo no se exige la aprobación de una ley para abdicar. El nuevo artículo 56.4 indica que se requiere un «acto escrito», que tiene la naturaleza de «irrevocable».

3.4. El juramento

En la nueva Ley Fundamental luxemburguesa se ha querido precisar además el juramento que el gran duque debe prestar para acceder al trono. De entrada, el nuevo texto del artículo 57 lo hace obligatorio, estableciendo un plazo máximo de 10 días tras el fallecimiento o abdicación del predecesor o de su designación por la Cámara de los Diputados. La nueva redacción constitucional introduce además una cláusula de cierre aclaratoria en el artículo 57.3: la negativa a prestar el juramento comporta la renuncia.

La fórmula del juramento también cambia. Esta se ajusta a los avances racionalizadores, por cuanto despoja al gran duque de una serie de compromisos de peso con respecto al Estado y su funcionamiento. Hasta el 30 de junio de 2023 el gran duque juraba no solo cumplir con la Constitución y las leyes como ocurre de ahora en adelante, sino también trabajar para mantener la independencia del país, la integridad del territorio y las libertades.

Sin embargo, la nueva fórmula añade una cláusula determinante para la puesta en marcha del procedimiento de destitución a través de la abdicación tácita. El gran duque debe jurar que cumplirá fielmente sus atribuciones constitucionales. Su incumplimiento conlleva la sanción de la pérdida del trono a través del nuevo artículo 60.

4. LA SUSTITUCIÓN DEL GRAN DUQUE

La reforma de la Constitución de 2023 ha introducido un sistema de mecanismos escalonado para la sustitución del gran duque, de menos a más gravoso, de provisional a definitivo, dependiendo de las circunstancias que motiven su suspensión de funciones. Esta nueva sistematización sitúa a Luxemburgo como la Monarquía parlamentaria en la que queda regulada esta cuestión de manera más completa, dejando a un lado el particular caso de Liechtenstein, ya que el rol político de su príncipe exige en su caso un mayor control democrático.

En comparación con las Monarquías parlamentarias racionalizadas, ni Japón ni Suecia ni España cuentan con estos tres instrumentos jurídicos: un mecanismo de delegación de funciones, otro de sustitución por inhabilitación mediante Regencia y un tercero para el cese definitivo. La Monarquía sueca (Rollnert, 2017, p. 210), a la que parece querer asimilarse Luxemburgo, cuenta con las dos últimas figuras, la japonesa (Rodríguez 2001a, 2001b) con las dos primeras, y España únicamente con la Regencia por inhabilitación (art. 59.2 CE).

4.1. La Lugartenencia

En una gradación de sustitución, la Lugartenencia es el escenario menos gravoso, ya que se traduce en una delegación de funciones voluntaria (Heuschling, 2013). En los sistemas racionalizados, la delegación la contempla Japón, pero dentro de las Monarquías parlamentarias convencionales hemos de citar a la Corona británica y su sistema de *Counsellors of State*, incluidos en la propia Ley de Regencia de 1937 (Brazier, 2005; Torrance, 2022a, 2022b) y determinantes en el caso del cáncer diagnosticado al rey Carlos III.

En Luxemburgo las funciones delegadas del jefe del Estado las asume el lugarteniente-representante (*lieutenant-représentant*). Esta figura se encuentra hoy recogida en el artículo 58 de la Constitución sin mucho detalle, limitándose a establecer las condiciones que habrá de cumplir la persona que quiera ejercer tales funciones y el juramento que deberá prestar para asumir el cargo. Pero, en un documento informativo sobre el funcionamiento del Gran Ducado (VVAA, 2010), el Gobierno lleva a cabo un análisis más detallado. Se habla de una «suplencia» que puede ser temporal e, incluso, permanente. Los poderes del lugarteniente quedarían limitados por el propio mandato del gran duque, quien tiene la potestad de decidir libremente cuál es el marco de delegación.

En un informe[73] sobre la propuesta de revisión constitucional planteada sin éxito tras el rechazo del gran duque a sancionar la Ley de eutanasia, la Comisión de Venecia reconocía la utilidad de la Lugartenencia en Luxemburgo, especialmente por haberse demostrado como una suerte de preparación para el ejercicio de las prerrogativas constitucionales propias del jefe del Estado por quien está llamado en un futuro a asumir su titularidad.

Para poder ser lugarteniente del gran duque se ha de ostentar la condición de hijo legítimo de la familia ducal, descendiente directo del gran duque Adolfo, la misma exigencia que se hace para heredar el trono. Este requisito excluye a los hijos nacidos de cualquier tipo de unión diferente al matrimonio, así como a los hijos adoptivos[74]. Tal exigencia se fundamenta en la definición de «filiación biológica» del artículo 312 del Código Civil luxemburgués.

De nuevo, el carácter racionalizador de la reforma de 2023 ha permitido precisar con mayor acierto el requisito de naturaleza para poder ser designado delegado del jefe del Estado. El anterior artículo 42 solo indicaba que el lugarteniente habría de ser un «príncipe de sangre», lo que, de la misma manera, se entendía como alguna persona

---

[73] Comisión Europea para la Democracia a través del Derecho (Comisión de Venecia). Avis 544/2009: *Proposition de revision portant à la modification et nouvel ordonnancement de la Constitution du Luxembourg*. Estrasburgo, 26 de agosto de 2009, pág. 47.

[74] Proposition de revision des Chapitres Ier, III, V, VII, IX, X, XI et XII de la Constitution. Diario Oficial de la Cámara de Diputados de Luxemburgo, núm. 7.700, de 29 de diciembre de 2020. Sesión ordinaria 2020-2021. Luxemburgo, pág. 19.

perteneciente a los Nassau. En la anterior versión constitucional se establecía como requisito adicional la residencia en Luxemburgo, lo que hoy ha sido suprimido.

4.2. La Regencia

La Regencia es el siguiente escalón en la sustitución del gran duque. Como ocurre en España, la designación de un regente puede producirse por diversos motivos, entre ellos la inhabilitación por incapacidad o la menor edad del gran duque. El nuevo artículo 59 de la Constitución luxemburguesa regula este instrumento, poniendo de relieve cómo no existe una persona llamada a ocupar la Regencia automáticamente. En el caso de Luxemburgo el Parlamento designa al regente entre los descendientes legítimos de los Nassau.

El supuesto de la menor edad del heredero a la muerte o abdicación de su predecesor está claro. La complicación interpretativa puede llegar del supuesto de la inhabilitación temporal por incapacidad. La Constitución de Luxemburgo habla de una «imposibilidad temporal» de desempeñar sus atribuciones constitucionales o prestar el juramento obligatorio para acceder a la Jefatura del Estado. Para certificar tal imposibilidad, la nueva Ley Fundamental sitúa la iniciativa en el Gobierno, interviniendo posteriormente el Parlamento, que en diez días se habrá de reunir para «constatar» la imposibilidad y designar al regente, que solo podrá ser una persona.

En la Constitución anterior, la Regencia estaba regulada de los artículos 6 a 8, remitiendo también al *Fürstenrecht*. Y no se explicitaba el procedimiento para declarar la inhabilitación del gran duque. El propio Consejo de Estado (2006) había advertido de la imprecisión de la redacción anterior, dado que el Pacto de Familia solo podría establecer el mecanismo de designación del regente por entenderse esta como una cuestión interna de los Nassau, pero en ningún caso el modo en el que se ejercería la Regencia. En este sentido, criticaba que se diera a la inhabilitación del jefe del Estado una carta de naturaleza privada (pp. 33-38).

5. LA NUEVA ABDICACIÓN TÁCITA

Una de las novedades más importantes en lo referente a la racionalización monárquica que se ha llevado a cabo en Luxemburgo en 2023 es la introducción de la abdicación tácita o, si usamos los términos de la Constitución francesa de 1791, la abdicación legal[75]. Este instrumento no es sino el tercer escalón en la sustitución del gran duque, que implica su cese, al considerarlo dimitido.

Como ya hemos apuntado, esta figura la contempla también Suecia[76] y supone un paso importante en el control del jefe del Estado por parte del Ejecutivo y el Legislativo[77]. De hecho, la introducción de esta abdicación tácita no puede entenderse sin un análisis del contexto político de los últimos años, pues no se nos puede escapar que está llamada a utilizarse para evitar que en el futuro el jefe del Estado vuelva a negarse a ejercer sus funciones constitucionales como ya ocurrió en 2008.

El nuevo artículo 60 de la Constitución de Luxemburgo deja un amplio margen al Ejecutivo, al Legislativo e, incluso, al Consejo de Estado, para proceder a la destitución del gran duque en el caso de que este no ejerza sus funciones. Al igual que ocurre en el supuesto de inhabilitación temporal, el incumplimiento de las atribuciones constitucionales por parte del gran duque es el que puede llevar a desencadenar su abdicación tácita.

Pero hemos de entender, con todo, que este incumplimiento no se presupone temporal como para reconsiderar la rehabilitación del monarca. Y que se estima de tal gravedad que supone un importante menoscabo para el propio sistema. Sin duda, la consecuencia de la aplicación del artículo 60 en una Monarquía puede resultar el me-

[75] Así define la Constitución francesa de 1791 en el artículo 8 de su Título III, Capítulo II, Sección Primera, los supuestos de abdicación de los precedentes artículos 5 a 7.

[76] Instrumento de Gobierno de 1974, Capítulo 5, Artículo 6.

[77] El artículo 28.1 de la Constitución del Reino de los Países Bajos incluye una cláusula por la que se considerará abdicado el rey que contrajere matrimonio sin la autorización del Parlamento mediante una ley.

canismo más gravoso, puesto que depone una magistratura *a priori* vitalicia.

Además del carácter definitivo y de la gravedad del caso para aplicar este artículo, vemos cómo de la propia redacción dada en la nueva Constitución —sin perífrasis ninguna— podemos colegir que a la situación a la que llega el gran duque para su cese no sería, en principio, ajena a su voluntad, como el caso de una enfermedad. En esta ocasión hablaríamos de circunstancias en las que se puede constatar que se está produciendo un incumplimiento irreversible de las responsabilidades del jefe del Estado, por lo que habría de entenderse de tal circunstancia que ha decidido abdicar, figura que implica voluntariedad. Una destitución por una pérdida del entendimiento o incapacidad psíquica haría complicado que pudiera entenderse de su incumplimiento la manifestación tácita de su deseo de abdicar. No podría entenderse como válida una manifestación tal por quien está incapacitado, en el sentido que el Derecho Civil da a este término.

Existe en España un muy amplio consenso en la doctrina al considerar a la abdicación como solución para un caso de incumplimiento de las funciones constitucionales por parte del rey o su pérdida de idoneidad para tan alta magistratura. Pero en el caso de la Constitución española no se contempla la posibilidad de que el Parlamento y el Ejecutivo den por abdicado al rey si tal circunstancia se produce.

En cuanto al procedimiento para la abdicación tácita, es el Gobierno el que lo pone en marcha. La diferencia con la Regencia estriba en que, en este caso, se debe dar voz al Consejo de Estado. Esto es así porque se ha de tener en cuenta la «extrema gravedad de la situación» que lleva a la iniciación del procedimiento[78]. Pero la Ley Fundamental no explicita si el parecer del órgano consultivo es vinculante o no. En una asimilación al procedimiento utilizado en el procedimiento normativo español, podemos entender que el dictamen del Consejo

---

[78] Proposition de revision des Chapitres Ier, III, V, VII, IX, X, XI et XII de la Constitution. Diario Oficial de la Cámara de Diputados de Luxemburgo, núm. 7.700, de 29 de diciembre de 2020. Sesión ordinaria 2020-2021. Luxemburgo, pág. 21.

de Estado es preceptivo pero no vinculante, al incluir la Constitución la fórmula «oído su parecer»[79].

El artículo 60 especifica que ha de ser una mayoría cualificada del Parlamento la que declare la abdicación tácita. No se concreta la traducción numérica necesaria para esa mayoría cualificada, pero en el comentario que se acompaña a la proposición de reforma constitucional sí que se cuantifica en dos tercios para la exclusión de la sucesión (art. 56.2 CL). En este caso se exige además la aprobación de una ley, lo que no se especifica para la abdicación tácita[80]. Ello nos lleva a pensar que el procedimiento del artículo 60 no está sometido al procedimiento legislativo.

6. CONCLUSIONES

Como hemos visto en las últimas páginas, 2023 ha supuesto, sin duda, un año importante en el avance democrático de la Monarquía de Luxemburgo, al menos en lo que respecta a un incremento exponencial en la seguridad jurídica en torno a la Jefatura del Gran Ducado y su titular. Este Estado ha optado por culminar y llevar a cabo la profunda reforma que se planteó ya en 2009 para superar la crisis constitucional que supuso que el gran duque bloqueara la expresión de la voluntad mayoritaria del Parlamento. Ciertamente, el análisis realizado hasta aquí sobre los cambios acometidos sobre la Constitución de 1868 no puede llevarse a cabo sin tener en cuenta tal precedente.

[79] Esta fórmula se utiliza en el ordenamiento jurídico español en las disposiciones normativas del Gobierno que disienten del juicio del supremo órgano consultivo pero que, a pesar de ello, pueden continuar con su tramitación.

[80] Proposition de revision des Chapitres Ier, III, V, VII, IX, X, XI et XII de la Constitution. Diario Oficial de la Cámara de Diputados de Luxemburgo, núm. 7700, de 29 de diciembre de 2020. Sesión ordinaria 2020-2021. Luxemburgo, pág. 19.

La importancia de las reformas realizadas sobre la Ley Fundamental en 2023, tanto en términos políticos como, particularmente, en términos de técnica jurídica, no quieren decir que hasta este momento no pudiéramos considerar una democracia plena a Luxemburgo. Ni mucho menos. Lo que sí hemos querido poner de relieve es cómo en 2023 este país ha iniciado un camino sin retorno en el que, dentro de las fronteras de la UE, han venido moviéndose Suecia y España desde hace cerca de 50 años sin otra compañía.

Con esta reforma, podemos decir que Luxemburgo ha apostado fuertemente por dejar atrás el convencionalismo que regía su sistema monárquico y llevar a cabo una racionalización de peso, plasmando sobre el papel que el rol al que está destinado el gran duque en este siglo XXI es un rol simbólico y ceremonial, despojado de la sanción de las leyes. Un gran duque que puede, incluso, ser cesado en la Jefatura del Estado. Luxemburgo, por lo tanto, mira a Suecia (Rollnert, 2022; Bergman, 1992; Wenander, 2020).

En ese nuevo tránsito hacia la racionalización monárquica europea (Japón lleva caminando tres décadas más), Luxemburgo mantiene aún un pie retrasado en la completa separación que ha de existir entre el monarca y el Gobierno. Esto es lo que hace el Instrumento de Gobierno de 1974 de Suecia (el artículo 5 atribuye la Jefatura del Estado al rey y el artículo 6 el gobierno del país al Gabinete del primer ministro) y también la Constitución española de 1978 (el Título II está dedicado a la Corona y el Título IV al Gobierno y la Administración).

La nueva redacción de la Constitución de Luxemburgo no llega a tal extremo. Y a pesar de que se descarta cualquier tipo de poder implícito del gran duque al establecer que no tiene otras atribuciones que las de la Constitución y las leyes, el artículo 44.2 atribuye el poder ejecutivo conjuntamente al monarca con el Gobierno. Puede resultar una cuestión menor si atendemos a la nueva sistematización del resto de artículos, pero no deja de requerir una interpretación de corte convencionalista para saber que, dentro de la Unión Europea, ningún monarca goza de *potestas*, ni ejerce ninguno de los tres poderes de la clásica división de Montesquieu.

Pero no solo queremos detenernos en esta carencia, determinante para definir la posición de Luxemburgo dentro de las Monarquías democráticas. Queremos sobre todo reconocer el valiente e importante trabajo llevado a cabo en Luxemburgo para alumbrar esta nueva redacción, en la que también ha caído un tabú secular, como es la constitucionalización del Derecho privado de la familia del gran duque, el *Fürstenrecht*. Este quizá haya sido el principal hito de la reforma constitucional de 2023 en términos de conceptualización jurídico-democrática.

Al monarca se la ha retirado *de facto* su capacidad para erigirse en fuente de Derecho sucesorio al trono, suprimiendo las remisiones que incluía anteriormente la Ley Fundamental. Este hecho situaba anteriormente a Luxemburgo en una categoría singular dentro de los sistemas monárquicos convencionales europeos. La pervivencia del también conocido como Derecho principesco le acercaba más a sistemas como Liechtenstein o Mónaco. El giro de 180 grados de la última reforma no solo saca a Luxemburgo del convencionalismo, sino que le asemeja a los Reinos democráticos europeos en esta cuestión.

Sin ánimo de volver a detallar lo ya expuesto en las páginas anteriores, cabe concluir que, tras el importante paso de Luxemburgo hacia la completa racionalización de su Monarquía parlamentaria dado en 2023, queda aún alguna cuestión pendiente, pero del mismo modo se ha mirado a los modelos más cercanos, y se han hecho propios algunos de los puntos fuertes de los sistemas vecinos. El principal es la sistematización de un modelo de gradación con tres escalones para la sustitución del monarca. La delegación a través de la Lugartenencia se sitúa en el primer escalón; la sustitución por inhabilitación o menor edad a través de la Regencia se sitúa en el segundo peldaño; y en la cima, el nuevo mecanismo de la abdicación tácita para poder destituir al gran duque.

Desde el 1 de julio de 2023 Luxemburgo cuenta así con el sistema más completo de entre las Monarquías democráticas de la UE para sustituir a su jefe de Estado y garantizar el regular funcionamiento de sus instituciones. Despojado ya de la facultad que le permitía llegado el caso bloquear (vetar en términos decimonónicos) la acción legislativa del Parlamento a través de un uso inadecuado de la sanción, desde ahora puede considerarse incluso que el gran duque ha abdicado si no ejerce sus funciones constitucionales.

Dentro de un sistema como es la Monarquía, en el que la primera magistratura del Estado se hereda de por vida y no está sometida a la fiscalización de la representación popular, la interpretación de un abandono voluntario del cargo es la única salida que parece puede considerarse para evitar que un jefe de Estado paralice o entorpezca el normal funcionamiento de la democracia. Esta fórmula no es nada novedosa, ya la recogía la posrevolucionaria Carta francesa de 1791. Pero en la actualidad no todas las modernas democracias monárquicas la mantienen. No hay más que mirar a España. Es por eso que podemos concluir que no solo Luxemburgo se aproxima ya a las Monarquías parlamentarias racionalizadas de Europa, sino que, en alguna cuestión regulatoria, desde 2023 va un paso por delante.

REFERENCIAS

Aragón, M., Expósito, E., De la Iglesia, A., Oliver, J., Pascual, A., Porras, J. M., Rollnert, G. y Sánchez, A. (2023). Encuesta sobre la Corona. *Teoría y Realidad Constitucional*, 51. Universidad Nacional de Educación a Distancia (UNED).

Bergman, T. (1992). Multiple Goals and Constitutional Design: How the Swedish King Lost His Formal Powers. *Statsvetenskaplig Tidskrift*, 95, 3. Universidad de Lund.

Brazier, R. (2005). Royal Incapacity and Constitutional Continuity: the Regent and Counsellors of State. *Cambridge Law Journal*, 64 (2). Cambridge University Press.

Cabanillas Sanz, M. (2022). La integración de la Casa del Rey en la regulación de la Administración del Estado. *Cuadernos Constitucionales*, 3. Universidad de Valencia.

Carrillo, M. (2014). Debatiendo: La sucesión a la Corona. *Eunomía. Revista en Cultura de la Legalidad*, 7. Universidad Carlos III de Madrid.

Cazorla Prieto, L. M. y Fernández-Fontecha, M. (2021). ¿Una Ley de la Corona? Editorial Aranzadi.

Consejo de Estado de Luxemburgo (2006). *Le Conseil d'État, gardien des droits et libertés fondamentaux*. Ediciones del Consejo de Estado.

García Torres, J. (2018). Artículo 57. En Rodríguez-Piñero y Bravo Ferrer, M., y Casas Baamonde, M.E. (dir.). *Comentarios a la Constitución española*. Tomo I. Fundación Wolters Kluwer, Boletín Oficial del Estado, Tribunal Constitucional y Ministerio de Justicia.

Herrero de Miñón, M. (2014). La abdicación constitucional. Laudanda et minoranda. *El Cronista del Estado Social y Democrático de Derecho*, 47.

Heuschling, L. (2012a). Le *Fürstenrecht* et les mariages au sein de la maison grand-ducale de Luxembourg. *Journal des Tribunaux Luxembourg*, 22. Editorial Larcier.

Heuschling, L. (2012b). Le vol d'Icare du *Fürstenrecht*, ou l'inconstitutionnalité des trois «décrets» du Grand-Duc. *Lëtzebuerger Land*, 26 de junio de 2012.

Heuschling, L. (2013). *Le Citoyen Monarque: Réflexions sur le Grand-Duc, la Famille Grand-Ducale et le Droit de Vote*. Larcier.

Heuschling, L. (2020). «Luxembourg: Grand Duke Henri's Refusal in 2008 to Sign the Bill Legalising Euthanasia», en HAZELL, R., y MORRIS, B. (ed.), *The Role of Monarchy in Modern Democracy: European Monarchies Compared*. Hart Publishing. Oxford, 2020.

Lauvaux, P. (1996). Les monarchies: inventaire des types. *Pouvoirs, revue française d'études constitutionnelles et politiques*, 78. Éditions du Seuil.

Mabille, X. (1990). Le débat politique d'avril 1990 sur la sanction et la promulgation de la loi. *Courrier hebdomadaire*, núm. 1.275. Centre de Recherche et d'Information Socio-politiques (CRISP).

Pérez de Armiñán y De la Serna, A. (2022). Apuntes sobre dos actos parlamentarios de la Corona: la jura del príncipe heredero en 1986 y la jura y proclamación del rey en 2014. *Revista de las Cortes Generales*, 114.

Rodríguez Artacho, S. (2001a). *La Monarquía japonesa*. Centro de Estudios Políticos y Constitucionales (CEPC).

Rodríguez Artacho, S. (2001b). Algunas cuestiones de la Monarquía japonesa: sucesión, Regencia y delegación, Familia Imperial, Agencia y régimen económico de la Casa Imperial. En Torres del Moral, A. (dir.). *Monarquía y Constitución.* Vol. I (283-304). Constitución y Leyes, COLEX.

Rollnert Liern, G. (2017). La singularidad de la Monarquía sueca en el contexto europeo: el rey como símbolo estático del Estado. *Revista de Derecho Político,* 99. Universidad Nacional de Educación a Distancia (UNED).

Rollnert Liern, G. (2022). La Corona en las democracias escandinavas. En Tajadura Tejada, J. (dir). *La Jefatura del Estado parlamentario en el siglo XXI.* Athenaica ediciones.

Sánchez García, J. M. (1993). Monarquía parlamentaria y objeción de conciencia. El caso del rey de los belgas. *Anuario de Derecho Eclesiástico del Estado,* 9. Instituto para el Estudio de la Libertad Religiosa y Boletín Oficial del Estado (BOE).

Serrano Alberca, J. M. (2013). *El orden de sucesión a la Corona, abdicaciones y renuncias.* Conferencia pronunciada en el acto de toma de posesión como académico de la Real Academia de Jurisprudencia y Legislación, 11 de junio de 2013.

Torrance, D. (2022a). *Regency and Counsellors of State.* Publicaciones de la Biblioteca de la Cámara de los Comunes.

Torrance, D. (2022b). *Creating More Counsellors of State.* Publicaciones de la Biblioteca de la Cámara de los Comunes.

Torres del Moral, A. (1983). La Monarquía parlamentaria como forma política del Estado español. En Lucas Verdú, P. (dir.). *La Corona y la Monarquía parlamentaria en la Constitución de 1978.* Publicaciones de la Facultad de Derecho de la Universidad Complutense de Madrid (UCM).

Torres del Moral, A. (2014a). La Monarquía parlamentaria como simbólica e integradora. *El cronista del Estado social y democrático de Derecho,* 47. Iustel.

Torres del Moral, A. (2014b). En torno a la abdicación de la Corona. En *Revista Española de Derecho Constitucional,* núm. 102. Centro de Estudios Políticos y Constitucionales (CEPC).

Torres del Moral, A. (2018). Cuarenta años de Monarquía parlamentaria (Balance). *Revista de Derecho Político,* 101. Universidad Nacional de Educación a Distancia (UNED).

Torres Gutiérrez, A. (2014). A propósito de la abdicación del Rey Juan Carlos I. *Civitas Europa,* (33) 2. IRENEE / Université de Lorraine.

Wenander, H. (2020). The King and Public Power in The Minimalist Monarchy of Sweden. Hazell, R., y Morris, B. (ed.). *The Role of Modern Monarchy in Modern Democracy: European Monarchies Compared.* Hart Publishing.

EL DERECHO MAPUCHE, UNA MIRADA DESDE EL PARADIGMA DEL PLURALISMO JURÍDICO

Sergio Ehijos Mardones[81]
Universidad de Valencia
Email: serere@alumni.uv.es

RESUMEN

En Chile tiene lugar un debate inédito en su historia republicana que habla de la creación, de manera democrática y participativa, de una nueva Constitución. En este proceso, se discuten asuntos novedosos para la tradición constitucional chilena. Uno de esos temas es el reconocimiento del concepto de pluralismo jurídico para, de esta manera, llegar a consagrar la existencia de derechos indígenas que coexistan coordinados y en un plano de igualdad con el sistema nacional de justicia. En el marco de esta discusión es pertinente preguntarse si existe el derecho mapuche como derecho propio diferente al derecho indígena consagrado en la legislación chilena.

[81] Abogado, máster en derecho por la Universidad de Valencia, doctorando por la misma universidad.

PALABRAS CLAVE: Mapuche, derecho mapuche, derecho indígena, pluralismo jurídico, pensamiento crítico.

ABSTRACT

In Chile, an unprecedented debate in its republican history is taking place that is related to the creation, in a democratic and participatory manner, of a new Constitution. In this process, new issues for the Chilean constitutional tradition are discussed. One of these issues is the recognition of the concept of legal pluralism to, in this way, consecrate the existence of indigenous rights that coexist in coordination and on a level of equality with the national justice system. Within the framework of this discussion, it is pertinent to ask whether Mapuche Law exists as its own right different from the indigenous law enshrined in Chilean legislation.

KEY WORDS: Mapuche, Mapuche law, indigenous law, legal pluralism, critical thinking.

SUMARIO

1. INTRODUCCIÓN.

2. EL PUEBLO MAPUCHE.

3. EL DERECHO INDIGENA Y EL DERECHO MAPUCHE.

3.1. Legislación chilena.
3.2. Legislación argentina.

4. EL PLURALISMO JURÍDICO Y EL DEBATE CONSTITUCIONAL CHILENO.

4.1. Proyecto Constitucional de 2022.
4.2. Proyecto Constitucional de 2023.

5. CONCLUSIÓN

1. INTRODUCCIÓN

El proceso constituyente chileno enfrenta a estas alturas el fracaso del segundo proyecto de texto constitucional, que, siendo sometido a la voluntad popular luego de un mecanismo de creación por parte de un órgano colegiado y elegido democráticamente, no logró convencer a la ciudadanía. Estos fracasos nos muestran lo complejo de un debate que se viene arrastrando desde los orígenes mismos de la Constitución de 1980 y que tiene que ver con la necesidad sentida de su sustitución. El problema no es solamente el origen ilegitimo de la Constitución actualmente vigente, nacida durante la dictadura militar de Augusto Pinochet, sino que además son sus principales estipulaciones que consagran un modelo de Estado subsidiario que entrega gran parte de sus responsabilidades a los privados. Los dos textos que fueron elaborados y sometidos a plebiscito no lograron conseguir las mayorías que pudieran sellar un proceso mediante un documento que interprete los anhelos de los ciudadanos. El «estallido social», como se le denominó al movimiento ciudadano de protesta que se expresó en las calles desde octubre de 2019, ha tenido como resultado este proceso constituyente inédito que tuvo contundentes muestras de apoyo electoral en un principio, pero que ha contado con importantes reveses en las últimas elecciones como el rechazo de las dos propuestas constitucionales.

Uno de los asuntos más controvertidos en la discusión constitucional actual es la relación del Estado con sus pueblos originarios, dentro de los cuales el mayoritario es el Mapuche. En este sentido, se debe partir señalando que la actual Constitución chilena no menciona a sus pueblos originarios ni reconoce su cultura y cosmovisión particulares. Mucho menos se pronuncia sobre la existencia de un tipo diferente de Derecho Propio de los Pueblos Indígenas. En este sentido es importante revisar como enfrentaron este tema los dos proyectos de Constitución, ya que la propuesta en esta materia fue radicalmente diferente en ambos documentos. También, y debido a que el Pueblo Mapuche habita tanto en Chile como Argentina, es conveniente revisar someramente la legislación de ambos países sobre esta materia.

La pregunta investigativa que se pretende responder en este trabajo es: ¿En el marco del paradigma del pluralismo jurídico, se reconoce en Chile la existencia de un derecho propio Mapuche? Complejiza esta pregunta el hecho de que el pueblo Mapuche habita en dos Estados diferentes y que de existir el derecho mapuche debería ser similar tanto en Chile como en Argentina.

El objetivo de este trabajo es aportar antecedentes sobre la existencia de un derecho propio mapuche basado en otro conocimiento fundado en su cultura, historia y cosmovisión particular. Como se ha destacado al hablar de un «Derecho Propio Mapuche» su existencia estaría vinculada a los miembros de este pueblo que habitan tanto en Chile como en Argentina.

Es necesario prevenir que, si bien en este trabajo se revisa legislación argentina, su objetivo es estudiar el desarrollo de este debate en Chile. También es importante destacar que históricamente la legislación chilena está marcada por dos tendencias: una que busca la completa asimilación de la población indígena con la chilena y otra que busca su conservación y la protección de sus particularidades. Es increíble ver cómo estas dos tendencias históricas y antagónicas se expresaron nítidamente en el primer y el segundo proyecto constitucional que fueron rechazados recientemente.

2. EL PUEBLO MAPUCHE

El Pueblo Mapuche es un pueblo originario que habita históricamente el sur de Chile y Argentina. En Chile se concentra especialmente en las regiones del Biobío, La Araucanía, Los Ríos y Los Lagos. También se localiza en zonas urbanas como la ciudad de Santiago, Concepción y Temuco. La población Mapuche de Chile se estima en un millón setecientas mil personas (INE, 2017).[82] En Argentina se sitúan en las provincias de Chubut, Río Negro y Neuquén, donde se estima que es la principal minoría indígena y que suman la cifra de 205 009 personas (INDEC, 2012). Tanto en Argentina como en Chile, sus poblaciones se caracterizan por tener mayores porcentajes de pobreza que la población no indígena (CASEN, 2020).[83] La «tierra circundante» o Wallmapu es la denominación que los mapuches dan a su territorio histórico que se encuentra en el sur de Chile y de Argentina.

Los primeros mapuches vivieron en sociedades organizadas y jerarquizadas que se desarrollaron fuertemente en los bordes de

[82] Criterio de identificación Censal de la población Mapuche, discutido por algunos especialistas.

[83] Datos obtenidos de la encuesta CASEN 2020, del Ministerio de Desarrollo Social y Familias de Chile.

los grandes ríos de la zona sur de Chile y Argentina. Ellos eran agricultores y ganaderos (Bengoa; 2007, p. 29). En esta época todavía no se introducían los vacunos, pero los mapuches criaban especies nativas de animales, una de las cuales se denominada chilihueque, que actualmente se encuentra extinta. Posteriormente, introdujeron de manera exitosa las especies animales domesticas traídas por los europeos. La actividad agrícola y ganadera unida a la de recolección y de pesca, hizo posible la existencia en esta zona de grandes grupos humanos (Bengoa, 2007, p. 29). El historiador Luis Vitale señala que: «Alrededor del año 1000 a.C. se produce en Chile el salto cualitativo más importante de la sociedad primitiva de la recolección y la caza al periodo agroalfarero y minero-metalúrgico» (Vitale, 2011, p. 35).

Los Mapuches se ganaron merecidamente una fama de grandes guerreros. Luego de enfrentar exitosamente al imperio Inca, tuvieron que confrontar con la potencia más poderosa de aquellos tiempos, el Imperio español, que avanzaba desde el norte en busca de minerales preciosos especialmente oro. Juntamente con el oro, los invasores españoles buscaban mano de obra esclava para que trabajara en los yacimientos mineros descubiertos. La zona mapuche principalmente la actual región de La Araucanía en Chile, sorprendió a los invasores, ya que se encontraba fuertemente poblada. Se estima que, en ese tiempo, la población mapuche era de aproximadamente un millón de personas (Bengoa, 2007, p. 29). A pesar de estas evidencias, recién hoy algunos historiadores se atreven a identificar el origen de la sociedad chilena como una sociedad esclavista.

Los invasores españoles se encontraron con una feroz resistencia de parte de los mapuches, lo que derivó en fuertes y largos combates. Luego de muchas pérdidas materiales, personales y la destrucción de varias ciudades y fuertes, los invasores entendieron que la guerra era imposible de ganar por medios bélicos. Esto llevó a que los españoles exploraran otras vías de ocupación como la guerra defensiva y, posteriormente, optaran por negociar acuerdos con los mapuches a través del mecanismo conocido como «Parlamento».

Es así como en el año 1641 el gobernador del reino de Chile organizó una reunión o Parlamento General, que finalizó con el Tratado de las Paces de Quilín. Esta reunión marcó el inicio de una nueva etapa que se caracterizó por el reconocimiento mutuo y por la realización permanente de «Parlamentos» para resolver los principales conflictos. En el marco de estos acuerdos, se reconoció la existencia de un territorio Mapuche, en el cual sus autoridades gobernaban y desarrollaban sus actividades libremente, estableciéndose una «Frontera» en el río Biobío, luego de la cual las autoridades indígenas tenían plena potestad. Los jefes mapuches administraban justicia en sus territorios sobre la base de sus costumbres. Este mecanismo de solución de controversias a través de los Parlamentos se mantuvo vigente durante varios siglos hasta que, a finales del siglo XIX, los Estados de Chile y Argentina ocuparon el territorio Mapuche.

La ocupación del territorio Mapuche significó también la introducción de las leyes nacionales de ambos Estados. La idea de la completa asimilación de la población indígena al resto de la población era un anhelo surgido en los primeros años de la independencia, sin embargo, la realidad obligó a aplicar una legislación especial que tuvo que incorporar mecanismos de protección para las tierras reconocidas como indígenas. Luego de la ocupación, se dictaron en Chile leyes para organizar los territorios Mapuches y se procedió a asentar a los habitantes en reducciones. Las reducciones eran propiedades colectivas que se identificaban con el nombre de su jefe o Lonco (cabeza). Este proceso se realizó entre mediados de la década del 80 del siglo XIX y la década del 20 del siglo XX. «El resultado de todo este proceso fue que alrededor de 100 000 mapuches fueron reducidos, transformándose en indígenas mapuche que pasarían a vivir en unas 3300 reducciones como ciudadanos de la república de Chile» (Saavedra, 2002, p. 58). La idea era que la solución de la creación de las comunidades que se reconocían mediante la entrega de Títulos de Merced fuera transitoria y que rápidamente se dejara atrás, para asimilar las tierras y los indígenas al resto de la población, lo que establece la legislación común con respecto a las propiedades.

En especial, se esperaba que las tierras recientemente ocupadas por el Estado chileno pasaran a formar parte del «mercado de tierras» y que pudieran ser adquiridas libremente por cualquiera.

El anhelo de la completa asimilación chocó con la realidad. En los hechos existían grandes diferencias entre la población chilena y la indígena que había enfrentado un proceso de campesinización forzoso y que había sino incorporada a un Estado que no reconocía como propio. Por otro lado, la población mapuche desconocía completamente las leyes del Estado ocupante y su idioma, por lo que era muy sencillo que fueran víctimas de robos, fraudes y usurpaciones violentas. Las propias leyes de ese tiempo van dando cuenta de los abusos y de la preocupación del Estado por impedirlos.

El periodo posterior a la ocupación y la integración de estos territorios a la república de Chile se ha caracterizado por una disputa entre quienes buscan asimilar completamente a la población mapuche y quienes quieren establecer mecanismos especiales de protección. Esta disputa histórica se mantiene hasta nuestros días, siendo reflejo de ella el primer y segundo proyecto constitucional que se han debatido y rechazado en los últimos años.

3. EL DERECHO INDÍGENA Y EL DERECHO MAPUCHE

Un asunto que no es materia de discusión es que, tanto en Chile como en Argentina, los mapuches están sometidos a legislaciones especiales indígenas. En Argentina, por tratarse de un Estado federal, se debe distinguir además la provincia en la cual habitan, ya que podrían ser objeto de reglamentaciones diferentes dependiendo de la legislación provincial correspondiente. Se discute, sin embargo, la existencia de un Derecho Propio Mapuche en el marco del paradigma del pluralismo jurídico. En este sentido, se debe mencionar que la legislación de ambos países reconoce a la costumbre como fuente del derecho indígena. Es importante determinar qué jerarquía le dan ambas legislaciones a la costumbre indígena como fuente del derecho. Lo primero es establecer qué se entiende por costumbre jurídica indígena. Según Pablo Macarón: «La costumbre jurídica indígena podemos definirla como la repetición constante, uniforme y ancestral de ciertos comportamientos por los miembros de una comunidad indígena, con la convicción de que responden a una conducta obligatoria y reprimible para todos sus miembros» (Macarón, 2017, p. 167).

En este apartado se examina la legislación indígena de ambos países adelantando de que en ninguno de ellos existe un reconocimiento del Derecho Propio Indígena o Derecho Mapuche, pero si se reconoce a la costumbre como fuente del derecho indígena. También hay que criticar que en ambos países la legislación indígena se aplica a pueblos muy distintos como los rapanui de origen polinésico y a los mapuches originarios del sur de Chile.

3.1. Legislación chilena

La Constitución chilena vigente (1980) no menciona la existencia de los Pueblos Indígenas ni hace referencia a una regulación especial para estos, menos hace referencia a su derecho propio. Se observa en este punto que la Constitución de 1980 es una de las más atrasadas de Latinoamérica y que, a pesar de los múltiples intentos y compromisos, no ha sido posible ni siquiera reconocer constitucionalmente la existencia de los Pueblos Indígenas chilenos. Los asuntos relacionados con los Pueblos Indígenas se regulan principalmente en la ley 19.253 de 1993 conocida como ley indígena y que reconoce la existencia de once Pueblos Originarios. La ley especial 19.253, ha sido fuertemente cuestionada en los últimos años, pero hasta el momento no ha sido modificada sustancialmente. Por otra parte, en el año 2008 Chile ratificó el convenio 169 de la OIT. Este Convenio entró en vigor el 15 de septiembre de 2009 con varias reservas. Con respecto al reconocimiento del derecho propio de los pueblos indígenas el Convenio 169 no se pronuncia al respecto, sin embargo, identifica a la costumbre indígena como fuente de derecho. La ley especial indígena 19.253 señala en su artículo 54: «La costumbre hecha valer en juicio entre indígenas pertenecientes a una misma etnia, constituirá derecho, siempre que no sea incompatible con la Constitución Política de la República» (Ley 19.253, 1993, artículo 54).

3.2. Legislación argentina

La Constitución de la Nación Argentina en su artículo 75 señala que «corresponde al Congreso» inciso 17:

> reconocer la preexistencia étnica y cultural de los Pueblos Indígenas Argentinos. Reconocer la personería jurídica de sus comunidades y la posesión y propiedad comunitarias de las tierras que tradicionalmente ocupan y regular la entrega de otras aptas y suficientes para el desarrollo humano; ninguna de ellas será enajenable, transmisible ni susceptible de gravámenes o embargos. (Constitución de la Nación Argentina, 1994, artículo 75)

Por otra parte, la ley 23.302 de 1985 que creó el INAI (Instituto Nacional de Asuntos Indígenas) declara

> . . . de interés nacional la atención y apoyo a los aborígenes y a las comunidades indígenas existentes en el país, y su defensa y desarrollo para su plena participación en el proceso socioeconómico y cultural de la Nación, respetando sus propios valores y modalidades. (Ley 23.302, 1985, artículo 1°)

La ley establece además que:

> Se entenderá como comunidades indígenas a los conjuntos de familias que se reconozcan como tales por el hecho de descender de poblaciones que habitaban el territorio nacional en la época de la conquista o colonización e indígenas o indios a los miembros de dicha comunidad. (Ley 23.302, 1985, artículo 2°)

Argentina ratificó el Convenio169 de la OIT mediante la ley 24.071 con fecha 20 de marzo de 1992.

Las diferencias entre ambas legislaciones son evidentes. La Constitución Argentina que consagra la existencia de los Pueblos Indígenas reconoce también la preexistencia de sus comunidades y la posesión y propiedad comunitaria de sus tierras. También se establece una sólida protección de sus propiedades y posesiones comunitarias en la ley especial 23.302 de 1985. En Chile, como ya se ha señalado, la Constitución no menciona a los Pueblos Indígenas y se le ha encargado a la ley especial 19.253 regular sus principales asuntos, entre ellos, la propiedad. En Chile la propiedad indígena no es solamente colectiva, ya que se reconoce la existencia de propiedad individual indígena la que luego del proceso de división de las comunidades realizado durante la dictadura militar es la forma de propiedad mayoritaria. Es importante recalcar para este trabajo que en ambos países se valora a la costumbre indígena como fuente del derecho, lo que en la práctica constituye un principio de reconocimiento de su derecho propio.

4. EL PLURALISMO JURÍDICO Y EL DEBATE CONSTITUCIONAL CHILENO

Durante los últimos años diversas corrientes de pensamiento han rescatado y les han dado valor a los saberes y al derecho propio de los Pueblos Indígenas. Una de ellas es la corriente denominada Epistemología del Sur, que plantea que «las Epistemologías del Sur son el reclamo de nuevos procesos de producción, de valorización de conocimientos válidos, científicos y no científicos, y de nuevas relaciones entre diferentes tipos de conocimiento...» (De Sousa, 2011, p. 16). En el marco del movimiento de reforma y de democratización de los Estados que se ha denominado «Nuevo Constitucionalismo Latinoamericano» se han debatido ideas como la existencia de otros ordenamientos igualmente válidos al derecho de los Estados nacionales, como el derecho de los Pueblos Indígenas. Esto es lo que se ha denominado pluralismo jurídico que « . . . permite reconocer la existencia de varios sistemas jurídicos dentro de un mismo espacio geopolítico» (Días, 2016). Hoy son varias las Constituciones latinoamericanas que reconocen expresamente la existencia del Derecho

Propio de los Pueblos Indígenas y que consagran el principio del pluralismo jurídico. En Chile, como ya se mencionó, tiene lugar un proceso inédito de debate Constitucional, que a la fecha cuenta con la particularidad de que se han propuesto y rechazado dos proyectos presentados por convenciones constituyentes que se han elegido previamente mediante sufragio. Tal como se comentó en la introducción, luego del movimiento social de protesta comenzado en octubre de 2019, los principales grupos políticos parlamentarios llegaron a un acuerdo que buscaba dejar atrás la Constitución de 1980.

Sabiendo que la Constitución vigente en Chile (de 1980) nada dice sobre los Pueblos Indígenas y su derecho propio, es importante revisar que propusieron los dos proyectos fallidos de Constitución presentados en los últimos años.

4.1. Proyecto Constitucional de 2022

Lo primero que se debe mencionar es que el pacto político al que se llegó en noviembre de 2019 denominado «Acuerdo por la Paz Social y la Nueva Constitución» fijó una hoja de ruta para crear una nueva carta magna de manera democrática y participativa, lo que significó un hecho insólito en Chile. Los distintos proyectos anteriores solo buscaban reformar la Constitución de 1980 o en el mejor de los casos hacer un cambio mayor, pero siempre en el marco de lo que la propia constitución permitía. De más está mencionar que la constitución todavía vigente cuenta con importantes trabas o mecanismos de distorsión de las mayorías democráticas que hacen muy difícil su modificación. Varios de estos mecanismos de «amarre» han sido superados o suavizados a través de los años. El acuerdo de 2019 planteaba una primera elección para octubre de 2020 mediante la cual la ciudadanía elegiría cuál sería el órgano encargado de redactar la nueva Constitución, si se trataría de una comisión mixta (con miembros elegidos y otros designados por el parlamento), u otra comisión 100 % electa por la ciudadanía. Casi el 80 % del electorado optó por la Convención Constitucional 100 % electa popularmente. El proceso no solamente contemplaba elegir una asamblea constituyente o «Convención Constitucional», sino que además la elección daría espacio a representantes independientes (sin afiliación a partidos políticos), la elección de los convencionales sería paritaria y se reservó un número no menor de escaños a los Pueblos Indígenas. Obviamente que la representación lograda en este proceso fue muy diferente a la acostumbrada en procesos anteriores debido a las diferentes reglas electorales. La Convención, además, fue electa mediante las reglas de las votaciones para la cámara de diputados eligiendo 155 representantes. Se asignó un periodo de 9 meses prorrogable por otros 3 para que esta Convención Constitucional presentara un proyecto de nueva Constitución, que fue sometido a votación y rechazado el día 4 de septiembre siendo el proyecto desechado por un 62 % de los votantes.

El proyecto de Constitución de 2022 fue el fiel reflejo de un deseo de cambio y se planteó en términos bastante progresistas para la historia constitucional chilena. Comenzaba el texto señalando en su artículo primero número 1° «Chile es un Estado social y democrático de derecho. Es plurinacional, intercultural, regional y ecológico» (Proyecto Constitucional; 2022, artículo 1°). En materia relacionada a Pueblos Indígenas el artículo segundo número 1° señalaba «La soberanía reside en el pueblo de Chile, conformado por diversas naciones». En su artículo 5° reconocía expresamente la preexistencia de 11 Pueblos Indígenas a quienes se comprometía a

> respetar, promover, proteger y garantizar el ejercicio de la libre determinación, los derechos colectivos e individuales de los cuales son titulares y su efectiva participación en el ejercicio y distribución del poder incorporando su representación política en órganos de elección popular a nivel comunal, regional y nacional. (Proyecto Constitucional, 2022, artículo 5°)

Por otra parte, el artículo 12 reconocía a Chile como un Estado Plurilingüe donde el castellano convivía con los idiomas de los Pueblos Indígenas que eran oficiales en sus respectivos territorios

(Proyecto Constitucional; 2022, artículo 12). Con respecto a la autodeterminación y el reconocimiento de sus derechos colectivos, el proyecto señalaba: «Los pueblos y naciones indígenas y sus integrantes, en virtud de su libre determinación, tienen derecho al pleno ejercicio de sus derechos colectivos e individuales» (Proyecto Constitucional, 2022, artículo 34). De manera expresa el proyecto reconocía las instituciones y jurisdicción especial de los pueblos indígenas: «En especial, tienen derecho a la autonomía; al autogobierno; a su propia cultura . . . al reconocimiento de sus instituciones, jurisdicciones y autoridades, propias o tradicionales» (Proyecto Constitucional, 2022, artículo 34). Sin dejar ninguna duda sobre el reconocimiento de la jurisdicción indígena y el concepto de pluralismo jurídico el artículo 309 señalaba: «El Estado reconoce los sistemas jurídicos de los pueblos y naciones indígenas . . . coexisten coordinados en plano de igualdad con el sistema nacional de justicia» (Proyecto Constitucional, 2022, artículo 309).

A pesar del rechazo de este proyecto de texto constitucional, los conceptos, ideas y derechos reconocidos a los Pueblos Indígenas continúan siendo debatidos y las propuestas presentadas representan la aspiración de reconocimiento del movimiento indígena. El rechazo del proyecto de 2022 llevó al inicio de otro proceso con resultados bastante diferentes del primero.

4.2. Proyecto Constitucional de 2023

Luego del fracaso del primer proceso constitucional, los partidos políticos con representación parlamentaria negociaron la realización de un segundo mecanismo. En diciembre de 2022 ya se había definido un procedimiento bien distinto del primero que contemplaba la participación de una «Comisión de Expertos» que elaboraría un borrador de Constitución que sería posteriormente revisado y refrendado por un Consejo Constitucional elegido democráticamente, pero con reglas muy diferentes a la elección de la primera Convención.

En efecto, el Consejo Constitucional solo contaba con 50 miembros elegidos bajo las normas de elección de los senadores chilenos, lo que hace muy difícil la representación de independientes y de miembros de partidos pequeños. También se creó un tercer órgano denominado Comité Técnico de Admisibilidad que debía resolver sobre las diferencias que se presentaran en relación con la propuesta de «bases institucionales» que fueron definidas previamente por la Comisión de Expertos. Luego de la elaboración del borrador por parte de la Comisión de Expertos, la Comisión Constitucional procedió a redactar una propuesta definitiva, que se sometió a votación el día 17 de diciembre de 2023, siendo también rechazada por votación popular. A diferencia de la primera Convención Constitucional que estuvo compuesta de manera mayoritaria por representantes de partidos y movimientos críticos de la Constitución de 1980 y del sistema político y económico consagrada en la misma, los integrantes del Consejo Constitucional (segundo proceso) fueron electos mayoritariamente de partidos de derecha y ultraderecha lo que significó en definitiva que su propuesta no representó las aspiraciones de la mayoría de la ciudadanía chilena.

En materia de las propuestas de este proyecto de Constitución de 2023, su artículo 5° señalaba que «La constitución reconoce a los pueblos indígenas como parte de la Nación chilena, que es una e indivisible» (Proyecto Constitucional, 2023). De esta manera, la propuesta de nueva Constitución hacía suya la vieja idea de la completa asimilación de la población indígena al resto de la población chilena. Nada decía el proyecto sobre el reconocimiento de la autodeterminación de los Pueblos Indígenas ni sobre el reconocimiento de sus autoridades. Tampoco existía ninguna mención a la reglamentación especial de la propiedad indígena. Mucho menos se mencionaba la idea de jurisdicción indígena o de Pluralismo Jurídico.

Debido a lo reciente del fracaso del segundo proceso constitucional (diciembre de 2023) es difícil determinar cómo sigue este debate. Si bien el pueblo chileno votó mayoritariamente a favor de la elaboración de una nueva constitución por considerar que la actual (de

1980) tiene un origen ilegitimo y no representa las aspiraciones de la sociedad chilena, los dos proyectos sometidos a votación no lograron convencer al electorado. Si bien el presidente de la república y los representantes de los principales partidos políticos han dado por cerrado el debate constitucional, la crítica a la Constitución de 1980 sigue estando presente. Por otro lado, ya se empiezan a escuchar algunas propuestas para comenzar un nuevo proceso finalizado el actual gobierno. También la discusión sobre el reconocimiento Constitucional de los pueblos indígenas, la protección especial de sus tierras y el reconocimiento de su derecho propio continuará estando presente en la agenda chilena.

5. CONCLUSIÓN

El primer asunto que es necesario destacar como conclusión de este trabajo es que tanto en Argentina como en Chile existe una legislación especial indígena que se aplica al Pueblo Mapuche. Una crítica no menor es la relacionada con la aplicación, sin distingos, del derecho indígena en ambos países, teniendo en cuenta de que se regula a pueblos muy distintos como lo son el Rapanui y el Mapuche en Chile. El Pueblo Mapuche es, en ambos países, el principal Pueblo Originario. Sin embargo, ambas legislaciones son distintas y se regulan los asuntos indígenas de manera muy diferente. En Argentina, se destaca el carácter comunitario y colaborativo de su legislación, mientras que en Chile la ley indígena tiene un marcado tinte liberal que consagra, por ejemplo, la propiedad individual indígena. Del análisis realizado en este trabajo se evidencia que ambos Estados no han homologado sus legislaciones indígenas pensando en que el Pueblo Mapuche es el mismo y de que se trata de un Pueblo Indígena que habita tanto en Chile como en Argentina. Se considera una tarea pendiente de ambos Estados la homologación de la legislación aplicada al Pueblo Mapuche que habita en ambos lados de la frontera.

Si bien en ambas legislaciones se reconocen las costumbres indígenas como fuentes del derecho, no se reconoce la existencia de un «derecho propio» en el marco de un proceso de elaboración propia bajo el paradigma del pluralismo jurídico. De esta manera y contestando a la pregunta investigativa formulada en este trabajo, se puede concluir que no es posible hablar del reconocimiento formal del concepto de Pluralismo Jurídico. Además, como ya se dijo, existen soluciones muy distintas para problemas jurídicos similares tratándose de asuntos resueltos en Chile o Argentina. Sin embargo, el hecho destacado del reconocimiento de la costumbre jurídica mapuche se puede considerar como un principio de reconocimiento del derecho propio Mapuche y por lo tanto indirectamente de la idea de Pluralismo Jurídico. Un problema no menor que plantea esta conclusión es el relacionado con la costumbre mapuche hecha valer tanto en Chile como en Argentina, ya que no se han encontrado trabajos que se dediquen a investigar y sistematizar la costumbre jurídica mapuche aplicada y reconocida en ambos Estados.

El inédito proceso Constituyente que se impuso a los actores políticos con las protestas de octubre de 2019 en Chile tarde o temprano seguirá adelante, ya que el principal reclamo de la sociedad, que era dejar atrás la constitución de 1980 y su sistema económico, no ha sido satisfecho. En este sentido, se debe subrayar que la elección de 2020 aprobó mayoritariamente la opción de redactar una nueva Constitución de manera democrática y participativa a través de una Asamblea Constituyente o Convención Constitucional. Ese mandato sigue vigente. Más tarde, lo que se rechazó dos veces (en 2022 y 2023) fue el proyecto presentado por las Comisiones.

Las propuestas de ambos proyectos constitucionales en materia indígena fueron completamente distintas. El proyecto de 2022 no solamente reconocía la existencia de los Pueblos Indígenas, sino que además se obligaba a su protección y a garantizar su libre determinación. Reconocía expresamente el derecho propio Mapuche haciendo suyo el concepto de Pluralismo Jurídico. Por otro lado, el proyecto de Constitución de 2023 identificaba a los Pueblos Indígenas como parte de la nación chilena, lo que consagraba la vieja idea de la completa asimilación de los Pueblos Indígenas a la sociedad chilena.

Como se ha mencionado en este trabajo, el debate constitucional en Chile no está cerrado. Luego del rechazo de los dos proyectos de nueva Constitución queda sin embargo intacta la crítica que iniciara todo este proceso, que es el hecho de que la Constitución de 1980 no representa los ideales y aspiraciones de la sociedad chilena. También queda intacto el compromiso de los actores políticos de dejar atrás esta Constitución y avanzar en la elaboración de otra que signifique verdaderamente un consenso de la sociedad. Valga también la pena recordar que ya varias veces se ha intentado cerrar el debate constitucional chileno, por ejemplo, con el plebiscito del año 1989 luego del acuerdo entre la dictadura de Pinochet y parte de la oposición. También dio por cerrado el debate constitucional el presidente Ricardo Lagos luego de su reforma el año 2005.

Sin embargo, debido a lo reciente del fracaso del proyecto de 2023, se podría decir que en estos momentos el debate constitucional se encuentra en pausa, pero, a pesar de ello, temas como la «Autonomía Indígena» el «Pluralismo Jurídico» o el «Derecho Propio Indígena» se seguirán escuchando por muchos años, a pesar de la opinión de quienes quieran dar por superado este debate.

REFERENCIAS

Abreut de Begher, L. (2010). *Propiedad Indígena*. Buenos Aires, Facultad de Derecho UBA - La Ley.

Alterini, J., Corna, P., Vázquez, G. (2005). *Propiedad Indígena*. Buenos Aires, Editorial de la Universidad Católica Argentina.

Aylwin, J., Meza-Lopehandia, M., Yañez, N. (2013). *Los pueblos Indígenas y el derecho*. Santiago de Chile, Lom Editores.

Bengoa, J. (2008). *Historia del pueblo mapuche, Séptima edición*. Santiago de Chile, Editorial Lom.

Bengoa, J. (1999). *Historia de un conflicto. El Estado y los Mapuches en el siglo* XX. Santiago de Chile, Editorial Planeta.

CASEN (2020). Encuesta de Caracterización Socioeconómica Nacional, observatorio social, Ministerio de Desarrollo Social y Familias, disponible en http://observatorio.ministeriodesarrollosocial.gob.cl/storage/docs/fichas-regionales/2020/region_araucania.pdf

Centro de Estudios **Públicos** (2023). Apruebo y rechazo en septiembre 2022. Expectativas, decepciones y horizontes comunes para el nuevo proceso constitucional, disponible en https://www.cepchile.cl/investigacion/apruebo-rechazo-septiembre-2023-expectativas-decepciones-horizontes-para-el-nuevo-proceso-constitucional/

Constitución de la Nación Argentina (1994). Disponible en https://www.argentina.gob.ar/normativa/nacional/ley-24430-804.

Constitución Política de la República de Chile (1980). Disponible en https://bcn.cl/2ff4c

Convenio 169 OIT sobre Pueblos Indígenas y Tribales. Fecha de promulgación 2 de octubre de 2008 (Chile), disponible en https://bcn.cl/2fx8e

de Sousa Santos, B. (2013). *Descolonizar el saber, reinventar el poder.* Santiago de Chile, Editorial LOM.

de Sousa Santos, B. (2011). Introducción: las epistemologías del sur. Disponible en https://www.boaventuradesousasantos.pt/media/INTRODUCCION_BSS.pdf

Días Ocampo, E., Antúnez **Sánchez**, A. (2016). La justicia Indígena y el Pluralismo Jurídico en Ecuador el Constitucionalismo en América Latina, en «Derecho y Cambio Social», disponible en https://dialnet.unirioja.es/servlet/articulo?codigo=5456253

Instituto Nacional de Estadísticas (2017). Chile, disponible en https://www.ine.gob.cl/docs/default-source/genero/documentos-de-an%C3%A1lisis/documentos/radiografia-de-genero-pueblos-originarios-chile2017.pdf?sfvrsn=7cecf389_8

Instituto Nacional de Estadísticas y Censos (2012). Argentina, disponible en https://web.archive.org/web/20161009201256/http://www.indec.gov.ar/ftp/cuadros/poblacion/censo2010_tomo1.pdf, p. 281.

LEY N° 19.253 (1993), que establece normas sobre Protección, Fomento y Desarrollo de los Indígenas, Chile, disponible en https://bcn.cl/2f7n5

LEY N° 23.302 (1985), que creó el Instituto Nacional de Asuntos Indígenas (INAI), Argentina.

Macarón, P. (2017). *Propiedad Indígena. Reivindicación de tierras ancestrales.* Buenos Aires, Editorial Astrea.

Pairican Padilla, F. (2016). *Nueva Constitución y Pueblos Indígenas.* Santiago de Chile, Editorial Pehuen.

Proyecto Nueva Constitución (2022). Chile, disponible en https://www.chileconvencion.cl/wp-content/uploads/2022/07/Texto-Definitivo-CPR-2022-Tapas.pdf

Proyecto Nueva Constitución (2023). Chile, disponible en https://www.procesoconstitucional.cl/docs/Propuesta-Nueva-Constitucion.pdf

Saavedra Peláez, A. (2002). *Los Mapuche en la sociedad chilena actual.* Santiago de Chile, Lom Editores.

Valenzuela Reyes, M. (2002). *La política indígena del Estado Chileno y la Legislación Mapuche.* Revisada y actualizado año 2002.

Vitale, L. (2011). *Interpretación marxista de la historia de Chile.* Lom Ediciones, primera edición.

Wolkmer, A. C. (2003). *Introducción al Pensamiento Jurídico Crítico.* Bogotá, Colombia, Ediciones ILSA.

Zabala, J. M. (2018). *Los Parlamentos Hispano-Mapuches* (1593-1803). Textos Fundamentales, Ediciones de la Universidad Católica de Temuco, Santiago.

Soft law

LA INJERENCIA DEL *SOFT LAW* EN EL PROCEDIMIENTO DE LAS INSPECCIONES CONJUNTAS, EN ESPECIAL, LAS DIRECTRICES OCDE

Alejandro Jiménez López[84]
Universidad de Barcelona
alejandro.jimenez@juarezveciana.com

ABSTRACT

La globalización ha provocado cambios significativos en las relaciones internacionales y su marco regulatorio, auspiciado por los nuevos modelos de negocio transfronterizos con esquemas complejos que involucran un gran número de jurisdicciones, generando fricciones y asimetrías entre regulaciones.

Por ello, la OCDE lleva muchos trabajando en estos problemas tan habituales del Derecho tributario internacional generando *soft law* en este ámbito, como los Modelos de convenio para evitar la doble im-

---

84 Abogado. Doctorando en Derecho Financiero y Tributario en el Departamento de Derecho Administrativo, Derecho Procesal y Derecho Financiero y Tributario.

posición y sus Comentarios, las Directrices de la OCDE sobre precios de transferencia y los Estándares de la OCDE sobre transparencia e intercambio de información en materia tributaria. En síntesis, la OCDE realiza un trabajo incansable en materia de cooperación administrativa en el ámbito de la fiscalidad, que se recoge por la UE y sus EM y es transformado a derecho vinculante, siendo la cooperación un laboratorio normativo multinivel, en el que el *hard law* se superpone e interacciona con el derecho «blando» de numerosas formas.

Por la rápida evolución de los fenómenos, surge la cuestión de cómo se relaciona el *soft law* con el *hard law*, tanto desde una perspectiva internacional (incidencia en la legislación UE y tratados internacionales) como nacional (por ejemplo, comparando su influencia en la legislación de diferentes países).

La OCDE siempre ha ido un paso por delante en esta lucha, anticipando y desarrollando herramientas que posteriormente se implementarían tanto por parte de la UE para con sus EM, como de estos con terceros países. Por eso mismo, la OCDE fue la primera en conceptualizar las inspecciones conjuntas, que más adelante se ha legislado de manera vinculante por la UE y, mientras tanto, diferentes países han llevado a cabo proyectos piloto basados en las directrices OCDE, lo que demuestra que se debe seguir el camino marcado por la OCDE, implementando sus informes y directrices en normas vinculantes.

ABSTRACT

Globalization has led to significant changes in international relations and their regulatory framework, fostered by new cross-border business models with complex schemes involving a large number of jurisdictions, generating frictions and asymmetries between regulations.

For this reason, the OECD has been working on these common problems of international tax law for many years, generating soft law in this area, such as the Model Double Taxation Avoidance Agreements and their Commentaries, the OECD Transfer Pricing Guidelines and the OECD Standards on Transparency and Exchange of Information on Tax Matters. In short, the OECD works tirelessly on administrative co-operation in the field of taxation, which is taken up by the EU and its MS and transformed into binding law, with co-operation being a multi-level regulatory laboratory, where hard law overlaps and interacts with 'soft' law in numerous ways.

Due to the rapid evolution of the phenomena, the question arises as to how soft law relates to hard law, both from an international perspective (impact on EU legislation and international treaties) and from a national perspective (for example, comparing its influence on the legislation of different countries).

The OECD has always been one step ahead in this struggle, anticipating and developing tools that would later be implemented both by the EU towards its member states and by these towards third countries. For this very reason, the OECD was the first to conceptualize joint inspections, which was later legislated in a binding way by the EU, and in the meantime, different countries have carried out pilot projects based on the OECD guidelines, which shows that the path set by the OECD should be followed, implementing its reports and guidelines in binding standards.

KEY WORDS: soft law, joint audits, OECD, guidelines.

SUMMARY

1. INTRODUCCIÓN

2. EL PAPEL DEL *SOFT LAW* EN EL ÁMBITO TRIBUTARIO Y DE LA OCDE EN PARTICULAR

3. EL MODELO DE CONVENIO DE LA OCDE Y SUS COMENTARIOS

4. DIRECTRICES DE LA OCDE EN MATERIA DE PRECIOS DE TRANSFERENCIA

5. ESTÁNDARES DE LA OCDE EN EL INTERCAMBIO DE INFORMACIÓN

6. INFORMES DE LA OCDE EN MATERIA DE INSPECCIONES CONJUNTAS.

CONCLUSIONES. REFERENCES

1. INTRODUCCIÓN

La globalización ha provocado cambios significativos en las relaciones internacionales y en su marco regulatorio, auspiciado por los nuevos modelos de negocio transfronterizos que crean esquemas más complejos y que involucran a un mayor número de jurisdicciones, lo que genera fricciones y asimetrías entre las regulaciones de los distintos países.

Estas fricciones provocan situaciones de des imposición o, todo lo contrario, de doble imposición, invitando a que se puedan generar ocasiones de evasión o elusión fiscal mediante el traslado de beneficios hacia un régimen tributario más favorable.

Ante este fenómeno, puesto que las medidas legislativas reaccionarias tardan en implementarse, se avanza lento en mecanismos que luchen contra estas prácticas. Por ello, la OCDE lleva muchos años trabajando en estos problemas tan habituales del Derecho tributario internacional generando directrices y recomendaciones en este ámbito. A modo de ejemplo, sírvanse los Modelos de convenio para evitar la doble imposición (MC OCDE) y sus Comentarios, las Directrices de la OCDE sobre precios de transferencia y los Estándares de la OCDE sobre transparencia e intercambio de información en materia tributaria. La costumbre de emplear estos mecanismos de manera habitual en el derecho internacional impulsando herramientas o mecanismos que pretenden hacer modificaciones con tal de mejorar el derecho aplicable[85].

Es frecuente que estos instrumentos jurídicamente no vinculantes se empleen como criterio para interpretar la normativa internacional. Además, en el contexto actual cada vez con mayor frecuencia e intensidad los diferentes Estados se ven obligados a reformar su ordenamiento siguiendo el *soft law*, mucho más ágil que las fórmulas tradicionales de creación del derecho.

2. EL PAPEL DEL *SOFT LAW* EN EL ÁMBITO TRIBUTARIO Y DE LA OCDE EN PARTICULAR

Existe un debate doctrinal bastante dilatado en tiempo, el cual se extiende a nivel jurisdiccional, puesto que ha llegado a los tribunales y existen resoluciones del papel del *soft law* en contraposición con el *hard law* o «derecho duro». El debate se centra en la dimensión, o

85 Esto es, la clásica distinción entre *lege lata* que es la ley existente, es decir el derecho vigente y aplicable y *lege ferenda* que traduciría como el derecho que se quiere implantar o proponer como una futura reforma de la ley.

no, del *soft law* como fuente del derecho y en sus caracteres propios, diferenciación que en ocasiones solo responde al hecho de no encajar en la estructura tradicional del derecho.

Con esta concepción no está de acuerdo Barberis (1994, p. 257), quien sostiene que «el orden Internacional actual no constituye un orden cerrado en el que existe un número determinado de creación de normas jurídicas. Los miembros de la Comunidad Internacional pueden acordar nuevas fórmulas para crear el Derecho de gentes».

Como expone Alarcón García (2010, p. 271), bajo este término se recogen los actos o instrumentos jurídicos sin carácter obligatorio pero incardinados en el sistema de fuentes, tales como recomendaciones, resoluciones, instrucciones, planes, circulares, normas técnicas, cartas de servicios, códigos de conducta o de buen gobierno, entre otros.

A estos instrumentos se les da efectivamente utilidad práctica, pero se cuestiona su valor jurídico. Por ejemplo, para del Toro Huerta (2006, p. 519) el *soft law* «busca describir la existencia de fenómenos jurídicos caracterizados por carecer de fuerza vinculante, pero que poseen al menos cierta relevancia jurídica». Por el contrario, Bibier (1984, p. 521) sostiene una tesis totalmente contraria, pues expone que cuando las instituciones están dispuestas a cooperar y dan su consentimiento a determinados acuerdos, como ocurre mayoritariamente en la OCDE, estos tienen plena fuerza jurídica. Y totalmente alejada de esta postura, hay quienes sostienen que son compromisos políticos con cierta importancia, pero nunca la adquieren el mundo de lo jurídico, entre otras, lo señala Bernhart (1984, p. 84).

Lejos de posturas encontradas, aquí se aboga por una posición intermedia, donde se debe analizar caso por caso y ver si esos instrumentos de *soft law* pueden ayudar a la legislación que ya existe, y si son realmente útiles, pues este se hace para mejorar u optimizar lo existente[86].

[86] Nos inspiramos en lo expuesto por Alonso García (2001, p. 67), quien precisa no se puede dar una respuesta general al problema al ser decisiva la intencionalidad de los actores en cada proceso.

En el ámbito tributario, CAAMAÑO ANIDO y CALDERÓN CARRERO (2002, p. 263) exponen que «en el contexto actual de globalización económica cada vez con mayor frecuencia e intensidad los diferentes Estados se ven obligados a reformar su ordenamiento siguiendo el *soft law*»[87]. Y esto es debido a que se debe abandonar cualquier concepción estática del Derecho Internacional donde la creación de las normas internacionales supone un proceso complejo y largo en el tiempo. GONZÁLEZ CAMPOS, SÁNCHEZ RODRÍGUEZ y SAÉNZ DE SANTA MARÍA (2002, p. 127) sitúan al *soft law* en una zona intermedia entre el no derecho y el *hard law*, en una especie de «zona gris» que puede transformar la norma social en norma jurídica.

Ahondando más en la naturaleza jurídica de las normas de *soft law* a nivel tributario, CAAMAÑO ANIDO y CALDERÓN CARRERO sostienen que (2002, p. 262) este tipo de normas son producidas sin intervención directa (o autoridad delegada) de los Parlamentos Nacionales.

Estos autores consideran que determinadas organizaciones internacionales como la OCDE y la OMC, o bien instituciones internacionales, como el Banco Mundial o el Fondo Monetario Internacional, elaboran reglas, directrices, lineamientos, catálogos, códigos de conducta, etc., con el objeto de establecer o codificar una serie de parámetros uniformes a nivel internacional. Esto es, tanto los EM como los no miembros los tomen como referencia a la hora de adaptar su legislación al contexto actual.

Un ejemplo típico de este tipo de normas de *soft law* son el MC OCDE y sus comentarios o las Directrices sobre Precios de Transferencia, entre otras. Como señala CARMONA FERNÁNDEZ (2007, p. 49), los

---

[87] Los autores se refieren a que si no adoptan este *soft law* pueden sufrir determinado tipo de contramedidas por parte de las organizaciones e instituciones que las han dictado, como por ejemplo, la inclusión en una «lista negra» (*blacklisting*), sanciones económicas, obstaculización de las operaciones con el país incumplidor por parte de un bloque de países que establecen legislación a tal efecto (v. gr. «contramedidas» fiscales como la propuesta por el Comité Fiscal de la OCDE en relación con los países que figuran en su *blacklisting*), o simplemente la suspensión de los pagos de un crédito internacional.

trabajos de la OCDE ejercen una influencia decisiva en el ordenamiento nacional y, entre ellos, el MC OCDE y sus comentarios ocupan un lugar destacado. Otro ejemplo serían las Recomendaciones de la Asamblea General de las Naciones Unidas que sirven de parámetro interpretativo de la Carta de la ONU, cuando han sido adoptadas por unanimidad o consenso, al plasmar la voluntad de los EM.

Ahora bien, como hemos señalado, se cuestiona la función del *soft law* en el sistema tributario. Por una parte, para Alarcón García (2010, p. 273), cuando el legislador se refiere al tercer escalón jerárquico de la normativa en el derecho tributario español en el art.7 (1) b) LGT menciona las «normas que dicte la Unión Europea y otros organismos internacionales o supranacionales», este inciso engloba las normas que conforman el *soft law* internacional y comunitario, formando parte por tanto de las fuentes de ordenamiento tributario. Por otro lado, Alonso García (2001, p. 75) defiende la calificación del *soft law* como fuente del derecho refiriéndolo como un principio general, al clarificar y reflejar el consenso de las partes intervinientes.

Sea como fuere la posición jerárquica del *soft law* dentro del ordenamiento, vendremos a referirnos a la trascendencia práctica que tiene en el ámbito tributario los trabajos de la OCDE a la hora de fijar unos parámetros uniformes a nivel internacional que conducen a guían el trabajo de la UE en el ámbito de la fiscalidad y que posteriormente se refleja en la transposición de esa normativa europea a la legislación interna de los EM.

3. EL MODELO DE CONVENIO DE LA OCDE Y SUS COMENTARIOS

Primeramente, no cabe duda que los Convenios para evitar la doble imposición (CDI) son tratados internacionales conforme a lo señalado en el art.96 (1) CE y en el ámbito tributario, en el art.7 (1) b) LGT, con la fuerza normativa que esto conlleva, siendo fuente del ordenamiento interno y directamente aplicable.

Ahora bien, en el caso del MC OCDE y sus Comentarios el escenario es distinto. Su ámbito de implementación como tal es *soft law*, al no tratarse de un tratado o convenio internacional, sino de un modelo aprobado por una organización internacional, lo que significa que no es de directa aplicación a pesar de ser un principio general del derecho como se ha expuesto anteriormente. Sin perjuicio de esto, la costumbre y la práctica habitual muestran una clara tendencia encaminada al uso del MC OCDE y sus respectivos comentarios como una guía interpretativa de los CDI.

Dos son los motivos principales de que exista una gran aplicación como guía interpretativa; por un lado, el hecho de que la gran mayoría de CDI suscritos por los países tome como base el MC OCDE, hace que los CDI suscritos bajo ese modelo, deban interpretarse a la luz y de conformidad con el espíritu de los Comentarios de la OCDE. Por otro lado, la Recomendación de la OCDE 1997 amplía su ámbito de aplicación, ya que no solo indica a los EM que hagan esfuerzos de celebrar CDIs conforme al MC OCDE, sino que recomienda a sus administraciones fiscales a que sigan los comentarios a los artículos del MC OCDE, según sus modificaciones, al aplicar e interpretar las disposiciones de sus CDI suscritos basándose en el MC OCDE.

La fuerza vinculante reside en que esto se dice en una recomendación, si bien la cual no es vinculante para los EM de la OCDE, la práctica les otorga una gran fuerza moral como representación de la voluntad política de los países miembros. Para Vogel (1997, p. 85) «[l] a recomendación, en otras palabras, genera un deber legal flexible, pero un deber legal al fin». Si seguimos esta tesis, la recomendación de aplicar el MCOCDE genera una obligación para los EM con base en el inciso b) del artículo 5º MC OCDE, una obligación de *soft law*.

Más allá de la merca recomendación de la OCDE, la doctrina le ha otorgado un gran valor interpretativo a los comentarios[88]. Así, Van Raad (1978, p. 49) sostiene que como «el Comentario apareció en consulta conjunta con los países miembros, los cuales tuvieron la

---

[88] Obviamente no se aplicarán los Comentarios cuando un CDI no haya sido negociado sobre la base del MC OCDE.

oportunidad de hacer reservas con respecto a su contenido, pareciera justificado llamarlo [. . .] un instrumento contextual, conforme al significado del Artículo 31(2b) de la Convención de Viena». Esto es, el autor sostiene que los Comentarios constituyen un instrumento aceptado por las partes del CDI, pues han podido simplemente aceptar la interpretación que sostiene el comentario, aportar ideas, incluso oponerse mediante la formulación de reservas a la interpretación sostenida por los comentarios. Por ello se entiende una aceptación a esa línea interpretativa que lleva a unas aceptaciones tácitas de la aplicación de los comentarios a los CDI elaborados bajo el MC OCDE. Así lo ha precisado el TS en varias SSTS como la 2920/200, de 8 de abril; 4558/2000, de 3 de junio o 6349/2000, de 29 de julio, donde indica que «[l]a Administración española está incuestionablemente obligada a respetar la interpretación auténtica, acordada en el seno de la OCDE, puesto que no ha formulado reserva alguna», y no cabe duda que los Comentarios son una interpretación auténtica del MC OCDE. Ahora bien, hay que matizar estas afirmaciones, pues no tiene la función de interpretación auténtica de los CDIs suscritos por España.

Además, el hecho de que los CDIs se basen en el MC OCDE hace que no tengan que empezar desde cero, al servirse de un documento elaborado por un grupo de expertos en la materia y depurado con el paso de los años. Esto genera una dosis importante de seguridad jurídica, pues hace posible una armonización de los CDIs en beneficio de los contribuyentes y de las administraciones nacionales.

En idéntico sentido, Young (1999, p. 489) precisa que «el proceso de redacción de los Comentarios permite a los miembros anotar sus observaciones a las interpretaciones al momento en que los Comentarios son adoptados», y que, por tanto, si no se hacen observaciones, se acepta el comentario de manera íntegra, pues aunque los Comentarios no han sido elaborados para la negociación específica de un único CDI, tanto el MCOCDE como los Comentarios, tienen la finalidad de servir como herramienta para ayudar a la celebración de CDIs.

Lógicamente, si alguno de los dos EM de la OCDE que lo suscriben hubiese interpuesto reservas u observaciones al MC OCDE y/o a los

Comentarios, las disposiciones objeto de observación o reserva no formarían parte del contexto con el cual se debe interpretar el CDI, pues alguno de esos EM ha mostrado de manera expresa su disconformidad con la interpretación dada. El hecho de incorporar a los CDIs las disposiciones del MC OCDE permite que los Comentarios sean el eje central de interpretación de los propios CDIs suscritos por los diferentes países.

Como precisa Carmona Fernández (2007, p. 46), el MC OCDE y sus Comentarios son auténtico *soft law*, pues no poseen auténtica fuerza normativa, pero tienen una indudable vocación de producir efectos en los ordenamientos nacionales.

En conclusión, el hecho de que las recomendaciones no sean jurídicamente vinculantes, no quiere decir necesariamente que no puedan tener ningún efecto con relevancia jurídica. Esto es, la ausencia de carácter vinculante de los comentarios en absoluto merma su importancia y valor jurídico, el cual se ve plasmado en la aplicabilidad que le da la jurisprudencia como prueba real de su aplicación práctica. Como afirma Zornoza Pérez (2010, p. 2), es necesaria una reflexión en profundidad sobre el valor que hay que asignar a los Comentarios a la hora de interpretar los tratados en vigor.

4. DIRECTRICES DE LA OCDE EN MATERIA DE PRECIOS DE TRANSFERENCIA

Centraremos ahora nuestra atención en la aplicación de que se le da a las Directrices de la OCDE en materia de precios de transferencia (PT). Las Directrices de la OCDE sobre PT han sido objeto de la Recomendación del Consejo de la OCDE C(95)126/FINAL, que se dirige a los gobiernos de los EM y, en particular, a sus administraciones tributarias. Aquí debemos entrar a valorar su virtualidad jurídica, ya que, a pesar de que según el art.5 de su tratado constitutivo, la OCDE puede dictar decisiones que serán vinculados para todos los EM excepto que se acuerde lo contrario, ha decidido actuar mediante recomendaciones en el ámbito de la fiscalidad internacional. Esto significa que no generan obligaciones jurídicas, no vinculan a los EM ni estos están obligados a seguirlas, extremo que no quita relevancia jurídica a este instrumento.

En este sentido, Calderón Carrero (2007, p. 11) afirma que de las recomendaciones del Consejo de la OCDE se deriva una suerte de «obligación *soft*» que los EM deben seguir excepto si han introducido reservas o motivos que lo impiden.

Seguidamente, cabe señalar que la Ley 27/2014, de 27 de noviembre, del Impuesto sobre Sociedades (LIS), es la encargada de regular las operaciones vinculadas en su art.18 y en el Preámbulo destaca que «debe tenerse en cuenta que la interpretación del precepto que regula estas operaciones debe realizarse, precisamente, en concordancia con las Directrices de Precios de Transferencia de la OCDE y con las recomendaciones del Foro Conjunto de Precios de Transferencia de la UE». Primeramente, cabe señalar que no se indica en ningún momento que las Directrices tengan carácter supletorio, debiéndose ceñir a aclarar conceptos como el método del precio libre comparable, coste incrementado, etc.

El Preámbulo no genera derechos ni obligaciones, puesto que no forma parte del texto normativo como tal. A pesar de esto, según la STC 31/2010, de 28 de junio «la carencia de valor normativo no equivale a carencia de valor jurídico», otorgándole así un valor jurídico cualificado.

Por ello, como indica Vega García (2011, p. 49), una cuestión es que los preámbulos sirvan para interpretar el texto normativo a que anteceden y otra distinta es que pueda establecer la obligatoriedad de emplear otro texto, pues es solo uno de los distintos elementos que pueden ser tenidos en cuenta para hacer una interpretación teleológica, pero no es el único posible.

Bullen (2010, p. 33) reconoce que una práctica habitual es que las Directrices OCDE sobre PT se empleen para interpretar la normativa interna incluso en supuestos internos donde no hay elementos de internacionalidad. Esto viene a raíz de que la OCDE (2009, p. 33) anima a que los EM sigan las Directrices al evaluar las prácticas de PT domésticas y a su vez anima también a los contribuyentes a seguir estas directrices a la hora de evaluar las operaciones vinculadas conforme al principio de libre competencia.

Esta virtualidad práctica que se le da a la OCDE proviene de que, como la mayoría de los CDI se basan en el MC OCDE, resulta lógica que, para interpretar otras materias, se tenga en cuenta el resto de los trabajos elaborados por esta institución en materia de fiscalidad internacional, como expone Vega García (2011, p. 41). Además, el Comentario al art.9 MC OCDE en su párrafo 1 se refiere de manera expresa a las Directrices sobre PT, por tanto, puede entenderse implícitamente que tanto los Comentarios como las Directrices formen parte del contexto de los tratados, de acuerdo con los arts.31 y 32 de la Convención de Viena sobre el Derecho de los Tratados según Ward (2005, p. 18 y ss.).

Muestra de ello es la habitualidad con la que la jurisprudencia nacional tiene en cuenta las Directrices de la OCDE. La SAN 3902/2007, de 27 de septiembre, refiere a las Directrices OCDE en PT como un complemento a la normativa española para entender aplicable un método de valoración. Por su parte, el TEAC en el FJ 5º de la RTEAC de 25 de julio de 2007 alude a las Directrices OCDE señalando que son «una de las principales fuentes de interpretación en la materia» por la parquedad de la normativa del IS, citando textualmente párrafos de Directrices de la OCDE de 1979 y 1995. La DGT en su consulta vinculante V1384/07, de 26 de junio, también recurre a las Directrices en materia de PT para precisar su respuesta justificando la mención por lo dispuesto en la Exposición de Motivos de la Ley 36/2006, de 29 de noviembre.

En el ámbito UE, el Foro Conjunto de Precios de Transferencia ha dictado varias Recomendaciones en la materia y su trabajo ha permitido la aprobación del Código de Conducta sobre la documentación relacionada con PT exigida a las empresas asociadas en la UE.

Aquí se muestra la incidencia real del *soft law* en la legislación, pues estos dos instrumentos de regulación internacional han influido en el contenido del antiguo artículo 16 del TRLIS y actual 18 LIS dedicados a la regulación de las operaciones vinculadas. Las Directrices OCDE en PT inspiran esta regulación en cuanto a la obligación de valorar por el valor de mercado, los métodos de valoración; y, por otro lado, las obligaciones de documentación del texto interno se han elaborado sobre la base de las recomendaciones del Foro Europeo.

5. ESTÁNDARES DE LA OCDE EN EL INTERCAMBIO DE INFORMACIÓN

El intercambio internacional de información fiscal se ha consolidado como una herramienta fundamental para la aplicación eficaz de los sistemas tributarios, y en los últimos años se han ido implementando nuevos mecanismos de intercambio de información impulsados en la UE y la OCDE. Esto ha permitido que el intercambio de información sea cada vez más amplio no solo desde el punto de vista territorial (los países y jurisdicciones incluidos), sino también en cuanto a las categorías y naturaleza de la información intercambiada.

Por ejemplo, el Convenio de Asistencia Administrativa Mutua en Materia Fiscal de la OCDE y del Consejo de Europa (MAC) enmendado por el Protocolo de 2010. Su gran virtualidad es el enfoque multilateral, que permite el establecimiento de relaciones de cooperación más amplias e intercambio de información más extenso, pues incluye a los 144 territorios firmantes.

Debemos hacer notar que el Convenio de 1998 es impulsado conjuntamente por el Consejo de Europa y la OCDE, y la enmienda a través del Protocolo de 2010 tiene como principal objetivo alinear el MAC con el estándar de intercambio de información de la OCDE.

En el año 2002, el Foro Global sobre Transparencia e Intercambio de Información de la OCDE elaboró un Modelo de Acuerdo sobre intercambio de información en materia tributaria el cual orientaba a suscribir de manera bilateral o multilateral, un modelo para proceder con el intercambio de información. La práctica llevo a la suscripción de acuerdos bilaterales específicos —*Tax information exchange agreements*— (TIEA)[89] para intercambiar información. A través de estos instrumentos se estableció en la esfera tributaria los estándares mínimos de intercambio de información caracterizado por i) la generalización del suministro de información tributaria previa solicitud de cualquier Estado, ii) el intercambio de toda aquella información previsiblemente relevante, iii) la confidencialidad de la información suministrada, como expone Martín López (2012, p. 351), cuando todavía no estaba vigente el intercambio automático.

Posteriormente, se estableció un nuevo estándar de intercambio de información conocido como el Estándar Común de Reporte o CRS por sus siglas en inglés, *Common Reporting Standard*[90], y que, como expone Pedrosa López (2018), la severa iniciativa del *Internal Revenue Service* de Estados Unidos llevó a la OCDE a la elaboración de un instrumento enfocado al intercambio de información automático. Para la implementación del CRS, los países, entre ellos, España, debieron firmar el Acuerdo Multilateral entre Autoridades Competentes sobre intercambio automático de información de cuentas financieras, en Berlín el 29 de octubre de 2014.

En el ámbito de la UE, se aprobó la Directiva 2014/107/UE del Consejo, de 9 de diciembre de 2014 (DAC 2) para incorporar el estándar de intercambio automático en la UE. Este estándar se desarrolla a petición del G20, por la OCDE, y es aprobado por su Consejo el 15 de julio de 2014. El CRS pide a los países que obtengan informa-

---

[89] Señalar que en esta materia la OCDE también dispone de un Acuerdo Modelo de Intercambio de Información Fiscal de la OCDE (OCDE Modelo TIEA). El Acuerdo modelo de la OCDE sobre el intercambio de información en materia fiscal es del año 2002. La mayoría de los tratados que se han celebrado sobre la base de este modelo pueden consultarse en http://www.oecd.org/tax/exchange-of-tax-information/taxinformationexchangeagreementstieas.htm

[90] El antecedente inmediato es el conocido como FATCA, que es el Acuerdo entre el Reino de España y los Estados Unidos de América para la mejora del cumplimiento fiscal internacional con la implementación de la Foreign Account Tax Compliance Act.

ción de sus instituciones financieras para intercambiarla con otras jurisdicciones de forma automática y anualmente. A su vez, establece la información que debe intercambiarse, las instituciones que deben informar, los diferentes tipos de cuentas y contribuyentes cubiertos, así como los procedimientos comunes de diligencia que deben seguir las instituciones financieras.

Debemos traer a colación aquí el Proyecto OCDE/G20 sobre la erosión de la base imponible y el traslado de beneficios (BEPS), el cual se articula en un total de 15 acciones. Algunas de estas acciones ya han tenido plasmación en normativa europea, que será la que trataremos a continuación. Para Pedrosa López (2019), el Proyecto BEPS es una continuación del Estándar Común de comunicación automática de información de cuentas financieras, y una manera de introducir los trabajos de la OCDE.

La Acción 5 BEPS que tiene por finalidad combatir las prácticas tributarias perniciosas, teniendo en cuenta la transparencia y la sustancia, estableció el intercambio de los *tax rulings* al amparo del MAC y de los CDIs. La UE implementó la obligatoriedad del intercambio a través de la Directiva 2015/2376 de 8 de diciembre de 2015 (DAC3), por la cual se intercambia información sobre *tax rulings* y acuerdos previos sobre precios de transferencia (APAs) emitidos por las Administraciones tributarias.

Asimismo, la Acción 13 BEPS estableció la obligación de que grupos multinacionales (importe neto de la cifra de negocios consolidada supere los 750 millones de euros) tengan que presentar anualmente un informe «País por País» (CbCR), con el objetivo de aumentar el nivel de transparencia fiscal internacional y de que las Administraciones dispongan de información relativa a la distribución mundial de rentas o impuestos pagados de estos grupos. A nivel OCDE este intercambio se realiza mediante el Acuerdo multilateral entre Autoridades competentes para el intercambio de informes País por País; mientras que la UE aprueba, la Directiva (UE) 2016/881 del Consejo, de 25 de mayo de 2016 (DAC4) para establecer el intercambio de CbCR.

Junto con esto, en 2020 los EM de la UE comenzaron a recibir información sobre determinados mecanismos transfronterizos de planificación fiscal potencialmente agresiva de conformidad con lo establecido en la Directiva (UE) 2018/822 del Consejo de 25 de mayo de 2018 (DAC6). Esto trae causa también del Proyecto BEPS, en concreto, la Acción 12, que pretende exigir a los contribuyentes que revelen sus mecanismos de planificación fiscal agresiva.

Por último, en el ámbito de la OCDE se viene trabajando ya en el futuro intercambio relativo a los criptoactivos que supondrá un nuevo Acuerdo multilateral de Autoridades competentes, y que desembocará a nivel de la UE en una nueva modificación de la Directiva sobre Cooperación Administrativa, en este caso será la DAC 8 con tal de mejorar la cooperación en relación con el intercambio automático de información en materia de criptoactivos y dinero electrónico, en la cual se está trabajando ya desde el pasado marzo de 2021, cuando la Comisión Europea abrió el período de consulta pública.

Vemos, por tanto, que las sucesivas Directivas de la Unión Europea guardan consonancia con las propuestas de la OCDE, las cuales han impulsado al Consejo Europeo a introducir medidas mediante la aprobación de esas Directivas que modifican a la DAC.

6. INFORMES DE LA OCDE EN MATERIA DE INSPECCIONES CONJUNTAS

Con lo expuesto, hemos visto la gran trascendencia que tienen las propuestas de la OCDE en el seno de la UE en cuanto a cooperación administrativa e intercambio de información. Por ello, sería interesante que las inspecciones conjuntas reguladas en la DAC 7 y pendientes todavía de transposición a los EM, tomasen como punto de partida los informes OCDE en materia de inspecciones conjuntas para regularlas tanto sustantiva como procedimentalmente.

Además, como exponen I IN-ŠAIN, EHRKE RABEL y ENGLISCH (2018, p. 589), hay acuerdos bilaterales y acuerdos regionales multilaterales que son anteriores al Modelo TIEA OCDE, y que también permiten las inspecciones conjuntas[91].

Esto podría implementarse en las inspecciones conjuntas a través de los *reports* de 2010 y 2019. Un ejemplo de la puesta en práctica de estos mecanismos es la implementación de los conocidos como *Memorandum of Understanding* (MoU), que rigen la relación entre los países que realizan la inspección y la OCDE en su informe de 2019 tiene un modelo de MoU que podría seguirse por los EM. Por ejemplo, como señala Jiménez López (2022, p. 150), se podría instaurar una ayuda adicional consistente en la elaboración de algún texto con instrucciones tipo, con tal de guiar el procedimiento.

Esta ayuda podría extraerse del documento elaborado por la OCDE en Estambul los días 15 y 16 de septiembre de 2010 con ocasión de la 6.a reunión del *Forum on Tax Administration* (FTA), titulado *Joint Audit Participants Guide*. Más recientemente en 2019, la propia OCDE elaboró un *Draft Implementation Package* de estas inspecciones conjuntas. En ese mismo año, el FTA volvió sobre el tema de las inspecciones conjuntas, elaborando un Informe actualizado respecto al de 2010, donde en su apartado 7 establece una guía con la finalidad de servir de orientación para el transcurso de estas.

Čičin-Šain (2019, p. 121), cuando analiza los informes de los proyectos pilotos, estos indican que las administraciones tributarias siempre se han regido por un ambiente cooperativo y amigable a la hora de solventar las diferencias procedimentales, gracias a la suscripción del MoU.

En consecuencia, el FTA de la OCDE (2017, p. 5) señaló que uno de sus proyectos prioritarios era facilitar un mayor uso de las inspecciones conjuntas, lo que significa que cabe esperar que vayan proliferando cada vez más en un futuro próximo. A juicio de I in-Šain, Ehrke Rabel y Englisch (2018, p. 587), el ICAP podría acelerar esta tendencia

[91] Sírvase de ejemplo el Convenio entre la República Federal de Alemania y la República de Austria sobre protección jurídica y asistencia administrativa de 4 de octubre de 1954 en su art. 5(3); o el art.13 del Convenio Nórdico de Asistencia Administrativa Mutua.

al consistir en una evaluación multilateral conjunta de riesgos por inspectores de los países participantes basada en el CbCR.

El análisis realizado demuestra que el trabajo de la OCDE en materia de cooperación administrativa e intercambio de información tiene una gran relevancia en lo implementado por la UE, y sus indicaciones en materia de inspecciones conjuntas pueden proliferar. Así lo exponen I IN-ŠAIN, EHRKE RABEL y ENGLISCH (2018, p. 610) al indicar que debería coordinarse lo más estrechamente posible con los esfuerzos de la OCDE para desarrollar un Código de Conducta para la gestión de las inspecciones conjuntas y podría servir de modelo[92].

De acuerdo con las recomendaciones de la OCDE se pueden potenciar las inspecciones fiscales conjuntas entre las administraciones de distintos países. Con el panorama actual, las empresas se encuentran cada vez con mayores incertidumbres por las decisiones sobre fiscalidad e impuestos que adopta individualmente cada país, lo cual se puede ver facilitado por la labor aglutinadora de la OCDE en cuanto al alcance de sus recomendaciones que, a pesar de no ser vinculantes, son seguidas por la gran mayoría de países.

Cabe recalcar aquí también la incidencia del modelo norteamericano reseñado en el epígrafe anterior del presente trabajo, que destaca la influencia del IRS. Además, en el ámbito de las inspecciones conjuntas se puede aprender mucho del sistema estadounidense porque allí llevan realizándose desde 1967 cuando se creó la Multistate Tax Commission (MTC), y que en el art. VIII del Pacto Fiscal originario regula las «inspecciones multiestado» que permiten a la Comisión realizar una inspección de un contribuyente de alcance multiestatal.

Este modelo de inspecciones conjuntas es una combinación de cooperación y separación de poderes entre la MTC y los Estados miembros como se desprende del análisis de I IN-ŠAIN, EHRKE-RABEL y ENGLISCH (2018, p. 591). Ciertamente, y salvando las distancias, esta ordenación es asimilable a la UE y los EM, por ello sería aconsejable

---

[92] Los autores se refieren al trabajo de la OCDE (2017). *The Changing Tax Compliance Environment and the Role of Audit.*

inspirarse en la amplia experiencia del ámbito norteamericano, como indica Jiménez López (2022, p. 151).

Si el legislador europeo estuviera dispuesto a armonizar plenamente los aspectos procedimentales de las inspecciones conjuntas, podrían encontrar alguna fuente de inspiración e ideas sobre los desafíos en el modelo estadounidense del MTC, como exponen I in-Šain, Ehrke-Rabel y Englisch (2018, p. 601).

Por ello, si bien el modelo en que se está trabajando en la UE difiere del implantado en Estados Unidos, hay que tenerlo presente, ya que, si se decide apostar de forma definitiva por las inspecciones conjuntas, los equipos de inspección (*joint audit teams*) serían una manera muy eficiente de trabajar.

Las inspecciones conjuntas, especialmente en su vertiente activa, son una herramienta interesante para mejorar el nivel de transparencia y evitar supuestos de doble imposición o desimposición. Por ello, deben incrementarse la cantidad de proyectos pilotos realizados para mejor el desarrollo de estas, pero como inconveniente tiene la falta de un marco legal adecuado en cuanto a las facultades de inspección y el marco procedimental. Debido a esto, como ha señalado la doctrina, se debe prestar una mayor atención a esta herramienta potenciándola, y la OCDE podría ser un buen inspirador por su experiencia a la hora de armonizar interpretaciones y de crear modelos que son seguidos por la gran mayoría de ordenamientos jurídicos.

CONCLUSIONES

Hemos visto que el *soft law* no es un fenómeno unívoco, ya que no existe un consenso total en torno a su conceptuación y las funciones que debe desempeñar, y mucho menos dependiente del ámbito. En lo que se refiere al derecho tributario, sí que hay acuerdo en que, a pesar de carecer de efecto vinculante, produce efectos jurídicos importantes.

A pesar de carecer de efecto vinculante cierta doctrina mencionada mantiene que es fuente del Derecho Internacional, comunitario y de derecho español. Es decir, aunque los agentes jurídicos no estén obligados a observarlo, en la práctica, no se puede desatender.

Y eso es lo que sucede con el *soft law*, en concreto, con los trabajados de la OCDE en el ámbito tributario, los cuales sirven de inspiración al legislador europeo, y luego se ve reflejado en la adaptación de la legislación interna de cada EM.

La OCDE trata de dar unas directrices o unas pautas a seguir las cuales buscan hacer más efectivo el *hard law*, ya que complementa la regulación del derecho vinculante rellenando las posibles lagunas que este tenga y sienta las bases de una regulación posterior vinculante.

Hay que tener en cuenta también que cada vez más los fenómenos de reciente creación reciben su tratamiento jurídico a través del *soft law*, el cual es mucho más ágil y responde de manera más rápida frente a escenarios tan cambiantes al no necesitar de lentos trámites parlamentarios.

A esto se añade que el escenario de la fiscalidad internacional es altamente complejo, donde se plantean debates multilaterales respecto a sus figuras y la inadecuación de la legislación vigente a estos cambios frenéticos.

De todo lo expuesto se extrae la enorme importancia que tiene este fenómeno en el ámbito tributario y específicamente los trabajos de la OCDE en la fiscalidad internacional por la y creciente utilización de este fenómeno de las instituciones que regulan los tributos, tanto a nivel sustantivo como procedimental.

Viendo la acogida de las instituciones que legislan de estos instrumentos como el MC OCDE y sus Comentario, las Directrices OCDE en PT o los estándares de la OCDE en intercambio de información, los cuales los adaptan para introducirlos en la legislación vinculante, lo mismo podría hacerse con los informes de la OCDE de las inspecciones conjuntas para implementar ese conocimiento práctico a raíz de los proyectos piloto.

REFERENCiAS

Alarcón García, G. (2010). El *soft law* y nuestro sistema de fuentes en Báez Moreno, A.; Jiménez-Valladolid de L'Hotellerie-Fallois, D. J.; Martínez de Pisón, J. A. (dir.); Collado Yurrita, M. A. (dir.); Zornoza Pérez, J. (dir.); y Rodríguez Bereijo, A. (hom.). *Tratado sobre la Ley General Tributaria: homenaje a Álvaro Rodríguez Bereijo*, Vol. 1, 2010 (Tomo I), pp. 271-298.

Alonso García, R. (2001). El *soft law* Comunitario. *Revista de Administración Pública*, Madrid, 154, pp. 63-94.

Barberis, J. (1994). *Formación de Derecho Internacional*, Abaco, Buenos Aires.

Bernhart, R. (1984). Las fuentes del Derecho Comunitario: la «Constitución» de las Comunidades, en Treinta años de Derecho Comunitario, Oficina de Publicaciones Oficiales de las Comunidades Europeas.

Bibier, R. (1984). *The Settlement of Institutional Conflicts on the Basis of Article 4 of the EECC Treaty*, Common Market Law Review, (3).

Bullen, A. (2010). *Arm's length transaction structures: Recognizing and restructuring controlled transactions in transfer pricing*. Universitetet I Oslo.

Caamaño Anido, M. A y Calderón Carrero, J. M. (2002). Globalización Económica y Poder Tributario: ¿Hacia un nuevo Derecho Tributario? *Civitas. Revista española de derecho financiero*, 114, pp. 245-288.

Calderón Carrero, J. M. (2007). *The OECD Transfer Pricing Guidelines as a Source of Tax Law: Is Globalization Reaching the Tax Law?* Intertax, 35,1, pp. 4-29.

Carmona Fernández, N. (2007). Fiscalidad del no residente: aspectos conflictivos. CISS, 1ª ed., 274 págs.

i in-Šain, N., Ehrke Rabel, T., y Englisch, J. (2018). Joint Audits: Applicable Law and Taxpayer Rights, *World Tax Journal*: WTJ, 10, 4, pp. 585-631.

del Toro Huerta, M. I. (2006). El fenómeno del *soft law* y las nuevas perspectivas del Derecho Internacional. *Anuario Mejicano de Derecho Internacional*, vol. VI, pp. 513- 549.

González Campos, J.; Sánchez Rodríguez, L. y Saénz De Santa María, P. A. (2002). *Curso de Derecho Internacional Público*, 2a, ed. Civitas.

Jiménez López, A. (2022). *Crónica Tributaria*, 194.

Martín López, J. (2012). Competencia fiscal prejudicial, paraísos fiscales e intercambio de información tributaria en Collado Yurrita, M. A. (Coord.) y Moreno González, S. (Coord.). *Estudios sobre fraude fiscal e intercambio internacional de información tributaria*, Atelier.

Pedrosa López, J. C. (2019). Los trabajos de la OCDE y las medidas de la Unión Europea en materia de cooperación administrativa e intercambio de información. Carta tributaria. *Revista de opinión*, 52.

Van Raad, K. (1978). *Interpretatie van Belastingverdragen* en: MBB,

Vega García, A. (2011). ¿Es obligatorio interpretar la normativa española de origen interno sobre precios de transferencia según las Directrices de la OCDE? *Crónica tributaria: boletín de actualidad*, 4, pp. 39-56.

Vogel, K. (1997). Klaus Vogel on Double Taxation Conventions: a commentary to the OECD , UN , and US model conventions for the avoidance of double taxation on in come and on capital with particular reference to German treaty practice. *Kluwer Law International Ltd, 3ª Edición.*

Ward, D. A. (2005). The Interpretation of Income Tax Treaties with Particular reference to the Commentaries on the OECD Model, IFA, IBFD.

Young, R. R. (1999). The Use of Extrinsic Aids in the Interpretation of Tax Treaties, *Tax Management International Journal*, pp. 805-812.

Zornoza Pérez, J. (2010). Interpretación y aplicación de las normas en el contexto del Derecho Tributario Internacional, *Actualidad Jurídica Aranzadi*, 800, pp. 1-2.

LOS ARCHIVOS Y LA APLICACIÓN DEL REGLAMENTO GENERAL DE PROTECCIÓN DE DATOS (RGPD 2016/679): CUESTIONES JURÍDICAS PARA LOS ARCHIVOS PÚBLICOS Y PRIVADO

Tommaso Maria Rossi
Universidad Nacional de Educación a Distancia
t.rossi2@alumno.uned.es

ABSTRACT

On April 27, 2016, the European Parliament and the European Council published the General Data Protection Regulation. This regulation (GDPR 2016/679) was aimed to improve the protection of personal data of EU citizens, including those living outside EU countries. The GDPR replaced the Directive 95/46/EC, and its adoption by member states was declared mandatory on May 25, 2018. The GDPR introduced clear rules concerning consent over personal data, with strong limits on their processing and stricter measures for the transfer of data between EU states. The European Archives Working Group has produced guidelines on the implementation of this regulation, although this document is not complete on the issue of archive management. For example, article 5 states that "personal data may be kept for longer periods provided that they are processed exclusively for archival purposes in the public interest". What do the words "public interest" actually mean? This concept is not defined by the GDPR, so it is not easy to understand what purpose it applies to. How do archives operate in this context? The problem is even greater in the case of private archives that are not subject to the specific legislation of public archives: managing an archive in compliance with the GDPR is very difficult, so an adequate archiving and document management system in accordance with the archival legislation of each Member State must be foreseen. This contribution intends to focus on the resolution proposed by the European Archives Group for the management of personal data in public and private archives trying to identify the legal issues in the application of the GDPR to archives.

RESUMEN

El 27 de abril de 2016, el Parlamento Europeo y el Consejo Europeo publicaron el *Reglamento General de Protección de Datos*. El *Reglamento* (RGPD 2016/679) tenía como objetivo mejorar la protección de los datos personales de los ciudadanos de la UE, incluidos los que residían fuera de los países de la UE. El RGPD sustituye a la Directiva 95/46/CE; la adopción por parte de los Estados miembros se hizo obligatoria el 25 de mayo de 2018. El RGPD introdujo normas precisas sobre el consentimiento para el tratamiento de datos personales con fuertes límites a su tratamiento y medidas más estrictas para la transferencia de datos entre Estados de la UE. El Grupo Europeo de Archivos ha elaborado unas directrices sobre la aplicación del Reglamento, aunque el documento no es exhaustivo desde el punto de vista de la gestión de archivos. Por ejemplo, el artículo 5 establece que «los datos personales podrán conservarse durante períodos más largos siempre que se traten exclusivamente con fines de archivo en interés público». ¿Qué se entiende por «interés público»? El concepto no se define en el RGPD, por lo que no es fácil entender a qué ámbito se aplica. ¿Cómo actúan los archivos en este contexto? El problema es aún mayor en el caso de los archivos privado que no están sujetos a la legislación específica de los archivos públicos: gestionar un archivo de conformidad con el RGPD es muy difícil, por lo que debe preverse un sistema de archivo y gestión de documentos adecuado y acorde con la legislación archivística de cada Estado miembro. Esta contribución pretende centrarse en la resolución propuesta por el Grupo Europeo de Archivos para la gestión de datos personales en archivos públicos y privado tratando de identificar los problemas legales en la aplicación del RGPD a los archivos.

KEY WORDS: Archives, European Archives Group, European Union, GDPR 2016/679, personal data.

SUMMARY

1. INTRODUCCIÓN
2. CONTEXTO Y LEGISLACIÓN EUROPEA
3. EL REGLAMENTO Y SU APLICACIÓN A LOS ARCHIVOS
4. PRIMERAS CUESTIONES JURÍDICAS RELACIONADAS CON LOS ARCHIVOS
5. CONCLUSIONES

1. INTRODUCCIÓN

Tanto físicamente como digitalmente, cada día se registran miles de datos personales. Por ejemplo, cada vez que navegamos por Internet, toda la información relacionada con nuestras búsquedas, los anuncios que pueden interesarnos o la elección de un destino para un viaje, se procesan como datos. Pensemos simplemente en las numerosas *cookies* que se instalan en nuestros navegadores y que no son más que pequeños archivos de texto relativos a nuestra geolocalización y, por tanto, también al idioma en que se abrirá el sitio web (Duranti, 2001). La mayoría de las veces, la finalidad del almacenamiento de estos datos es únicamente práctica, para permitirnos navegar fácil y adecuadamente por la red. Otras veces, sin embargo, son datos como el nombre, el género, la dirección de correo electrónico, incluso el tipo de búsqueda e información sobre nuestra salud, así como la orientación sexual, la situación económico-financiera y la orientación política los que se perfilan. Se trata de datos muy sensibles y personales que forman parte de un sistema que es absolutamente necesario proteger y defender.

Por estas razones, todos los países han adoptado a lo largo del tiempo una política de protección de la privacidad de los ciudadanos con normas y reglamentos que varían de un Estado a otro y muy a menudo conceden más o menos derechos a las personas. Para evitar este tipo de disparidades, el Parlamento Europeo y el Consejo adoptaron oficialmente el Reglamento General de Protección de Datos el 27 de abril de 2016. El Reglamento —conocido como RGPD 2016/679— fue deseado por la Comisión Europea con el objetivo de reforzar la protección de los datos personales de todos los ciudadanos de la UE, incluidos los que residían fuera de los países de la UE (Reglamento UE 2016/679, 2016). El RGPD sustituyó así a la Directiva 95/46/CE sobre protección de datos y su adopción por los Estados miembros comenzó el 25 de mayo de 2018. Antes de la entrada en vigor del Reglamento, el 27 de abril de 2016, el Parlamento Europeo y el Consejo emitieron algunas correcciones a la Directiva 2016/680 de la UE, en particular, con respecto a las autoridades competentes para el enjuiciamiento de los delitos contra la circulación protegida de datos personales (Corrección de errores del Reglamento UE 2016/679, 2018; Corrección de errores del Reglamento UE 2016/680, 2018).

El RGPD introdujo normas más detalladas sobre el consentimiento para el tratamiento de datos personales, con nuevos límites a su tratamiento y medidas más estrictas para la transferencia de datos entre Estados de la UE.

2. CONTEXTO Y LEGISLACIÓN EUROPEA

Antes de analizar las normas contenidas en el GDPR 2016/679 de la UE, es necesario aclarar qué se entiende por «datos», «información» y «metadatos» a nivel archivístico, documental e informático.

Los datos se definen como la descripción de cualquier cosa, por ejemplo, nombres, números, sonidos, imágenes, acontecimientos que se registran, almacenan y clasifican, pero no se organizan y, por tanto, carecen de un contexto definido (Cruz Mundet, 2011). Cuando, por el contrario, estos datos se clasifican y luego se interpretan tomando un valor un significado, entonces podemos llamarlos información (Cruz Mundet, 2011). Por poner un ejemplo: si registramos la cantidad de agua de lluvia, día a día a lo largo de un año en Barcelona, obtendremos una serie de datos inconexos; si organizamos y analizamos los datos recogidos y obtenemos la precipitación media anual, tendremos una información (Cruz Mundet, 2011).

Por último, partiendo de la definición de datos que acabamos de dar, en el caso de que se produzcan más datos referidos a otros datos entonces obtenemos metadatos (Senso y Rosa Piñero, 2003). Aunque hoy en día consideramos que el mundo de los metadatos está estrechamente relacionado con la tecnología informática —ejemplos de metadatos son, por ejemplo, el nombre y el perfil de la persona que ha creado y guardado un documento de texto electrónico—, en archivística y biblioteconomía, el uso de metadatos también está presente en los soportes físicos. Pensemos, por ejemplo, en las etiquetas que indican la firma archivística de una unidad documental o en la etiqueta con la clasificación decimal Dewey de un libro catalogado colocado en un estante de la biblioteca.

A partir de las nociones de datos, información y metadatos, se llega también a la definición de «datos personales», es decir, cualquier tipo de información que permita identificar, directa o indirectamente, a una persona y que, por tanto, pueda proporcionar información confidencial sobre su salud, situación económica, hábitos sexuales, etc. El apartado 1 del artículo 4 del Reglamento establece la siguiente definición de datos personales:

> toda información sobre una persona física identificada o identificable —el interesado—; se considerará persona física identificable toda persona cuya identidad pueda determinarse, directa o indirectamente, en particular mediante un identificador, como por ejemplo un nombre,

> un número de identificación, datos de localización, un identificador en línea o uno o varios elementos propios de la identidad física, fisiológica, genética, psíquica, económica, cultural o social de dicha persona. (Reglamento UE 2016/679, 2016, art. 4.1)

Toda esta información puede encontrarse en documentos producidos tanto en el ámbito público como en el privado y almacenados en archivos. No es casualidad que el apartado 1 del artículo 2 del RGPD diga: «El presente Reglamento se aplica al tratamiento total o parcialmente automatizado de datos personales, así como al tratamiento no automatizado de datos personales contenidos o destinados a ser incluidos en un fichero» (Reglamento UE 2016/679, 2016, art. 2.1), mientras que el apartado 6 del artículo 4 reza así: fichero es «todo conjunto estructurado de datos personales, accesibles con arreglo a criterios determinados, ya sea centralizado, descentralizado o repartido de forma funcional o geográfica» (Reglamento UE 2016/679, 2016, art. 4.6). Esto obliga a aplicar el RGPD a una casuística muy elevada, que puede incluir bases de datos con números de teléfono y archivos con escrituras y documentos.

También es necesario detenerse en por qué y cómo se promulgó un reglamento europeo de protección de datos. Dejando a un lado para recordar la normativa anterior a la creación de la Unión Europea, el Tratado de Maastricht de 7 de febrero de 1992 supuso un punto de inflexión en el proceso de integración de la UE: además del mercado único europeo con vistas a la adopción de una moneda única (el euro), la Unión Europea amplió sus ámbitos de competencia a la política exterior y de seguridad común y a la cooperación en materia de justicia y asuntos comunes (Alberch Fugueras, 2003; García-Miguel, 2010). El mismo tratado estableció también el sistema de libre circulación de personas y mercancías, conocido como espacio Schengen (Pérez Casado, 2017). Esto planteó el problema de disponer de una ley marco a escala de la UE sobre la protección de datos personales, ya que los datos también debían circular tan libremente como las mercancías.

Por ello, el 24 de octubre de 1995, el Parlamento Europeo y el Consejo promulgaron la Directiva 95/46/CE relativa a la protección de las personas físicas en lo que respecta al tratamiento de datos personales y a la libre circulación de estos datos (García-Miguel, 2010)[93]. Posteriormente, esta directiva fue derogada con la adopción del nuevo Reglamento General de 2016. Conviene aclarar que las directivas y los reglamentos deben contarse entre los actos jurídicos más importantes de la Unión Europea y que representan dos formas jurídicas distintas: las directivas son vinculantes para los Estados en cuanto a su objetivo, pero dejan a cada Estado miembro la posibilidad de intervenir autónomamente con normas nacionales sobre las indicaciones de la propia directiva. Los reglamentos, en cambio, son inmediatamente vinculantes en toda la Unión Europea y uniformemente (Alcántara Alejo, Ahijado y Ahijado Quintillán, 2000).

3. EL REGLAMENTO Y SU APLICACIÓN A LOS ARCHIVOS

Si nos fijamos en el texto, tras un largo preámbulo sobre las razones que llevaron al principal órgano legislativo de la Unión Europea, a instancias del Consejo Europeo, a promulgar un reglamento sobre la protección de datos personales (173 considerandos), el reglamento se divide en 99 artículos, según la siguiente estructura:

a. Capítulo I: disposiciones generales (Arts. 1-4).
b. Capítulo II: principios (Arts. 5-11).
c. Capítulo III, dividido en cinco secciones: 1) transparencia y modalidades (Art. 12); 2) información y acceso a los datos personales (Art. 13-15); 3) rectificación y supresión (Art. 16-20); 4) derecho de oposición y toma de decisiones automatizadas relativas a personas físicas (Art. 21-22); 5) limitaciones (Art. 23);

[93] *Direttiva 95/46/CE del Parlamento europeo e del Consiglio, del 24 ottobre 1995, relativa alla tutela delle persone fisiche con riguardo al trattamento dei dati personali, nonché alla libera circolazione di tali dati*, «Gazzetta ufficiale dell'Unione europea», XXXVIII (23 novembre 1995), L 281, pp. 31-50.

d. Capítulo IV, que consta de cinco secciones relativas al responsable y al encargado del tratamiento: 1) obligaciones generales (art. 24-31); 2) seguridad de los datos personales (art. 32-43); 3) evaluación de impacto relativa a la protección de datos y consulta previa (art. 35-36); 4) delegado de protección de datos (art. 37-39); 5) normas de conducta y certificación (art. 40-43).
e. Capítulo V: transferencias de datos personales a terceros países u organizaciones internacionales (Artículos 44-50).
f. Capítulo VI, dividido en dos secciones sobre las autoridades de control independientes: 1) independencia (artículos 51-54); 2) competencia, funciones y poderes (artículos 55-59).
g. Capítulo VII, dividido en tres secciones sobre cooperación y coherencia: (1) cooperación (artículos 60-62); (2) coherencia (artículos 63-67); (3) Consejo Europeo de Protección de Datos (artículos 68-76).
h. Capítulo VIII: vías de recurso, responsabilidad y sanciones (artículos 77-84);
i. Capítulo IX: disposiciones relativas a situaciones específicas de tratamiento (artículos 85-91).
j. (Capítulo X: actos delegados y de ejecución (artículos 92-93).
k. Capítulo XI: disposiciones finales (artículos 94-99).

El Reglamento, organizado como está, establece los ámbitos y competencias en los que se debe actuar para proteger los datos personales. Dentro de esta lógica jurídica, válida por tanto para todos los Estados miembros de la UE, cada Estado puede proceder a legislar y adoptar normas específicas, especialmente sobre:

1. *tratamiento de datos sensibles*: datos genéticos o relativos a la salud, orientación sexual, profesión religiosa, orientación política, etc.
2. *autoridad de control*: cada Estado debe crear un organismo nacional que garantice la protección de los datos personales; en este punto conviene precisar que la Unión Europea no puede definir un modelo único que deba adoptarse en todos los

Estados miembros, ya que en cada Estado se aplican normas constitucionales diferentes;

3. *sanciones*: la Unión Europea no tiene competencias en el ámbito penal y estas pertenecen, según el principio de Soberanía Estatal, a cada Estado miembro; sin embargo, la Unión Europea puede establecer e imponer algunas sanciones administrativas;
4. *soft law*: instrumentos y actos que sirven para cumplir con las obligaciones jurídicas. El *soft law* es un concepto de elaboración doctrinal basado en la observación de la realidad efectiva de los actos e instrumentos utilizados por las instituciones comunitarias. Esta realidad presenta desde hace tiempo una complejidad y heterogeneidad de efectos ligados a actos e instrumentos que no encuentran correspondencia en las normas de los Tratados, y menos aún en una inexistente norma de reconocimiento de fuentes; por ejemplo, los códigos deontológicos de las distintas categorías profesionales, las autorizaciones generales del Garante, los reglamentos de conducta y los sistemas de certificación.

Los archivos, entendidos en el doble sentido de instituciones de conservación y fondos documentales, también recogen y gestionan datos personales de personas vivas o fallecidas. Por estas razones, el Grupo Europeo de Archivos ha elaborado unas directrices sobre la aplicación del Reglamento, aunque el documento no sea exhaustivo desde el punto de vista de la gestión de archivos (Grupo de Archivos Europeos, 2018). Por ejemplo, el Reglamento hace numerosas referencias a la adopción de medidas técnicas y organizativas adecuadas, en función del alcance del productor de los datos, del contexto, de la finalidad del tratamiento y también teniendo en cuenta los riesgos detectables para los derechos y libertades de las personas físicas. Las organizaciones deben dotarse de sistemas documentales con base científica, capaces de permitir un control consciente de los datos e informaciones tratados y de los flujos documentales que los vehiculan, garantizando la gestión de documentos auténticos, intactos y utilizables a lo largo de todo su ciclo de vida, desde la fase de formación hasta la de conservación.

Por lo tanto, es necesario prever una función estratégica de la gestión de documentos dentro de una organización y un papel muy preciso de los archiveros y gestores de documentos en el diseño y la aplicación de un conjunto de normas, procedimientos y herramientas archivísticas y tecnológicas esenciales para asegurar la calidad del patrimonio de información, gestionado para garantizar el ejercicio de los intereses legítimos y los derechos de terceros de diversa índole —acceso, protección de datos personales, información, investigación histórica, etc. (Duranti, 1997).

La conservación de documentos comienza en la fase de formación: para conservar bien, hay que haber implantado una gestión documental de calidad. Para demostrar la legitimidad de la conservación de los datos personales dentro de su propio patrimonio histórico-documental, un productor debe apoyarse en herramientas de gestión documental que permitan una organización de los documentos producidos en relación con los distintos asuntos y actividades; una selección preestablecida de los documentos en función de su valor (jurídico-probatorio, administrativo-gestor e histórico-cultural). Esta metodología y estas herramientas respetan el principio de protección de datos desde el diseño y por defecto —*data protection by design e by default*— (Tamò-Larrieux, 2018). Por lo tanto, si una empresa o cualquier otra entidad, tanto privada como pública, aplica estos principios a su sistema de archivos desde la fase actual, dispondrá en el futuro de una gran cantidad de información que también podrá gestionarse fácilmente con fines de investigación histórica y valorización cultural.

Es importante tener en cuenta que todas las instituciones de archivos tratan datos personales relativos al personal en servicio, pero también a los ciudadanos, las autoridades y las instituciones. La Unión Europea decidió adoptar un reglamento en lugar de una directiva para disponer de normas más uniformes en los Estados miembros (European Conference on Archives VII, 2006). No obstante, el RGPD deja a los Estados miembros la posibilidad de introducir excepciones en algunos ámbitos específicos; uno de ellos es el archivo por interés público, otro la investigación histórica.

En la lógica del RGPD, los datos personales solo deben recogerse y tratarse si es realmente necesario hacerlo y deben conservarse en una forma que permita la identificación de los interesados únicamente durante el tiempo necesario para cumplir el fin para el que se recogieron (art. 5.1. b, e). Sin embargo, los legisladores europeos han introducido excepciones a esta norma, reconociendo que los archivos son necesarios para proteger derechos fundamentales. De hecho, el RGPD establece que los datos personales podrán conservarse durante períodos más largos siempre que se traten exclusivamente con fines de archivo en interés público o para investigación científica o histórica, siempre que se tomen medidas específicas para proteger los derechos y libertades del interesado (art. 5.1e).

El artículo 5 del RGPD es el más importante de todos porque establece los principios generales relativos al tratamiento de datos personales, especialmente en lo que se refiere a:

1. legalidad, equidad y transparencia;
2. limitación de la finalidad;
3. reducción de los datos;
4. exactitud;
5. limitación del almacenamiento;
6. integridad y confidencialidad.

Estos principios tienen diversas consecuencias prácticas para los archivos, por lo que deben considerarse fundamentales para su organización.

4. PRIMERAS CUESTIONES JURÍDICAS RELACIONADAS CON LOS ARCHIVOS

Entre las numerosas cuestiones archivísticas y jurídicas relacionadas con el Reglamento de Protección de Datos y el mundo de los archivos, cabe mencionar la aplicación del principio de confidencialidad: proteger la información confidencial del acceso no autorizado es una práctica habitual para todos los archiveros. Sin embargo, algunas de las implicaciones de estos principios son menos evidentes. Por ejemplo: el principio de transparencia implica —entre otras cosas— que los archivos deben hacer pública información clara y fácil de entender sobre sus tareas, en particular, sobre cómo y por qué tratan los datos personales y cómo los interesados pueden acceder a ellos; el principio de integridad, por otra parte, implica —entre otras cosas— que la pérdida de documentos que contengan datos personales, como consecuencia de una negligencia, constituye una violación no solo de la legislación sobre archivos y de los principios de la profesión archivística, sino también del RGPD (Cruz Mundet, 2012).

También hay que tener en cuenta que el RGPD protege los datos personales de las personas vivas y no dicta normas relativas a los datos personales de las personas fallecidas. Esta es una primera cuestión crítica, ya que no es seguro que todos los archiveros puedan saber si los datos que están tratando pertenecen a una persona viva o fallecida. Como ya se ha mencionado, este es uno de los ámbitos en los que la legislación de cada Estado miembro puede desviarse del RGPD (Cornu y Fromegeau, 2010). En muchos casos, sin embargo, la situación no será tan clara y los archiveros tendrán que evaluar caso por caso la posibilidad de que los fondos de archivo que tratan puedan contener datos relativos a personas vivas.

También existen normas diferentes para los distintos archivos. El RGPD permite varias excepciones en favor del archivo en interés público. El considerando 158 explica el significado de esta expresión:

> Las autoridades públicas o los organismos públicos o privados que llevan registros de interés público deben ser servicios que están obligados, con arreglo al Derecho de la Unión o de los Estados miembros, a adquirir, mantener, evaluar, organizar, describir, comunicar, promover y difundir registros de valor perdurable para el interés público general y facilitar acceso a ellos. Los Estados miembros también debe estar autorizados a establecer el tratamiento ulterior de datos personales con fines de archivo, por ejemplo, a fin de ofrecer información

> específica relacionada con el comportamiento político bajo antiguos regímenes de Estados totalitarios, el genocidio, los crímenes contra la humanidad, en particular el Holocausto, o los crímenes de guerra. (Reglamento UE 2016/679, 2016, cons. 158)

¿Qué archivos entran en esta definición? Como puede verse, lo que marca la diferencia no es la naturaleza de los archivos, sino el mandato de la institución que los conserva. Ciertamente, los Archivos Nacionales, los Archivos Estatales y los Archivos Municipales —así como los Archivos Históricos de la Unión Europea— llevan a cabo «archivado de interés público» en el sentido del RGPD.

Sin embargo, el RGDP no contempla la protección de datos personales en aquellos archivos que no están bajo el control de la legislación archivística nacional o europea, por ejemplo, los archivos de las representaciones diplomáticas y consulares. De hecho, los archivos producidos por embajadas y consulados extranjeros gozan de inviolabilidad diplomática y, por estos motivos, no están sujetos a la soberanía del Estado anfitrión, sino que se rigen por la legislación del Estado acreditante.

Otro caso mucho más complejo es el de los archivos de la Iglesia Católica y las instituciones vinculadas al Estado de la Ciudad del Vaticano. Los archivos eclesiásticos, en particular, los diocesanos, constituyen una particularidad del sistema nacional de archivos de todo Estado que mantenga relaciones diplomáticas con la Iglesia a través de un concordato (Somavilla Rodríguez, Marhuenda García y Zamora García (2021). De hecho, los archivos eclesiásticos contienen enormes cantidades de documentos y datos personales (por ejemplo, registros de bautismo y matrimonio), pero su legislación, aunque casi siempre en consonancia y de acuerdo con los Estados en los que está presente, se refiere a un contexto mucho más complejo y se basa en códigos legislativos específicos. La Iglesia Católica, por ejemplo, remite al Código de Derecho Canónico para el rito latino (Rossi, 2020) y el Código de Cánones de las Iglesias Orientales por lo que se refiere a las Iglesias sui iuris (Rossi, 2021).

5. CONCLUSIONES

Las anteriores son solo algunas de las cuestiones jurídicas relacionadas con el mundo de los archivos y la protección de los datos de los ciudadanos europeos. Todavía son muchos los retos a los que se enfrenta la Unión Europea a la hora de salvaguardar los derechos de los ciudadanos en materia de protección de datos personales, especialmente hoy, en un momento en el que se producen numerosos ataques de piratas informáticos. Como muestra el sitio web del Consejo Europeo, cada mes se roban o manipulan más de 10 terabytes de datos. Este fenómeno, conocido como *ransomware*, representa una de las mayores ciberamenazas en la Unión Europea; empezando por los ataques de *phishing* a ciudadanos europeos, la pérdida de datos personales es ahora un hecho muy habitual (Cajani, Constabile y Mazzaraco, 2008). Además, también existen los ataques DdoS (Distributed Denial-of-Service), mediante los cuales un delincuente sobrecarga un sitio web, un servidor o un recurso de red con tráfico malicioso. Como resultado, el sistema atacado se bloquea o falla, denegando el servicio a los usuarios legítimos e impidiendo que el tráfico legítimo llegue a su destino (Rao, 2021).

A partir de 2022, tras la agresión militar de Rusia contra Ucrania, las amenazas cibernéticas en Europa han aumentado considerablemente, ya que el conflicto ha movilizado a numerosos ciberdelincuentes que han detectado numerosas deficiencias en los sistemas de protección de datos de empresas públicas y privadas.

Como hemos visto, la protección de los datos personales almacenados en archivos es un reto que varía de un país a otro, de un tipo de entidad a otro y de una entidad pública a otra. Por ello, es necesario prever nuevos protocolos comunes para la protección de datos personales, tratando de agilizar la burocracia de cada Estado miembro, al menos en lo que respecta a los archivos.

REFERENCIAS

Alberch Fuguera, R. (2003). *Los archivos, entre la memoria histórica y la sociedad del conocimiento.* Prólogo de Michel Duchein. Barcelona: Editorial UDC.

Alcántara Alejo, C., Ahijado M. y Ahijado Quintillán, M. (2000). *Diccionario de la Unión Europea.* Madrid: Ediciones Pirámide.

Cajani, F., Costabile G. y Mazzaraco, G. (2008). *Phishing e furto d'identità digitale. Indagini informatiche e sicurezza bancaria.* Prefazione di Giuseppe Corasaniti. Milano: Giuffrè Editore.

Cornu, M. y Fromageau, J. (2010). *Quel avenir pour les archives en Europe?* Enjeux juridiques et institutionnels. Paris: L'Harmattan.

Corrección de errores del Reglamento (UE) 2016/679 del Parlamento Europeo y del Consejo, de 27 de abril de 2016, relativo a la protección de las personas físicas en lo que respecta al tratamiento de datos personales y a la libre circulación de estos datos y por el que se deroga la Directiva 95/46/CE (Reglamento general de protección de datos) (DO L 119 de 4.5.2016) (2018), Diario Oficial de la Unión Europea, 61, L 127, pp. 3-7.

Corrección de errores de la Directiva (UE) 2016/680 del Parlamento Europeo y del Consejo, de 27 de abril de 2016, relativa a la protección de las personas físicas en lo que respecta al tratamiento de datos personales por parte de las autoridades competentes para fines de prevención, investigación, detección o enjuiciamiento de infracciones penales o de ejecución de sanciones penales, y a la libre circulación de dichos datos y por la que se deroga la Decisión Marco 2008/977/JAI del Consejo (DO L 119 de 4.5.2016) (2018), Diario Oficial de la Unión Europea, 61, L 127, p. 8.

Cruz Mundet, J. R. (2011). *Diccionario de Archivística* (con equivalencias en inglés, francés, alemán, portugués, catalán, euskera y gallego). Estudio preliminar de Carmen Díez Carrera. Madrid: Alianza Editorial.

Cruz Mundet, J. R. (2012). *Archivística. Gestión de documentos y administración de archivos.* Segunda edición, aumentada y actualizada. Madrid: Alianza Editorial.

Duranti, L. (1997). The preservation of the integrity of electronic records, *INSAR suplement II: Proceedings of the DLM-Forum on electronic records*, pp. 60-65.

Duranti, L. (2001). The impact of digital technology on archival science, *Archival Science: International Journal on Recorded Information*, 1, 1, pp. 39-55.

European Conference on Archives VII (2006). *Archivist: Profession of the Future in Europe*, Warsaw, May 18-20, Varsovia: CIP.

García-Miguel, A. (2010). *Los archivos de la Unión Europea. Qué son y cómo se tratan*. Gijón: Ediciones Trea.

Grupo de Archivos Europeos (2018). Guía sobre protección de datos para servicios de archivo. Directrices del Grupo de Archivos Europeos sobre la implementación de la Protección General de Datos. Regulación en el sector del archivo. https://archivos.castillalamancha.es/sites/aclm.castillalamancha.es/files/guia_sobre_proteccion_de_datos_para_servicios_de_archivo_revision_definitiva_servicio_de_pd.pdf

Pérex Casado, R. (2017). *La Unión Europea. Historia de un éxito tras las catástrofes del siglo XX*. València: Universitat de València.

Rao, S. (2021). *Denial of Service attacks and mitigation techniques: Real time implementation with detailed analysis*. Swansea: Sans Institute.

Reglamento UE 2016/679 del Parlamento Europeo y del Consejo, de 27 de abril de 2016, relativo a la protección de las personas físicas en lo que respecta al tratamiento de datos personales y a la libre circulación de estos datos y por el que se deroga la Directiva 95/46/CE (Reglamento general de protección de datos) (2016), Diario Oficial de la Unión Europea, 59, L 119, pp. 1-88.

Rossi, T. M. (2020). *La memoria della Chiesa. Questioni di archivistica ecclesiastica*. Viareggio: Edizioni La Villa.

Rossi, T. M. (2021). *Gli archivi nel Codice dei canoni delle Chiese orientali, en «Per aspera ad astra». Studi per il cinquantesimo anniversario di sacerdozio di monsignor Iwan Dacko*. Viareggio: Edizioni La Villa, pp. 129-150.

Senso, J. A. y Rosa Piñero, A. (2003). El concepto de metadato. Algo más que descripción de recursos electrónicos. *Ciência da Informação*, 32, 2, pp. 95-106.

Somavilla Rodríguez, E., Marhuenda García, F. y Zamora García, F. J. (2021). *Concordatos españoles*. Madrid: Agencia Estatal Boletín Oficial del Estado.

Tamò-Larrieux, A. (2018). *Designing for Privacy and its Legal Framework*. Data Protection by Design and Default fort the Internet of Things. Zurich: Springer.

PRÁCTICAS DESLEALES EN EL MERCADO ELECTRÓNICO DE LA UNIÓN EUROPEA

Jesús Daniel Bernadic Sánchez
Doctorando en Ciencias Jurídicas en Universidad Politécnica de Cartagena (UPCT) y abogado
jbernadic@gmail.com

RESUMEN

Con el actual Reglamento de Mercados Digitales de 14 de septiembre de 2022, la UE destaca las grandes dimensiones alcanzadas por determinados prestadores de servicios de plataformas, susceptibles de ser calificados como Guardianes de Acceso. Especial consideración merecen los sistemas de reputación en línea, que pueden ser instrumento para realizar prácticas desleales en el mercado electrónico. De este modo, la reputación es un activo fundamental, y la transparencia de las plataformas debe ser guía de toda su actuación con los usuarios. Precisamente por ese riesgo, las plataformas pueden ser consideradas «comerciantes» a los efectos de lo dispuesto en la Directiva sobre prácticas desleales. No obstante, los sistemas de reputación gozan de regulación solo en el ámbito de esa Directiva, lo que es una solución a medias, porque únicamente da respuesta cuando se utiliza para falsear la competencia. Similar narrativa debe extrapolarse al uso de algoritmos para la fijación de precios, herramienta utilizada por las plataformas en línea que, puede dar lugar a prácticas desleales, habida cuenta, los consumidores deben estar capacitados para comprender cómo se presentan y organizan las ofertas e información. En última instancia, el Reglamento, viene a complementar la normativa de competencia de la UE, garantizando que todos los mercados en que participen Guardianes de Acceso permanezcan abiertos y justos.

PALABRAS CLAVE: Prácticas Desleales, Guardianes de Acceso, Plataformas Digitales.

ABSTRACT:

According the Digital Markets Act on 14 September 2022, the EU highlights the large dimensions achieved by certain platforms service providers, which may be classified as "Gatekeepers". Special consideration should be given to online reputation systems, which can be a tool for unfair practices in the electronic market. In this way, reputation is a fundamental asset, and the transparency of the platforms must be a guide of all their action with users. Precisely because of this risk, platforms can be considered "traders" for the purposes of the provisions of the Unfair Practices Directive. However, reputation systems are regulated only within the scope of that directive, which is a half-hearted solution, because it responds only when it is used to distort competition. A similar narrative should be extrapolated to the use of pricing algorithms, a tool used by online platforms that can lead to unfair practices, given that consumers must be able to understand how offers and information are presented and organized. Ultimately, the Directive complements EU antitrust law, ensuring that all markets involving Gatekeepers remain open and fair.

KEYWORDS: Unfair Practices, Gatekeepers, Digital Platforms.

SUMARIO

1. INTRODUCCIÓN

2. PREVENCIÓN DE PRÁCTICAS DESLEALES

3. GUARDIANES DE ACCESO Y REGLAMENTO DE MERCADOS DIGITALES

4. REPUTACIÓN *ONLINE*

5. ALGORITMO DE PRECIOS. 6. BIG DATA

6. CONCLUSIÓN. 7. BIBLIOGRAFÍA

1. INTRODUCCIÓN

El incremento de poder de las grandes plataformas digitales se ha tornado cada vez más vertiginoso, especialmente teniendo en cuenta el volumen y alcance de mercado que han ido consolidando, gracias a una creciente innovación en materia tecnológica, lo que ha supuesto que, para aquellas, los tradicionales mecanismos legales para evitar abusos de mercado o prácticas contrarias a la competencia, hayan resultado infértiles, por tratarse de herramientas tradicionales que no terminan de ajustarse a los recientes cambios. Precisamente por esta realidad que arroja un importante desafío a las autoridades nacionales y comunitarias, el Reglamento de Mercados Digitales recientemente aprobado, intenta colmar las lagunas existentes hasta la fecha, con el fin de proteger todos aquellos mercados en los que los Guardianes de Acceso (grandes plataformas digitales) puedan tener acceso. Para ello conviene traer a colación las principales prácticas desleales que pueden acometerse en el seno de las grandes plataformas digitales, con el fin de establecer la respuesta legal más idónea, extremo que analizaremos en el presente trabajo.

2. PREVENCIÓN DE PRÁCTICAS DESLEALES

Será objeto de análisis, entre el listado de las diferentes prácticas desleales que pueden tener lugar en el mercado electrónico, al amparo de las grandes plataformas digitales, principalmente las que destacan por su mayor frecuencia de empleo, esto es, los métodos de reputación *online* o el sistema de valoración en línea de los distintos productos o servicios, el uso de algoritmos de precios para manipular el mismo en función de la información que se recopila de los usuarios, y en última instancia, lo concerniente a la utilización de la tecnología del *big-data* y su impacto en el mercado. Con carácter previo a su análisis, haremos referencia al Reglamento de Mercados Digitales (RMD, en adelante), el cual, viene a suponer un paso más, y por tanto un hito, en el establecimiento de limitaciones y obligaciones a las plataformas digitales, reforzando así, no solo la seguridad jurídica sino también la confianza de los usuarios.

3. GUARDIANES DE ACCESO Y REGLAMENTO DE MERCADOS DIGITALES

El RMD de 14 de septiembre de 2022 viene a responder a ciertos desafíos en el mercado de la UE, pues resalta las grandes dimensiones alcanzadas por ciertos prestadores de servicios de plataformas susceptibles de ser calificados como Guardianes de Acceso, cuyos servicios son de una especial importancia para la conexión de sus usuarios profesionales con sus usuarios finales (RMD, 2022). Es notoria la gran dependencia que tienen los usuarios profesionales respecto de esas plataformas a la hora de comercializar sus productos o servicios en línea. Ese poder económico se materializa en una especial libertad por parte de los Guardianes de Acceso para regular las condiciones comerciales de prestación de sus servicios, propiciando que otras alternativas de eventuales competidoras se vean gravemente perjudicadas para desarrollarse, permitiendo, en consecuencia, posibles prácticas desleales por parte de los operadores de los servicios de estas plataformas.

Así las cosas, el RMD está destinado a complementar, no solo al Reglamento 2019/1150 (que ya puso de manifiesto la necesidad de acotar el poder de las plataformas en línea), sino también a otras normas del Derecho de la Unión, y particularmente las de Derecho de la Competencia (Tapia, 2020). A diferencia del Reglamento 2019/1150 (se limita a servicios prestados a «usuarios profesionales»), el RMD pretende también ser de aplicación respecto de servicios de intermediación en línea en los que quien contrata con el usuario profesional no es un consumidor, como claramente refiere el término «usuario final» en el texto del RMD (De Miguel, 2021).

4. REPUTACIÓN *ONLINE*

Los sistemas de reputación pueden favorecer actos de competencia desleal en el mercado de las plataformas. El método para valorar a los usuarios sirve para establecer un estándar mínimo de calidad, por lo que obtener puntuaciones por debajo de ese mínimo podría suponer, en algunas aplicaciones, causa de expulsión del sistema. Olmedo (2019) sostiene que ciertas prácticas de falseamiento de la competencia, basadas en verter opiniones falsas sobre los competidores podría suponer la salida de estos del mercado. En ese sentido, indica a título ilustrativo que, en aplicaciones de transporte urbano como Uber, obtener una puntuación baja implica la expulsión del conductor del sistema.

En esta modalidad de contratación, la reputación es un importante activo, por lo que el diseño del sistema de recopilación de opiniones de los usuarios debe ser fiable, pues se corre el riesgo [1] de que se produzcan situaciones en las que usuarios que no han utilizado el servicio puedan valorarlo negativamente, ocasionándose un perjuicio injustificado en el proveedor.[2]

Las propias plataformas deben de disponer de medidas de control para evitar «falsos positivos» o «injustos negativos» que pueden producir la expulsión injustificada de un proveedor del mercado (Cuena, 2020). Las plataformas pueden tener la consideración de comerciantes a los efectos de la Directiva sobre prácticas desleales (COM, 2016).

Así las cosas, la Directiva [3] del Parlamento Europeo y del Consejo relativa a la mejora de la aplicación y la modernización de las normas de protección de los consumidores de la UE de 27 de noviembre de 2019 introduce modificaciones en la Directiva 2005/29/CE relativa a las prácticas comerciales desleales de las empresas en sus relaciones con los consumidores en el mercado interior. Se añade el apartado 6 al art. 7 dedicado a las omisiones engañosas, estableciendo que «cuando un comerciante facilite el acceso a las reseñas de los consumidores sobre los productos, se considerará fundamental la información acerca de si el comerciante garantiza que las reseñas publicadas pertenezcan a consumidores que hayan adquirido o utilizado el producto y de qué modo lo hace». Se considera que tal información es sustancial. El considerando 47 dispone que el proveedor habrá que especificar qué procesos de verificación se han usado y si se aplican a todas las reseñas. [4]

En esta modalidad de contratación, la reputación es un importante activo, por lo que el diseño del sistema de recopilación de opiniones de los usuarios debe ser fiable, pues se corre el riesgo de que se produzcan situaciones en las que usuarios que no han utilizado el servicio puedan valorarlo negativamente, ocasionándose un perjuicio injustificado en el proveedor.

Unido a lo anterior, no debe perderse de vista la aplicación en estos casos del art. 4 LCD, por cuanto el comportamiento de los Guardianes de Acceso se torna objetivamente contrario a las exigencias de la buena fe, habida cuenta puede perjudicar la posición competitiva de los usuarios que utilizan los servicios de la plataforma. Y es que los Guardianes de Acceso deberían ser plenamente consciente de que la utilización de sistemas de reputación injustos o carentes de transparencia vulnera la posición de los competidores.

5. ALGORITMO DE PRECIOS

La transparencia de los precios puede limitar la libre competencia propiciando la colusión explícita o tácita entre competidores, especialmente en los mercados digitales donde existen sistemas dinámicos de fijación de precios que se actualizan constantemente y que permiten que los precios fijados por una empresa se ajusten rápidamente a los fijados por la competencia, mediante algoritmos de fijación de precios conocidos como *pricing bots*, lo que llevaría evidentemente a la eliminación del incentivo de bajarse los precios.

La transparencia se torna fundamental (Cuena, 2020). El precio de los productos en las plataformas también se fija en función de algoritmos (OCDE, 2018) personalizándolo para el usuario. [5] Hay que distinguir los «precios dinámicos», del precio personalizado. En los primeros, se cambia el precio de un producto de una manera muy flexible y rápida en respuesta a las demandas del mercado. [6]

Por el contrario, en los precios personalizados el precio para el cliente concreto es distinto en función de su historial de compras, el tiempo que has estado buscando el producto incluso en otras páginas web (datos que recaba gracias a las famosas *cookies*). Se crean «perfiles de compra» [7] basados en compras anteriores de sus clientes en línea, lo que permite al comerciante adaptar sus precios. La amplia disponibilidad de datos personales en Internet y en los dispositivos del Internet de las cosas, así como la capacidad de hacer correlaciones y crear vínculos puede permitir determinar, analizar y predecir ciertos aspectos de la personalidad o el comportamiento, los intereses y los hábitos de una persona. Un cliente clasificado como de «mayor poder adquisitivo» podría ser reconocido por la dirección IP del ordenador o por otros medios, como una *cookie*, cuando el consumidor visita el sitio web del comerciante desde su ordenador de origen. Los precios propuestos a este cliente podrían ser, por ejemplo, por término medio un 10 % superiores a los de un nuevo cliente o a los de un cliente clasificado como de «menor poder adquisitivo» (ECO, 2018). Así, como ha puesto de relieve en un informe la Organización de Consumidores Europeos, los consumidores podrían pensar que las ofertas que ven en las plataformas de reserva en línea para servicios de viajes como Booking.com se basan en el valor y la relevancia de cada oferta y se evalúan sobre la base de los comentarios de los usuarios. La realidad es que a menudo los proveedores de servicios específicos han pagado para que sus ofertas sean promovidas, o que las ofertas promovidas son las que dan a la plataforma el mayor margen de beneficio. Todo esto no se revela y explica adecuadamente. De las principales plataformas de reservas *online* en Alemania, solo Booking.com menciona en sus términos y condiciones que su clasificación por defecto está influenciada por la comisión que pagan los hoteles. Pero esta información no se divulga adecuadamente, sino que se oculta en los términos y condiciones. Esto conduce a una situación muy engañosa para los consumidores.

6. BIG DATA

Podemos utilizar como concepto aplicable a esta tecnología, aquella «captura digital de masivos volúmenes de información, susceptible de ser tratada a través de algoritmos» (Fernando, 2020). No puede negarse el papel que en el Mercado Único Digital está jugando el *big-data*, siendo uno de los pilares de aquel, y en ese orden de cosas, la preocupación de las autoridades comunitarias acerca del tratamiento de datos personales y su uso, se orienta hacia el aspecto de la privacidad, como señala el propio RGPD. No obstante, en lo que a este trabajo interesa, nos referiremos al impacto sobre la competencia en los mercados de la tecnología aludida. [8]

La decisión de la autoridad alemana de competencia, de claro corte innovador, considera acreditado que la red social Facebook usaba sus servicios filiales (por medio de las plataformas de mensajería WhatsApp y del modo compartir fotografías en Instagram) para recabar los datos de sus usuarios, inclusive a través de los botones «me gusta» o «compartir» sin necesidad de que los usuarios pinchasen en ellos al navegar por páginas webs de terceras empresas, transmitiendo información así, a través del servicio Facebook Analytics, siendo empleados dichos datos con finalidad comercial y destino de publicidad selectiva. Vemos así que, se amplía en gran medida el concepto clásico de dominancia (Díez, 2020), puesto que la autoridad alemana de competencia considera que la posesión y uso de los datos personales de usuarios es en sí mismo un elemento determinante para considerar que concurre una situación de poder de mercado, en uno tan característico como el digital.

Se refuerza la aplicación de la normativa de competencia de la UE, con el énfasis otorgado a las cuestiones de privacidad, y es que el impacto de los datos en el mercado ya ha sido abordado por algunos autores como Andres (2014), quien señala que, desde luego, la captura de los datos de los usuarios por los prestadores de servicio es una práctica común e importante del proceso competitivo. A tal efecto, conviene preguntarse, si los datos recopilados de los usuarios pueden dar lugar a que los mercados se inclinen en favor de situaciones de dominancia de las plataformas y, por tanto, si estos mercados requieren de una intervención antimonopolio más temprana o agresiva. Afirmar que la captura masiva de datos de usuarios genera una barrera de entrada infranqueable para la competencia, se sustenta sobre la suposición de que los prestadores de servicio necesitan una gran base de usuarios sobre los que recopilar datos, y poder así ofrecer servicios de valor y poder competir. Esa tendencia genera un bucle o ciclo de retroalimentación conducente a economías de escala significativas.

A lo anterior se le debe sumar el hecho de que, si hasta la fecha las herramientas legales antimonopolio o anti competencia eran insuficientes, provoca que las plataformas dominantes puedan, en su caso, proceder a una recopilación cada vez más invasiva (afectando al carácter sensible de los datos personales, por ejemplo), al mismo tiempo que usen dicha técnica para compensar a los usuarios «cobaya» (término con el que nos referimos a los usuarios que, bien voluntaria o involuntariamente ceden los datos personales a una entidad tercera con un fin lucrativo o comercial de esta) por el valor de los datos recopilados. Es decir, proporcionar servicios insuficientes o deficientes de forma gratuita en relación con el valor de los datos recopilados del usuario. El propio supervisor europeo de datos, en 2014 señaló la necesidad de un mayor entendimiento en aras de que los usuarios comprendan el alcance de la prestación de servicios (gratuitos) a cambio de sus datos, suponiendo estos últimos, en definitiva, el medio de pago de aquellos.

Esa ha sido también la posición de algunos representantes políticos [9], que han sostenido que, una vez que las empresas se tornan tan dominantes, que pueden violar la privacidad de sus usuarios sin preocuparse por la presión del mercado, solo queda el incentivo de obtener mayor cantidad de información sobre el usuario. Ahora bien, lo que está claro es que los datos de los usuarios son una valiosa aportación a la prestación de los servicios en línea. ¿Por qué? Sencillamente porque los prestadores de servicios en línea recopilan o capturan datos de los usuarios con el fin de mejorar los servicios ofrecidos a estos y monetizar dichos servicios de manera efectiva a través de publicidad selectiva, lo que conduce a que se oferten servicios valiosos a los usuarios a precios subvencionados, a menudo de forma gratuita. Como resultado, la recopilación de datos es parte importante del proceso competitivo, como ya hemos apuntado, y genera también importantes beneficios para el consumidor (Andres, 2014). La cuestión estriba así, en discernir cuándo se producen comportamientos procompetitivos, o anticompetitivos. Es común y habitual la captura y recopilación en línea de datos de usuarios (por medio de *cookies*), sean datos de seguimiento, preferencias de navegación y otros basados en el comportamiento del usuario, con el fin de mejorar y monetizar los servicios de las plataformas o prestadores de servicios. Huelga decir que la recopilación de datos se produce no solo por las empresas en línea, sino también las físicas y, en definitiva, por cualquier empresa que oferte una gran variedad de productos o servicios a los usuarios.

Ahora bien, no podemos situarnos de la mano de quienes entienden que la idea de dominancia de las plataformas en línea, fruto de la recopilación masiva de datos, no está acreditada, y ello porque, a pesar de que no haya contrato de exclusividad entre el usuario y la plataforma, o que no tengan los datos el carácter de rivales unos respecto de otros para poder usar otros servicios de distinta plataforma, no exime o excluye los efectos perjudiciales que para la competencia genera dicha práctica. La captura de datos y su tratamiento otorga influencia sobre los usuarios «cobaya» que hemos denominado anteriormente, hasta el punto de poder influir en el comportamiento económico del consumidor o usuario, con el consecuente perjuicio para terceros competidores que no tengan acceso a tal información. [10]

Tal es así que, la propia Comisión Europea ha venido abordando estas cuestiones en distintos asuntos, dando especial atención al fenómeno del *big-data* en el proceso competitivo, analizando asimismo el papel específico de este, en las concentraciones de empresas digitales, véase caso Google [11] o Tomtom [12]. Es más, la propia Comisión Europea [13] en su Informe de 2019 sobre la política de competencia en la era digital, aboga por un endurecimiento de las normas del derecho de la competencia, y cuando resulten insuficientes, por una mayor regulación sectorial. Establece dicho Informe, asimismo, una auténtica declaración de principios, partiendo de una gran desconfianza en las empresas digitales, estableciendo al mismo tiempo una presunción de culpabilidad sobre sus prácticas en el mercado, y en ese orden de cosas hay quien piensa que ese programa de principios impone un obstáculo para la innovación y el emprendimiento en el mercado digital de la UE (Díez, 2020). Nosotros no vamos a ratificar la postura anterior, entendiendo que el sector innovador del propio mercado digital requiere de una regulación, y para más *inri*, de una regulación cualificada que proteja los intereses, principalmente de los actores más débiles que se encuentran en clara posición de inferioridad (usuarios y consumidores), e indirectamente, claro está, de terceros competidores que se ven afectados por las prácticas prohibidas de las grandes plataformas. En este sentido, al ya apuntado, la autoridad de defensa de la competencia alemana ha precisado que hay posibles conductas basadas en datos que, podrían, dependiendo del caso concreto, dar lugar a la aplicación de medidas coercitivas en defensa de ilícitos competitivos y es que, el riesgo de ocasionar un daño por el abuso de mercado deriva de la capacidad de la empresa en cuestión de, mantener un tesoro inigualable de datos por sus competidores. Se debe, por tanto, analizar cada caso concreto para confirmar o rechazar la premisa del daño derivado de la recopilación/tratamiento de datos con carácter masivo, pero lo que no entendemos adecuado es, *a priori*, rechazar un eventual riesgo con el mero pretexto de obstaculizar la innovación.

Siendo evidente que hay muchos tipos de datos, también lo es la gran cantidad de usos que pueden venir aplicándose sobre los mismos, por tanto, la Comisión Europea, en el Informe referido, apunta:

> Acceso a los datos personales: se pretende evitar la situación de bloqueo de los datos (*lock-in*) de un consumidor, a través de la portabilidad, en relación —explícita— con el Reglamento General de Protección de Datos (RGPD).
>
> *Data sharing*: habida cuenta muchas veces es preciso compartir y poner datos en común, para prestar un servicio más eficaz y competitivo, el enfoque que se dé al carácter anticompetitivo de esta conducta es a través de la prohibición de intercambios de información del art. 101 TFUE, tal como ha sido matizada por la jurisprudencia reciente y está contemplada por las Directrices sobre acuerdos de cooperación horizontal.
>
> Negativa de conceder acceso a los datos bajo el art. 102 TFUE: haciendo uso de la doctrina comunitaria del *duty-to-deal*, en los supuestos restrictivos que la jurisprudencia ha fijado, la negativa a dar

acceso a los datos será considerada una conducta de abuso de posición dominante (Díez, 2020).

Datos y *aftermarkets*: cuando el fabricante de un producto que se nutre de datos de sus usuarios (véase, por ejemplo, los coches autónomos, los navegadores de mapas, etc.) no les deja acceso a esos datos, dicha práctica puede suponer una conducta de cierre de mercado (*foreclosure*) en un mercado secundario.

Cualquier actividad *online* es susceptible de generar información que, a *posteriori*, puede ser empleada con fines comerciales en la economía de plataformas. Es lo que se conoce con el término *big-data*, referente a la economía de los grandes datos, y en este contexto se mueven todas las plataformas cuyo modelo de negocio implica, precisamente la obtención y uso comercial de datos o información [14], y que se obtienen, en gran medida, en los momentos en que los usuarios acceden a determinados servicios que son ofertados, a *priori* gratuitamente, véase los grandes buscadores *online*, redes sociales, etc. [15]

Decimos que a *priori* gratuitos, porque la remuneración o contraprestación que obtiene la plataforma es precisamente esa información del usuario, con independencia de que tenga o no un coste económico asociado a su utilización. Indudablemente los datos tienen un valor económico, siendo importantes y coadyuvando a que las empresas puedan competir en un mercado. Esta situación deriva del hecho de que es la digitalización de nuestra vida cotidiana la que permite que todos nuestros aspectos se conviertan en datos (Cristina, 2021). Repárese en que existen empresas conocidas como *Data brokers* que se dedican al almacenamiento, análisis y comercio del *big-data*. El problema de fondo se suscita porque hay determinados datos sobre los que no está claro que la plataforma o intermediario deba procesar, habida cuenta no son indispensables para la prestación del servicio, refiriéndonos con ello a los datos blandos de los usuarios o clientes. Frente a esta cuestión controvertida, las propias plataformas defienden su postura sobre la base de que esos datos se quedan obsoletos con rapidez, dejando de tener valor en sí mismos, o que los propios clientes son quienes los comparten con una multitud de empresas (Schmidt, 2015).

No podemos olvidar que los datos, en sí mismos considerados, son, como refiere Pujol (2015), «un activo, equivalente al petróleo, por su fácil disponibilidad y procesamiento». Asimismo, a estos se les ha asignado un valor estratégico en industrias y mercados. [16] Como ya apuntaba CISCO [17], si los datos crudos pueden extraerse, refinarse y canalizarse hasta los lugares en que permitan en las decisiones a tiempo real, su valor se elevará, y en la medida en que se pueda extraer de ellos, ideas clave mediante patrones, análisis y eventos observados, los datos descubrirán su poder subyacente. Sobre los evidentes beneficios que a nivel empresarial ha reportado el uso de la tecnología del *big-data*, también se ha pronunciado la OCDE (2022), poniendo de manifiesto que el hecho de emplear la misma no implica *per se*, como efecto inherente, un mayor dominio en el mercado.

En este orden de cosas, el RMD introduce en sus arts. 5 y 6 disposiciones muy similares a las contenidas en el ámbito bancario por la Directiva PSD2, por tanto, se solicita el consentimiento activo e informado para la utilización de los datos personales de los usuarios, en relación con el considerando 43 del RMD, intentándose obligar a las empresas a ofrecer alternativas personalizadas de consentimiento, sin resultar suficiente la simple opción de decir sí o no a la aceptación de las *cookies*.

Refiere Cristina, que, los datos permiten mejorar el proceso de toma de decisiones y el rendimiento de las empresas, con el beneficio asociado a: clientes, trabajadores, la economía y sociedad. Por supuesto, la función por antonomasia del empleo del *big-data* podríamos decir que es la de implementar el desarrollo empresarial, por medio de las previsiones respecto del comportamiento de los clientes, para mejorar productos y servicios ofertados, crear otros nuevos, mejorar los ya existentes ante nuevas tendencias o expectativas del consumidor, introducir mejoras en el proceso productivo o de distribución, o crear campañas publicitarias personalizadas. Expuesto lo anterior, resulta notorio observar cómo las empresas que no son usuarias del *big-data* están en clara desventaja competitiva.

Al margen de las lesiones o vulneraciones que por medio de esta herramienta se puede provocar al consumidor en relación a la privacidad, también existe el riesgo de que, el *big-data* pueda emplearse para constituir o extender posiciones de poder en el mercado. Como no podía ser de otra manera, el uso abusivo de estos datos ha llamado la atención a las autoridades de competencia, y en el caso español cabe citar, el estudio de la CNMC sobre las páginas webs en las que resulta muy difícil rechazar las *cookies* y más fácil consentir las mismas, con especial énfasis al uso de *big-data* en la publicidad *online*. Además, se resalta la necesidad de analizar las barreras de entrada que supone para terceros operadores, así como las eficiencias y efectos negativos para la competencia.

Los modelos tradicionales de análisis de las prácticas anticompetitivas están en constante redefinición. Así las cosas, se establecen nuevas delimitaciones de los mercados relevantes, nuevas técnicas de análisis de los efectos anticompetitivos de una práctica, así como del daño *antitrust* o de la relación de causalidad entre este y la práctica analizada, que son susceptibles de variar en función de si se usa o no el *big-data*. Asimismo, hay que resaltar que su uso, en sí mismo, no implica la creación de barreras de entrada ni otorga automáticamente la facultad a una empresa de excluir a terceras competidoras, o expandir su posición dominante, o incluso de lesionar automáticamente a la competencia (Cristina, 2021).

Aquí surge el desafío a batir: determinar o esclarecer en qué contexto o circunstancias, y de qué modo su utilización conduce a una disminución de la competencia en perjuicio del bienestar del consumidor y de la libre competencia [18]. Y no puede olvidarse que la transparencia de los precios puede limitar la libre competencia coadyuvando la colusión entre competidores, especialmente en los mercados digitales donde existen sistemas dinámicos de fijación de precios que se actualizan constantemente y permiten que los precios fijados por una empresa, rápidamente se ajusten a los fijados por la competencia, mediante algoritmos de fijación de precios, lo que sin duda, conllevaría a la eliminación del incentivo de bajarse los precios.

Deberá prestarse especial importancia, así, con la elaboración de patrones [19] derivados del *big-data*, a las normas que regulan, de un lado, la defensa de la competencia, y de otro, la competencia desleal. Sobre esta última normativa (LCD), y en lo que aquí interesa, la utilización del *big-data* puede subsumirse en el concepto que la propia ley fija para los actos de competencia desleal, entendiendo por tales los que suponen un ejercicio abusivo del derecho a la libre competencia. Concretamente, aquellos realizados por empresarios o personas (físicas o jurídicas) que, participando en el mercado español, sean contrarios a la buena fe y tengan fines concurrenciales. Más concretamente, que en función de las circunstancias en las que se desenvuelven, se revelen (esos actos) objetivamente idóneos para promover o asegurar la difusión de las prestaciones propias o de un tercero. [20] Por ejemplo, obtener informaciones a través de los procesos de disociación de datos, que por sus características o por su granularidad permitan un ejercicio abusivo o restrictivo de la libre competencia (Pujol, 2015). En ese orden de cosas, el acceso privilegiado (a datos o informaciones de terceros, sean o no competidores) por medio del *big-data*, en el mercado, proporciona un campo de cultivo más que suficiente para conseguir limitar la competencia, fruto del conocimiento de esos datos disociados, puesto que, bien directa o indirectamente suponen una revelación esencial, que pueden perjudicar a un operador o competidor, en beneficio de un tercero.

En lo referente al abuso de posición dominante, no se descarta la posibilidad de que a través de la utilización del *big-data* se pueda crear o mantener una posición de dominio, o conductas de *tying agreements* [21], *bundling* [22] o de discriminación de precios.

Siendo cada vez más complejos los casos que se plantean sobre la economía del *big-data*, el derecho de la competencia debe adaptarse a los cambios rápidos que se observan en los mercados digitales, con el fin de ofrecer una respuesta adecuada. Así pues, utilizar los parámetros tradicionales para delimitar si se produce o no una concentración por parte de las empresas, no resulta adecuado, por el hecho de que, el volumen de negocio, como criterio de filtro, no se adapta a las situaciones que actualmente se pueden venir desarrollando, véase las concentraciones entre empresas grandes tradicionales, con empresas de reciente creación o *startups*, que si bien estas últimas no poseen una cuota de mercado significativa, si tienen productos o servicios novedosos que, en unión con una base de datos significativa de clientes (en el caso de la empresa absorbente o matriz tradicional), puede llegar a consolidar y expandir una posición de dominio en el mercado electrónico. En ese orden de cosas, reviste especial interés incluir, en los efectos de las concentraciones empresariales, técnicas como la descrita anteriormente, enfocadas a la valoración de las ventajas económicas o utilidad que se deriva de la obtención o captación de datos a gran escala (Cristina, 2021).

7. CONCLUSIÓN

De todo cuanto hemos referido, podemos extraer las siguientes concusiones en atención al panorama actual de la tecnología, y la respuesta institucional que desde las distintas autoridades se vienen formulando:

- El RMD supone un gran hito entre las distintas herramientas legales que hasta la fecha tenía la UE en su poder para hacer frente a situaciones de abuso de mercado por parte de las distintas empresas, habida cuenta, ahora, el RMD se postula para proporcionar respuestas *ex ante* a las posibles infracciones y prácticas desleales en cualesquiera mercados en que participen los Guardianes de Acceso.
- El RMD, amplía el alcance de protección, incluyendo entre los sujetos pasivos a los que se destina, al usuario final, sea o no profesional, lo que permite que pueda dispensarse la misma protección al llamado «prosumidor», figura que, hasta la fecha, se encontraba en el limbo.

- En cuanto a las distintas prácticas desleales que se han puesto de manifiesto y enumerado en el presente trabajo, si bien es cierto que ya hay cierta regulación a nivel comunitario y nacional para prevenirlas y luchar frente a ellas, véase la Directiva de prácticas comerciales desleales modificada, o la Ley de Competencia Desleal española, así como la Ley de Ordenación del Comercio Minorista, no es menos cierto que, orientar la prevención de las distintas prácticas desleales, desde un punto de vista del mercado o la competencia, deja sin respuesta otros posibles riesgos en distintas esferas, como puede ser la fase precontractual o de formación del contrato, tan importante para el adquirente de los bienes o servicios, como la competencia. En ese orden de cosas, conviene ampliar la regulación para contemplar también, todas las realidades que pueden verse afectadas con esas prácticas ilícitas. Ya hemos visto, por ejemplo, que, en materia de personalización del precio, se contempla que el propio comerciante o empresario informe de esa personalización al usuario, pero no se fijan los estándares o requisitos en lo que se refiere a las categorías de datos empleados, por lo que, una deficiente información proporcionada al usuario, es tanto como no proporcionarla y en última instancia puede dejar vacío de contenido el mandato que acabamos de señalar.
- Por último, y en consideración a la tecnología del *big-data*, teniendo en cuenta el mayor contenido que le hemos dotado en este trabajo, igualmente merece la pena hacer un apartado propio en materia de conclusiones, y para ello hemos de decir que no es pacífico el tratamiento que recibe por parte de los distintos operadores económicos, pues evidentemente, para unos (los empresarios o profesionales), será tan importante su uso que, la mera suposición de limitación o restricción de recopilación masiva de datos, será entendida como un obstáculo a la innovación y a dar una respuesta eficiente a las necesidades de los usuarios. Para otros, por el contrario, los usuarios en sí mismos considerados, y quienes son objeto de esa recopilación

y tratamiento masivo de datos con finalidad de lucro, exigirán un análisis caso a caso para determinar si la forma en que se ha recopilado la información, así como el empleo que se hace de la misma para ofrecer posteriormente productos o servicios, así como su promoción por el empresario, vulnera, no solo la normativa en materia de privacidad, sino también la propia Ley de Competencia Desleal, convirtiéndose en desleal aquel acto o práctica que pueda suponer vencer el comportamiento económico del consumidor a una determinada decisión (comprar o abstenerse de hacerlo).

8. BIBLIOGRAFÍA

Cristina, E. Los retos del derecho de la competencia en la economía de plataformas, *Plataformas Digitales: Aspectos Jurídicos*, Navarra, 2021, Aranzadi, pp. 151-166.

Cuena, M. (2020). La contratación a través de plataformas intermediarias en línea. *Cuadernos de Derecho Transnacional, 12*(2). doi: 10.20318/cdt.2020.5612.

De Miguel, P. A. (2019). *Nuevo Reglamento sobre Servicios de Intermediación en Línea*, La Ley Unión Europea, (74), pp. 1-10.

De Miguel, P. A. (2021). Servicios y mercados digitales: modernización del régimen de responsabilidad y nuevas obligaciones de los intermediarios. *La Ley Unión Europea*, (88), pp. 1-8.

Díez, F. (2020). *La regulación de los mercados en la era digital, ¿Quo vadis, Europa?*, Revista CEF Legal, (229), pp. 1-38.

Díez, F. (2020). *Derecho de la Competencia en la era digital*, recuperado de: http://www.fernandodiezestella.com/Publicaciones/mercados_digitales_comp_(2019).pdf

Lerner, A. V. (2014). *The Role of 'Big Data' in Online Platform Competition*, pp. 3-5. Disponible en SSRN: https://ssrn.com/abstract=2482780

Meneses, A. (2019). Fijación de precios de bienes y servicios en internet: posible ilegalidad de los algoritmos. *La Ley Digital*, (9356), pp. 1-9.

Olmedo, E. (2019). Competencia dentro de las plataformas de la economía colaborativa: posibles prácticas restrictivas de los mal llamados «prosumidores», en Fonticiella, B. (coord.), González, I. (dir.), y Rodríguez, M. (dir.), *Las viviendas vacacionales: Entre la economía colaborativa y la actividad mercantil*, (pp. 207-229). Madrid, España: Dykinson.

Pérez, F. (2020). Una aproximación a los algoritmos desde el derecho de la competencia. *La Ley Digital*, (5964), pp. 1-13.

Pujol, J. (2015). *Aproximación jurídica y económica al big data*, Valencia, 2015, Tirant Lo Blanch, pp. 343-349.

Schmidt, E. (2015). *The Thinkerer`s Apprentice*, recuperado de https://www.project-syndicate.org/onpoint/google-european-commission-and-disruptive-technological-change-by-eric-schmidt-2015-01

Tapia, J. (2020). Transformación radical: el proyecto europeo de ley de mercados digitales. *Centro Competencia*. Recuperado de https://centrocompetencia.com/proyecto-europeo-de-ley-de-mercados-digitales/

European Consumer Oganization. (2018). *Ensuring consumer protection in the platform economy*, recuperado de: https://www.beuc.eu/publications/beuc-x-2018-080_ensuring_consumer_protection_in_the_platform_economy.pdf , p. 5.

Caso M.4731, *Google / DoubleClick*, 11 de marzo de 2008, conforme al art. 8.1 del Reglamento (CE) 139/2004, disponible en: https://ec.europa.eu/competition/mergers/cases/decisions/m4731_20080311_20682_en.pdf

OECD. (2018). *Personalised Pricing in the Digital Era–Note by the European Union*. Recuperado de https://one.oecd.org/document/DAF/COMP/WD(2018)128/en/pdf

OECD (2022). *OECD Handbook on Competition Policy in the Digital Age*. Recuperado de https://www.google.com/url?sa=t&rct=j&q=&esrc=s&source=web&cd=&cad=rja&uact=8&ved=2ahUKEwjgzo2U_IT7AhWjTOUKHdaxCFQQFnoECBIQAQ&url=https%3A%2F%2Fwww.oecd.org%2Fcompetition%2Foecd-handbook-on-competition-policy-in-the-digital-age.pdf&usg=AOvVaw3k1EHEFBRYfdiSNx4kwxaa

Caso M.4854, *TomTom / TeleAtlas*, 14 de mayo de 2008, conforme al art. 8.1 del Reglamento (CE) 139/2004, disponible en: http://ec.europa.eu/competition/mergers/cases/decisions/m4854_20080514_20682_en.pdf

Informe conjunto de las Autoridades de competencia francesa y alemana en 2016, *Competition Law and Data*, pp. 53-54, recuperado de: https://www.bundeskartellamt.de/SharedDocs/Publikation/DE/Berichte/Big%20Data%20Papier.pdf;jsessionid=C8D7E02C8BB657115966F57E0C0DE832.2_cid378?__blob=publicationFile&v=2

Reglamento (UE) 2022/1925 del Parlamento Europeo y el Consejo, de 14 de septiembre de 2022 *sobre mercados disputables y equitativos en el sector digital*, DO L 265.

Supervisor Europeo de Datos (2014). *Privacy and competitiveness in the age of big data*, EDPS/2014/06.

[1] De hecho, algunos tipos de plataformas se prestan más al fraude como es el caso, por ejemplo, de eBay donde muchos usuarios son proveedores y consumidores, pudiendo confabularse, expresa o tácitamente para intercambiarse puntuaciones elevadas.

[2] Otras conductas son igualmente reprobables y susceptibles de acometerse en el mercado de plataformas, como el hecho de que ciertas empresas paguen para recibir mejores valoraciones o para que estas sean negativas para la competencia, así como realizar una selección de las valoraciones positivas, descartando las negativas en la promoción de productos o servicios.

[3] Tras la aprobación de esta Directiva, los sistemas de reputación gozan de regulación, pero solo en el ámbito de la Directiva 2005/29, y es una solución a medias, porque solo da respuesta cuando se utilizan para falsear la competencia. La utilización de estas, además de falsear la competencia o lesionar el honor, también pueden afectar a la formación del contrato del adquirente del bien o servicio a través de la plataforma. Por todo lo anterior, queda patente que las reseñas tienen un extraordinario poder en la toma de decisión de contratar.

[4] También se modifica el Anexo I de dicha Directiva 2005/29 dedicado a determinar prácticas que se consideran desleales. Se añaden los apartados 23 ter y 23 *quater* en los siguientes términos:

«23 ter) Afirmar que las reseñas de un producto son presentadas por consumidores que han utilizado o adquirido realmente el producto, sin tomar medidas razonables y proporcionadas para comprobar que dichas reseñas pertenecen a tales consumidores. 23 *quater*). Presentar o encargar a otra persona física o jurídica que presente reseñas o aprobaciones de consumidores falsas, o distorsionar reseñas de consumidores o aprobaciones sociales con el fin de promover productos».

[5] Por ejemplo, Amazon, utiliza el algoritmo Dynamic Pricing que toma automáticamente decisiones de cambio de precio en función del a competencia, de las ventas de dicho producto y de las características del cliente.

[6] Muy típico en medios de transporte, un billete de tren o de avión es distinto en función del día en que se hace la reserva.

[7] Y ello sin olvidar el derecho que corresponde al usuario a oponerse al uso de sus datos para finalidades distintas para las que fueron recopilados, como le autoriza la regulación en materia de protección de datos personales, de conformidad con el art. 22 del Reglamento General de Protección de Datos (RGPD). Debe informarse a los consumidores sobre el hecho de que se usan algoritmos para presentar ofertas o determinar precios, sus criterios y cuáles son los que prevalecen, los datos que se utilizan y si se personaliza la fijación de los precios. El consumidor debe conocer si los proveedores de servicios específicos han pagado para que sus ofertas sean promovidas, es decir, las ofertas promovidas son las que dan a la plataforma el mayor margen de beneficio. Y ello sin olvidar el derecho que corresponde al usuario a oponerse al uso de sus datos para finalidades distintas para las que fueron recopilados, como le autoriza la regulación en materia de protección de datos personales. Tal y como se establece en el Considerando 45, la personalización del precio no está prohibida, sino que tan solo hay deber de informar sobre ello, sin que queden claros qué datos se utilizan para la personalización de los precios.

[8] Un claro ejemplo es el caso Facebook, del que se ha pronunciado el Bundeskartellamt el 7 de febrero de 2019. Disponible en: https://www.bundeskartellamt.de/SharedDocs/Publikation/EN/Pressemitteilungen/2019/07_02_2019_Facebook_FAQs.pdf?__blob=publicationFile&v=6 (visitado el 2 de agosto de 2022).

[9] Al Franken, How Privacy Has Become an Antitrust Issue, Huffington Post, March 30, 2012, disponible en http://www.huffingtonpost.com/al-franken/how-privacy-has-become-an_b_1392580.html

[10] Conviene traer a colación la historia de Tuenti, la red social más famosa en el mercado digital español de la primera década de los 2000. La misma alcanzó 10 millones de usuarios en España, todos ellos adolescentes, siendo más popular que Facebook. A pesar de ello, acabó cerrando para convertirse en la operadora virtual móvil de telefónica tras la compra por esta, y es que, a Telefónica, lo que le interesaba de Tuenti, era sin lugar a dudas su base de usuarios, pudiendo llegar así a ese colectivo gracias a la información previamente capturada de Tuenti. Noticia disponible en: https://marketing4ecommerce.net/historia-de-tuenti-cronica-de-una-muerte-anunciada/ (último acceso el 3 de agosto de 2022).

[11] Caso M.4731, *Google / DoubleClick*, 11 de marzo de 2008, conforme al art. 8.1 del Reglamento (CE) 139/2004, disponible en:
https://ec.europa.eu/competition/mergers/cases/decisions/m4731_20080311_20682_en.pdf

[12] Caso M.4854, *TomTom / TeleAtlas*, 14 de mayo de 2008, conforme al art. 8.1 del Reglamento (CE) 139/2004, disponible en: http://ec.europa.eu/competition/mergers/cases/decisions/m4854_20080514_20682_en.pdf

[13] Informe *Competition Policy for the Digital Era*. Disponible en https://ec.europa.eu/competition/publications/reports/kd0419345enn.pdf (último acceso 3 de agosto de 2022).

[14] Generalmente de carácter personal.

[15] Como bien señala Cristina, esta situación no se limita a los mercados de los servicios, siendo extensible también, al de los productos.

[16] Declaración de México D. F http://oiprodat.com/declaracion-de-mexico-d-f/ consultado el 2 de junio de 2022.

[17]https://www.cisco.com/c/dam/en_us/about/ac79/docs/sp/Information-Infomediaries.pdf consultado el 2 de junio de 2022.

[18] Teniendo en cuenta, de esta forma, en cuanto a los riesgos, fenómenos de concentración, integraciones horizontales y verticales anticompetitivas, etc.

[19] Mediante el uso de patrones, se pretende obtener un rendimiento económico, sobre la base de la información obtenida, derivada por el empleo de la técnica de anonimización sobre dichos datos.

[20] Véase en ese sentido, arts. 1 a 5 LCD.

[21] Contratos vinculados cuya práctica empresarial consiste en la subordinación de la venta de un determinado producto a la adquisición necesaria por parte del comprador de un segundo bien o servicio.

[22] Práctica consistente en comercializar varios productos en un mismo paquete.